이 저서는 2008년도 정부(교육부)의 재원으로 한국연구재단의 지원을 받아 연구되었음(NRF-2008-362-
B00015).

이 도서의 국립중앙도서관 출판시도서목록(CIP)은 서지정보유통지원시스템 홈페이지(http://seoji.nl.go.kr)와 국
가자료공동목록시스템(http://www.nl.go.kr/kolisnet)에서 이용하실 수 있습니다. CIP제어번호: CIP2015034754

변화하는 콜롬비아

Colombia in Transition

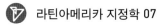

라틴아메리카 지정학 07

변화하는 콜롬비아

경제성장과 사회적 과제

서울대학교 라틴아메리카연구소 기획 │ 이성훈 엮음

한울
아카데미

미래를 향한 콜롬비아의 변화

마약과 게릴라의 나라라는 부정적인 이미지를 가지고 있던 콜롬비아는 최근 정치 안정과 더불어 경제성장을 지속하면서, 과거의 이미지를 벗고 새로운 모습을 보여주고 있다. 콜롬비아는 그동안 '플랜 콜롬비아(Plan Colombia)'라는 미국 정부의 대규모 지원을 등에 업고, '마약전쟁'을 수행해왔다. 하지만 '마약전쟁'의 장기화로 인해 콜롬비아는 심각한 사회정치적 문제를 경험했고, 게릴라나 민병대 세력들이 국가권력의 일정 부분을 잠식하여 '허약한 국가'가 되었다는 평가를 받았다. 마약전쟁은 난민의 유입, 코카 재배지의 확산, 게릴라와 민병조직의 출현 등으로 인접 지역 전체에 부정적인 효과를 주기도 했다.

그러나 알바로 우리베(Álvaro Uribe) 정부부터 시작한 정치 안정을 통해 콜롬비아는 변화를 보여주고 있다. 2011년 유엔 마약통제국(INCB)은 콜롬비아를 특별감시 대상국 명단에서 제외했다. 우리베 대통령의 강경정책은 나름대로 효과를 얻어 게릴라 세력과 마약 부문을 약화시켰다. 콜롬비아는 여전히 코카인 최대 생산국이라는 '명성'을 가지고 있지만, 마약 문제는 지난 10년간 코카 잎 경작이 55%가량 늘어난 페루 등에서 오히려 심화되고 있다.

미국과의 친밀한 관계 속에서 강압 정책을 펼쳐온 우리베 정부는 정치 안정과 지속적인 경제성장이라는 가시적인 성과를 얻어냈지만, 오랜 내전의 상처들을 치유하는 데에는 일정한 한계를 보여주었다. 이런 맥락에서 전임 대통령의 정책을 계승하면서도, 새로운 변화를 추구하고 있는 후안 마누엘 산토스(Juan Manuel Santos) 정부의 정책은 과거 콜롬비아에서 찾아보기 힘든 정치적 안정과 함께 사회적 통합에서 의미 있는 성과를 거두고 있다.

우리베 집권기에 대미관계를 규정지은 소위 '테러와의 전쟁'은 재검토되고 있으며, 민생과 관련된 쟁점들이 부각되고 있다. 이런 맥락에서 '마약전쟁'도 변모될 가능성이 높다. 산토스 정부는 게릴라 세력과의 전쟁에 치중하면서 상대적으로 간과되어온 시민의 안전 문제에 대해서도 새로운 대책을 내놓고 있다.

산토스 정부가 보여준 토지 문제와 희생자 배상 문제에 대한 전향적인 조치는 지난한 갈등의 상처들을 치유하는 첫걸음이 될 것이다. 물론 거시경제정책과 안보 등의 분야에서 산토스 정부는 우리베 정부의 정책을 이어받고 있다. 거시경제정책은 신자유주의 노선을 견지하고 있고, 안보와 국방에 서는 장기간의 국내 무장 갈등을 군사적 방법으로 해결하는 데 강조점을 두고 있다. 그러나 희생자 배상에 대한 전향적인 조치에서 알 수 있는 것처럼, 산토스 대통령은 대화와 화해 노선을 병행적으로 추진하고 있다.

이런 정치사회적 안정을 바탕으로 콜롬비아는 지속적인 경제성장을 추진하고 있다. 콜롬비아는 남아메리카 국가 가운데 유일하게 대서양과 태평양을 연안으로 두고 있는 국가이다. 따라서 동-서 물류의 흐름에 경쟁력이 있다. 이런 지정학적 위치로 인해 콜롬비아는 개방적인 대외 전략을 역동적으로 추진하고 있다. 현재 콜롬비아 내부 사정으로 발효가 다소 지연되고는 있지만, 미국, 한국과 체결한 자유무역협정이 대표적인 사례이다. 또 중국 붐에 편승하여 아시아·태평양 지역과의 교역에도 관심을 높이고 있다. 2011년 5월에 결성한 '태평양동맹'(멕시코, 페루, 칠레, 콜롬비아 협력체)은 이러한 노력의 일환이다.

이 책은 현대 콜롬비아를 경제적·정치적·사회적인 관점에서 분석하고 있다. 안정적인 경제성장을 위해 콜롬비아가 추진해야 할 대외경제정책, 정치적 갈등의 원인과 현실, 콜롬비아 광물 자원의 현황, 콜롬비아 폭력의 기원과 현재적 양상, 빈곤과 불평등, 부패 문제 등을 다룬다. 2013년에 체결한 한국·콜롬비아 FTA가 발효되면, 콜롬비아는 한국에 중요한 무역과 투자 파트너가 될 가능성이 높다. 이와 관련하여 콜롬비아의 산업정책과 주요 산업 분석 등 경제 현실에 관한 시의성 있는 글도 대폭 포함했다.

책의 순서는 아래와 같다. 제1, 2장에서는 콜롬비아가 추진하는 세계화 정책과 세계무대에 편입하기 위해서 태평양 지역이 콜롬비아 경제에 가지는 중요성을 설명하고 있다. 제3, 4장에서는 콜롬비아가 경제를 개방하는 과정에서, 경제의 근간을 이루던 광물 자원을 어떻게 이용하고 관리해야 하는지를 구체적인 수치에 근거해 보여준다. 실제로 경제 개방이 콜롬비아 광물 자원에 끼칠 영향에 대한 부정적인 우려 등 다양한 관점을 통해 콜롬비아 자원에 대한 이해를 보여준다. 제5, 6장에서는 콜롬비아 산업정책에 대한 정책 분석을 통해 콜롬비아 경제에 대한 다양한 입장을 이해하고자 한다. 제7장에서는 콜롬비아의 주요 산업을 분석한 글을 통해 자유무역협정 이후 한국 기업들이 진출 가능한 산업 분야를 살펴보았다.

제8장에서는 우리베와 산토스 정부의 정치 시스템을 비교하고 있다. 아직 산토스 정부에 대한 본격적인 평가는 이르지만, 초기 상황을 통해

산토스 정부의 지향점과 우리베 정부와의 차이점을 통해 콜롬비아 정치 변화를 살펴보는 좋은 기회를 제공해준다. 제9장에서는 콜롬비아 의회 선거 제도에 대한 제언을 통해 콜롬비아 정치 환경에 대한 이해를 시도했다. 제10장에서는 콜롬비아의 빈곤과 불평등을 통해 정치적·경제적 안정과 성장 이면의 모습을 살펴본다. 찰스 버키스트(Charles Berquist) 교수의 석학 강좌 강연문을 번역한 제11장은 콜롬비아 사회에 만연했던 '폭력'을 비교 역사학적인 관점에서 분석하고 있다. 이 글을 통해 콜롬비아 폭력의 역사적 맥락과 현재적 의미를 이해할 수 있다. 제12장은 콜롬비아의 부패에 관한 정책 제언을 통해 콜롬비아의 부패 상황과 정책적 대안들을 살펴보고자 한다. 제13장에서는 콜롬비아 조직 폭력 양상의 변화를 통해 정치 안정 이후 준군사 조직 및 조직원들이 경험하는 변화를 추적해보았다.

콜롬비아는 태평양과 카리브 해에 모두 접하며 중미와 남미를 잇는 지정학적 요충지일 뿐만 아니라, 최근 정치적·경제적 안정을 바탕으로 라틴아메리카의 경제 대국으로 성장하고 있다. 지난해 세계은행의 기업 환경지수에서 라틴아메리카 국가 중 1위를 차지할 정도로 과거의 부정적인 이미지에서 벗어나고 있다. 한국·콜롬비아 FTA가 공식적으로 발효되면 한국 기업의 진출 역시 획기적으로 늘어날 것이다. 이런 상황에도 콜롬비아에 대한 변변한 입문서 하나 없는 것이 우리의 현실이었다. 아무쪼록 이 책이 콜롬비아를 '마술적'이 아닌 현실적으로 이해하는 첫걸음이 되기를 기대한다. 이 책을 기획하는 데 많은 도움을 주신 고 이성형 선생님과 번역에 도움을 준 학계의 선배 동학들에게 진심으로 감사드린다.

2015년 11월

이성훈

차례

〈표 차례〉

제 1 부
콜롬비아의 산업 및 경제정책

제1장

콜롬비아의 세계화 정책

하비에르 가라이 _김동환 옮김

콜롬비아는 중대한 개혁을 이뤄냈지만, 경제의 세계화 정책에서는 거대한 도전에 직면해 있다. 무엇보다도 1차 산업이 몇몇 국가와 생산품에 집중되는 것을 피하기 위해 지역별·부문별 다각화를 추진해야 한다. 더불어 수출 동력이 특정 부문에 한정되지 않고 사회 전반에 이익이 되도록 고부가가치 상품에 대한 투자를 장려해야 한다. 이를 위해서는 콜롬비아의 세계화 정책에 대한 국민적 합의를 진전시킬 필요가 있다.

하비에르 가라이 Javier Garay   국제관계학 석사학위와 경제학 박사학위를 소지한 정부 및 국제관계 전문가. 워싱턴의 카토연구소(Cato Institute) 연구원이자 콜롬비아-미국 자유무역협정 협상가. 콜롬비아 외교정책과 최근 국제경제문제에 대한 다수의 논문을 발표함. 현재 콜롬비아 엑스테르나도 대학교에서 강의와 연구를 하고 있음.

* 이 글은 《Nueva Sociedad》 231호(2011년 1~2월)에 실린 글을 옮긴 것이다.

2010년 초부터 일부 분석가들은 다음 10년 동안 높은 성장률을 보일 국가들을 나타내는 새로운 약어들을 만들어냈다.[1) 이 중 시베츠(CIVETS)는 콜롬비아, 인도네시아, 베트남, 이집트, 터키, 남아프리카공화국으로 구성된 새로운 약어이다. 그러나 콜롬비아의 경우 여전히 빈곤, 불평등, 기아, 복지 결핍과 같은 만성적인 문제를 안고 있다. 몇 년 전부터 콜롬비아는 자유무역원칙에 근접한 정책을 추진하며 시장개방을 위한 국제적 제도와 규범을 준수하는 경제 세계화 전략을 세웠다. 그러나 이 전략에는 미묘한 차이들이 있다.

비록 수입대체 산업화 정책이 유지되었지만, 콜롬비아는 다른 라틴아메리카 국가들만큼 이 발전 전략을 심도 있게 적용하지 않았다.[2) 비르힐리오 바르코(Virgilio Barco) 정부 시기(1986~1990)부터 무역개방이 점진적으로 시작되었다. 그 다음 세사르 가비리아(César Gaviria) 정부 시기(1990~ 1994)에는 개방 과정이 심화되고 가속되었다. 그러나 일부 분석가들이 주장하듯이, 이러한 자유화는 그렇게 근본적이지도 급진적이지도 않았다. 게다가 에르네스토 삼페르(Ernesto Samper) 정부 시기(1994~1998)에 이러한 개혁 중 많은 부분이 지연되거나 폐지되었다. 그 후 안드레스 파스트라나(Andrés Pastrana) 정부 시기(1998~2002)에 당시 다른 라틴아메리카 국가들과 대조적으로 개방주의 세력이 다시 세력을 잡았다. 마지막으로 알바로 우리베 벨레스(Álvaro Uribe Vélez) 정부 시기(2002~2010) 동안 자유화가 심화되고 시장개방과 세계화 정책들이 광범위하게 채택되었다.[3)

---

1) Reuters, "After BRICS, look to CIVETS for growth: HSBC CEO"(London, 2010.4.27). http://www.reuters.com/article/idUSLDE63Q26Q20100427

2) 이 정책들과 그 전개과정에 대해서는 Ocampo(2006)를 참조.

3) 미국의 헤리티지재단(Heritage Foundation)에서 매년 발표하는 세계경제자유지수

이 자유화 전략은 세 가지 방법으로 이뤄졌다. 첫 번째로 콜롬비아는 세계(무역·금융)경제체제에 능동적으로 참여했다. 콜롬비아는 세계무역기구(WTO)의 여러 라운드 협상에서 진전을 약속하고 있다. 또한 국제통화기금(IMF), 세계은행(WB), 미주개발은행(IDB)과 같은 기구의 적극적인 회원국이었다. 콜롬비아가 차관 또는 (최소한의) 협력기금의 수혜국이었다는 점에서 이러한 기구들과의 관계가 수동적이었음을 지적할 필요가 있다. 두 번째로 콜롬비아는 지역통합 과정의 진전을 촉진했다. 1997년 안데스협정(Pacto Andino)이 안데스공동체(Comunidad Andina de Naciones: CAN)라는 새로운 이름으로 재개된 것, 카리브공동체(Caricom) 이외에 1994년 카리브국가연합(Asociación de Estados del Caribe: AEC)의 창설과 더불어, 최근 안데스공동체(CAN) - 남미공동시장(Mercado Común del Sur: Mercosur) 간 경제협력협정의 발효가 모두 지역통합 과정에서 콜롬비아가 진전을 가져온 사례이다. 이상에서 확인할 수 있듯이, 콜롬비아는 중앙아메리카, 카리브해 지역, 안데스 지역, 코노수르(Cono Sur) 지역을 포함하는 지역통합이라는 사명을 유지해왔다. 이 밖에도 메소아메리카계획[Plan Mesoamérica, 이전의 푸에블라 - 파나마계획(Plan Puebla - Panamá)]과 같은 부문별 통합협정과 콜롬비아의 남미인프라통합구상(Iniciativa para la integración de la Infraestructura Regional Suramericana: IIRSA) 참여가 있다. 또한 미미하기는 하지만 라틴아메리카 지역을 넘어서는 통합 과정에 참여하고자 하는 콜롬비아의 관심 역시 언급할 필요가 있다. 아시아태평양경제협력포럼(APEC) 가입을 위한 노력과 1994년 이후 태평양지역경제협의회(PBEC)와 태평양경제협력위원회(PECC)에 대한 가입 시도가

(Index of Economic Freedom)와 같은 주요 경제개방지수들이 이를 대변한다. http://www.heritage.org

그 일례이다. 마지막으로 콜롬비아는 다양한 국가 및 국가군과의 자유무역협정에 대한 협상, 서명, 인준, 발효를 통하여 국제무역 무대에 진입했다. 이것이 가장 최근의 양상이며, 칠레, 캐나다, 미국, 유럽연합, 중미 3국(엘살바도르, 과테말라, 온두라스) 및 스위스, 아이슬란드, 노르웨이, 리히텐슈타인 등 유럽자유무역연합(EFTA) 회원국과의 개별적인 조약들을 포함한다. 또한 파나마, 한국과 먼저 협정을 진행했고, 일본 또는 중국을 포함하는 것까지 고려했다. 마찬가지로 콜롬비아는 부분협정(AAP)이나 경제보완협정(ACE)과 같이 더욱 제한적인 협정에 대한 협상을 진행했다.

그러나 이러한 전략과 활동은 가시적인 경제발전의 결과를 내지 못했고 이에 대한 즉각적인 비판이 제기되었다. 콜롬비아 내부에는 이러한 전략의 전부 혹은 일부가 잘못되었다고 생각하는 시민사회 및 정치집단이 존재한다. 우선 첫 번째로 자유무역이 낳은 불평등의 발생과 지속이, 그리고 두 번째로 세계시장에 대한 개방의 결과로 예상되는 빈곤의 증가가 비판의 대상이 되고 있다. 그리고 세 번째로 어떤 이들은 자유화가 콜롬비아 생산구조의 탈산업화를 가져왔다고 생각한다. 여기에 세계무대에서의 콜롬비아의 경쟁력 부족이 네 번째 비판으로 제기된다. 마지막으로 콜롬비아의 정치적·경제적 상황 때문에 미국에 대한 종속의 결과로 콜롬비아가 이러한 전략을 실제로 유지했다는 비판이 존재한다.

이러한 주장을 심도 있게 토론하는 것은 이 글의 목적이 아니기 때문에 그 의미와 원인을 분석하지는 않겠다. 오히려 이러한 주장을 불충분하거나 오류로 만드는 요소들을 강조하는 것이 유의미할 것이다. 먼저, 콜롬비아에서의 불평등은 시장과 관련한 현상이 아니라 시장의 부재에 의해 심화되었다. 즉, 토지의 집중은 무장투쟁과, 그리고 과거 국가의 결정과 관련된 문제가 아닌가? 지원, 도움, 보조금 및 기타 국가개입조치의 수혜자는 거대기업이 아닌가? 둘째, 콜롬비아의 빈곤은 일자리 부족에서 기인한다. 이는 동시에 부분적으로 정규직 일자리의 부족 때문이다. 또한 이는 국가가 만든 행정적·경제적·관료적 장벽의 결과물이다. 셋째, 경쟁의 결과로 사라진 산업은 경제적 관점에서 봤을 때 효율적이지 않고 성장 가능성이 없기 때문에 그렇게 되었다. 일정 수준의 발전을 이뤄내지 못한다면 왜 그것을 유지해야 하는가? 국가의 보호를 그리워하는 사람들을 위해, 세계무대에서 경쟁할 수 있도록 산업을 성장시키고 강화하고 단련시키기 위해 얼마나 더 오랫동안 이러한 보호주의를 유지해야 하는가? 더불어 한 국가가 국제무대에서 경쟁할 수 있는지는 언제 알 수 있는가? 누가 그것을 결정하는가? 경쟁의 결과는 무엇인가? 마지막으로 이러한 전략을 선택했던 사람들이 콜롬비아의 정책 결정자들이었음을 기억해야 한다. 물론 그렇게 된 것은 분명히 특수한 맥락에서일 것이다. 그러나 조금도 과장 없이 말해, 국가가 결정권이 없는 수동적인 행위자라고 말하는 것은 너무 편의적이고 피상적인 주장이다.

그렇기 때문에 콜롬비아가 채택한 모델에 대해 있을 수 있는 비판은 경제에 대한 자유무역의 영향과 거의 관계가 없다. 라틴아메리카에서 무엇보다 개방주의가 부를 창출하고 발전을 위한 길을 만들었던 경우를 고려한다면, 보호주의/개방 논쟁은 극복되어야 할 것이다.[4] 반대로 폐쇄적인 국가가 그러한 성과 수준에 도달한 사례는 하나도 없다.

그렇다면 콜롬비아의 세계화 모델의 문제는 무엇인가? 이러한 경제적 세계화 정책의 도전은 무엇인가?

앞의 질문들에 답하기 위해 이 글은 콜롬비아의 전략이 지역별·부문

---

4) 이 주제에 대한 흥미로운 논쟁에 대해서는 Edwards(2009)를 참조.

별로 보다 전면적인 다양화를 이루기 위해서 새롭게 조정되어야 한다는 생각에서 출발한다. 이와 더불어 콜롬비아의 세계화를 가능하게 한 생산품목들의 부가가치를 증가시키고, 외국인투자 유치를 장려해야 한다. 이들은 모두 국가발전과 경제성장의 효과적인 수단이 될 전략에 반영되어야 하며, 그 토대로서 콜롬비아의 경제적 세계화에 대한 국민적 합의가 정착될 필요가 있다.

이를 보여주기 위해, 첫 번째로 지역별·부문별 다양성이라는 관점에서 콜롬비아의 개방전략이 달성한 성과에 대해 분석한다. 두 번째로 부가가치 부문에 기반을 둔 생산구조의 부족이라는 중요한 문제를 심도 있게 살펴볼 것이다. 세 번째로 외국인직접투자 유인전략을 검토할 것이다. 네 번째로는 경제성장과 발전이라는 측면을 다룰 것이다. 다섯 번째로 국민적 합의의 결여에 대해 고찰할 것이다. 마지막에는 결론으로 앞서 살펴본 측면들에 대한 상세한 제언을 담은 제안들에 대해 고민해볼 것이다.

1. 지역별·부문별 다양화

콜롬비아의 경제적 세계화 정책의 첫 번째 도전은 지역별·부문별 다양화이다. 콜롬비아가 세계의 다양한 지역에서 시장을 여는 데 성공했지만, 면밀하게 분석해보면 다른 많은 지역들이 간과되었고 이들 지역들과의 무역은 매우 제한적이다. 아시아, 아프리카, 태평양 지역 대부분이 그러하다. 이렇듯 콜롬비아의 무역은 아메리카와 서유럽에 집중되었다고 해도 과언이 아니다. 그 결과 콜롬비아는 자유주의적이고 통합주의적인 힘에도 불구하고 세계시장에 참여하지 못하고 있다.

이는 콜롬비아의 주요 무역상대국들을 고려할 때 분명해진다.[5] 수출의 경우 미국(39%), 베네수엘라(12%), EU(14%)의 비중 합계가 60%를 넘는다. 수입의 경우에도 미국(28%), EU(13%), 중국(11%), 멕시코(8%), 메르코수르(Mercosur)(8%)로 비슷한 양상을 보인다.

이 문제에 대한 또 다른 분석방법은 콜롬비아의 통합 협상수단을 살펴보는 것이다.[6] 콜롬비아의 통합 과정이나 부분협정, 경제상호협력협정 및 발효 중이거나 서명했거나 협상 중인 자유무역협정(FTA)을 살펴보면, 한국이 아메리카와 서유럽을 제외한 유일한 상대국임을 알 수 있다.

이에 더해 일부 협정은 상대국의 관심 부족, (인권 문제와 같은) 무역 외적인 압력들, 콜롬비아 대외정책의 변화 등에 의해 위협을 받고 있다. 첫 번째 사례로 파나마와의 자유무역협정은 양국의 의견충돌로 교착상태에 빠져 있다. 이는 금융 천국, 거의 전면적인 시장개방이라는 특징을 가진 파나마의 국제경제 진입정책을 반영한다. 두 번째 사례는 미국 및 EU와의 자유무역협정이다. 세 번째 사례는 안데스공동체의 경우로, 최근 콜롬비아, 에콰도르, 페루, 볼리비아 및 탈퇴 전의 베네수엘라 등 회원국들 사이의 정치적 어려움에 의해 진전이 제한적이었다. 콜롬비아 대외무역의 과도한 집중은 관련 생산 부문을 분석하면 확실해진다. 콜롬비아 통계청(DANE)의 2009년 자료에 따르면, 콜롬비아 총수출의 약 57%가 (주로 석유 및 석탄과 같은) 전통적인 수출상품이었다. 나머지는 약간의 부가가치를 지닌 비전통적인 수출로서 38%가 산업용

---

5) 이에 대한 정보는 대략적인 것으로 콜롬비아 통계청(http://www.dane.gov.co)의 2009년도 자료이다.

6) 이에 대한 정보는 콜롬비아 무역산업관광부 홈페이지(http://www.mincomercio.gov.co)를 참조할 것.

품의 수출이다. 그러나 같은 해에 수입의 94%가 제조업 부문에서 이루어졌다.

콜롬비아가 원자재 수출국이자 산업재 수입국이라는 것이 꼭 문제가 되는 것은 아니다. 문제는 그러한 경향이 유지된다면, 수출의 효과가 계속해서 동일할 것이라는 점이다. 즉, 이러한 수출 부문은 (노동집약적이지 않기 때문에) 많은 노동력을 요구하지 않으며 비숙련 노동력을 사용한다. 이것이 (장기적인 높은 실업률과 같은) 콜롬비아의 구조적인 실업문제를 설명해준다. 게다가 이러한 부문들은 가격의 변화에 매우 민감하다. 이러한 현실은 콜롬비아 대외경제정책의 두 번째 도전의 존재를 분명하게 한다.

2. 부가가치

두 번째 도전은 갈수록 더 많은 부가가치를 포함하게 될 세계경제체제에 진입할 부문들의 창출을 장려할 필요가 있다는 점과 관련이 있다. 이러한 부문들은 규모의 경제를 활용할 수 있게 하고, 혁신과 기술도입을 가져오며, 궁극적으로 실제 지식경제의 논리에 관여하는 부문들이기 때문이다.

이러한 부문들의 발전이 저조했음은 앞서 언급한 경향들에서 명확하게 드러난다. 콜롬비아는 석유, 석탄, 커피, 화훼 및 기타 원자재를 수출하는 국가이다. 또한 비록 세계시장에 진입한 기초적인 제조업 부문이 존재하기는 하지만 수입의 대부분이 제조업 부문과 관련이 있다.

세계경제체제의 흐름 또는 국가들이 국제적 무역관계에 따라 특정부문을 채택하도록 강제하는 특수한 조건들의 존재 이외에, 이러한 현실이 보여주는 것은 열악한 콜롬비아 교육 시스템이다. 이는 콜롬비아의 경제개발협력기구(OECD) 국제 학업성취도 평가 프로그램(PISA) 결과에 잘 나타난다. 이는 개개인의 능력, 지식과 지식기반 혁신을 우선시하는 경제에 진입할 가능성을 측정하는 비교평가 프로그램으로, 2009년 결과에서도 콜롬비아의 청소년들은 읽기, 과학, 수학 영역에서 국제 평균보다 낮은 성취도를 보였다.[7]

이러한 결과는 교육의 질적 개선과 관련된 공공정책들 이외에도 노동시장의 필요와 그와 관련이 있는 압력들로 인해 만들어진다. 따라서 역동적이고 계속해서 변화하는 생산구조의 존재는 양질의 교육의 가장 좋은 파트너이다. 이러한 종류의 생산구조의 정착은 콜롬비아와 같이 자본이 한정된 국가에서 외국인투자에 의해 지탱된다. 그러나 현재 콜롬비아에 대한 투자는 이러한 역할을 하지 못하고 있고, 따라서 이것이 세계화 전략의 세 번째 도전이 된다.

3. 외국인직접투자

콜롬비아는 세계은행 보고서 『기업환경평가(Doing Business)』에서 확인할 수 있듯이 자본유치 정책을 채택해왔다. 이 보고서에 따르면 콜롬비아는 최근 몇 년 동안 자본유치 상위 40위 안에 위치해왔다. 이 보고서가 매년 국가들이 실행한 무역환경에 우호적인 개혁 정책들을 평가한다는 점을 밝힐 필요가 있다. 이러한 이유로 콜롬비아가 민간 부문에

---

7) 이와 관련된 콜롬비아의 결과를 보기 위해서는 다음 웹페이지를 참조할 것. http://www.icfes.gov.co

의한 부의 창출을 돕기 위해 제도적인 환경을 개선하는 개혁 정책들을 채택하는 데 노력하고 있다고 말할 수 있다. 그러나 아직 부족한 점이 많다.

이는 다양한 각도에서 살펴볼 수 있다. 투자에 유리하고 무역을 장려하는 더 많은 개혁 정책을 시행하는 국가들은 선진국들이거나, 지속적인 경제성장전략이 정착된 국가들이다.[8] 이미 매력적이고, 그렇기 때문에 최종적으로 투자를 유치하고 있는 국가들과의 경쟁에서 콜롬비아가 승리하기 위해서는 더욱 대폭적이고 신속한 개혁 정책을 펼칠 필요가 있다.

한편 시행해야 할 개혁 정책이 많다는 점은 매우 분명하다. 실제로 최근에(특히 알바로 우리베 정부 시절 동안) 투자유치를 위한 중심 정책 중 하나가 자유무역지역(Zonas Francas) 설정을 통해 일부 투자자에게 특혜를 제공하는 것이었다. 이 방법이 완전히 부정적인 것만은 아니지만 많은 문제점들을 내재하고 있다. 첫째, 알레한드로 가비리아(Alejandro Gaviria)와 같은 경제학자들이 설명한 것처럼 이러한 전략은 중앙정부의 세금징수능력에 직접적인 영향을 미쳤고, 콜롬비아 거시경제 문제점들 중 하나인 재정적자를 야기했다. 둘째, 이 전략은 일부 투자자는 승리자가 되고 다른 투자자는 그렇지 않음을 의미한다. 이는 모든 행위자의 투자결정에 영향을 미치고, 더 나아가 세계에서 가장 불평등한 국가들 중 하나인 콜롬비아에서 불평등을 심화시킨다.[9] 셋째, 이 전략은 콜롬비아가 무역환경 일반에 우호적인 개혁 정책들을 만들어내기보

---

8) 다음 웹페이지에서 보고서 『기업환경평가』를 참조할 것. http://espanol.doing business.org

9) 유엔개발계획(UNDP)의 인간개발보고서(HDR)를 참조할 것.

다는 일부 공무원들의 결정에 의해 일부 투자자들만을 위한 무역환경을 만들어왔음을 보여준다.

이러한 영역에서 고려해야 할 또 다른 측면은 치안이다. 최근에 우리베 정부의 민주적 치안정책이 국제적으로 투자자들이 콜롬비아에 대해 가지고 있던 생각을 바꿔놓은 것은 확실하다. 이제 콜롬비아는 붕괴하고 있는 국가가 아니라 제도가 안정화되고 있는 국가가 되었다. 그러나 이 정책은 시민 안전이란 측면에서의 결과를 고려하지 않았다. 그렇기 때문에 현재 콜롬비아에서 지방은 (치안에 대한 위협이 없다는 것은 아니지만) 더욱 안전해진 반면에, 도시의 상황은 더욱 악화되었다. 제조업 부문이나 서비스 부문의 투자는 일반적으로 인구밀도가 높고 경제가 성장 중인 지역, 즉 도시에서 이뤄진다.

이러한 모습은 투자의 출처뿐만 아니라 투자 사용처의 집중에서 볼 수 있다.[10] 그러나 앞에서 고려된 요소들을 심화시키는 더욱 두드러진 사실은 이러한 재원의 약 80%가 광산과 채석 및 석유 두 부문에 사용된다는 점이다. 이는 콜롬비아의 외국인직접투자가 앞서 살펴본 세계화를 심화시키고 있음을 의미한다.

4. 성장과 발전

비록 앞의 측면들이 성장전략과 관련이 있을 수 있고, 또 만약 장기적으로 지속되어 복지를 창출해낸다면 발전과도 관련이 있겠지만, 성장과

---

10) 콜롬비아의 외국인투자를 담당하는 기관(http://www.inviertaencolombia.com.co)의 수치임.

발전이라는 두 과정을 별개의 도전으로 주목하는 게 중요하다. 이는 이 두 과정에 영향을 미치는 다른 요소들이 존재하는 한 그렇다. 이에 앞서 이 과정들을 손쉽게 진작할 수 있는 전략들이 채택되어야 함을 보여주는 징후들이 존재한다고 지적할 필요가 있다.

첫째, 콜롬비아의 세계화 형태 때문에 이익이 일정하지 않고 국제정세와 주요 파트너들에 의해 좌우된다는 점을 지적해야 한다. 그 하나의 사례로서 콜롬비아의 수출은 최근 몇 년 동안 국제원유가의 결과로 증가했다. 만약 원유가가 하락한다면 어떻게 될 것인가? 이 이익의 사회적 혜택은 무엇이었는가?

둘째, 앞의 상황은 외부요소에 대한 콜롬비아의 과도한 의존 가능성에 대해 경고한다. 이는 현재 중국과 같은 고성장 국가들에서 일어나고 있다. 그러나 언급했듯이, 콜롬비아는 원자재 수출국에서 다른 종류의 재화 수출국으로 변모하지 않았다. 따라서 이 부문의 과도한 종속은 성장과 발전에 대한 전망에 한계를 부여할 것이다.

셋째, 마지막으로 세계화 정책은 특혜, 즉 일부 국가에 대해, 일부 부문에 대해, 그리고 일부 자본에 대해 주어진 특혜에 기반을 두었다. 이는 국내뿐만 아니라 국제적으로도 나타난다. 이렇듯 국제환경 속에서 콜롬비아의 새로운 상황으로부터 혜택을 얻은 것은 전체가 아니라 일부이다. 이는 콜롬비아의 긍정적인 지표에도 불구하고 많은 이들이 왜 여전히 현재의 상황에 부정적이고 회의적인 이미지를 가지고 있는지를 잘 설명해준다. 농가소득보험(Agro-Ingreso Seguro)의 경우에 그랬던 것처럼 부정부패 스캔들로 변질되어버린 국내 보조금정책들보다 더 좋은 증거가 있겠는가?

5. 국민적 합의

국민적 합의는 콜롬비아의 전향적인 세계화의 토대가 된다. 필자가 이전 논문들에서 밝혔듯이, 조합들은 콜롬비아 정부의 결정에 지대한 영향을 미쳐왔다(Garay, 2008: 179~203). 그러나 노동조합, 매스컴, NGO 등과 같이 그다지 자유무역과 개방에 우호적이지 않은 다른 부문들 역시 영향을 미쳤다.

이는 두 가지 중요한 문제를 야기했다. 첫째, 시민사회와 정책결정자 사이에 성장 및 발전 개념을 둘러싼 단절이 존재하는 듯하다. 이는 동시에 국가와 국민 사이의 큰 간극을 의미한다. 둘째, 국가의 모든 결정은 사회 내부의 소규모 부문들에 의해 지지된다. 이는 국가의 과실을 유발하고 정통성 상실을 조장함으로써, 최종적으로 전체가 아닌 일부만의 이익을 영속화한다.

이에 더해 선출직 공무원 또는 지명직 기술관료로 대표되는 정부는 합의를 창출하기 위한 노력을 다하지 않았다. 대중에게 숨긴 채 비밀리에 정책을 결정하고, 시장개방정책의 가시적인 이익을 설명하는 데 실제적인 노력을 기울이지 않았다.

이를 증명하는 것이 보조금과 특혜의 편중이다. 또한 정부는 무역과 경제 주제를 내부 갈등 문제의 해결전략 및 불법 마약 문제의 해결책으로 이용한다. 이러한 관계가 만들어지는 과정에서 발견될 수 있는 실수 외에, 콜롬비아 국민들은 앞의 문제들을 해결하기 위한 몇몇 결정이 주는 직접적이고 구체적인 이익을 살피지 않는다.

6. 결론

이 글을 통해 콜롬비아의 세계화 전략이 현재 직면한 몇 가지 도전에 대해 살펴봤다. 세계적으로 다른 나라들의 사례는 외국인투자 유인과 무역개방에 우호적인 개혁정책이 적절한 것임을 보여준다. 그러나 이러한 전략이 다수에게 이익이 되고 국민들이 기대하는 사회복지지표를 만들어내도록 하기 위해서는 변화가 필요하다. 그렇기 때문에 이어서 앞서 지적된 상황들을 개선하기 위한 제안들에 대해 살펴보겠다.

지역별·부문별 다양화 문제에 있어, 다른 글에서 지적한 것과 같이 콜롬비아는 일방적인 개방전략을 채택할 수 있었을 것이다.[11] 이를 통해 콜롬비아는 관세특혜가 존재하는 국가나 지역뿐만 아니라 기업인들이 필요로 하는 국가나 지역들과 관계를 맺을 수 있을 것이다. 또한 이렇게 해서 새로운 부가가치 부문을 공고화하는 새로운 유인책들이 작동할 수 있을 것이다. 그러나 이를 위해서는 낮은 교육 수준을 개선하고 연구를 진흥하며, 현재 콜롬비아에 만연한 학문적 엉성함을 인정하는 교육정책이 필요하다.

한편 다른 부문에 더 많은 투자를 촉진하기 위해서는 안전과 인프라라는 측면에서 콜롬비아 도시들의 매력을 향상시키는 것뿐만 아니라, 불필요한 절차를 제거하기 위해 채택된 개혁정책들이 심화되어야 한다. 또한 개혁정책들이 투자자 일부가 아니라 전체에 즉각적으로 적용되는 것도 중요하다. 마찬가지로 이러한 개혁정책들은 개인들의 결정을 용이하게 하고, 경쟁과 이익추구를 장려해야 한다. 이는 보조금이나 특혜가 아니라 재산권이 보호되고 다수를 포괄하는 진정한 시장경제의 공고화

---

11) 여기서 언급하는 논문은 Garay(2010: 114~119).

를 통해서 달성된다.

그러나 시민사회의 여러 부문을 포괄하는 국민적 합의에 도달하지 않는다면 그 어느 것도 불가능하다. 이 합의에는 중요한 세 가지 측면이 포함되어야 한다. 첫째, 무역개방과 시장경제 심화를 위해 채택된 전략에 대한 합의가 포함되어야 한다. 둘째, 영향을 받을 것으로 보이는 이들에게 주어질 수 있는 보상에 대한 합의가 포함되어야 한다. 이는 채택된 전략에 반대되는 압력, 그리고 다른 한편으로는 더 큰 불평등과 이익의 집중이라는 두 가지 문제를 한 번에 해결할 수 있게 할 것이다. 셋째, 효과를 더 확실하게 하고 패자가 자신의 미래를 결정하도록 하기 위해 승자와 패자를 분명하게 나누게 될 것이라는 합의가 포함되어야 한다.

마지막으로 국가는 개인의 이익을 강제하거나 보호할 수 없으며, 대신 개인이 자신의 일을 더 잘 하도록 돕는 것이 그 역할임을 기억해야 한다. 또한 국가는 전체를 위해 더 나은 무역환경을 구축하는 데 일조해야 한다. 그리고 일반화된 합의를 보증해야 한다. 다른 국가들은 이렇게 했다. 콜롬비아 역시 성공할 수 있다.

참고문헌

Edwards, Sebastián. 2009. *Populismo o Mercados. El dilemma de América Latina.* Bogotá: Grupo Editorial Norma.

Garay, J. 2008. "Gremios y Política Commercial. El caso de la Negociación del TLC con Estados Unidos en la Imposición de Intereses Particulares por Encima de los Generales," en Martha Ardila et al., *La Toma de Decisiones de la Política Exterior Colombiana.* Bogotá: Universidad Externado de Colombia, pp. 179~203.

_____. 2010. "El caso de los TLC en Colombia: Una Opción Adicional," en *Revista Zero,* No. 25, pp. 114~119.

Kalmanovitz, Salomón. 2006. *Economía y Nación: Una Breve Historia de Colombia.* Bogotá: Norma.

Ocampo, José Antonio(comp.). 2007. *Historia Económica de Colombia.* Bogotá: Planeta.

Reuters. 2010.4.27. "After BRICS, look to CIVETS for growth — HSBC CEO." London, http://www.reuters.com/article/idUSLDE63Q26Q20100427

http://www.heritage.org

http://www.mincomercio.gov.co

http://www.icfes.gov.co

http://www.inviertaencolombia.com.co

http://espanol.doingbusiness.org

http://www.dane.gov.co

제2장

태평양에서의 콜롬비아

세계무대 편입의 성과와 도전

에르난도 호세 고메스 레스트레포 _이성훈 옮김

고부가가치와 혁신적인 재화 및 서비스에 기반을 둔 생산적인 변환과 함께 콜롬비아는 세계시장 편입을 심화해야 할 도전에 직면하고 있다. 특히 인구와 부의 대부분이 위치해 있고, 최근 수십 년 동안 커다란 경제적 활력을 보여준 태평양 연안 국가들과 연계를 발전시키는 것은 중요하다. 이 논문은 콜롬비아가 진행하고 있는 협상과 조약 들을 분석하고, 비록 최근 몇 년 동안 많은 발전이 있기는 했지만 콜롬비아가 세계무대 편입을 더 심화하는 것이 필요하다는 결론을 내린다.

에르난도 호세 고메스 레스트레포 Hernando José Gómez Restrepo 로스안데스 대학(보고타) 경제학자. 현재 콜롬비아 경쟁력향상민간위원회(Consejo privado competividad de Colombia) 위원장.

* 이 글은 ≪Nueva Sociedad≫ 228호(2010년 7~8월)에 실린 글을 옮긴 것이다.

1. 서론

　콜롬비아 경제의 주된 도전은 세계시장에 초점을 맞춰 고부가가치와 혁신적인 재화 및 서비스에 기초한 생산적인 변환을 심화시키는 것이다. 이러한 목표의 달성은 두 개 전선에서의 진전을 함축한다. 첫째, 생산성 증가를 제약하고 있는 커다란 병목 지점들을 제거하는 것이 필요하다. 이를 통해서 기업들이 성장·혁신하고, 세계적으로 경쟁력을 갖춘 고부가가치 제품들을 발전시킬 수 있을 것이다. 둘째, 생산적인 변환을 통해 국외시장을 겨냥하기 위해 세계시장에 경제를 개방하는 것이 요구된다. 특히 인구와 부의 대부분이 집중되어 있고, 최근 수십 년 동안 가장 커다란 경제적 역동성을 보여준 태평양 지역 국가들과의 경제 협력은 중요하다.

　앞서 언급한 것처럼 이런 종류의 생산적인 변환을 완성하기 위한 기본적인 필요조건 중 하나는 경제 요소들의 생산성을 확대하는 것이다. 생산성이 낮고 잠재적 경제성장이 비교적 제약된 콜롬비아 같은 나라에서 이 점은 특히 중요하다. 예를 들어 미국의 생산성과 콜롬비아의 생산성을 비교할 때, 실제로 콜롬비아가 모든 경제 부문들에서 커다란 간극에 직면하고 있다는 사실을 발견하게 된다. 특히 농업, 무역, 산업과 같이 고용이 집중되어 있는 부문들에서 그렇다.

　<그림 2-1>에서 알 수 있듯이 교통, 무역, 제조업, 농업과 같은 부문에서 콜롬비아 노동자 1인당 평균 생산성은 미국의 동일 부문 노동자 평균 노동생산성의 25%에도 못 미친다. 이는 바는 평균적으로 각 부문에서 콜롬비아 노동자가 미국 노동자가 생산하는 것과 동일한 생산품을 만들어내는 데 4배나 시간이 더 걸린다는 것을 의미한다. 광업이나 금융 서비스업과 같이 노동생산성의 격차가 심각하지 않은 영역도 미국

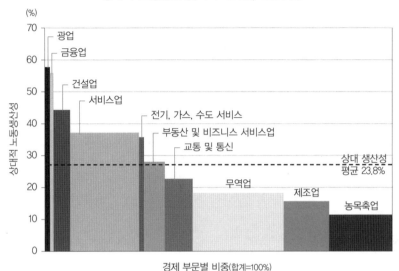

〈그림 2-1〉 콜롬비아의 미국 대비 경제 부문별
상대적 노동생산성(미국=100%, 2008년)

자료: 콜롬비아 통계청(Departamento Administrativo Nacional de Estadisticas: DANE), 경
제분석국(BEA), 국제노동기구(OIT) 데이터를 토대로 필자가 재구성.

의 동일 부문 생산성의 60%에 이르지 못한다.

낮은 노동생산성은 비단 콜롬비아만의 독특한 현상은 아니다. 라틴아
메리카 경제의 생산성을 비교할 때, 전체적인 수치에서뿐만 아니라 부
문별 수치에서도 비슷한 패턴을 발견할 수 있다(<그림 2-2> 참조).[1]

종합하자면 개별적으로는 콜롬비아가 그리고 나아가 라틴아메리카
전체가 가지고 있는 커다란 도전은 생산성 증가와 생산적 변환이라는
목표를 달성할 수 있는 환경을 조성하는 것이다. 이를 위해 기업 발전을
제약하는 규제와 공공재화의 적립이라는 거대한 장애물들을 제거할

---

1) 구매력 평가(purchasing power parity: PPP)에 맞춰 조정된 가치.

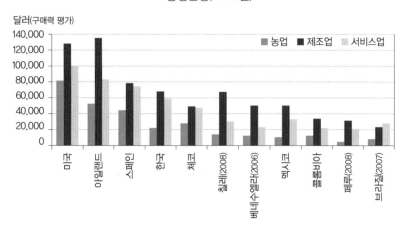

〈그림 2-2〉 라틴아메리카 일부 국가의 전체 경제 부문별
노동생산성(2009년)

자료: 국제경영개발연구원(IMD).

필요가 있으며, 세계시장에 경제를 개방하는 것이 필요하다. 이렇게
해서 무엇보다도 경쟁력, 기업 활동, 기업 간 제휴, 경제력 집중을 통한
생산적 혁신 등을 강화할 수 있을 것이다.

이 글은 이런 두 가지 기본적인 전제조건 중에서 두 번째를 다루고자
한다. 즉, 국가 경제발전에서 태평양 국가들과의 통합에 강조점을 둔
세계 경제통합이 갖는 역할을 다룬다. 이를 위해 경제통합의 두 가지
중요한 요소들(대외교역과 외국인투자)에 대한 진단을 실시하고, 콜롬비
아와 라틴아메리카의 몇 나라들의 경제개방 과정을 비교해본다. 그리고
태평양 국가들을 중심으로 한 '경제블록' 전망을 분석한다. 마지막으로
몇 가지 결론과 최종 논평을 제시하고자 한다.

2. 콜롬비아와 라틴아메리카의 대외교역과 외국인투자

비교 관점에서 보면 콜롬비아의 수출은 총액이 작고 부가가치가 낮으며, 제품의 종류뿐만 아니라 수출 대상국의 범위도 매우 한정된 상태이다. 그리고 최근 몇 년 동안 대외교역의 증가에도 불구하고, 통계청(DANE)의 자료에 따르면 콜롬비아의 총수출은 1997~2003년 기간에 연간 100억~150억 달러 사이였던 것이 2007~2009년 기간에 320억 달러를 상회한 반면, 수입은 21세기 초 100억 달러에서 2008년 약 400억 달러로 증가했다. 인구 규모를 고려할 때 거대한 국내시장을 보유한 스페인, 체코, 미국과 같은 나라들과 비교해 콜롬비아의 수출 규모는 아직 매우 작다는 것은 분명하다. 이러한 자료는 <그림 2-3>에서 종합적으로 나타난다.

수출 고도화와 관련하여 콜롬비아의 열악한 상황은 해외에서 판매되는 주요 제품들에 반영되어 있다. <표 2-1>은 2009년 콜롬비아의 10개

〈그림 2-3〉 국민 1인당 재화 및 서비스 총수출

(단위: 구매력 평가 기준 달러)

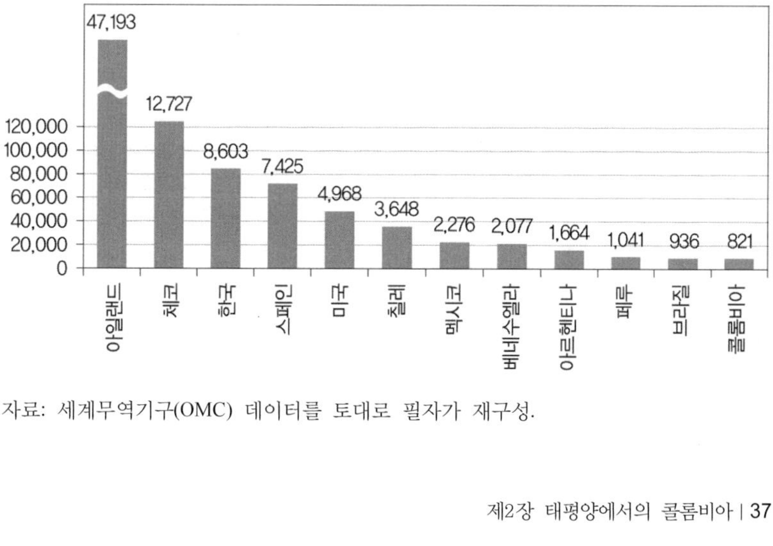

자료: 세계무역기구(OMC) 데이터를 토대로 필자가 재구성.

⟨표 2-1⟩ 콜롬비아의 상위 10위 수출상품(HS1992 4단위 품목분류 기준, 2009년)

총수출에서 차지하는 비율(%)	상품	고도화 정도*(구매력 평가 기준 달러)	수입수준
1.1%	의약품	23,349	중상, 상
16.1%	석탄	14,922	
1.7%	냉동우유	12,560	
30.4%	석유 및 파생상품	10,305	
3.2%	화훼	7,703	중
2.2%	합금	7,627	
2.5%	바나나	5,843	하
1.2%	사탕수수	5,805	
4.7%	금	2,967	
4.8%	커피	2,814	
총 67.8%		가중평균 10,178	

주: * 콜롬비아 1인당 GDP=8900달러(구매력 평가 기준)
자료: Ricardo Hausmann y Bailey Klinger, "Achieving Export-led Growth in Colombia," CID Working Paper, Nº 182, Center for International Development, Kennedy School of Government, Harvard University(2007.5)에 기초한 UN Comtrade 데이터를 토대로 필자가 재구성.

최대 수출품, 이 제품들이 총수출에서 차지하는 비율, 그리고 이 제품을 수출하는 국가들의 인구당 평균 수입처럼 측정되는 고도화 지수를 보여준다.[2] 이 고도화 지수는 구매력 평가에 맞춰 달러로 계산된 1인당 국내총생산과 비교할 수 있으며, 콜롬비아의 경우는 약 9000달러이다. 따라서 이 금액을 초과하는 수치의 제품은 평균적으로 콜롬비아보다 더 발전된 국가들이 수출한 제품에 해당한다. 이 사실은 이 제품이 콜롬비아에서는 고부가가치 상품에 해당한다는 것을 의미한다.

2) 다음에 제시된 방법론을 따랐다. R. Hausmann, Jason Hwang and Dani Rodrik, "What You Export Matters," *NBER Working Paper*, Nº 11,905(Cambridge, MA: National Bureau of Economic Research, 2006).

<표 2-1>을 보면 콜롬비아의 최대 수출품 가운데 높은 고도화 지수를 지닌 열 가지 상품 중 두 가지가 광물·에너지 제품이라는 것을 알 수 있는데, 이 결과는 부가가치화 과정을 실제로 반영하지 않는다. 석탄과 석유, 이 두 제품은 콜롬비아 총수출의 거의 50%를 차지한다. 요컨대 콜롬비아의 수출 품목이 다양하지 못하다는 지표가 된다. 다른 한편으로 총수출의 2%를 약간 넘는 의약품과 냉동육우를 예외로 하고, 표의 다른 상품들은 커피, 바나나, 화훼 혹은 금과 같은 저부가가치의 1차 상품들이다.

이와 같은 상황은 여타 라틴아메리카 나라들에서도 크게 다르지 않다. 이 나라들의 대부분의 수출품은 1차 상품이나 자연자원에 기초한 상품으로 구성되어 있다. 구체적으로 멕시코를 제외하고 이 지역 국가들의 총수출에서 중간 혹은 높은 등급의 기술 생산품이 수출에서 차지하는 비율은 50%를 넘지 않는다. 그리고 칠레와 페루의 경우 5%를 넘지 않는다(<그림 2-4> 참조).

〈그림 2-4〉 총수출 대비 중상위 기술집약적 상품 수출(2009년)

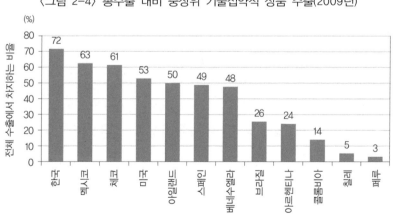

자료: 라틴아메리카 카리브해 경제위원회(Cepal), Sigci Plus.

수출품의 다변화와 관련하여 네 자릿수로 된 HS2002 분류에 따른 세 가지 주요 수출품은 총수출에서 베네수엘라의 경우 94%, 칠레 54%, 콜롬비아 46%, 페루 42%, 멕시코 26%, 아르헨티나 23%, 브라질은 22%에 해당한다. 이 수치는 석유, 구리 혹은 석탄 등의 광산 자원이나 에너지 자원을 가지고 있는 콜롬비아, 베네수엘라, 칠레, 페루 같은 몇몇 나라들의 종속성을 부각시킨다. 이 경우들에서 정부는 수출 품목을 다변화하고 국제적인 가격 변동에서 자국의 취약성을 축소해야 할 뿐만 아니라, 광물·에너지 수출에서 나오는 재원을 신중하고 책임성 있게 관리해야 할 목표에 직면하고 있다.

그건 그렇다 치고, 한 국가의 대외정책 분석은 대외교역의 역학을 연구하는 것으로 달성되지 않는다. 공적 재정 상태나 해외투자 유인정책과 같은 여기에 개입하는 다양한 부가요소들이 존재한다.

공적 재정 상태는 국가의 대외정책을 결정짓는 하나의 요소이다. 한편으로 부실한 재정 경영은 정치적·경제적 불안정성의 원인이 되고, 이것은 무엇보다도 거시경제적 변수들의 커다란 변동성과 국내외 투자를 제약하고 생산활동에 해를 끼치게 되는 조세 개혁으로 이어지는 하나의 동기가 된다. 다른 한편으로 국고 수입의 축소나 지출에서 유연성 부족은 외무부와 대외무역부 같은 부서나, 해외직접투자나 수출을 진작하는 조직들에 더 적은 재원이 배분되었음을 뜻한다.

덧붙여 정부의 열악한 저축 능력은 환율의 취약성을 강화하고, 이는 경제의 비교역 부문들의 수행성에 해를 끼친다. 이 현상은 특히 콜롬비아와 주된 1차 상품 수출국인 많은 라틴아메리카 국가들에서 두드러진다. 저축의 결핍은 1차 상품의 국제 가격이 낮을 때 안정화 메커니즘을 정상적으로 작동시키지 못하고, 이는 환율과 재정 수입에서 강력한 변동성을 만들어낸다. 덧붙이자면 '7년 풍년' 시기의 저축 불능성은 최근

<그림 2-5> 중앙정부 대차대조

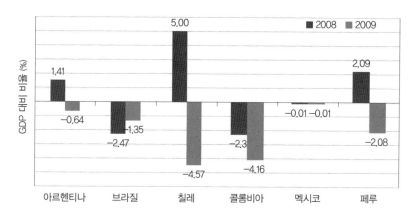

자료: 국제경영개발연구원(IMD).

<그림 2-6> 공채

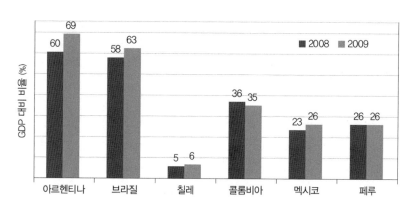

자료: 국제경영개발연구원(IMD).

의 세계 위기 동안의 예처럼 '7년 흉년' 동안 국가의 관리능력에 불가피
한 반향을 남긴다.

콜롬비아의 경우 재정 상황은 낙관적이지 않다. 그럼에도 채무가 국

내총생산(Gross Domestic Product: GDP)에 근접하거나 상회하고 재정 적자가 10%를 넘는 나라들인 그리스, 스페인, 아일랜드, 영국, 미국과 같은 몇몇 나라들과 비교해볼 때 상황은 관리 가능하다. 다른 한편으로 라틴아메리카의 경우 콜롬비아와 마찬가지로 최근의 세계 위기로 인해 공공재정이 상당히 축소되었지만, 국제적인 맥락에서 재정 상황은 양호하다 (<그림 2-5>, <그림 2-6> 참조).

세계경제 위기에서 배운 하나의 교훈은 호황기에 재원을 저축하고, 이를 통해 위기 시에 긴축적인 재정정책을 집행하기 위한 유연성을 가질 수 있도록 하는 책임 있는 재정정책이 중요하다는 것이다. 칠레가 좋은 사례이다. 2000년대 초반 재정규칙을 시행함으로써 칠레는 긴축적인 재정정책을 집행할 수 있는 커다란 운용의 폭을 확보했고, 환율과 같은 거시경제적 변인들의 취약성을 줄일 수 있었다.

투자가 가져오는 자본뿐만 아니라, 특히 일자리 창출, 그리고 인적자원, 지식과 기술의 유인이라는 관점에서 긍정적인 외부효과를 만들어낸다는 점에서 외국인직접투자는 한 나라 대외정책의 또 다른 중심적인 요소이다.

콜롬비아에서 외국인직접투자의 유입은 2000년 초반 매년 평균 20억 달러에서 2010년대 말 100억 달러를 상회하는 기록적인 금액에 이르렀다. 콜롬비아에 들어오는 외국인직접투자의 약 80%가 현재 광업·에너지 부문을 대상으로 하고, 특히 석유와 석탄의 수출과 채광활동을 위한 것이라는 사실에 주목해야 한다.

라틴아메리카에서 외국인직접투자를 더 많이 받은 나라는 브라질, 칠레, 멕시코이다(칠레의 경우 인구 규모가 가장 작아 더 두드러진다). 최근 10년 동안 외국인직접투자가 두드러지게 증가한 나라는 콜롬비아, 페루, 칠레였다. 반대로 베네수엘라에서 외국인직접투자는 최근 몇 년

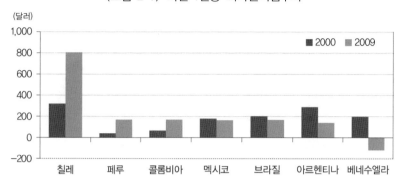

〈그림 2-7〉 국민 1인당 외국인직접투자

자료: 국제경영개발연구원(IMD).

동안 감소했다(<그림 2-7> 참조).

라틴아메리카 국가 중에서 콜롬비아의 투자유인정책은 두드러진다. 이 정책은 더 많은 외국인직접투자의 유입, 지난 10년을 기준으로 초반 국내총생산의 16%에서 후반 25%로 증가한 투자율, 그리고 세계은행 '기업환경평가(Doing Business)' 지수의 실질적인 개선으로 나타났다. 이 지수에서 콜롬비아는 2006년 181개 국가 중 83위였다가, 2009년 37위로 상승했다. 이러한 평가에 부합해 최근 3년 동안 가장 개혁적인 10개국 중 하나로 자리 잡았다.

3. 콜롬비아와 태평양 연안 국가들의 경제통합

최근 몇 년 동안 세계경제 모습은 본질적으로 변했다. 아시아 국가들, 특히 신흥국가들은 세계 생산과 교역 흐름에서 그 비중을 확대했다. 반면 선진국가들, 특히 유럽 국가들은 그 우위를 상실했다(<그림 2-8>,

〈그림 2-8〉 구매력 평가 기준 달러 환산 세계 국내총생산 구성(1980년, 2009년)

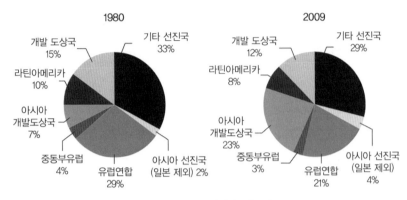

자료: 국제통화기금(IMF) 데이터를 토대로 필자가 재구성.

〈그림 2-9〉 세계 무역(수출) 구성(1980년, 2009년)

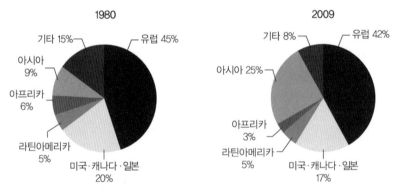

자료: 국제통화기금(IMF) 데이터를 토대로 필자가 재구성.

<그림 2-9> 참조). 이 차이는 소득이 더 높은 국가들에 더 큰 영향을 끼친 최근의 경제 위기로 인해 더욱 강화되었다.

라틴아메리카의 경우 세계 생산 참여 비중은 약 8%이고 최근 30년 동안 가벼운 하방 경향성을 보여주었다. 대외교역에서도 다소 유사한

상황이 나타나고 있는데, 이 지역의 수출 가치는 전 세계 수출의 6%로서 이 수치는 최근 30년 동안 유지되어왔다.

라틴아메리카 국가들의 대외정책은 충분히 이질적이다. 예를 들어 칠레, 멕시코 같은 나라들은 안데스 지역의 나라들보다 더 모험적이고 더 광범위한 통합 과정을 진전시켜왔다.

콜롬비아만 보면 최근 정부 주도로 세계화 정책이 추동되었다. 이는 몇 년 내에 콜롬비아가 거대 규모 시장에 특혜적인 접근을 가능할 수 있게 해주고, 부가적으로 콜롬비아 기업들에게 절호의 교역 기회를 열어줄 것이다.

콜롬비아는 안데스공동체(CAN), G-2(멕시코), 칠레, 메르코수르, 북중미 3개국(엘살바도르, 온두라스, 과테말라)과 유효한 협정을 맺고 있다. 마찬가지로 미국, 캐나다, 그리고 스위스, 노르웨이, 리히텐슈타인과 아이슬란드로 구성된 유럽자유무역연합(EFTA)과의 협정에도 서명했다. 게다가 유럽연합과의 협상을 마쳤고 한국과 파나마와는 협상 중에 있다. 이 외에 일본과 도미니카공화국과는 대화를 시작하기 위해 이미 의제를 설정한 상태이다. 분명히 콜롬비아는 라틴아메리카 지역에서 무역개방 과정을 늦게 시작한 마지막 국가들 중 하나였고, 따라서 아직 뒤처진 상태이다.

라틴아메리카에서 많은 나라들이 경제통합을 위한 광범위한 의제를 가지고 있다. 예를 들어 페루는 최근 들어 미국과 캐나다와 무역협정을 승인했고, 태국과의 협정은 비준이 남아 있고, 미국, 유럽자유무역연합, 일본, 한국과는 협상을 진행 중이다. 다른 한편으로 칠레와 멕시코는 각각 합산하여 35조 달러 이상의 국내총생산을 보유한 국가들과 이미 무역협정을 맺고 있음에도 불구하고 지속적으로 시장을 개척하고 있다. 구체적으로 칠레는 터키와 자유무역협정을 비준하는 과정에 있고, 에콰도르, 말레이시아, 메르코수르, 멕시코, 태국, 베트남과 협상을 진행하고 있다. 반면 멕시코는 메르코수르, 중앙아메리카, 에콰도르, 칠레, 페루, 한국, 싱가포르와 협상을 진행 중이다. 다른 한편으로 이미 아르헨티나, 브라질, 우루과이, 파라과이를 통합한 메르코수르는 이집트, 유럽연합, 칠레, 한국, 멕시코, 모로코, 파나마, 페르시아만 아랍국가협력위원회, 중앙아메리카, 남부아프리카 관세동맹과 협상을 진행하고 있다.

아직 보호주의적인 정책을 실시하고 있는 소수의 국가들을 예외로 하고 라틴아메리카, 특히 환태평양을 구성하고 있는 나라들은 동일한 방향으로 움직이고 있다. 다시 말해 더욱 거대한 세계 경제통합을 향해 나아가고 있다. 이것은 그리 멀지 않은 미래에 이런 종류의 통합이 함의하는 정치적인 난관에도 불구하고 태평양 경제블록 구축의 가능성을 암시한다.

이런 의미에서 이미 중요한 진전들이 존재한다. 일반적으로 미주 대륙의 대부분의 태평양 연안 국가들은 상호 간 자유무역협정을 맺고 있다. 예를 들어 콜롬비아는 멕시코, 엘살바도르, 과테말라, 온두라스, 에콰도르, 페루, 칠레와 자유무역협정을 맺고 있다. 미국은 중앙아메리카, 멕시코, 캐나다, 페루, 칠레와 자유무역협정을 맺고 있고, 멕시코는 미국, 캐나다, 엘살바도르, 온두라스, 과테말라, 니카라과, 칠레, 콜롬비아와 자유무역협정을 맺고 있다.

따라서 태평양 이쪽 연안에서 통합의 중요한 진전은 이미 이뤄졌고, 칠레, 페루, 콜롬비아, 멕시코가 참여하는 환태평양 국가들과 준비가 된 중앙아메리카 국가들 사이의 협정을 구체화하면서 균형을 이루는 것이 시급하다. 무엇보다도 원산지 규정의 균형을 잡아줄 이 협정은 미래에 아시아 국가그룹이나 국가들과의 블록 간 통합을 원활하게 해줄 것이다. 즉, 규칙을 통일하고, 합의를 만들어내고, 블록 간 협상을 진행하면서 아태 지역 국가와 통합 과정은 훨씬 더 손쉽게 진행될 수 있을 것이다.

덧붙여서 이 지역 국가들의 중요한 경험이 존재한다. 이 지역의 생산 구조는 이미 아태 지역 국가들과 무역협정을 가지고 있는 다른 나라들의 구조와 유사하다. 예를 들어 멕시코는 일본과, 칠레는 중국, 일본, 한국과, 페루는 중국, 싱가포르와 자유무역협정을 맺고 있다.

그렇다고 할지라도, 통합의 진전을 가로막는 다양한 성격의 장벽이 존재하기 때문에 태평양 지역 통합은 먼 꿈이다. 한편으로 몇 나라들은 아직 보호주의적인 정책을 시행하는 경향이 있다. 다른 경우로서 미국과 콜롬비아의 자유무역협정 승인 과정이 보여주는 것처럼 통합은 정치적인 이유로 인해 방해받고 있다. 양국에 주어지는 경제적인 이익에도 불구하고 협정은 현재 미국의 노동조합에 의해 가로막혀 있다. 그리고 일반적으로 이 지역의 많은 정부들은 지역 산업에 끼칠 영향으로 인해 아시아 몇몇 국가들, 특히 중국과의 통합을 우려를 가지고 바라보고 있다.

이 논리는 역사적으로 보호받아온 지역의 몇몇 산업에는 의미가 있을지라도 글로벌한 측면에서 아태 지역 국가들과 미주 태평양 국가들 사이의 교역에서 상보성이 존재하기 때문에 일반적인 상황에서 반드시 확실한 것은 아니다. 예를 들어보면, <그림 2-10>은 콜롬비아와 환태평양 국가들[3])의 아태 지역 국가들과의 대외교역에 주요한 특징들을 보여준다.[4])

---

3) 에콰도르, 페루, 칠레, 멕시코, 파나마, 코스타리카, 과테말라, 엘살바도르, 온두라스, 니카라과를 포함한다.

4) 중국, 일본, 한국, 싱가포르, 홍콩, 태국, 인도네시아, 호주, 뉴질랜드, 필리핀, 말레이시아와 기타 아태 지역 국가들을 포함한다.

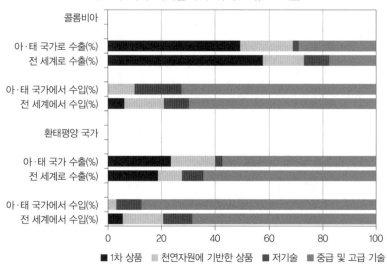

〈그림 2-10〉 콜롬비아와 환태평양 국가들의
아 · 태 지역 국가들과의 대외교역(2009년)

자료: 라틴아메리카 카리브해 경제위원회(Cepal) 데이터를 토대로 필자가 재구성.

　콜롬비아의 경우 대 아시아 수출은 여타 국가들보다 고부가가치 상품
이 많고, 1차 상품의 규모가 작은 편이다. 여기에 덧붙여 콜롬비아의
대 아시아 교역은 주로 1차 상품과 자연자원에 기반한 상품을 수출한다.
그리고 중간 혹은 높은 수준의 기술 제품을 수입한다. 이 사실은 생산의
관점에서 두 국가 혹은 두 지역 사이에 존재하는 교역의 상보성을 비교
하는 그루벨-로이드(G-L)지수의 결과를 분석해보면 확실해진다. 이 지
수는 콜롬비아와 아태 지역 국가들 사이뿐만 아니라 환태평양 라틴아
메리카 국가들과 아태 지역 국가들 사이에도 커다란 상보성이 존재한
다는 것을 보여준다.
　콜롬비아와 아태 지역 간 상위 10가지 대량 교역 품목은 모두 G-L지
수가 10% 미만인데, 이것은 산업 내 교역의 존재를 부정한다. 즉, 비교

적 유사한 규모로 쌍방향으로 이동하는 동일 상품 혹은 산업의 교역이 존재하지 않는다는 것이다. 가장 많이 상호 교환된 제품은 자동차와 자동차부품, 커피, 고무 제품, 통신장비, 섬유이다. 콜롬비아와 아태 지역 간 상호 교환된 250가지 품목 중에서 단지 31개만이 이 지수의 결과와 일치하는 산업 내 교역의 증거를 가지고 있다.

환태평양 라틴아메리카 지역의 경우 역시 아태 지역과의 교역적 상보성이 존재한다. 두 지역 간 가장 많이 교역된 10가지 품목 중에서 단지 2가지(사무기기 부품과 석유제품)에서 산업 내 교역이 나타난다(35%를 넘는 G-L지수).

4. 결론과 최종 논평

환태평양 국가들과 이 지역의 다른 자연적인 교역 파트너들은 두 가지 커다란 도전에 직면하고 있다. 첫 번째는 기업들의 생산성 향상을 제약하는 거대한 병목 지점들을 제거하는 것이다. 두 번째는 이 지역 국가들과 세계 다른 지역뿐만 아니라, 특히 최근 수년 동안 세계경제 동력의 대부분이 집중된 아태 지역 국가들과의 무역협정을 통해서 경제통합 과정을 지속해야 한다는 것이다.

경제통합을 통해서 경쟁이 진작되고 기업에서 근대화, 혁신, 고부가가치 제품의 개발 동기가 유발된다. 그렇다고 할지라도 통합은 단지 더 큰 교역 흐름과 기업의 근대화를 유발할 뿐만 아니라, 그 효과는 사회적·문화적·기술적 진보뿐만 아니라 행동의 변화로까지 횡단적으로 나타난다.

라틴아메리카의 많은 나라들이 자국 시장을 개방하기 위해 노력하고 있지만, 이렇게 달성한 성과의 경우 아직 많은 이질성이 존재한다. 또한 이 지역과 세계, 특히 아시아 시장을 결합하기 위한 커다란 노력이 필요하다. 이러한 노력은 최근 몇 년 동안 다양한 이유로 인해 가로막혀 있었다. 즉, 몇몇 라틴아메리카 국가들은 보호주의적인 정책을 유지하고 있고, 다른 몇몇 나라들에는 개방 과정을 가로막는, 전통적으로 보호되고 보조금을 지급받는 부문들이 존재하고, 또 다른 나라들은 단순히 정치적인 성격의 제약에 직면해 있다.

분명히 이 지역의 많은 나라들은 이미 그들 간 여러 무역협정을 체결하고 있고, 이것은 다음과 같은 결론을 가능하게 하다. 즉, 태평양 주변의 거대 블록을 만드는 것이 아직은 먼 제안에 불과할지라도, 미주 대륙의 태평양 연안 국가들 사이의 통합 가능성은 그렇게 요원한 것은 아니라는 것이다. 이 협정은 원산지 규정과 같은 협상의 결정적인 측면들을 통합하게 하고, 멕시코, 칠레, 콜롬비아, 몇몇 중앙아메리카 국가들, 그리고 아마도 미국과 캐나다 사이의 조약들을 융합해낼 것이다. 이렇게 해서 그리 멀리 않은 미래에 아시아 국가들과 블록 간 통합 과정으로 나아가기 위해 문호를 개방할 수 있을 것이다. 태평양의 거대한 경제블록을 만들기 위해서 말이다.

제3장

콜롬비아의 경제 개방과 1차 산업으로의 회귀

단기적 천국

리카르도 보니야 곤살레스 _강정원 옮김

지난 20년에 걸쳐 콜롬비아는 광물과 탄화수소 수출에 고도로 의존하는 경제발전의 새로운 모델을 공고히 해왔다. 이 글은 광물과 석탄 분야에서의 재정 흑자와 외국인투자 증가에도 불구하고 석탄과 석유에 집중하는 전략이 산업에 부정적인 결과를 초래했을 뿐만 아니라 사회 불평등 구조를 바로잡는 데에도, 더 나아가서 국가의 거시경제적 측면에서 가장 핵심적 사안인 실업 문제를 해결하는 데에도 기여하지 못했다고 주장한다. 이런 맥락에서 콜롬비아 경제의 전폭적 개방은 안정적이고 지속적인 성장의 촉진제가 되지 못할 것이다.

리카르도 보니야 곤살레스 Ricardo Bonilla González 콜롬비아 국립대학 교수. 사회·경제관계연구소(OCSE) 조정관.

* 이 글은 ≪Nueva Sociedad≫ 231호(2011년 1~2월)에 실린 글을 옮긴 것이다.

21세기 첫 10년 동안 콜롬비아에서는 새로운 국가 발전 모델의 특징이 나타났다. 새로운 모델에서 국가는 광물 수출국으로 변형되어가고, 산업에 손실을 초래하면서 1차 산물 분야가 다시 우위를 차지하게 되었다. 콜롬비아가 탄화수소와 광물로 이루어진 '금광' 위에 놓여 있다는 전제하에, 알바로 우리베(Álvaro Uribe) 정부는 하층토의 탐사권과 채굴권을 양도, 계약하는 전략을 취했다. 이 전략의 실질적인 성과로 생산광물 품목의 다양화와 매장량의 증가가 나타났지만, 이와 동시에 채굴의 환경적 지속 가능성은 더욱 논란의 대상이 되었다.

광업이 새로운 동력을 얻게 되면서 외국인투자가 활성화되었지만, 자본집약적 속성과 고용 창출에 미치는 미약한 효과 때문에 노동시장은 더욱 침체되었다. 마찬가지로 광업 부문의 활동은 재정 흑자와 세수 확보의 중요한 원천이 되었지만, 확보된 재원이 다른 생산적 활동에 효율적이고 균등하게 배분되지 않을 경우에는 소위 '네덜란드병'[1]의 근원이 된다. 이는 환율과 인플레이션 통제에 강한 파급력을 미치거나, 농업과 산업 부문의 상대적 부진으로 이어질 수 있다. 콜롬비아에서 광업의 호황은 단기적인 환상이다. 콜롬비아의 매장량은 다른 국가들의 검증된 매장량과는 차별점이 있으며, 콜롬비아의 현 단계에서 이들 국가 수준의 매장량 확보로 이어질 전망은 매우 낮다.

이 글은 네 부분으로 구성되어 있다. 첫 부분은 콜롬비아 경제성장의 역학관계, 세계 다른 지역들과의 관계, 국가 경제 안정성을 반영하는 지표들의 경향성을 살펴본다. 두 번째 부분에서는 국내시장과 대외시장

---

1) 네덜란드병은 자원 부국이 자원 수출로 일시적 경제 호황을 누리지만 결국 물가와 통화가치 상승으로 국내 제조업이 쇠퇴해 경제 침체로 이어지게 되는 현상을 말한다. — 옮긴이

에서 광물과 탄화수소 부문이 차지하는 경제적 비중과 부문별 구조를 분석한다. 세 번째 부분에서는 투자, 고용시장, 국가 금융, 흑자 창출에서 광업 붐이 미치는 영향을 검토한다. 마지막으로 매장량의 규모와 탐사정책과 관련해서 광업 붐의 지속 가능성을 평가한다.

1. 콜롬비아의 경제적 역학관계

1990년대 초반 콜롬비아 경제의 세계화를 통해 세계 나머지 지역과의 관계를 새롭게 설정하기 위한 일련의 개혁 프로그램이 제시되었다.[2] 개혁 프로그램은 국내시장 보호라는 구시대의 다양한 정책 틀을 폐기시켰고, 국내에서 거래되는 재화나 서비스의 90% 이상을 자유롭게 수입할 수 있도록 그 조건을 수정했으며, 관세 구조를 간소화하고 관세를 인하했다. 이와 더불어 중앙은행(Banco de la República)이 통화구매권을 더 이상 독점할 수 없게 했으며, 자본시장을 개방하고 외국인투자의 활동영역을 확장했으며 은행다각화(multibanca)를 장려했다. 환율정책의 관리는 외화의 흐름에, 그리고 '투기적'이고 장기적인 투자에서 자본시장의 자유로운 순환에 여전히 종속되어 있었다.

---

2) 「콜롬비아: 1980년대 국가경제경영, 조정에서 제도 변화로(Colombia: Gestión economica estatal de los 80, del ajuste al cambio institucional)」라는 제목의 보고서는 1990~1991년 사이에 승인된 개혁 프로그램을 포괄적으로 분석하고 있다. 1994년에 발표된 이 논문은 루이스 베르나르도 프로레스(Luis Bernardo Flórez)가 총책임을 맡았고, 콜롬비아 국립대학의 발전연구소(Centro de Investigaciones para el Desarrollo: CID)가 연구와 집필을 담당하고, 캐나다의 국제발전문제연구소 (Centro Internacional de Investigaciones para el Desarrollo)의 후원을 받았다.

기타 부문, 특히 노동과 사회보장제도 부문의 개혁은 콜롬비아 주재 기업들이 최고의 국제 경쟁력을 가지기 위해 구조조정과 준비를 할 수 있도록 고안되었다. 시작된 변화를 성취하리라는 기대는 세사르 가비리아(César Gaviria) 당시 대통령의 "미래에 오신 것을 환영합니다"라는 희망찬 메시지로 표현되었다. 개혁은 1990년과 1991년에 걸쳐 기획되고 승인되었지만, 중장기적인 성과는 여전히 미지수였다. 급속히 콜롬비아는 수출품들로 넘쳐났고, 환율정책은 기술과 생산성 향상을 위한 경쟁력과 국제변동성에 종속되었다. 이 과정에 소요되는 비용을 어떻게 부담할 것인가, 무엇을 수출할 것인가, 무엇에 투자할 것인가 등의 가장 중요한 문제들은 여전히 남아 있었다.

개혁 조치들의 영향은 1992년부터 감지되기 시작했으며, 예측대로 해당 시기를 기점으로 국제적 역학관계가 국내적 역학관계보다 중요성을 지니게 되었다. 국내 생산이 3.4%의 성장률을 보인 반면 대외무역은 5.5%의 성장률을 보이며 더 큰 폭의 성장세를 보였다. 세계경제와의 주된 연결고리는 산업제품, 일부 농·축산물, 서비스 제품의 수입이라는 영역과 광물과 탄화수소 수출의 전문화라는 영역으로 구성된 교역의 두 가지 영역에서 나타난다. 이는 자국민을 해외로 내몰고 그 대가로 증가한 송금액을 챙기는 한편, 생산품과 시장을 다변화하려는 제한적인 시도를 통해서 진행된다. 전면적 개방은 산업공동화, 농업의 쇠퇴, 광업과 관광업을 위한 운송 서비스의 발전이라는 파급력 강한 변화를 수반하고, 국내 생산구조에 상이한 결과들을 야기한다.

경제적 역학관계는 불안정하며, 주기의 단계, 위기, 회복 정도에 따라 변화한다. 콜롬비아의 경제도 예외가 아닌데, 지난 20년 동안 콜롬비아는 두 차례의 주기를 경험했고(<그림 3-1> 참조), 2007년 성장률은 6.9%까지 치솟았던 반면, 1999년의 성장률은 마이너스 4.2%까지 하락

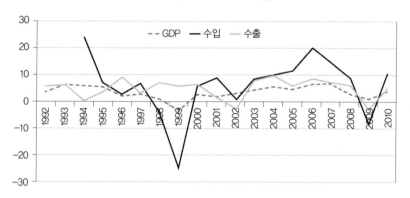

〈그림 3-1〉 콜롬비아의 경제적 역학관계와 국내총생산, 수출,
수입의 증가(1992~2010년)

자료: 통계청(DANE)의 국민계정, 불변가격 데이터를 토대로 필자가 재구성.

했다. 전면적인 개방은 장기적으로 지속될 성장 동력을 만드는 것을
허용하지 않았고, 고작해야 몇 년이라는 단기간의 양호한 결과와 또
얼마간의 부수적인 활력만을 꿈꿀 수 있게 했다. 실제로 개혁이 감행된
후의 평균 성장률은 3.4%로 장기간에 걸친 평균 성장률 4.5%를 밑도
는 수치이다. 위기의 순간들은 보다 심각하게 진행되고, 회복은 더욱
느릴 것이다.

이러한 불안정성은 수입에 더욱 심각한 영향을 미치는데, 내수시장의
취약성이 그 원인이다. 반면 수출 실적은 보다 안정적으로, 제한적 다변
화와 석유, 석탄, 니켈, 커피 등의 소수 상품들에 집중한 결과 평균
5%의 성장률을 보였다. 열거한 소수의 품목들에 콜롬비아는 적절한
수준의 가격을 제시하고, 브릭스(BRICs: 브라질, 러시아, 인도, 중국) 국가들
의 성장에 따른 수요 증가로 호황을 누리고 있다. 반대로 수입은 평균
6%의 빠른 증가세를 보였지만, 경제 주기와 국내 수요의 확장이나 수축
에 따라 매우 심각한 불안정성을 보인다. 예를 들어 1999년 불황기에

수입은 25% 감소했지만, 2009년의 경기 둔화기에 수입 감축률은 8%에 머물렀다. 대조적으로 1992~1994년 사이에 개방이 시작되자 수입은 해마다 15% 이상 증가했으며, 2006년 팽창기에는 연간 20%의 증가를 보였다.

1990년대 초반에 시행된 개혁 프로그램의 주된 목표는 안정성 확보였다. 안정성은 두 가지 측면에서 추구되었는데, 인플레이션을 통제하면서 가격 수준을 일정하게 유지하는 것과 경제의 기본적인 균형을 회복하는 것이었다. 경제성장과 안정성은 경제정책의 목표로서, 지속적인 성장을 이룰 수 있도록 동반상승 효과를 만들기 위해 이 두 가지 목표는 서로 결합하며 상호 보완적으로 작용한다. 개방정책은 이 두 가지 목표를 달성하기 위한 본질적인 요소로서, 수입은 가격통제와 생산기구 재조정에 기여하며, 수출은 경쟁적 발전과 국가의 전문화를 반영한다. 방향성을 찾아가는 끝없는 과정은 안정성과 불안정성이라는 두 개의 얼굴을 가지고 있다. 이 과정이 추구하는 방향에 바로 수출 광업이 놓여 있는 듯하다.

갈망하던 안정성의 또 다른 측면들이 달성되기도 했다(<표 3-1> 참조). 인플레이션과 이자율은 역사상 최저치를 기록하고 있으며, 쌍둥이적자는 용인할 수 있는 수준을 보이고 있고, 환율은 장기적인 안정 수치보다도 낮은 선에서 재평가되었다. 거시경제적 희생이 커지기도 했는데,[3] 만성적인 두 자릿수의 실업률과 높은 지니계수(소득분배 불균형 수치)는 라틴아메리카뿐만 아니라 개발도상국가들 가운데 가장 높은 편에 속한

---

3) 거시경제적 희생은 인플레이션 감축 비율에 따른 실업률 증가 비율 등으로 정의된다. Olivier Blanchard, *Macroeconomia*, 4th edition(Madrid: Prentice Hall/Pearson, 2006), p. 212.

<표 3-1> 콜롬비아의 거시경제 지표

	1995	2000	2005	2010*
재정수지(비금융 공공 부문)	0.4	-3.1	-0.3	-3.6
경상수지	-5.5	-0.2	-1.3	-2.2
인플레이션율	19.5	8.7	4.9	2.8
실업률(9월)	9.6	16.7	11.2	10.6
명목환율(1달러당 콜롬비아 페소)	912.8	2,087.4	2,320.8	1,896.6
이자율	45.0	12.0	6.5	3.0
국가 지니(Gini)계수	0.57	0.59	0.58	0.58

주: * 예상수치
자료: 국가계획처(Departamento Nacional de Planeacion: DNP)와 중앙은행의 다양한 보
고서를 참고함.

다. 20년 동안의 경제 개방은 일정 측면에서 안정성을 가져왔고, 20세기
농업수출 모델에서 21세기 새로운 광물수출 모델로의 이전을 가능하게
했지만, 콜롬비아 사회의 불평등 구조를 변형시키지 못했다.

인플레이션 통제와 이자율 축소는 중기적 경제정책이 제공할 수 있는
최상의 결과물이다. 충격요법을 도입하지 않고 점진적인 디스인플레이
션 조치를 취한 결과, 인플레이션은 20년 전의 30%에서 2009년에는
2%로까지 떨어졌으며 2010년에는 장기적인 목표치에서 유지될 것으로
보인다. 물가 하락은 지속적이었고 급격한 변화가 없었다. 그렇지만
두 차례의 위기는 성공적으로 물가 하락에 기여했으며, 1999년 침체기
에는 7% 감축과 2009년 부진기에는 5%의 추가 하락이 있었다. 인플레
이션 안정성은 이자율 하락에 기여했고, 특히 중앙은행의 개입으로 이
자율은 45%에서 불과 15년 사이에 3%로 하락했다. 물가 통제와 낮은
이자율 달성으로 이제 고용 증진이 국가적 우선순위가 되었다.

체계적으로 시행된 다음 세 가지 결정이 인플레이션 통제에 기여했
다. 첫째, 정부나 특정 집단에 융자하기 위한 통화 발행을 금지시켜

유동성 과잉을 방지했다. 둘째, 임금을 인플레이션에 연동하지 않고 대신 인플레이션 목표 수치에 맞춰 조정하면서 임금, 물가, 이윤 사이의 나선형 효과를 축소하려 했다. 하지만 이윤에 대한 과도한 집중을 막지는 못했다. 셋째, 경제주기 단계나 환율과 무관하게 자유로운 수입을 지속적으로 보장했다. 이는 이른바 '수입 인플레이션'을 완화하면서 값싸고 내구성이 있는 수입산 1차 산물, 기계, 장비, 소비재의 지속적인 공급을 허용했다. 열거한 세 가지 정책은 소비자의 신뢰를 높였지만, 수많은 생산자들은 폐업하거나 상인으로 전업했으며 결과적으로 산업구조의 변형으로 이어졌다.

쌍둥이 수지인 재정수지와 경상수지는 늘 적자였지만, 적자 폭은 마이너스 3% 이하로 국제적 실용주의라는 관점에서 수용 가능한 수준에 머물렀다.[4] 이보다는 재정수지의 적자가 우려의 대상이었는데, 그 이유는 1990년대 개혁 이후 적자가 다시 고질적이 되었고 채무와 자산 매각 그리고 특히 에코페트롤(Ecopetrol: 콜롬비아 국영석유회사) 등 취약한 공공투자 부문의 수익으로 비용을 충당하고 있었기 때문이다. 통합적인 조세 개혁의 기대가 매번 제기되었고, 구조조정의 필요성이 부각되었다. 그럼에도 부분적인 수정조치들만 취해지면서 기대에 못 미쳤고, 조세 불평등과 불균등이라는 문제에 본격적으로 대응하지 못했다. 부분적으로라도 이를 해결하기 위한 방안으로 로열티(regalía)의 적절한 사용이 제기되었는데, 이는 지방분권화에 부정적인 영향을 미치더라도 중앙정부에 운용능력을 돌려주는 것을 함축한다.

경상수지는 거래에 관한 수지와 자본계정을 결합한 것이다. 경상수지

---

4) 마스트리흐트 조약에서는 유럽연합 가입을 수용 혹은 거부하기 위한 지표들을 정하기 위해 이렇게 규정하고 있다.

적자는 그 폭이 좁고 균형치에 근접해서 유지되는 경향을 갖고 있는데, 이는 재화와 자본의 흐름에서 형성되는 보상적 효과의 결과이다. 거래에 관한 수지는 재화와 서비스의 흐름을 측정해주는데, 내부 수요가 약해지고 수입이 급격히 감소하는 위기 시에는 흑자를 보이며, 경제가 활력을 얻고 수입이 증가하는 시기에는 적자를 보인다. 경제 위기 시 자본계정은 약해지며 세계 다른 지역의 투자와 송금이 줄어드는 반면, 외부를 목적지로 하는 소득이전이나 자본유출이 증가한다. 대조적인 현상이 회복기와 성장기에 나타나는데, 투자자들의 신뢰와 송금액은 증가하고, 소득유출이나 투기성 투자의 도피가 감소한다. 교역 흑자가 자본계정 적자를 보완하거나 또는 자본계정 흑자가 교역 적자를 보완해서 통합 적자는 안정적으로 유지된다.

환율은 상당한 불안 요소가 되는데, 장기간의 지속적인 평가절하로 2003년 연평균 환율은 미화 1달러당 2878페소를 기록했고, 현재에는 일시적, 저강도 조정 조치들에도 불구하고 여전히 평가절상이 유지되고 있다. 2010년 예상 평균 환율은 1달러당 1897페소로 추정되며, 이 수치는 21세기 들어 최저치로서 1달러당 2250페소 정도로 측정되는 장기적 환율 균형 수치를 훨씬 밑도는 수준이다. 평가절상의 경제적 파장은 상당한데, 수입가격을 낮추고 저인플레이션이 유지되도록 기여하지만, 반면 수출가격 상승을 가져오고 변동성이 큰 수출 품목들에 대한 적대적인 편향을 초래해서 결과적으로 상품 집중화를 강화한다. 이러한 환율 경향성이 나타나게 된 원인들로는 탄화수소 부문의 전문화, 대규모 투자, 국채의 과도한 외부 조달 등을 들 수 있다.

거시경제적 비용이나 희생은 이 과정의 사회적 결과물에 반영되며, 실업률과 불평등지수에서 가장 두드러지게 나타난다. 포괄적이지 못하고 분배기능이 부재한 경제 모델을 도입한 결과, 이들 지표들은 모두 증가했으며 수치를 다시 낮추기는 매우 어렵다.

지난 15년 동안 실업률은 두 자릿수를 기록했고, 경제주기에 따른 실적과의 관련성하에서 변동했다. 즉, 위기 시에는 실업률이 14%를 상회한 반면, 주요 성장기에 실업률은 비록 두 자릿수이기는 하지만 10%에 근접한 수준에서 유지되었다. 역사적으로 콜롬비아의 지니계수는 불균형적이었고, 지난 20년 동안 57% 이상을 기록하면서 브라질을 포함한 남아메리카 전체에서 가장 높은 지니계수를 보였다. 수년간의 성장에도 불구하고 충분한 또는 양질의 고용을 창출하지 못했고, 이는 효율적 분배의 부재로 이어졌다.

2. 부문별 구조와 국내시장에의 기여

경제 과정이 수반한 변화들은 부문별 생산구조의 구성에서, 그리고 국내시장과 대외시장에 대한 기여에서 나타난다. 국민총생산은 약 500조 페소이며, 이를 평가절상된 환율로 계산할 경우 세계 국민총생산의 0.2%에 해당하는 약 2308억 달러에 달하며, 1인당 국민총생산은 6200달러 이하이다. 이는 중하위권 소득 수준의 경제에 해당한다. 또한 콜롬비아 경제는 지속적인 경제성장을 보이지만 성장 속도는 중간 정도에 속한다. 이러한 성장 속도는 브라질이나 칠레 등 라틴아메리카 주요 국가들보다 낮은 수준이고, 중국이나 인도 수준보다는 훨씬 낮다. 중간 규모의 콜롬비아 경제는 천천히 성장하고 있으며, 경제성장이 수반하는 변화가 생산구조의 구성에 반영되기 위해서는 많은 시간이 소요된다. 그럼에도 지난 20년 동안 이러한 변화의 일부가 나타났다(<표 3-2> 참조).

두 가지 조건하에서 핵심적인 조정이 나타나는데, 구조적 조정은 지

<표 3-2> 콜롬비아의 부문별 생산구조

(단위: %)

	1995	2000	2005	2009*
농·축산물	14.0	9.6	8.8	8.5
광물과 탄화수소	3.9	6.5	6.6	6.4
제조업	14.6	14.3	15.4	14.2
전기, 가스, 물	3.1	3.1	3.3	3.5
건설	7.5	3.7	5.8	8.8
교역, 음식점, 숙박	12.2	12.6	12.7	11.8
운송과 통신	7.2	6.1	6.7	6.5
금융과 보험	12.3	16.6	15.3	15.3
정부 및 사회 서비스	16.9	20.3	17.6	17.3
세금	8.3	7.2	7.7	7.6
국내총생산(단위: 1조 콜롬비아 페소)	84.4	196.4	335.5	497.7
국내총생산(단위: 10억 달러)	92.5	94.1	144.6	230.8

주: * 예상수치
자료: 통계청이 발표한 「국민계정」 자료를 토대로 필자가 환산.

속적인 경향성을 띠고 장기적인 체질 강화를 염두에 두며, 일시적 조정
은 경제주기 실적에 대응한다. 가장 중요한 구조조정은 국내총생산 구
성에서 농·축산업 부문이 영구적으로 중요성을 상실한 것이다. 농·축산
업 부문의 비중은 2009년에는 8.5%로 하락했고, 그 대신 광물과 탄화수
소 생산, 인프라 건설, 탄화수소 운반을 위한 운송체계의 건설 등 다른
부문들의 비중이 높아졌다. 일시적 조정은 산업 부문과 금융 부문의
역할에서 나타나며, 이 부문들은 경제 위기 시에는 개입하지 않지만
호황기에는 개입을 확대하면서 정부 및 사회 서비스와 더불어 국가
경제의 가장 중요한 요소들로 확실하게 자리 잡게 된다. 극단적인 변화
없이 이득을 본 부문들은 건설업 부문과 광업 부문이고, 가장 큰 피해자
는 농·축산업 부문이었다. 산업이 정체되고 발전이 지속되지 못하는

<表 3-3> 콜롬비아의 부문별 수출 비율

(단위: %)

	1995	2000	2005	2009*
농·축산물	8.0	13.0	13.4	10.6
광물과 탄화수소	70.3	80.1	67.9	92.7
제조업	49.2	52.6	57.4	51.7
교역, 음식점, 숙박	5.8	8.7	6.6	7.3
운송과 통신	12.6	13.4	10.5	9.6
금융과 보험	0.9	0.5	0.1	0.1
정부 및 사회 서비스	0.6	0.9	1.6	1.8
국내총생산에서 차지하는 비율	14.0	17.4	17.7	17.4

주: * 예상수치
자료: 통계청이 발표한 「국가 세금과 관세 동향(DIAN): 국가계정과 대외무역」 자료를
    토대로 필자가 환산함.

동시에 농업수출 경제에서 광물수출 경제로 이행이 이루어진 주된 원인
이 여기에 있다.

　세계 다른 지역들과의 관계를 살펴보면 이러한 변화를 쉽게 감지할
수 있다. 한 국가가 생산하는 재화와 서비스는 국내시장과 대외시장의
수요를 충족시키고자 한다. 전자는 국내에 남아 내부 수요의 상당 부분
을 충족시키는 재화들을 가리키며, 후자는 세계 다른 지역들로 향하는
수출품들을 의미한다. 반면 국내 수요는 수출업자들의 행위를 보완하는
수입업자들과 국내 생산자들이라는 두 유형의 공급자들을 통해 충족된
다. 세계 다른 지역들과의 관계는 외부로 향하는 수출과 내부로 향하는
수입이라는 두 경로를 통해 형성되며, 수출은 한 국가의 특화와 비교우
위를 반영하고, 수입은 해당 국가의 열세를 반영한다.

　국가 경제의 특화는 부문별 수출비율로 측정된다(<표 3-3> 참조). 부문
별 수출비율 지표는 수출가치와 생산가치의 관계로 구성되는데, 다시
말해서 생산(Q)에 대한 수출(X)을 의미한다. 지난 10년간 콜롬비아의

재화와 서비스 생산 중 17.4%가 대외시장을 대상으로 한 것이었고, 나머지 82.6%는 국내 수요를 대상으로 했다. 세계 다른 지역들이 평균 31%를 수출하고 평균 69%를 생산국 내부 시장에서 판매한다는 점을 고려하면, 콜롬비아의 경제가 다른 지역들에 비교해서 그다지 개방적이지 않다는 것을 알 수 있다. 그렇지만 1995년 당시 국가 생산량의 14%만을 수출했던 점을 감안하면 개방성이 높아졌음을 알 수 있다.

하지만 생산 부문별로 분할을 해보면 관계는 달라진다. 재화시장의 경우 세계적으로 볼 때 전체 생산품 가운데 56%가 생산국 이외의 국가들에서 판매되며, 나머지 44%는 생산국에 남아 거래된다. 서비스 시장의 경우 세계시장으로 향하는 비중은 10.4%이고, 나머지 89.6%는 생산국 내부시장으로 향한다. 특화는 생산품의 종류와 교역에서의 유사성에 의해 측정되며, 국가별 특징과 개별 생산품의 향방을 결정한다. 콜롬비아의 경우[5] 전체적으로 재화의 36%와 서비스의 4%를 세계의 다른 지역들과 거래하는데, 이들 모두 세계 평균을 밑도는 수준이다. 반면 콜롬비아에서 생산되는 재화의 64%와 서비스의 96%는 내부적으로 거래된다.

재화시장은 농·축산물, 광물, 탄화수소, 산업용품, 에너지, 가스, 물 등의 생산품으로 구성되며, 이들 모두 땅에서 추출해 더욱 복합적인 제품으로 변형될 수 있는 것들이다. 이와 반대로 서비스는 사람과 기업에 제공되는 것들이다. 이들 전체를 통틀어 교역과 가장 밀접한 분야는

---

5) 해당 수치는 R. Bonilla, "Mercado nacional interno y amplio," *Bases para una política económica para la productividad, el empleo y la distribución del ingreso* (2009년 11월, Fundación Friedrich Ebert)를 참고로 했다. 국민계정에 따른 국민총생산 구조, 대외무역연감에 따른 재화수출량, 서비스 수출량과 국제수지를 토대로 했다.

재화와 사람의 운송으로, 예컨대 통신, 금융, 전문적 서비스의 제공 등이다. 국제 교역 구성에 따르면 거래에 사용된 1달러당 80%는 재화에서 그리고 20%는 서비스에서 거래되며, 이 비율은 국가별 특화와 자국 국내시장 규모에 파급력을 갖는다.

콜롬비아의 특화는 이러한 특징으로 보다 잘 설명된다. 콜롬비아의 수출은 본질적으로 광물, 탄화수소, 산업용 재화들로 구성되며, 커피, 바나나, 화훼 등 기타 상품들의 판매는 이보다 부차적이다. 농·축산물 재화의 경우 콜롬비아가 수출농업품목으로 전통적으로 특화하고 있는 재화들은 국내 생산품 전체의 10~13%에 불과하다. 하지만 앞서 제시한 재화들(광물, 탄화수소, 산업용품)의 경우 해당 비율은 전체의 90% 이상에 이를 수 있다. 광물과 탄화수소 제품의 경우 해당 수치들은 수출 위주 생산 경향이 심화되고 있음을 반영한다. 구체적으로 1995년 수출 비중은 70%였지만 2009년에는 93%로 증가했으며, 이는 석유와 석탄 부문의 상황을 분명하게 반영하는 수치들이다. 산업 재화의 경우에는 역설적으로 국가 생산량 가운데 약 52%를 수출하며, 작년 총 판매액은 168억 달러에 달했다. 더 이상 국적선을 운항하지 않게 됨에 따라 운송 부문의 강한 하락세로 인해 서비스 부문 전반에서 수출 비중은 10% 미만에 머물러 있으며, 관광 부문만 교역의 7.5%를 차지하고 있다.

콜롬비아는 탄화수소 제품보다는 산업용 재화를 더 많이 판매한다. 그럼에도 콜롬비아의 특화는 석탄과 탄화수소에서 이루어진다. 왜 그런가? 이 질문에 답하려면 국내시장에서 수입재화와 수입서비스가 공급되는 비율을 나타내는 보완적인 지수인 수입침투도를 분석해야 한다(<표 3-4> 참조). 콜롬비아 경제 전반에서 수입품은 국내 소비의 18.4%를 공급하며, 나머지 81.6%는 국내 생산을 통해 공급된다. 이 수치는 부문별로 또다시 차이를 보인다. 단지 두 부문에서만 대외 공급이 주목할

<표 3-4> 콜롬비아의 부문별 수입침투도

(단위: %)

	1995	2000	2005	2009*
농·축산물	5.8	9.2	8.4	9.0
광물과 탄화수소	6.1	7.0	6.1	8.0
제조업	64.6	63.0	67.8	66.3
교역, 음식점, 숙박	7.6	8.9	6.2	6.5
운송과 통신	18.5	22.8	21.4	16.7
금융과 보험	2.9	2.0	1.9	1.5
정부 및 사회 서비스	2.2	2.4	3.2	4.6
국내총생산	18.2	17.3	19.1	18.4

주: * 예상수치
자료: 통계청이 발표한 「국가 세금과 관세 동향: 국가계정과 대외무역」 자료를 토대로
    필자가 환산함.

만한 비중을 차지하는 것으로 나타나는데, 구체적으로 산업 부문의
66%와 운송 부문의 17%가 이에 해당한다. 그 외 재화와 서비스 부문에
서 수입은 국내 수요의 10%를 상회하지 않는다. 산업 부문이 교역 적자
를 초래하고 있으며, 66%를 수입하고 52%를 수출한다. 이에 반해 광물
과 탄화수소 부문은 상당한 흑자를 가져오는데, 생산품의 93%를 수출
하고 국내시장의 8%를 수입으로 충당한다.

수출이 식량, 음료, 직물, 의류, 가죽, 일부 화학제품, 금속기계 제품
등 저부가가치의 단순 기술 품목들에 집중되고, 수입은 기계류, 장비,
다양한 운송수단, 가정용 전자제품, 기타 화학제품과 원자재로 구성되
어 있다고 하더라도, 국제 교역의 고전적 용어를 빌리자면 산업 제품의
교환은 산업 내 무역(comercio intrarrama)에 해당한다. 광물과 탄화수소
재화의 경우 교역은 산업 간 무역의 전형적인 유형에 해당한다. 이
안에서 국가들은 고부가가치를 창출하지 않는 기본적 생산품들에 특화
하여 다른 국가들이 이들 생산품들을 변형시켜 상품으로 팔 수 있게

하고, 이렇게 유입되는 자금으로 복잡한 기술을 요하는 재화를 수입한다. 콜롬비아의 특화가 이에 해당하는데, 석유와 석탄을 대량으로 판매해서 그 자금으로 기계류, 자동차, 전자제품을 구매한다.

3. 광업 붐이 고용과 투자에 끼친 영향

앞의 경향은 콜롬비아 경제에 세 가지 주목할 만한 영향을 미쳤다. 첫째, 수출 영역에서 석유, 석탄, 커피라는 세 가지 1차 산물에 대한 집중을 심화시켰고, 결과적으로 호황의 부정적인 영향을 초래했다. 둘째, 국가가 광물과 탄화수소의 탐사와 채굴에 중점을 두면서 외국자본들을 유인하기 위한 중요한 한 축이 되었고, 이는 산업발전과 금융발전을 저해하는 요인이 되었다. 셋째, 국가의 거시경제적 핵심 과제인 실업문제 해결에 기여하지 못했다.

20세기 절반 이상에 걸쳐 콜롬비아는 소위 '단일품목 수출증후군'을 겪어야 했는데, 이는 커피가 주된 그리고 거의 유일한 수출 품목이었다는 사실에서 기인한다. 통화·환율정책뿐만 아니라 금융정책과 같은 경제정책의 성패가 커피 수출 결과에 의해 좌우되었다. 수출 다변화 정책을 초기에 도입하지 못함에 따라 대외교역 정책과 환율 책정이 커피 가치에 의존하게 되었다. 평가절상의 여파로 호황기(적절한 가격대가 형성되었다고 생각되는)에 상당히 많은 수입이 이루어졌으며, 가격이 정상 궤도로 돌아올 경우 재정과 교역의 불안이 나타났다. 이와 동일한 현상이 오늘날 석유와 석탄을 통해 반복되고 있다.

석유 수출(늘 그랬듯이 원유 형태로)이 시작되자, 대중가요로 만들어진 '커피와 석유'라는 표현이 생겨났다. 그럼에도 정책들은 여전히 커피

〈표 3-5〉 콜롬비아의 세 가지 1차 수출품과 집중 정도

생산 품목	2009 (1000달러)	2008 (1000달러)	2009 (%)	2008 (%)
석유	10,267,502	12,212,578	31.3	32.5
석탄	5,416,385	5,043,330	16.5	13.4
커피	1,542,697	1,883,221	4.7	5.0
세 품목 합산	17,226,585	19,139,130	52.4	50.9
전체 수출 품목 합산	32,852,995	37,625,882		

자료: 통계청의 「대외통상연보」를 토대로 필자가 환산함.

수출 상황에 의존하고 있었다. 1968년 수출장려정책을 도입한 후에야 수출이 다변화되기 시작했고, 커피의 비중이 줄어들기 시작했다. 1990 년대 초반에 카뇨 리몬(Caño Limón)과 쿠시아나(Cusiana) 광상들이 전면 적 채굴단계에 접어들게 되면서 석유가 커피를 앞지르게 되었고, 그 이후 선두 수출 품목으로 자리 잡고 있다. 석유와 석탄의 국제 가격이 호가를 유지함에 따라 이들은 커피를 앞섰고, 경제정책을 결정하는 요 인이 되었다(<표 3-5> 참조). 이는 환율의 실질적 평가절상, 공공지출의 무한정한 증가, 산업을 통해 생산되는 다양한 소규모 수출품들의 경쟁 력 상실로 이어졌다.

수출 다변화 정책은 42년 동안 채택되어왔고, 1992년에 소위 '비전통 적 수출 품목들'이 커피, 석유, 석탄, 니켈, 금, 에메랄드의 합계로 대변 되는 전통적 품목들에 우위를 점하면서 정점에 달했다. 하지만 석탄 붐이 명확해졌던 2005년을 기점으로 상황은 다시 역전되기 시작했다. <표 3-5>에서 볼 수 있듯이 세 가지 1차 수출 품목들이 전체 수출의 51~52%를 차지하게 되었고, 이에 따라 이들 재화의 실적에 대응할 수 있도록 경제정책을 다시 세워야 하는 상황이 되었다.

석유와 석탄 두 품목들은 대외 판매량의 48%에 해당하며, 높은 가격

을 유지하면서 다년간 시장의 최우수 품목으로 자리 잡아왔다. 그럼에도 불구하고 환율의 평가절상을 심화시키거나 통화정책 또는 물가에 영향을 미치는 상황을 방지하려면, 석유와 석탄의 거래에서 파생되는 수입을 안정화시키고 이들 수입이 가능한 유통되지 않게 해야 한다. 호황기에 이들 품목과 커피의 차이점은 커피에서 발생하는 수입은 다수의 커피콩 생산자들 사이에서 분배되지만, 석탄에서 발생하는 수입은 외국투자자들로 구성된 소수의 차지가 되고, 석유 수입은 정부와 관련 업체들의 수중에 남는다는 점이다. 환율을 통제하지 않고 이들 자원들을 효율적으로 활용하지 않는다면, 가장 큰 피해자는 산업 부문이 될 것이다. 이 경우 산업 수출품들은 경쟁력을 잃고 수출 다변화 정책은 폐기될 것이다.

두 번째 영향은 생산구조의 다변화와 근대화를 강화하기 위한 과정으로 제시되는 외국인투자유치 정책과 관련해서 나타난다(<표 3-6> 참조). 이보다 더 현실에서 동떨어진 것은 없다. 외국인직접투자의 흐름은 그 경향성이 변화해 광물과 탄화수소 자원에 집중되었다. 1994~2009년에 이르는 지난 16년 동안 콜롬비아는 709억9500만 달러의 투자를 유치했는데, 이 중 40.5%가 광물과 탄화수소와 관련이 있었고 제조업과 관련된 투자액은 22%에 불과했다. 1997년 전력 부문에 유치되었던 시기적절하고 중요했던 투자를 제외하면, 진정한 움직임은 2004년부터 시작되었다. 지난 6년 동안 467억 3800만 달러가 유치되었는데, 이는 이 시기 투자액의 66%에 해당하는 것으로 이 중 51%는 석유와 광업 부문에 투자되었다.

정부가 장려하는 '투자자 신뢰' 정책은 본질적으로 세 가지 거대 부문을 염두로 하며, 개별 부문들의 고유한 전망을 제시하고 있다. 첫 번째로 제조업 부문은 국내 투자로 구성된 회사들을 위한 전략적 파트너를

<표 3-6> 콜롬비아의 부문별 외국인직접투자

(단위: 100만 달러)

연도	석유	광물	제조	금융	기타	합계
1994	135	47	536	300	428	1.446
1995	151	(65)	521	242	119	968
1996	778	51	731	755	797	3,112
1997	382	302	514	1,072	3,292	5,562
1998	92	(6)	785	665	1,293	2,829
1999	(511)	464	505	674	376	1,508
2000	(384)	507	556	792	965	2,436
2001	521	524	261	560	676	2,542
2002	449	466	308	293	618	2,134
2003	278	627	289	243	283	1,720
2004	495	1,246	188	244	843	3,016
2005	1,125	2,157	5,513	246	1,211	10,252
2006	1,995	1,783	803	464	1,611	6,656
2007	3,333	1,100	1,867	1,319	1,430	9,049
2008	3,405	1,798	1,748	1,095	2,550	10,596
2009	2,428	3,054	582	721	384	7,169
누적	14,672	14,055	15,707	9,685	16,876	70,995
참여율 (%)	20.7	19.8	22.1	13.6	23.8	100.0

자료: 중앙은행의 「경제연구제안」을 토대로 필자가 환산함.

유치한다는 목적을 담고 있었다. 2005년의 흐름을 설명해주는 사브밀러(SAB Miller) 회사의 바바리아(Bavaria) 맥주 인수 건이 가장 큰 성과였으며, 그 외에도 2007년과 2008년에는 보다 소규모의 인수 건들이 있었다. 두 번째로 석유 부문에서는 탐사와 채굴 프로젝트들을 확장하는 것이, 그리고 검증된 매장량을 늘리고 생산력을 증대시키는 것이 주된 목표였다. 세 번째로 석탄 부문에서는 외부 시장과 효율적으로 연계되어 있는 전략적 파트너들에게 국내 투자분을 매각하는 것이 목적이었는데, 드럼먼드(Drummond)사 사례를 들 수 있다. 이러한 방향성에 따라 지난 6년 동안 제조업 투자의 68%가 합병되었고, 또한 석탄 부문 투자의 79%와 석유 부문 투자의 87%가 합병되었다.

세 번째 영향은 노동시장에서 나타난다. 노동시장은 15년 전부터 두 자릿수를 기록해온 실업률과 불완전 고용의 증가라는 문제에, 그리고 새롭게 창출된 일자리들의 불안정성이라는 문제에 직면해 있다. 불완전 고용이 높은 수치를 기록하고 있는 이유는 기존의 노동력을 활용하면서 더 나은 노동기회를 만들어내는 전략이 부재했기 때문이며, 더 나아가서 비(非)노동비용의 구조를 통제하는 능력이 부족했기 때문이다. 또한 일자리 창출 전략의 실패가 중요한 원인인데, 이는 투자가 자본집약적인 활동들에 집중되면서 제조업, 건설, 농·축산업에서의 대규모 일자리 창출로 연결되지 못하기 때문에 발생한다. 비노동비용보다도 광업과 탄화수소 부문의 활동들에 재원이 집중되고, 결과적으로 산업에 부정적인 영향을 미친 것이 고용 증진을 가로막은 가장 중요한 요인이었다.

콜롬비아의 고용시장 전반에서 광물 부문과 탄화수소 부문이 차지하는 비중은 낮으며, 노동 인력 가운데 1.5%만이 해당 분야에 종사한다 (<표 3-7> 참조). '투자자 신뢰' 정책을 도입한 후 9년 동안 광물과 탄화수소 부문에서 고용한 인력은 1만 5000여 명에 불과했다. 이는 다른 부문에서 구직활동을 하는 인원이 350만 명을 상회하고 250만 명의 실업자들이 여전히 구직 중인 상황과 대조된다. 이러한 격차는 심각한 수준이며, 분야별로 상이한 참여도에서 더 명확히 드러난다. 구체적으로 광물 부문과 탄화수소 부문이 국민총생산에서 차지하는 비중은 6.4%, 노동시장 비중은 1.5%에 불과한 반면, 대외투자 참여비중은 51%, 수출 참여비중은 48%에 달하는 것으로 나타난다. 수출을 위해 광물과 탄화수소를 특화할 경우 투자와 흑자로 연결되지만, 고용을 창출하지도 더 나아

<표 3-7> 콜롬비아의 경제활동인구

	2010 (1000명)	2002 (1000명)	차이 (1000명)	2010 (%)	2002 (%)
농·축산물	3,582	3,169	412	18.5	20.0
광물과 탄화수소	291	276	15	1.5	1.7
제조업	2,387	2,051	336	12.3	12.9
전기, 가스, 물	102	69	33	0.5	0.4
건설	1,128	826	303	5.8	5.2
교역, 음식점, 숙박	4,953	4,016	937	25.6	25.3
운송과 통신	1,678	1,054	624	8.7	6.7
금융과 보험	1,453	829	624	7.5	5.2
정부 및 사회 서비스	3,758	3,546	212	19.4	22.4
국가 총합	19,342	15,844	3,497	100.0	100.0

자료: 통계청이 발표한 「가구설문대조사」 자료를 토대로 필자가 환산.

가 다른 부문에서 고용 창출을 위한 동반상승 효과를 가져오지도 못하는 것이다.

4. 붐 경제의 지속 가능성: 검증된 매장량은 얼마나 있나?

정부의 전략은 명확했다. 석유와 석탄을 주력 품목으로 하고 금, 에메랄드, 시멘트, 콜탄 등의 기타 광물들을 후속 품목들로 해서 광물과 탄화수소 자원에 투자자 신뢰 정책을 강화하는 것이다. 이들 기타 광물의 미래와는 별개로 현재는 석유와 석탄이 주력 품목으로 자리 잡고 있으며, 자원이 존재하고 채굴할 수 있는 한 이러한 추세는 계속될 것이다. 새롭게 부상하는 '가장 가치 있는 자산'들로는 노천광과 식별된 석탄 매장층이며, 특히 노천 채굴이 가능한 매장층이다. 미래는 현재

〈표 3-8〉 콜롬비아의 검증된 석유 매장량(2000~2010년)

연도	원유(100만 배럴)			
	검증된 매장량 (Mbbl)	연간 생산량 (Mbbl)	연간 통합 (Mbbl)	연간 생산량 대비 매장량(년)
2000	1,972	251	-68	7.9
2001	1,842	221	91	8.4
2002	1,632	211	1	7.7
2003	1,542	198	108	7.8
2004	1,478	193	128	7.7
2005	1,453	192	167	7.6
2006	1,510	193	250	7.8
2007	1,358	194	42	7.0
2008	1,668	215	524	7.8
2009	1,988	245	565	8.1
2010		261		

자료: 콜롬비아 탄화수소국(Agencia Nacional de Hidrocarburos: ANH)이 2010년 11월에
　　　발표한 「산업통계와 행정지수」를 참고함.

및 차후 검증 매장량과 이들 광상을 채굴할 능력에 달려 있다. 다시
말해서 매장량을 탐사하고 증가시키는 정책과 이들을 채굴할 수 있는
기한에 달려 있다. 그렇다면 붐 경제는 언제까지 지속될 수 있을까?
　석유의 경우 대답은 명확하다(<표 3-8> 참조). 잠재적으로 콜롬비아는
하층토에 더 많은 석유를 보유하고 있을 가능성이 있지만, 지금까지의
탐사는 전 세계 매장량의 0.15%에 해당하는 19억 8800만 배럴의 매장량
만을 검증했다. 현재의 채굴 규모가 지속된다면 검증된 매장량으로 버
틸 수 있는 기간은 8년에 불과하다. 다시 말해서 2017년 전에 고갈될
것이라는 의미이다. 그렇다면 현재의 호황을 어떻게 지속할 것인가?
호황기를 연장하는 유일한 방법은 탐사가 성공을 거두고 국가 매장량을
늘려줄 수 있을 새로운 유정들을 발견하기를 기다리면서 우연에 기대는

것이다. 이것이 바로 지난 4년 동안 콜롬비아가 해온 일이다. 지난 4년간의 탐사로 13억 8100만 배럴의 추가 매장량을 발견했고, 그중 8억 4700만 배럴을 채굴했으며, 5억 3400만 배럴의 잔여 매장량을 확보했다.

탐사가 실패로 돌아가고, 새로운 유정을 발견하지 못하거나 또는 주요 매장량을 확보하지 못하게 된다면, 현재와 같은 호황의 시한은 4~5년에 불과할 것이다. 이 시기가 지나면 막대한 비용을 지불하지 않고서는 유정을 채굴할 수 없을 것이다. 새롭게 발견한 유정들은 모두 소규모 매장량을 보유하고 있으며, 카뇨 리몬이나 쿠시아나와 같이 10억 배럴 이상을 보유하고 있는 유정들을 발견하지는 못했다. 붐 경제가 끝나가고 있다고 가정한다면 다음과 같은 세 가지 질문을 던지게 된다. 현재의 유정을 바닥까지 뽑아내고, 뽑아낸 원유를 모두 수출한다면, ① 더 이상 국내의 수요를 자체적으로 충족할 수 없게 되면 그때는 지금 수출하고 있는 것들을 다시 수입해야 하는가? ② 대안적인 생산활동에 착수하기 위해서는 현재의 붐 경제에서 창출되는 재원들을 어떻게 활용해야 하는가? 다시 말해서 붐 경제로 어떻게 씨를 뿌릴 것인가? ③ 원유를 대신해서 수출 품목으로 내세울 수 있는 것들은 무엇이 있는가?

석탄의 경우 미래는 좀 더 고무적이다. 2009년 콜롬비아에서 검증된 매장량은 66억 6800만 톤으로 전 세계 매장량의 0.8%에 해당되며, 해마다 7200만 톤을 채굴하는 현재의 추세가 이어진다고 가정하면 향후 91년 동안의 채굴량을 보유하고 있음을 알 수 있다. 자원이 남아 있는 한 빠른 속도로 채유해서 판매하는 경향을 보여준 원유처럼, 석탄도 이러한 경향을 따라 콜롬비아의 생산량은 분명 연간 1억 톤을 상회하는 수준에 다다르게 될 것이며, 매장량을 보유하는 기간도 단축될 것이다. 그러나 석탄의 호황이 적어도 20년 이상은 지속될 것으로 보이므로 단기적인 위급함은 없다. 그럼에도 앞서 제기했던 질문들은 여전히 유용하며, 특히 이들 자원들에서 파생하는 재원들이 제대로 활용되지 못하고 생산적인 활동에 파급력을 거의 갖지 못한다는 점에서 문제는 여전히 남아있다.

결론적으로 콜롬비아는 여전히 만들어지고 있는 국가이며, 천천히 발전하고 있으며, 아직은 안정되고 지속 가능한 발전 단계에 접어들지 못했다. 21세기의 주된 기획은 농·축산물 수출에 토대를 둔 기존의 모델을 대신해서 원유와 석탄에 중점을 두는 광물 수출 모델을 공고하게 하는 것이었다. 현재 석유의 경우 검증된 매장량은 8년, 석탄의 경우는 91년의 기한을 보장하고 있다. 이러한 광물 위주 전략으로 수출이 상당한 증가를 보였고 세 가지 1차 산물들로의 집중도가 심화되었다. 또한 환율 평가절상과 산업제품 수출의 경쟁력 상실이 나타났고, 산업 부문은 정체되었고 수입을 통해 주로 제품을 공급하게 된다. 시간적으로 제한된 붐 경제로 인해 이제 콜롬비아에게 남겨진 주요한 문제는 광물에 의존하지 않는 미래를 건설하기 위해 재원을 어떻게 활용할 것인가이다.

참고문헌

Banco de la República. 2010.9. *Estadísticas Económicas, Balanza de Pagos y Flujos de Inversión Directa.*

Departamento Administrativo Nacional de Estadística(DANE). 2010.9. *Gran Encuesta Integrada de Hogares.*

_____. 2010. *Cuentas Trimestrales Nacionales*, tercer trimestre de 2010.

_____. 2009.12. *Estadísticas de Comercio Exterior.*

Departamento Nacional de Planeación. 2010.9. *Indicadores de Coyuntura Económica, Supuestos Económicos.*

Unidad de Planeación Minero Energética(UPME). 2010. *Boletín Estadístico de Minas y Energía 1990-2010.* Bogotá: UPME.

제4장

광업국가를 향하여

정치 시스템과 국가가 직면한 도전

프란시스코 구티에레스 사닌 · 파울라 술루아가 보레로 _강정원 옮김

콜롬비아가 광물과 코카 생산국으로 전환하는 과정은 생산구조를 넘어서는 영역에까지 강력한 영향을 미쳤다. 1990년대 신자유주의적으로 국가를 근대화하려는 맥락에서 광산 로열티(regalía)의 분배와 규제 관련 제도적 장치들이 만들어졌다는 사실은 콜롬비아 광업 지역을 특징짓는 취약한 관료체제가 포화상태에 이르렀음을 의미하며, 또한 준군사조직(paramilitar)과 게릴라 세력들이 주축이 되어 광물 대여세(renta)를 확보하기 위한 강력한 보상제도가 형성되고 있음을 의미한다. 이 현상은 국가가 간접적 영향력을 새로운 방식으로 행사하게 되었음을 의미한다.

프란시스코 구티에레스 사닌 Francisco Gutiérrez Sanín 콜롬비아 국립대학 정치·국제관계연구소(IPERI) 교수. 가장 최근의 논문은 "Evaluating State Performance: A Critical View of State Failure and Fragility Indexes"(2010)이다.
파울라 술루아가 보레로 Paula Zuluaga Borrero 콜롬비아 국립대학 철학자. 콜롬비아 국립대학 정치·국제관계연구소 석사 과정 재학. 연구 모임인 '비교 관점에서 본 분쟁과 제도(Conflicto e Instituciones en una Perspectiva Comparada)' 회원.

* 이 논문은 콜롬비아 과학기술청(Colciencias)의 공동 후원을 받아 수행되었던 "안데스 지역 국가들의 결함: 비교분석(Fallas estatales en el área andian: una perspectiva comparada)" 프로젝트의 연구 결과물이다.

** 이 글은 ≪Nueva Sociedad≫ 231호(2011년 1~2월)에 실린 글을 옮긴 것이다.

1. 서문: 문제 설정

이 글은 단순하지만 거대한 함의를 지니는 문제를 논의한다. 다른 안데스 국가들과 마찬가지로 콜롬비아는 광업국가로 전환하는 과정에 있다.[1] <그림 4-1>을 보면 콜롬비아 국내총생산에서 광물 생산이 차지하는 비중이 지속적으로 증가했음을 알 수 있다.

향후 수십 년 동안 동일한 추세가 지속될 것이며, 심지어 더욱 심화될 것이라는 일부 전망도 있다(MME, 2008). 이런 맥락에서 지난 30~40년에 걸쳐 세계시장에서 콜롬비아가 차지하는 위치는 상당한 변화를 겪었다. 즉, 안데스라는 지리적 특성으로 인해 커피를 주요 생산품목으로 하던 국가에서 이제는 광물과 코카 생산 국가로 전환하게 된 것이다.

이는 국가와 정치 시스템에 근본적인 변화를 초래했다. 1960년대에 콜롬비아의 인구와 생산은 보고타, 메데인, 칼리를 세 축으로 하는 삼각지대에 모두 집중되어 있었다.[2] 커피 농업에 기반을 둔 구(舊)계급에 의해 통합되었지만(Bergquist, 1978) 근본적인 변화를 겪고 있는(Gutiérrez, 2007) 전통적인 두 정당은 중심부를 지방과 결합하는 인전대(transmission belt) 역할을 담당해왔다(González, 1997).[3] 이와는 반대로 광물과 코카 생산의 호황은 콜롬비아의 인구학적 중심지(비록 안데스에 속하지만)와 생산 중심부의 전위를 초래했으며, 생산 중심부는 위치 변동, 분산, 파편화되었다.

광물과 코카 생산으로의 이행은 이에 버금가는 중요성을 지니는 두

---

1) 광물과 코카 생산 국가라고 말하는 편이 더 정확할 것이다.
2) 이 세 축에 대서양 연안과 산탄데르 지역을 추가하면 영토적인 측면은 아니더라도 인구학적, 생산적인 측면에서 거의 국가 전체에 해당하는 수치에 달하게 된다.
3) 동일 주제로 시기상 좀 더 최근의 상황을 다룬 책으로는 Leal y Dávila(1990).

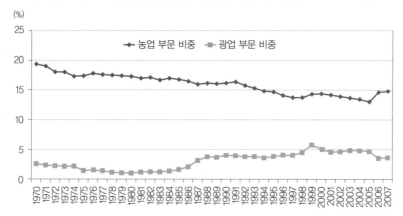

〈그림 4-1〉 국내총생산 중 농업과 광업 부문의 비중(1970~2007년)

자료: 통계청(Departamento Administrativo Nacional de Estadisticas: DANE).

가지 변화들과 동시적으로 진행되었다. 이 중 첫째로 콜롬비아의 신자
유주의적 근대화를 들 수 있다. 라틴아메리카의 다른 국가들과 비교했
을 때 콜롬비아의 근대화 과정은 사유화 등과 같은 기본적인 지표들과
관련해서는 그 영향력이 크지 않았으며, 그 주된 이유는 수정되어야
할 정도로 강력한 국가주의적 전통이 콜롬비아에 존재하지 않았기 때문
이다.4) 그럼에도 근대화 과정은 콜롬비아의 행정조직체계와 국가 서비
스 제공에 결정적인 영향을 미쳤다. 이 '작은 신자유주의'라고 부를
만한 변화 과정은 콜롬비아의 구조와 관행을 재편하는 핵심적인 역할을
담당했음에도 불구하고 안타깝게도 거의 주목을 받지 못해왔다. 이 글
은 자원 할당을 위한 기본 단위로서 소규모 프로젝트들을 선별하고
(Tendler, 2005), 매우 축소된 관료제를 통해 조율과 규제 체제를 형성하
고, 행정부처들에 직접적으로 종속되어 있는 집행기관들의 구태의연한

---

4) 콜롬비아의 전통적 점진주의를 논의하지 않기 위해서이다.

수직적 체계를 해체하는 등의 특정 기제들을 구축하는 것이 얼마나 중요한가를 보여주고자 한다. 이들 기제들은 일종의 계획되고 고안된 산물로서, 민간기관들과 반(反)국가적 행위자들이 규제자로서의 기능을 수행했던 방식을 결정적으로 변형시켰다(Gutiérrez, 2010).

게릴라와 준군사조직은 근대화 프로젝트를 위해 국가가 그들에게 제공했던 벽돌들을 사용해 국가가 차지하던 자리들을 빼앗아왔으며, 이는 변화의 또 다른 중요한 요인이다. 이런 의미에서 분권화 과정은 분명히 적절한 사례이다. 국가 점유 프로젝트에서 가장 두드러진 성과를 거둔 것은 준군사조직이었다(López, 2010). 그 결과 준군사조직은 불법시장 및 공공 대여세 획득과 연계된 거대한 지역연합체를 구축할 수 있었다(Gutiérrez, 2007).

이렇게 비교적 짧은 시기에 콜롬비아인들은 '또 다른 국가'를 접하게 되었다. 이는 세계 자본주의 시장, 신자유주의 개혁, 불법무장집단과 사병들이 정치적·경제적 권력과 결탁하여 만들어낸 복잡한 관계 속에서 국가의 위치가 변화하면서 생겨난 산물이다. 그렇지만 새로운 물질적·조직적인 상황들이 배태한 전제들을 고려해볼 때, 사회 개혁, 규제 능력의 향상, 그리고 국가가 적법한 폭력 행사를 위한 유일한 행위자로서 지위를 회복하려는 정부의 처방들이 어떻게 작동할지 그리고 이들이 어떠한 기회의 창들을 가지게 될지를 우리는 아직 제대로 이해하지 못하고 있다. 이 글에서는 새로운 모델이 직면한 문제들을 보여주기 위해, 앞서 언급한 생산의 재구조화, 신자유주의 개혁, 국가 점유라는 세 가지 측면을 수반하는 광물 대여세라는 사안을 논의할 것이다.[5]

---

5) 일반적으로 광물 로열티는 소진되는 자연자원을 채굴하는 대가로 국가에 제공하는 돈을 의미한다. 라틴아메리카 법체계에서[볼리비아, 브라질, 칠레(자발적), 콜롬비

이 글은 세 부분으로 구성되어 있다. 첫 번째 부분에서는 선행 사례들 (1991년 헌법 이전에 존재했고, 이 헌법에서 일정 정도 구체화되었던 현상 등)을 제시하고, 로열티의 분배를 규제하는 기본적인 법조문들에서 정당화된 분배의 유형을 제시한다.

두 번째 부분에서는 광업 부문과 연관된 제도적 틀이 어떻게 전개되어왔는가를 살펴본다. 그 첫 사례인 1990년대의 기본적인 틀은 분권적 (지방정부들을 대상으로)으로 재원을 배분하는 데 중점을 둔 다소 순수한 형태를 띠었고, 이와 동시에 모델의 기본 단위로서 지방정부들을 지원하는 프로젝트들을 중심으로 구조화되었다. 관료제 규모를 축소하는 것이 주된 고려 대상이었던 초기의 유형이 재앙과도 같은 결과를 초래하자 일련의 추가적인 조정 조치들이 수행되었다. 그러나 이들 조치들은 점진적인 재중심화와 관료화를 시도했음에도 많은 성공을 거두지는 못했다.

세 번째 부분은 정치 시스템의 변화와 다양한 행위자들이 대여세를 획득하는 방식의 변화에 중점을 둔다. 콜롬비아 영토의 대부분에서 국가는 고질적으로 부재했거나 적어도 부분적으로만 또는 왜곡된 방식으로만 존재해왔다. 무장분쟁이 전개됨에 따라 이 지역들은 게릴라와 준군사조직의 중심지로 변했다(Echandía, 1999). 2002년에 있었던 질적 도약은 콜롬비아의 전통적인 양당체제 골격에 균열을 가져왔다.[6] 이 글은 몇몇 지방정부들이 허약한 관료기구로 인해 수십억 달러의 자금을 집행

아, 페루(2005년 이후)] 이러한 명목의 징수는 세금(impuesto)이 아니라 대여세로 인식되지만, 몇몇 나라에서는 로열티(regalía)가 광물 채굴에 대한 세금이다 (Robilliard, 2005; Otto et al., 2006).

6) 안데스의 다른 경우들과는 달리 콜롬비아의 경우는 전통적인 당파들의 종말이 아니라 단지 그 지배권의 해체로만 이어졌다(Gutiérrez, 2007).

할 조건을 갖추지 못했음에도 불구하고 어떻게 갑작스럽게 수십억 달러에 달하는 자금을 받게 되었는지를 설명할 것이다. 심지어 지방정부의 상당수 정치인들은 새로운 연합체에 소속되었고, 또는 그 빈도는 덜했지만 불법무장조직들에 연루되어 있거나 흡수되어 있었다. 이런 점에서 콜롬비아 많은 지방정부들은 비슷한 상황이었고, 부패나 국가 점유 등의 기준과 관련해서 다양한 범주의 영토단위들(unidades territoriales) 간의 차이는 단지 사려 깊은 양적 연구를 통해서만 파악할 수 있을 것이다. 다만 예외적인 면이 있다면, 막대한 로열티를 받았던 자치단체들이 자유롭게 사용할 수 있던 대여세의 규모일 것이다.

마지막으로 이 글은 공공서비스 제공에 미친 영향을 검토한다. 결론에서 우리는 간접적 지배의 상이한 경험들을 통합한다는 의미에서 이러한 경험이 찰스 틸리(Charles Tilly)의 '간접적 지배'라는 개념을 재구성할 수 있도록 해준다고 제안할 것이다. 현재 모델은 지속적으로 자신을 변형하도록 압박하는 원동력을 포함하고 있지만, 이 모델을 안정화하고 차선의 평형 상태로 변형시키는 유인책을 담고 있기도 한다. 현재의 모델은 이 두 경향성 사이에 갇혀 있다.

2. 초기의 계획

1) 로열티 체계의 기본적인 요소들

1990년대 콜롬비아의 로열티 체계는 분열되어 있었다. 적합한 법적 규제가 채굴된 모든 광물에 적용된 것은 아니었으며, 일부는 세금을, 일부는 로열티를, 일부는 모두를 지불했다. 징수와 관련해서도 단일한 행정 체계나 명확성이 부재했다. 1991년 헌법은 기존 헌법이 국가 소유물을 규정한 방식과 달리, 하층토를 국가 소유로 규정하여 체계를 단일화했다. 실질적으로 국가는 로열티의 소유자도 아니고 수혜자도 아니며, 광물 생산 지역들의 참여는 이제는 중심부가 지역에 이익을 양도하는 것이 아님을 의미한다.

로열티는 지역 단위체들의 참여와 그 향방에 따라서 직접적일 수도 있고 간접적일 수도 있다. 자원이 채굴되는 지역 단위체들, 그리고 광물을 운송하는 해상 또는 하천 항구들에 배분되는 로열티는 직접적이다. 반면 새로운 조직인 '로열티 국가기금(Fondo Nacional de Regalías: FNR)'을 통해 생산지가 아닌 지역 단위에 분배되는 로열티는 간접적이다(1991년 헌법 360~361조).[7] 재원을 효율적으로 활용하고, 지역 단위체들이 신청하는 프로젝트들을 공동으로 지원할 수 있도록 로열티 국가기금이 지역 투자에 기여하리라는 예측이 제기되었다. 1994년의 법률 제141호는 로열티 국가기금의 감독과 기술 조력으로[집행부에 해당하는 '로열티 국가위원회(Comisión Nacional de Regalías: CNR)'를 통해서] 지방과 국가적 투자 프로젝트들의 생산성을 향상시키고자 했고, 이를 위해 국가 대표자들 이외에도 지역 대표자들이 함께 지도부를 구성하게 했다. 또 한편으로는 지역 단위체들이 인프라와 사회적 투자를 위해 새로운 기금을 활용하도록 강제하는 특정한 용도의 재원이 확보되었다.

10년에 걸쳐 로열티 국가기금의 연간 자금 가운데 15%가 전력공급 확장을 위한 지역 투자의 우선적인 프로젝트 지원에 할당된 반면, 나머

---

7) 콜롬비아 국가가 영토를 조직한 방식에 의하면 국가의 하부 단위들은 주 (departamento)와 시(municipio)의 두 단계로 나누어진다. 1991년 헌법은 새로운 단계들을 인정했지만 아직까지 이들 새로운 단계들에서는 다음에 이어질 논의에 적합할 만한 상황들이 전개되지 않았다.

지 자금은 광업 증진, 환경 보전, 개발계획의 주력 투자 프로젝트들의 지원에 할당되었다. 또한 생산지 지역 단위체들은 로열티의 일정 비율 (주 단위에서는 50%, 지방정부 단위에서는 80%)을 유아 사망률 감축, 교육, 보건, 하수처리시설 등과 관련해서 최소한의 목표를 달성하는 데 배정했다.[8]

2) 로열티 국가위원회

로열티 국가위원회는 1994년 법률 제141호에 의해 설립되었고, 초기에는 광물에너지부 소속이었다. 로열티가 적절히 사용되는지 감독하고 로열티 국가기금을 집행하기 위해 설립된 로열티 국가위원회는 지역 단위체로 이전되는 자금을 동결할 수 있었고, 지역 단위들이 제안한 프로젝트를 승인하고 프로젝트의 집행자를 지명하며 로열티 국가기금의 연간 예산을 승인하는 일들을 담당했다. 로열티 국가위원회는 15명 이하의 위원들, 5명의 전문자문가 집단, 1명의 원유조정관, 소규모 행정 단위로 구성된 소규모 조직으로 만들어졌고, 그 집행비용은 로열티 국가기금 수입의 0.5%를 초과할 수 없었다.

시(alcaldía)와 주(departamento) 단위의 지자체들은 로열티 국가기금으로 운용될 프로젝트들을 로열티 국가위원회의 기술위원회(Cómite Téc-

---

8) 일단 이 목표들을 달성하면 그 이후는 자유로운 투자가 허용될 것이다(1995년 시행령 제1747호는 목표들을 구체적으로 제시하고 있으며, 상세한 사항은 2007년 법률 제1151호와 2007년 시행령 제416호를 통해 수정되었다). 2008년에 직접적 로열티를 받은 745개의 지자체 가운데 최소 경비를 모두 집행한 사례는 없었다. Departamento Nacional de Planeación(DNP), *Regalías, Primeros Resultados de 2008*(Bogotá: DNP, 2008).

nico)에 신청해야 했다. 신청이 접수되면 기술위원회는 프로젝트들을 평가하고 승인 여부를 로열티 국가위원회의 의원이사회(Junta de Comisionados)에 통보하며, 의원이사회는 최종 결정을 내렸다. 로열티 국가위원회의 의원이사회에는 지역 대표들이 참여해야 했으며, 5인의 전문가를 임명하는 과정에서 대통령은 법률에 따라 지역적 기준을 존중해야 했다. 재원의 활용을 감독하는 것은 원유조정관 담당이었다. 간접적 로열티의 통제를 위해 재정 지원이 확정된 프로젝트들을 책임질 행정·재정 감독관이 고용되었다. 직접적 로열티의 통제는 지출과 최소 보장 내용에 대한 보고서 검토를 통해 이루어졌으며, 생산지 지역 단위 체들은 해마다 해당 정보를 제출해야 했다(1995년 시행령 제620조).

3) 제도적 틀의 변화

앞서 기술한 초기의 계획은 다양한 세계의 이상적인 측면들을 포함하고 있는 듯했다. 첫째, 1991년까지 명시적인 제도적 장치가 아니라 일반적인 관례와 관행에 따랐던 막대한 자원의 배분을 공식적으로 체계화했기 때문이다. 둘째, 행정적 책임이 부과되지 않은 외관상 신속한 업무체계를 만들었기 때문이다. 셋째, 세 가지 메커니즘을 통해 지자체들의 집행을 중앙에서 통제할 수 있도록 했기 때문이다. 이 메커니즘들은 먼저 특정 용도를 설정하고[세계은행의 용어를 빌리면 귀표자금(ear marked resources)], 프로젝트(배분의 기본 단위)에 사전평가를 부가했고, 다양한 감독 단계(원유조정관, 로열티 국가위원회)들을 두어 재원을 활용할 준비가 안 된 지자체들에 재원이 지속적으로 유입되는 것을 유보할 수 있게 했다.

그럼에도 이런 메커니즘들은 처음부터 다양한 이유로 실패했다. 첫 번째 이유는 중앙과 지방을 이어주는 유기적 연계체들의 존재에서 찾을 수 있다. 틸리(Tilly)의 용어를 빌리자면, 콜롬비아는 아직 '간접적 지배' 형태가 발전하고 있다(Tilly, 1990). 이는 선거에 도움을 제공하고 사회적 통제를 가능하게 해주는 대가로 국가적 영향력을 지닌 정치인들과 지역에 토대를 둔 정치인들이 서로 금품을 교환하는 방식으로 작동한다. 여기에 일부 지역 정치인들이 그들의 영향권에서 활동하는 민병대들과 결탁하고 있음을 덧붙여야 한다. 놀랍게도 로열티 국가위원회의 구조는 이러한 역학관계들을 분명하고도 충분히 반영했는데, 임명 과정이 '지역의 대표성'을 표현해야 한다고 법으로 명시했기 때문이다. 전문가들과 대다수 위원들이 특정 지역들을 대표하도록 지정되었고, 이들은 기본적으로 특정 지역의 프로젝트를 집행하고 후원하는 기능을 했다. 로열티 국가위원회의 제도적 틀은 간접적 지배의 역학관계를 반영하는 동시에 이를 심화시켰다.

실패의 두 번째 이유로는 로열티 국가위원회에 지자체의 로열티 운영 보고서를 검토할 인력이 충분히 확보되지 않았던 점을 들 수 있다. 집행과 감사라는 두 단계 과정에 소요되는 시간, 그리고 여기에 덧붙여 국가위원회의 관료적 비능률성은 재원을 악용할 강력한 동기가 되었다. 1996년에는 지자체 가운데 단지 10%가 보고서를 제출했으며, 게다가 이 보고서에는 필수적으로 기입되어야 하는 정보가 상당 부분 누락되어 있었다. 2000년 5월 26일에는 지자체들 가운데 83.6%가 보고서를 제출 했지만, 여전히 이 보고서들은 미완성 상태였다.9) 이러한 상황을 바로

---

9) 아라우카(Arauca) 시정부는 1994~2009년 사이에 석유 로열티 명목으로 4128억 페소의 로열티를 받았지만, 1995년, 2000년, 2002년에만 회계 증명서를 제출했고, 1995~1999년 사이에는 보건, 교육, 하수시설, 아동 사망률과 관련된 최소 비용에 관한 증명서를 제출하지 않았다(Informe de Regalías Directas, municipio de

잡기 위해서 로열티 국가위원회는 유엔개발계획(United Nations Develop-ment Program: UNDP)에 일종의 외주를 주었지만, 상당 경우 회계감사는 프로젝트가 완료된 이후에 수행되었고, 유엔개발계획과 로열티 국가위원회의 조율과 원활한 정보 교류라는 과제를 해결하지는 못했다. 2004년 국가계획처(Departamento Nacional de Planeacion: DNP)는 로열티 국가위원회의 핵심적인 기능을 대리하기 위해 제3자를 고용하는 것이 부적절하다는 견해를 제시했다.[10]

이 요인 이외에도 중앙에는 지자체들이 주체가 되어 수행하는 계약을 감독할 수단이 부족했다는 점을 들 수 있다. 1991년 헌법부터 콜롬비아에서는 입찰을 통한 계약 지정이라는 규칙이 부과된 공공 계약에 관한 일련의 금지와 규제 조항이 생겨났다. 하지만 조합[11]을 촉진하는 성향이 있던 낡은 제도적 장치는 요구조건이 거의 없는 계약들이 많이 출현하게 했다. 상당수의 정치인들이 이를 절호의 기회로 활용했으며 자신들만의 조합을 형성했고, 그 결과 로열티에서 발생하는 재원을 지자체에 다소 무분별하게 배분했다. 2002년 회계원(Contraloría General)의 보고에 따르면, 로열티 국가기금의 자금으로 집행된 프로젝트들 가운데 53.1%가 조합의 직접 계약 형식으로 수행되었다(Contraloría Delegada para el Sector de Minas y Energía, 2002).

Arauca, Archivo CNR, oficina Subdirección de Interventorías de Control y Seguimiento, consecutive 932).

10) DNP, *Estudio técnico sobre Comisión Nacional de Regalías*(Bogotá: DNP, 2004).

11) 1993년 법률 제80호는 지자체로 구성된 조합이 국가 단위체로서 상호 행정 조약을 통해 계약을 수행하도록 허용했다. 공공단체 역시 적은 금액의 계약의 경우 직접 계약을 맺을 수 있었으며, 그 결과 계약 쪼개기와 조합 선호도를 가중시켰다. 2007년의 법률 제1150호는 이들 가능성을 모두 차단했다.

다시 말해서 프로젝트 분석기구들은 재원의 통제를 보장하기보다는 간접적 지배 양태들을 양산하고 심화하기 위해 중앙과 지방을 연결해주는 접목 지점으로 변했다. 더 나아가 지역 불평등의 심화를 가져오는 주된 요인이 되었다. 기술 관료의 자격을 갖춘 적절한 인력을 확보하지 못한 극도로 빈곤한 지역의 시장(alcalde)과 주지사(gobernador) 들은 형식적 요구를 충족시키지 못했다는 이유로 프로젝트를 반납하는 상황에 처했다. 자신들이 신청했던 프로젝트의 허가를 받아낸 지역 역시 문제에 봉착했는데, 받은 재원들을 투자하기 위해 필요한 관료기구가 없었기 때문이었다.

통제방법의 취약함, 그리고 투자 실현과 효과적인 감독의 집행 사이에서 발생하는 시간적 지체로 인해서 지역과 지방 단위의 계약이 모든 법적 제약을 위반하는 상황으로 이어졌다. 석유 자원의 낭비는 이내 지방 정치 풍토의 일부분이 되었고, 비록 그 색채는 약하더라도 마치 마약밀매업자들의 무분별한 낭비를 떠올리게 했다. 과시용 투자가 급증했고 이내 돈만 축내는 무용지물로 전락했다. 경기가 열린 적이 전혀 없는 장소에 세워진 아무도 이용하지 않는 화려한 벨로드롬, 금방 고장나는 모터가 설치된 인공 파도 수영장, 범람을 막기 위해 있지만 늘 범람하는 제방, 거대한 로데오 경기장, 돔 경기장, 지역의 애국자를 기리기 위한 봄·가을 축제 등이 그 사례이다. 조합을 통한 계약에서는 다른 성격의 업체와 계약할 경우에 요구되었을 만한 조항들이 쉽게 생략되었다. 따라서 지자체들은 지역 권력과 밀접하게 결탁되어 있는 정치적 네트워크에 속한 업체에 대형 계약을 나눠주는 관행을 이어갔다.

제도적 틀이 갖고 있는 관료주의적 경박함도 시작부터 명백한 문제들을 양산했다. 회계원(Contraloría)의 조사관들은 로열티 국가위원회의 운영에 인력과 조직의 부족과 같은 고질적인 결손이 있다는 점을 지적했다. 이러한 한계는 인력의 90%가 정부부처나 국가계획처에서 파견된 인력이기 때문에 나타난다. 단 한 명의 원유조정관이 로열티와 관련된 막대한 재원의 지출을 관리할 수 있는 가능성은 전혀 없었고, 로열티 국가위원회와 마찬가지로 지역의 압력과 역학관계에 노출되어 있었다. 여러 차례의 회계감사를 통해 회계원은 재원의 감독이 불충분하며, 인적자원과 예산의 부족으로 인해서 적절한 통제가 어렵다는 점을 지적했다(CGR, 1997, 1999, 2002).

이런 이유들로 인해 초기의 조직적 틀을 다양하게 구조조정했지만 개선의 효과는 미미했다. 1999년의 대통령 시행령 제2141호는 로열티 국가위원회의 재편을 가져왔다. 위원회는 국가계획처 산하로 편재되었고, 기술위원회와 원유조정관 제도가 폐지되었다. 또한 5개의 사무소가 신설되었으며, 부문별 기준에 의거해 프로젝트의 접수와 평가기능이 각 부처로 이관되었다. 개혁을 통해 로열티를 오용한 경우에 적용될 형사적·재정적 조치 및 처벌이 명시되었고, 로열티 국가위원회가 취할 수 있는 교정 조치들이 승인되었다. 또한 로열티 국가기금의 재원을 받기 위해 필요한 요구사항을 담은 절차 매뉴얼이 2002년부터 도입되면서, 이 매뉴얼에 따라 프로젝트를 승인하는 장치가 마련되었다. 새로운 구조에서는 세 부서가 통제와 감시 기능들을 나누어서 담당했는데, 이들은 감사관리부(Subdirección de Interventoría y Seguimiento) 소속으로, 이 중 하나는 징수와 이전을 감시하는 역할을 하고, 다른 두 부서는 직접적 로열티와 간접적 로열티를 감시하는 역할을 담당했다.

이러한 노력에도 불구하고 위원회의 구조적 문제는 남아 있었다. 지자체들은 최소 비용 지출 요구에 따라 설정된 최소한의 투자액도 달성하지 못했으며, 조합들과의 직접 계약이라는 관행을 계속했다. 2004년

1월 공공행정의 전면적 개혁이라는 맥락에서 로열티 국가위원회 청산 절차가 이뤄졌고(2004년 시행령 제149호), 로열티 국가위원회의 전 기능이 국가계획처에 귀속되었다(2004년 시행령 제195호). 하지만 자원의 낭비는 여전했다. 2010년 마누엘 산토스(Juan Manuel Santos) 대통령의 새 행정부는 로열티 제도 개혁을 취지로 하는 계획서를 제출했으며, 계획서 초안에는 자원의 균등한 분배 추구, 중앙집권적 투자계획, 콜롬비아의 광물과 석유 붐의 거시경제적 효과를 통제하기 위한 제도 설치안 등이 담겨 있다.

3. 로열티, 대여세, 정치

앞서 우리는 행정조직의 관점에서 로열티와 관련된 제도적 틀이 어떻게 전개되어왔는지를 살펴보았다. 지자체에 초점을 맞출 경우, 안데스 지역에 집중된 국가의 건설계획으로 인해 대부분의 광물 채굴 지역들은 관료제도의 취약성과 간접적 지배 논리로 특징지어지는 정치적 역학관계를 가지고 있다. 또한 상당수 지자체들은 민병대나 마약밀매업자들과 같은 비정부 무장 세력에 좌우된다는 점을 쉽게 알 수 있다. 이런 상황에서 지자체들은 돈이 강처럼 밀려들면서 때 아닌 침수를 겪고 있다.

이것이 실제로 무엇을 의미하는지 이해하기 위해서 <표 4-1>과 <표 4-2>를 살펴보기로 하자. 1992~2010년 사이 많은 양의 로열티를 받은 지자체의 장들 중에서 다양한 범죄행위로 처벌을 받은 단체장들[12]을 나열하고 있다.[13]

---

12) 이들은 주 단위에 분류되었다.

〈표 4-1〉 로열티 수령 주요 주에서 기소, 제재, 유죄판결된 주지사들(1992~2010년)

주	유죄판결, 제재, 기소	위반 사항들
아라우카	유죄판결 2건, 제재 1건, 기소 3건(1건은 도주 상태)	민족해방군(ELN)에게 조력과 자금을 제공, 로열티의 남용, 범행 모의, 살인, 불법단체 조직, 계약안 위반
볼리바르	제재 2건, 기소 1건	주지사 기능 불이행, 변칙 계약, 준군사조직과 관련
카사나레	제재 4건, 기소 1건	부적절한 정치활동 참여, 변칙 계약, 준군사조직 게이트(parapolítica)
세사르	유죄판결 2건, 제재 1건, 기소 2건	횡령 및 직무유기, 준군사정치, 제1급 범행 모의, 부적절한 계약 체결
우일라	유죄판결 1건, 제재 1건, 기소 1건	부적절한 계약 체결
메타	유죄판결 1건, 제재 1건, 기소 2건	준군사조직 게이트, 살인, 제1급 살인, 불법단체 참여, 부적절한 계약 체결, 마약밀매, 공공자금 남용

한눈에 알 수 있는 점은 위반 행위에 연루된 관리들의 수가 매우 많다는 것이다. 예를 들어 아라우카에서는 3명의 주지사들이 기소되었고, 2명은 유죄판결을 받았으며, 다른 1명은 제재를 받았다. 이들 가운데 1명은 도주한 상태이며, 이들의 위반 사항은 계약제도의 관례적인 위반을 넘어서서 살인, 게릴라나 준군사조직에 협조, 범행 모의 등에 이른다. 실제로 아라우카의 정치 지도층 핵심부는 사실상 수감되었다. 유사한 상황이 카사나레에서도 일어났다.

겉보기에 가장 유해한 타격을 받은 주들은 인구밀도가 낮고 국가의 손길이 가장 미치지 않았던 곳들이다. 그렇지만 앞서 언급했듯이, 광물

---

13) 1994~2009년 사이 직접적 로열티를 가장 많이 받았던 8개의 지방정부들을 선별했으며, 볼리바르(Bolivar)를 제외하고 나머지 6개의 주들도 역시 대규모로 로열티를 배분받았다.

〈표 4-2〉 로열티 수령 주요 시에서 기소, 제재, 유죄판결된 시장들(1992~2010년)

주	시	유죄판결, 제재, 기소	위반 사항들
아라우카	아라우카	제재 2건, 기소 1건	부적절한 계약 체결, 무허가 품목과 금전 확보를 위한 설립된 회사들에 로열티 재원을 전용
볼리바르	카르타헤나	유죄판결 1건, 제재 1건, 기소 1건	부적절한 계약 체결, 자산 손실
카사나레	아구아술	제재 1건, 기소 1건	지방정부 예산의 부적절한 집행, 준군사조직과 연계
	타우라메나	제재 2건, 기소 1건	공문서 위조, 횡령, 준군사조직과 연계
세사르	치리과나	유죄판결 1건, 기소 1건	부적절한 계약 체결, 직무유기
	라하구아데 이비리코	유죄판결 2건, 기소 2건	도용을 통한 횡령, 공식 문서에서 위증, 부적절한 계약 체결, 직무유기, 불법무장집단과 연계
우일라	네이바	제재 1건, 기소 3건	부적절한 계약 체결, 횡령, 불법무장집단과 연계
메타	카스티야라 누에바	제재 1건	트러스트 자산(patrimonio autónomo)에 대한 과도한 로열티 투자

주: 고발과 기소에는 검찰, 회계원, 검찰, 최고 법원의 판결과 재판 중인 경우가 포함된다. 기각된 건들은 제외했다. 일반 투표로 선발된 주지사들과 시장들의 사례를 분석했으며, 임명된 지도부는 포함하지 않았다.

자료: Boletín de Noticias y Relatorías de la Procuraduría General de la Nación, Boletín de Noticias Fiscalía General de la República, Boletín de Noticias Presidencia de la República, fallos de la Corte Suprema de Justicia, Corte Costitucional. 대중매체: *El Espectador*, *El Tiempo*, *La República*, *El Heraldo*, *La Silla Vacía*, *Verdad Abierta*, *Semana*, *Congreso Visible*, *Cambio*, *El Colombiano*, *Vanguardia Liberal*, *Caracol Radio*(인쇄판), *Rcn Radio*(인쇄판).

생산 지자체들이 여타 지역들에 비해 더 심각한 국가 해체를 경험하고 있는가는 본격적인 양적 연구를 통해서만 밝혀낼 수 있을 것이다. 어찌되었던 광물 생산지로 분류된 지자체들이 엄청난 규모의 대여세를 갑작스럽게 배분받게 되면서 상황이 변했고, 불법무장단체들과 정치인들이 달려들 강력한 동기가 되었다.

이것이 앞서 언급했던 시기에 우리가 목격한 것들이다. 특히 민족해
방군을 비롯한 게릴라(Pearce, 2007)와 준군사조직들[14]은 체계적으로 원
유 경제의 대여세를 차지했다. 아라우카 사례를 보자면, 민족해방군과
준군사조직들은 지방 정치권력과 확고한 결탁 관계를 형성했고, 이를
통해 그들은 자금을 확보할 수 있었고 대신 지방 정치권력은 선거 지지
세력을 공고히 다질 수 있었다. 민족해방군은 다국적 석유기업으로부터
직접 금품을 갈취했으며, 이런 방식으로 자금의 결정적인 부분을 확보
했다.[15] 1992년 세사르 가비리아 대통령은 계엄령(estado de conmoción)을
선포하고, 게릴라들이 석유생산시설 인근의 국가 소유 영토에서 갈취,
협박, 점유 등의 형태로 로열티 재원을 가로채는 것을 방지하기 위한
조치들을 취했다. 아라우카의 지자체 단위 지도부들은 로열티의 유용,
게릴라와 준군사조직들과의 결탁 혐의로 조사를 받았다.

1993년 10월에 아라우키타(Arauquita) 시장이 반란죄로 체포되었고,
2003년 말 선거 5일 전, 검찰은 게릴라에 협조했다는 혐의로 아라우카
시의 지도부 31명을 체포했다. 여기에는 당시 아라우카 시장이었던 호
르헤 세데뇨(Jorge Cedeño) 의회 의장, 전직 주지사 2명, 도지사와 시장직

---

14) 민족해방군(ELN)이 주된 역할을 하게 된 배경에는 상황적인 요인이 있었다.
   즉, 콜롬비아 무장혁명군(Fuerzas Armadas Revolucionarias de Colombia: FARC)
   에 비해 민족해방군은 장기간에 걸쳐 코카 경제에 상대적으로 소극적이었다.
   반면에 준군사조직들은 특수한 상황에 있었는데, 마약을 자신들의 통제권 안에
   두었고, 지역 엘리트들과 전복세력에 대항하는 거대한 동맹체들을 결성하며 세력
   을 확장해갔다. 이런 방식으로 준군사조직들은 게릴라들에 비해 그들의 경제
   사업들을 다변화할 수 있었다.
15) 앞에서 인용한 Pearce(2007)의 논문을 참조하라.

또는 지방 의회 출마를 앞둔 후보 7명, 주 단위 회계관, 다양한 관료들과 계약업자들이 포함되어 있었다. 그 과정에서 증인 중 한 명으로 참여했던 알데마르 로드리게스는 로열티의 대여세를 착복하는 메커니즘을 다음과 같이 설명했다.

> 누구든 어떤 정치적 직위라도 차지하고자 한다면 민족해방군의 지지가 필요했다. 한편으로 게릴라 지휘부와 예산을 타협하면서 자리를 차지했다. …… 또 한편으로는 바이킹들(vikingos) …… 반란세력이나 특정 업체들에게 이익이 돌아갈 수 있도록 특정한 지시사항들이 담긴 서류들을 통해 게릴라가 추천한 업체들과 사업을 계약했다(*Semana*, 2003.11.24).

로드리게스에 의하면 계약업체들은 계약금의 5~7%를 수수료로 받았다. 게릴라는 이 돈의 일부로 특정 정치인들의 선거를 지원했고, 정치인들은 이렇게 이익을 챙겼다(*Semana*, 2003.11.24).

준군사조직과의 결탁도 조사 대상이었다. 급진변화당(Cambio Radical) 소속으로 출마해 국민투표로 가장 최근 주지사에 선출되었다가 2008년 9월 감사원에 의해 파면된 프레디 포레로 레키니바(Freddy Forero Requiniva)는 전직 주지사인 훌리오 엔리케 아코스타 베르날(Julio Enrique Acosta Bernal)의 정치적인 후원을 받고 있었다. 훌리오는 현재 도주 중으로, 제1급 살인, 범행모의, 준군사조직 결성 등의 죄목으로 체포명령이 내려진 상태이다. 카사나레, 메타, 아라우카, 우일라, 볼리바르, 세사르의 전직 주지사들 가운데 2명은 준군사조직 관련 게이트로 고발당한 상태이며, 나머지 6명도 동일한 죄목으로 조사를 받고 있다.

특정 지역에서 그리고 특정 품목들에서 준군사조직이 광물 경제와 결탁하는 능력은 민족해방군보다 훨씬 우세하다. 민족해방군은 군사적으로 매우 취약해져 있으며, 지역 엘리트들과의 관계는 고질적인 불안정성을 보여주었다. 또한 국가와의 적대적인 관계로 인해 상당히 제한된 영역에서만 영향력을 행사하고 있다. 대조적으로 준군사조직들은 다양한 기업가들과 국가 관료들의 이해관계를 조율하며 폭넓은 지역동맹을 형성했다. 그 결과 준군사조직들은 금 생산과 상업화 과정에 개입하거나 돈세탁 또는 로열티 전용의 새로운 형태를 모색하는 방식으로 광물 경제의 로열티 획득 과정에서 핵심 주체가 되었다. 콜롬비아 자위대(Autodefensas Unidas de Colombia)의 전직 사령관인 살바토레 만쿠소(Salvatore Mancuso)는 워싱턴에서 가진 최근 회견을 통해, 준군사조직들이 파나마에서 금을 어떤 경위로 구입해서 콜롬비아의 시장들에게 어떤 방식으로 넘겨주었는지와 시장들이 이렇게 확보한 금을 콜롬비아 생산품이라고 중앙은행에 허위 보고하여 로열티를 수령하려 했음을 폭로했다. 돈세탁에 관여한 이들은 이렇게 취득한 돈의 70%를 챙겼고, 나머지는 시장들 차지였다.

금의 실제 채굴이 돈세탁에만 활용된 것은 아니다. 준군사조직 지도부는 소규모 금 채굴 작업장을 점유해서 자금원으로 활용하기도 했다. 볼리바르 남부의 푸에블리토 메히아의 채굴장은 '마카코(Macaco)'라는 가명의 카를로스 마리오 히메네스(Carlos Mario Jiménez)와 '훌리안 볼리바르(Julián Bolívar)'라는 가명의 로드리고 페레스(Rodrigo Pérez)의 후계자들로 조직된 준군사조직들에 의해 점유되었다고 간주된다. 이들은 1998년에 마을에 도착해서 주민 1500명을 모집한 다음 터무니없이 적은 금액을 지불하며 주민들이 금광에서 일하게 했고, 그 결과 막대한 이득을 남길 수 있었다.[16] 석탄생산업체인 드럼먼드사는 세사르에서 국유자

---

16) 콜롬비아 무장혁명군(FARC)은 비즈니스에도 참여했으며, 특히 산탄데르와 파라

산 손실 혐의와 하구아 데 이비리코, 엘파소, 치리과나의 주와 지방정부에 배분될 로열티를 남용한 혐의로 처벌받았으며, 노동조합 지도자 3명을 암살하기 위해 준군사조직과 공모한 혐의로 2004년 기소되었다.[17]

이 모든 상황이 콜롬비아 정치 시스템의 변화와 관련되어 있다. 중앙과 지방을 결합하는 인전대(引傳帶) 역할을 담당했던 구시대 양당체제의 축은 상당히 약화되었고, 광물 생산지에서 지배력을 확보한 급진변화당(Cambio Radical), 국가통합당(Partido de la Unidad Nacional), 콜롬비아 알라스에키포당(Alas Equipo Colombia) 등 새로운 조직에 자리를 내어주었다.[18] 이 신생 정당들은 구 정당들에 비해 느슨한 형태이며 지지층은 훨씬 협소하며, 실제로 지역의회 의원 간 연대체 구성을 우선순위로 한다. 이 세력들은 광물 로열티의 활용을 규제하는 제도적 틀을 설계하는 과정에서 중심적인 역할을 담당해왔다.

이 글에서 언급된 시기에 천문학적 규모의 재원이 지자체에 유입되었다. 그렇지만 가장 큰 혜택을 누렸던 지역들의 성과는 미흡하다. 국가의 가장 강력하고 체계적인 영향력이 행사되었던 카르타헤나와 같은 거대 규모의 지방정부들을 제외하고, 광물 생산지로 분류된 주와 시 들은 재정적 태만, 비효율성, 사회적 사안에서의 부진한 실적, 잦은 부패 스캔들로 인해 체계적인 타격을 받고 있다.[19]

요네스 델 바예델카우카에서 활발하게 활동했다. "Con oro lavan dinero y se roban regalías, reveló el ex jefe 'para' Salvatore Mancuso", "El drama de Pueblito Mejía", en *El Tiempo*, 1/8/2010.

17) Salomón Kalmanovitz, "Historia de la Drummond y el Cesar" en *El Espectador*, 11/1/2009.

18) 2006년 상원 선거와 2007년 주 의회 선거에서 이들 정당들은 카사나레, 아라우카, 메타에서 가장 많은 득표율을 거두었다.

4. 결론

틸리의 '간접적 지배' 개념은 정교화될 필요가 있다. 사실상 콜롬비아
에는 국가의 간접적 지배가 다양한 양태로 작동한다. 콜롬비아의 정치
체제는 양당체제를 기반으로 했으며, 양당체제는 중심부와 주변부를
이어주는 인전대이자[20] 국가 기능의 '신경계'로 작동했다. 이 오래된
시스템은 미화될 수도 미화되어서도 안 된다. 이는 안데스 지역에 집중
함으로써 해안 지역에 심각한 피해를 초래하는(Meisel, 1999) 지역 간
불평등의 심화에 토대를 둔 국가 건설에 기여했기 때문이며, 결과적으
로 어떠한 국가기구도 영향력을 행사하지 못하는 거대한 영토가 국가
내에 존재하게 되었다.[21]

콜롬비아가 광물과 코카 생산국으로 전환함에 따라 인구가 밀집된
안데스 지역과 광물과 코카를 생산하는 새로운 중심지 사이에 균열이
생겨났다. 이들 지역에는 인구학적, 제도적, 경제적인 측면에서 막강한
힘을 가진 지자체들이 일부 존재하기도 했다. 그러나 인구의 규모가
작거나[22] 국가나 시장이 부재한 지자체들이 사실상 지배적이었다. 국가

---

19) DNP, *Desempeño Fiscal de los Municipios*, Cuatrienio 2002-2005, Annual 2005,
2006, 2007, 2008, 2009(Bogotá: DNP); Contraloría Delgada para el Sector de
Minas y Energía, 2002; DNP, *Desempeño Integral de los Municipios*, Annual
2005, 2006, 2007, 2008, 2009(Bogotá: DNP); "Contratos a Dedo," en *Samana*,
28/10/2001; "Así se Esfumaron las Regalías," en *El Tiempo*, 30/1/2003.

20) 앞서 인용한 레알과 다비라(Leal y Dávila, 1990)와 곤살레스(González, 1997)를
참조하라. 추가로 Villegas(2008) 참조.

21) 앞서 인용한 González(1997)을 참조하라.

22) 아라우카는 이런 측면에서 볼 때 보고타보다도 인구당 내부 생산량이 더 많은
지자체이다.

기능의 신자유주의적 조직 개혁에 따라, 그리고 준군사조직과 같은 불법무장단체들이 국가기구 일부를 점유하게 됨에 따라 상당수 불법 조직인 민간세력들이 로열티를 횡령하고 국가기구의 모든 기능과 부문들을 점유하는 것이 더욱 용이해졌다. 이런 방식으로 새로운 유형의 간접적 지배가 나타났고, 어떠한 인전대도 보유하지 못한 중심부는 불법 민간 정치 네트워크들을 통해 대여세를 분배하는 데 개입해 있는 지역의 상이한 연합체들의 조율자로서의 역할만을 담당하게 되었다.

새로운 모델은 콜롬비아의 영토적 상황과 국제적 생존조건들이 자아내는 긴장관계를 반영하는데, 이러한 긴장관계가 비롯되는 이유는 불법행위를 금지하는 국제적 규칙을 위반하는 행위자들을 연합체들이 필연적으로 은닉하기 때문이다. 이러한 일종의 간접적 모델에서 국가의 존재에 맞서 지역적 기반에 뿌리내리고 정교한 조직화를 이루어내는 지역 연합체들은 불법행위자들을 포함하고 있다. 이들의 존재는 국가를 불안정하게 만들고 지속적인 스캔들에 노출시키며, 국가의 국제적 정당성을 약화시킨다. 이러한 사실은 국가 개혁을 추진하도록 압박하지만, 간접적 지배 모델에 '끈끈한' 평형 상태를 가져다주는 일련의 동기들을 제공하기도 한다.

참고문헌

Bergquist, Charles. 1978. *Coffee and Conflict in Colombia 1886-1910*. Durham: Duke University Press.

Contraloría Delegada para el Sector de Minas y Energía. 2002. *¿Para qué han Servido las Regalías? Una Propuesta de Distribución*. Bogotá: Contraloría General de la República.

Contraloría General de la República(CGR). 1997, 1999, 2002. *Auditoría a la Comisión Nacional de Regalías 1997, 1999, 2002*. Bogotá: CGR.

Echandía, Camilo. 1999. *El Conflict Armado y las Manifestaciones de Violencia en las Regions de Colombia*, Presidencia de la República de Colombia/ Oficina del Alto Comisionado para la Paz/Observatorio de Violencia. Bogotá.

González, Fernán. 1997. *Para leer la Política: Ensayos de Historia Política Colombiana*. Bogotá: Cinep.

Gutiérrez Sanín, F. 2007. *¿Lo que el Viento se Llevó? Los Partidos Políticos y la Democracia en Colombia 1958-2002*. Bogotá: Grupo Editorial Norma.

_____. 2010. "Colombia: The Restructuring of Violence." en F. Gutiérrez Sanín y Gerd Schönwalder, *Economic Liberalization and Political Violence. Utopia or Dystopia?*. Ottawa: Pluto Press.

Leal, Fransicso y Andrés Dávila(eds.). 1990. *Clientelismo: El Sistema Político y Su Expresión Regional*. Bogotá: Tercer Mundo Editores/Iepri.

López, Claudia(ed.). 2010. *Y Refundaron la Patria*. Bógota: Corporación Nuevo Arco Iris/CongresoVisible/Dejusticia/Grupo Método/MOE.

Meisel, Adolfo. 1999. "¿Por qué perdió la Costa Caribe el siglo xx?" en Haroldo Calvo Stevenson y Adolfo Meisel Roca(eds.), *El rezago de la Costa Caribe Colombiana*, Banrep/Fundesarrollo/Uni-norte/Universidad de Bogotá Jorge Tadeo Lozano, Cartagena.

Ministerio de Minas y Energías(MME). 2008. "Estimación de la Producción Minera Colombiana por Distritos, Basada en Proyecciones de PIB Minero latinoamericano 2008-2019." Bogotá: MME.

Otto, James et al. 2006. *Mining Royalties: A Global Study of Their Impact on Investors, Government, and Civil Society*. Washington, DC: Banco Mundial.

Pearce, Jenny. 2007. "Oil and Armed Conflict in Casanare, Colombia: Complex Contexts and Contingent Moments." in Mary Kaldor, Terry Lynn Karl and Yahia Said(eds.). *Oil Wars*. Londres: Pluto Press.

Robilliard, César Polo. 2005. *Las Industrias Extractivas y la Aplicación de Regalías a los Productos Mineros*. Santiago de Chile: Cepal.

Semana. 2003.11.24. "No se Moviá una Aguja sin Permiso de la Guerrilla" http://www.semana.com/noticias-nacion/no-movia-aguja-permiso-guerrilla/7 4830.aspx.

Tendler, Judith. 2005. "Why Social Policy Is Condemned to a Residual Category of Safety Nets, and What to Do About It: Thoughts on a Research Agenda." en Thandika Mkandawire. *Social Policy in a Development Context*. Londres: Palgrave-McMillan.

Tilly, Charles. 1990. *Coercion, Capital, and European States, AD 990-1992*. Malden, MA: Blackwell.

Villegas, Mauricio García. 2008. *Jueces sin Estado: La Justicia Colombiana en Zonas de Conflict Armado*. Bogotá: Fundación Konrad Adenauer.

제5장

산업정책

시장실패와 정부실패 사이의 갈등을 고려한 정책 제안

다니엘 고메스 가비리아 · 가브리엘 앙가리타 _서민교 옮김

이 연구에서는 산업정책을 정당화하는 시장실패의 개념, 산업정책의 성공과 실패에 대한 실증 사례, 공공선택학파의 비판, 시장개입 정책 이행의 걸림돌이 되는 여러 종류의 정부실패에 대해 다루며, 생산력 제고 정책을 성공적으로 실현하기 위해 필요한 역량을 갖춘 제도 수립과 관련된 정책 제언을 한다. 공공정책은 특정 부문만을 대상으로 해서는 안 되며 생산 과정 촉진에 목적이 있어야 한다. 그리고 시장실패와 정부실패 사이의 균형을 잡으면서 바람직한 공공정책을 펼치기 위해 콜롬비아의 국가기획청은 국가공공정책청으로 개편될 필요가 있다.

다니엘 고메스 가비리아 Daniel Gómez Gaviria   고등교육발전재단(Fedesarollo) 연구원.
가브리엘 앙가리타 Gabriel Angarita   콜롬비아 에스테르나도 대학 경제학과.

* 이 글은 ≪Fedesarrollo Working Paper Series 2014≫에 실린 글을 옮긴 것이다.

1. 서론

세계은행을 비롯한 여러 국제기구에서 발표되는 새로운 연구 결과들과 전 세계적으로 발생하고 있는 생산구조의 변화 과정 속에서 새로운 세대에 걸맞은 산업정책 또는 구조 변화 정책의 필요성과 유용성에 대한 논의는 다시금 탄력을 받기 시작했다.

특히 중국의 성장과 2001년 세계무역기구(WTO) 가입으로 인한 세계 무역체제에의 통합, 그리고 오프쇼어링과 아웃소싱으로 대표되는 세계적 수준의 수직적 해체 프로세스(Helpman, 2011)는 글로벌 가치사슬에 근본적인 구조적 영향을 미쳤다. 생산의 단위가 상품이 아닌 공정으로 재정의됨으로써 국제적 생산 전망이 변화한 것이다. 이러한 생산공정의 지역화 결과는 종종 탈산업화로 해석될 수 있는 수치로 드러난다.

콜롬비아의 경우 상품, 특히 광물·에너지 상품 가격의 급격한 상승과 자본 유입 및 외국인직접투자의 증가, 탄화수소의 수출 증대, FTA 체결 등이 이루어지는 가운데 제조업 부문의 참여율이 약 35%에서 10% 정도로 감소하는 현상이 발생했다. 이러한 변화로 인해 네덜란드병과 탈산업화의 위험성에 대한 불안감이 촉발되었으며, 적극적인 산업 촉진 정책의 필요성이 대두했다.

앞서 언급된 경기적 요소뿐만 아니라 경향적, 장기적 요소 또한 산업 정책에 대한 관심을 환기시켰다. 비록 최근 20년 동안 콜롬비아의 1인당 소득이 두 배로 증가했고 GDP 증가율도 연간 3.5~4% 수준을 유지해왔지만, 콜롬비아가 곧 성장 및 발전이 장기간 정체되는 '중진국 함정'에 빠질 것이라는 우려 또한 존재한다. 다니 로드릭(Dani Rodrik)과 미주개발은행(IDB) 등 국제기구는 중진국 함정을 벗어나기 위해서는 거시경제 안정과 같은 수평적인 문제를 해결하는 것뿐만 아니라, 부문별·수직적 정책을 수립하는 것도 필요하다고 제안한 바 있다.

　이러한 맥락에서 경쟁력 제고와 시장 왜곡 수정을 목표로 하는 공공정책 및 적절한 정책 수단의 역할을 이해하고 평가하는 것은 중요하다. 이러한 방향의 정책 중 콜롬비아가 경험한 것으로는 생산구조 강화를 목표로 한 정책들이 있는데, 이러한 프로그램들은 기업 발전, 혁신 지원, 수출 진흥 등 특정 부문이나 활동에 초점을 맞추고 있다(Chrisney and Kamiya, 2011). 그러나 정책이 성공적으로 시행되기 위해 필요한 조건이나 기대 효과를 달성하기 위해 취해야 하는 행동을 이해하고 연구하려는 노력은 미흡한 실정이다.

　따라서 생산활동 증진을 위한 정책의 설계와 시행을 자세하게 분석할 필요가 있다. 경제이론에 따르면 산업정책 또는 생산성 정책은 시장실패에 반응해야 하지만, 정책이 시행되는 맥락이나 생산성 제고 정책을 시행하는 기관의 능력은 간과하고 있다. 그러므로 공공정책에 정당성을 부여하기 위해서는 시장실패를 식별하는 것만으로는 부족하며, 사적 영역이 공공 의사결정을 장악하는 국가 포획, 지대 추구 활동, 관련 정보의 부재, 정책의 경직성, 부패, 제도적 취약성, 공공기관 간의 제한된 연결, 비효율적이고 무능력한 관료제, 공공 영역과 민간 영역의 협력 부재 등 국가 개입에서 발생하는 정부실패의 가능성 또한 고려해야 할 것이다. 코닉(Cornick, 2013)의 분류에 따라 기관의 능력은 기술적 측면, 조직적 측면, 정책적 측면에서 고려될 수 있다.

2. 구 산업정책과 신 산업정책

1) 구 산업정책

산업정책 시행의 주된 정당성은 시장실패의 해결이다. 구 산업정책은 유치산업과 관련된 시장실패와 자본시장실패라는 특정한 종류의 시장실패에 대한 대응책으로 등장했다. 오랜 기간, 특히 20세기 후반기 라틴 아메리카, 동남아시아 및 아프리카에서 시행된 산업발전정책은 이러한 시장실패에 초점을 두었는데, 당시 국가의 적극적인 개입을 통해서만 시장실패가 해결될 수 있다는 생각이 지배적이었다(Rodrik, 2004). 특히 자원을 배분하고 전략산업을 관리하는 국가 역할의 필요성이 부각되었으며(Krueguer, 1990), 이를 통해 지속적인 기술 발전, 산업의 현대화, 그리고 경제적 다양화가 달성될 수 있다고 생각되었다(Lin and Monga, 2010).

그 결과 적극적인 산업발전정책은 구조 변화, 발전, 성장 등의 여러 과정 속에서 시행되었으며, 정책이 비교적 성공을 거둔 경우도 있지만 완전히 실패한 경우도 있다.

일부 동남아시아 국가들은 성공적인 발전 사례로 꼽힌다. 여러 학자들은 이러한 결과가 적극적인 산업정책 때문에 가능했다고 말한다 (Johnson, 1982; Amsden, 1989; Wade, 1990). 시장실패의 해결을 이유로 동남아시아에서 시행된 정책 몇 가지를 들자면 ① [빅 푸시(Big Push)라 불리는] 보완적 투자의 조정, ② 경쟁적 투자의 조정, ③ 규모의 경제 촉진정책 (예를 들어, 주로 유치산업 부문에서 규모에 따른 생산 라이선스 발급), ④ 기술 수입에 대한 규제, ⑤ 외국인직접투자에 대한 규제(기술이전 및 현지 부품 사용 등의 필수조건), ⑥ 인적자본 공급 문제를 해결하기 위한 필수 직업

훈련, ⑦ 국가의 고위험 자본에 대한 투자 및 첨단기술 기업 설립, ⑧ 보조금 등 통한 수출 촉진, ⑨ 자본재 수입 우선 정책 등이 있다(Chang, 2009).

그렇지만 구 산업정책의 이론적 근거를 가지고 있는 모든 과정이 성공적이었던 것은 아니다. 특히 중앙아프리카나 라틴아메리카의 수입 대체산업화(ISI) 모델이 그러하다. 로빈슨(Robinson, 2009)은 이런 보호주의적 정책의 목적이 규모의 경제와 학습을 통해 평균비용곡선이 하락하면 국제적으로 경쟁할 수 있을 만한 새로운 산업을 보호하는 데 있다고 한다. 그러나 보호와 보조금은 경쟁력을 기대 수준만큼 이끌어내지 못했고, 기업들은 독과점 세력을 형성하며 보호되는 국내시장에서 낮은 질의 상품을 생산하게 되었다(Robinson, 2009).

요컨대, 정부가 구 산업정책을 통해 시장에 개입한 나라들 대부분은 원하는 목표를 달성하지 못했음을 알 수 있다. 이는 산업정책과 발전의 인과관계에 대한 새로운 논쟁의 장을 연 동시에 개입의 종류, 해결해야 할 병목현상, 그리고 생산정책의 성공에 정부실패가 가지는 중요성 등에 대한 논의도 촉발되었다.

2) 신 산업정책

최근 몇 해 동안 여러 연구자들은 적극적 산업정책의 시행에 대한 논쟁을 재개했다. 이들은 대개 경제활동, 특히 발전은 공공 개입에 크게 의존한다는 입장을 견지한다(Hausmann and Rodrik, 2006).

신 산업정책은 구 산업정책과 두 가지 측면에서 차이가 있다. 첫째, 시장실패의 목록이 더욱 구체화되고 정교해졌는데, 정보 비대칭, 외부성, 조정 문제(coordination problems) 및 투자의 전유성(appropriability)[1] 문제 등이 포함되었다. 둘째, 신 산업정책은 '수출 촉진과 수입 대체'의 이분법을 파기한다(Chang, 2009).

추가적으로 재산권에 대한 불확실성, 법률 미준수, 과도한 관료주의, 국가 포획 및 기타 정치경제적 이슈와 같은 정부실패가 고려되기 시작했다(Rodrik, 2013; Krueguer, 1990). 이러한 의미에서 신 산업정책은 적극적인 개발정책의 성공을 보장하기 위한 법체계 강화와 정치기구 안정화 등 적절한 제도적 능력 및 조건이 가지는 필요성을 제시한다고 할 수 있다(Rodrik, 2013).

그렇다면 산업정책은 우선 경제가 제대로 작동하지 않는 부분을 정확하게 파악한 후 시장실패의 성격에 맞추어 시행되어야 한다. 해결되어야 할 문제와 정부실패의 위험성을 구체적으로 이해하지 못한 채 시행된다면 정부의 개입은 경제에 해를 끼치게 된다(Hausmann and Rodrik, 2006). 예를 들어 자본시장의 불완전성 때문에 산업 규모가 작은 나라의 경우 유치산업에 대한 보호는 정당성이 없는데, 이 조치는 단지 생산성 향상 없는 특혜를 유지하게끔 하는 구실에 불과하다(Robinson, 2009).

신 산업정책에 대한 문헌은 공공정책이 우선적으로 해결해야 할 시장 왜곡 혹은 병목현상 두 가지를 지적한다(Llinás, 2013; Lin and Ha-Joon, 2009; Chang, 2009; Rodrik, 2008).

첫째로 정보와 관련된 외부성이 있다. 새로운 시장을 개척하는 것은 시장이 가지고 있는 기회에 대한 정보를 필요로 하며 어느 정도의 위험과 비용을 감수하는 것을 의미한다. 구조 변화와 현대화는 비용이 상당히 많이 드는 시행착오적 작업이지만 관련 정보가 부재하기 때문에,

---

1) 연구·개발투자로 창출된 수익을 확보하는 방안. 대표적으로 특허가 있다. ―옮긴이

그리고 (시행착오를 거쳐 획득된) 정보가 사후에 경쟁자 또는 모방자에 의해 사용될 것을 알고 있기 때문에 모든 혁신가들이 시장 개척을 이루어낼 인센티브를 가지지는 않을 것이다. 그러므로 혁신은 제한되며, 새로운 기회를 발견하기 위한 투자는 최적 수준을 밑돌게 된다. 따라서 정부는 이윤 창출이 가능한 활동에 대한 정보를 수집하고 가공하는 데 투자를 촉진하는 역할을 맡을 수 있다. 이런 정부의 활동은 긍정적 외부효과와 공공재의 (무임승차) 문제를 해결하는데, 이러한 정보는 추가적인 기업 하나가 관련 정보에 접근하는 데 대한 한계비용이 0에 가까운 공공재 역할을 하기 때문이다(Lin and Monga, 2010).

두 번째 시장실패는 조정의 어려움이다. 구조 변화와 발전 과정은 교육, 인프라, 법·규제·금융·기타 제도의 동시적인 개선을 요한다. 따라서 신 산업정책 제안자들은 산업 부문의 생존 가능성은 이런 개선들이 얼마나 잘 조정되어 실현되는지에 달렸다고 주장한다. 하지만 시장과 기업도 모든 비용을 예측하거나 내부화하지 못하며, 개선을 달성하기 위해 서로 조정하는 것은 말할 것도 없다(Llinás, 2013).

요컨대 신 산업정책이 뜻하는 바는 만약 한 국가 내에서 산업정책의 초점이 정보의 제공, 조정, 그리고 구조 변화 및 경제의 다변화 과정에서 발생하는 외부성에 대한 보상에 맞추어진다면, 국가는 발전과 인적자본 축적의 길을 걸을 것이라는 것이다(Lin and Monga, 2010). 신 산업정책은 민간 부문과 국가의 관계를 새롭게 정의할 필요성을 강조한다. 즉, 국가의 도움은 선물이 아니라 성장과 생산의 변화에 필요한 공공재로 간주되어야 한다(Chang, 2009). 신 산업정책은 발전을 촉진하기 위해서 구 산업정책의 보호주의적 수단, 보조금, 그리고 특정 부문에 대한 보호에서 벗어나야 한다는 점을 분명하게 밝힌다(Llinás, 2013). 개괄하여 말하자면 신 산업정책은 구 산업정책의 문제에 빠지지 않는, 그리고 정부실패를 경감하기 위한 제도적 능력을 고려하는 시장실패와 병목 현상에 대한 해결책을 제시한다.

여러 학자들은 신 산업정책이 구 산업정책의 문제, 특히 부문 선정과 특정 이익집단에 의한 포획과 관련된 문제를 해결하지 못한다고 강조한다. 예를 들어 이스터리 등(Easterly et al., 2009)은 민간 부문과 비교했을 때 정부가 새로운 시장과 수익성 있는 상품을 발견할 가능성이 더 낮다는 것을 언급한다. 정부는 정보와 관련하여 불리한 입장에 있고 민간 부문에 비해 비효율적인 인센티브 체계를 가지고 있으며, '승자'를 선택할 기회를 찾는 노력이 분산되어 있다는 난점과 수출 증진 공공정책을 개발하는 과정에서의 어려움을 지니고 있다. 반면 기업들은 이윤의 재투자와 자본시장에서의 자금조달, 공무원이 아닌 기업가만이 가지고 있는 다양한 정보의 이용 등을 통해 앞서 언급된 과업을 더 성공적으로 수행할 수 있다. 마찬가지로 이스터리(Easterly, 2009)는 신 산업정책을 옹호하는 학자들의 연구는 성공적인 사례만을 선별적으로 취하여 국가 개입이 경제발전의 유일한 방법인 것처럼 과장하고 있다고 비판한다.

3) 경험적 증거 평가: 성공 사례와 실패 사례, 그리고 인과관계의 추론

산업정책의 효과에 대한 경험적 증거는 일관되지 못하다. 한편으로는 실증적 사례 분석 결과 대다수 산업정책은 실패했고, 일반적으로 산업정책의 효과는 미미한 것으로 나타난다. 게다가 산업정책과 발전의 상관관계를 식별하는 것은 어렵다. 표본은 그 크기가 작고 성공적인 사례들이 추출되는 경우가 많기 때문에 연구 결과가 산업정책의 성공 지표로서 가지는 가치는 신뢰할 수 없다. 이는 산업정책의 성공에 있어 정부의 역할이 중요했다고 말하는 연구, 특히 사례 연구에 가해지는 주요 비판이다(Harrison and Rodríguez-Clare, 2009). 이스터리(Easterly, 2009)는 이러한 증거에 대해 개발 성공 사례를 선별한 다음 적극적인 산업정책이 있었음을 관찰하고, 전자가 후자의 결과라는 결론을 내리는 것은 틀린 것이라고 말한다. 올바른 방법론은 적극적인 산업정책을 펼친 국가들을 선별한 다음 성공 사례를 찾는 것이다. 이 과정을 거치면 인과관계 및 성공에 대한 훨씬 완화된 결과가 도출된다.

최근 연구에서 장하준(Chang, 2009)은 오늘날 발전된 국가들이 사용한 산업정책은 개발정책의 효과에 대한 증거라고 시사한다. 유치산업에 대한 우려에서 출발한 산업정책으로서 명백한 성공을 거둔 예로는 19세기 후반의 미국, 독일, 벨기에, 스위스, 18세기 중반의 영국, 19세기 말의 프랑스, 핀란드, 노르웨이, 오스트리아가 실시했고, 오늘날 중국이 시행한 특정 산업에 대한 보호정책이 있다(Chang, 2009). 그러나 장하준의 연구는 이스터리의 비판에서 자유롭지 못하다.

실패 사례로는 아프리카와 라틴아메리카가 대표적이다. 독립 이후 가나, 잠비아 같은 국가들은 야심 찬 목표를 가지고 5개년 계획을 설정하는 산업정책을 도입했지만, 결과는 비효율적인 산업, 부패, 비생산적 투자로 나타났다(Robinson, 2009). 일반적으로 아프리카의 산업정책은 정치경제적인 문제로 인해 실패했다고 할 수 있는데, 정책이 엘리트 정치권력을 유지하기 위해 사용되었기 때문이다.

3. 산업정책의 정치경제(economía política)

현대의 산업정책은 시장실패 및 정치경제와 관련된 문제를 간과해서는 안 된다. 특히 국가 포획, 부패, 집단행동의 문제, 제도적 취약성,

기술적·조직적 무능, 기관 간 연결의 부재, 역선택 및 동태적 비일관성 등의 문제가 중요하다. 산업정책의 정치경제는 구조 변화를 촉진하는 산업정책들의 성공적 시행에 핵심적인데, 라틴아메리카나 아프리카가 아닌 동남아시아의 산업정책이 성공할 수 있었던 요인 중 하나는 정치적 균형이었으며, 지정학적·역사적·정치제도적 상황들이 모두 결정적인 역할을 했다. 로빈슨(Robinson, 2009: 7)은 정치제도와 균형 잡힌 권력의 중요성을 강조한다.

(결정적인 계량경제학적 증거가 없다는 것은 인정하지만) 증거들을 살펴보건대 내 생각에는 산업정책에 강한 인과관계를 부여한 학자들이 옳은 것 같다. 그러나 나는 1960년대 가나와 1940년대 라틴아메리카 전역에서 그러했듯이 산업정책이 완전히 실패할 수도 있다고 믿는다. 하지만 이 사례들의 차이점은 일본이나 한국이 운이 좋았다거나 똑똑했다거나 더 나은 조언을 하는 경제학자들이 있었다는 것이 아니고, 이들 사회의 정치적 균형이 달랐기 때문이다. …… 나는 이 사례들의 주요한 차이점은 정치적 요소라고 생각한다.

산업정책으로 인해 승자와 패자가 생겨나고 정치권력의 분배에 변화가 발생하는 것은 필연적이다(Cornick, 2013). 정부실패와 연관된 주요 문제 중 하나는 지대 추구를 목적으로 한 국가 포획이다. 수혜 권력그룹은 정치적 연맹을 형성하여 산업정책의 가이드라인을 설정하고 국가 소득을 차지할 수 있다. 이러한 점에서 구 산업정책은 국가를 포획하려는 왜곡된 정치적 인센티브를 발생시킨다(Robinso, 2009). 따라서 구조 변화를 위한 공공정책의 선택은 가장 강력한 정치권력에 의존하게 되며, 이들은 자신의 이익에 맞게끔 경제제도를 변화·고착시키는 경향이 있다(Chang, 2009).

이러한 정치 역학은 구 산업정책의 시행에 수반된 민간 영역의 자원 배분을 설명한다. 좋은 투자 기회를 적게 가진 사양산업의 기업들은 자금을 로비에 투자하는 기회비용이 더 적을 것이고, 따라서 정부의 지원을 받기 위한 정치적 압력을 가장 강하게 행사하게 된다. 문제는 정부가 패자를 선택하는 것이 아니라 패자가 생산활동 대신 정치활동을 선택한다는 데 있다(Baldwin and Robert-Nicoud, 2009). 자원의 배분은 압력단체의 존재로 인해 결정되는데, 압력단체들은 상당한 규모의 로비 활동을 벌이기 때문이다. 이러한 측면에서 사양산업은 로비에 투자하는 데 더 적은 비용이 발생하기 때문에 역선택이 발생하며, 특정 산업부문에 대한 보호가 처음에는 일시적이었다가 영구적으로 변하는 동태적 비일관성의 문제 또한 발생한다.

대체적으로 정치경제의 문제는 작위(comission)와 부작위(omission)라는 두 가지 종류의 정부실패를 초래할 수 있다(Krueguer, 1990). 작위적 실패로는 투자의 비효율적 배분, 많은 비용과 왜곡을 초래하는 민간 영역에 대한 국가의 통제, 사회 내에서 소득의 큰 부분을 차지하고 있는 이들에게 높은 비율로 분배되는 국가 소득, 공공 부채, 잘 알려지지 않았고 수익성도 낮은 활동에의 국가 관여 등이 있다. 부작위적 실패로는 교통·통신과 같은 공공재 서비스의 질적 저하, 거시경제적 불안정성과 자본시장의 제약, 과도한 관료주의와 불확실한 재산권 등이 있다(Krueguer, 1990).

따라서 적절한 산업정책을 입안하고 결정하기 위한 정치적 균형과 공공기관의 능력을 이해할 필요가 있는데, 이는 시장실패와 독립적이지 않다(Robinson, 2009). 전통적으로 구 산업정책에서는 공공정책을 구상하는 데 시장실패에만 초점을 맞춰왔고, 정부실패는 완전히 간과했다.

따라서 좋은 경제정책도 나쁜 결과를 초래할 수 있었다. 정확히 말하자면 공공정책을 구상하고 평가하는 데 맥락과 제도적 능력, 정책적 파장 및 권력 균형에 미치는 영향 또한 고려해야 한다(Acemoglu and Robinson, 2013). 공공정책의 입안에 정부실패를 고려하는 것은 구조적 변화와 발전에 대해 생각하는 다른 방법이다(Hodler, 2009). 성장과 구조 변화를 촉진하기 위해 우선 정치경제적 문제를 해결할 필요성이 있다는 신 산업정책의 조언은 효과가 없지 않았다(Meléndez and Perry, 2010).

다양한 정치경제적 문제의 존재를 해결하기 위해서는 여러 연구자들이 견실한 공공정책이라고 명명한 정책을 디자인할 필요가 있다(Chang, 2009). 장하준(Chang, 2009)과 크루거(Krueguer, 1990)는 우선적으로는 제도적 조정을 통해 해결되어야 하는 시장실패 및 정부실패의 딜레마를 언급한다. 즉, 정책이 선별적일 것이냐 보편적일 것이냐, 능력, 정보, 전망 등의 측면에서 국가가 '시장을 이길' 수 있느냐 하는 정책 방향의 문제이다.

4. 공공정책: 무역정책, 경쟁정책, 산업정책의 공존 가능성

현재 진행되는 산업정책에 대한 논쟁은 소위 '구 산업정책'의 유산에서 완전히 벗어나지 못했다. 비록 눈부신 기술발전과 생산장치 및 국제적 특화 패턴의 영구적 변화가 있었지만, 공공정책의 제안은 아직까지도 20세기 중반 생산모델하의 제조업 촉진에 초점이 맞추어져 있다. 개개인의 개별적인 지식의 활용 가능성(Hayek, 1945)에 기반을 두지 않은 공공정책을 통해서는 국내외 정세에 제대로 반응할 수 있는 유연한 프로젝트를 꽃피울 수 없을 것이다.

우리가 산업정책 분석에 포함해야 하는 결정적인 요소는 불확실성이다. 우리는 어떤 산업, 어떤 부문을 지원해야 하는지에 대한 확실성을 가질 수 있는가? 우리는 내일의 생산을 위해 오늘 어디에 돈을 투자해야 하는지 아는가? 하이에크와 오스트리아 학파의 노선에서 추가적인 언급을 하자면, 우리는 휘발성 강하고 불확실한 정보를 활용하기 위한 여러 인센티브, 그리고 공공·민간 주체가 정보에 대응할 수 있는 능력에 대해 생각해야 한다.

이미 살펴보았듯이 여러 종류의 산업정책에 대한 타당한 이론적 정당성은 존재한다. 그러나 산업정책은 생산 부문에 영향을 미치는 수많은 정책 중 하나에 불과할 뿐이다. 이러한 도구의 다양성은 종종 대치되는 목적을 가지고 있어서 공공정책을 형성하는 데 새로운 차원의 불확실성과 인센티브를 도입한다. 이 절에서는 서로 상충될 수 있는 정책 세 가지, 즉 산업정책, 경쟁정책, 무역정책에 대해 논의할 것이다. 그리고 시장실패와 정부실패의 측면에 있어 공통된 분석 프레임이 모순적으로 보이는 문제를 조정하는 데 도움이 될 수 있다는 결론을 도출할 것이다.

1) 무역정책, 산업정책, 경쟁정책

WTO하의 다자주의적 자유화든, 일방적 자유화든 자유무역협정을 통한 쌍방적 자유화든 간에 무역자유화 프로세스는 지역 생산자들이 직면하는 수출 경쟁력을 증대시켰다. 경쟁은 덜 생산적인 기업들을 시장에서 퇴출시킴으로써 생산성 측면에서 긍정적인 동태적 변화를 이끌어냈다.

생산성이 낮은 기업들이 시장에서 퇴출되어 그 결과 시장의 일부가 가장 생산성 높은 기업들로 재분배되는 과정은 총생산성의 증대를 낳는다. 외국 시장의 개방 또한 잠재적 시장의 크기를 증대시키며 콜롬비아 기업들은 더 큰 성장을 꾀할 수 있으며, 수출 능력이 있는 기업의 경우 규모의 경제로 이득을 볼 수 있다. 무역자유화로 인한 수입은 경쟁 수준을 높일 뿐만 아니라 기술, 중간 자본재, 새로운 종류의 중간재 수입을 가능케 한다. 더 많은 상품을 더 낮은 가격에 구매할 수 있는 소비자에게만 편익이 발생하는 것이 아니라 생산비용이 하락하는 산업 부문 또한 잠재적인 편익을 얻게 된다.

그러므로 무역정책은 산업정책 제안자들이 강조한 여러 가지 측면에서 긍정적인 효과를 보인다. 무역정책은 산업정책을 보완하는 일부로 간주되어야 할 것이며, 위협으로 여겨서는 안 될 것이다.

장하준(Chang, 2009)은 새로운 그리고 더 발전된 기술을 확산하는 무역정책의 역할을 강조했다.

경제발전을 위해서는 기계가 되었든 기술 라이선스가 되었든 외화를 내고 구매해야 하는 선진 기술의 수입이 요구된다. 한 나라가 굉장히 작고 (또는 작거나) 상당히 전략적으로 위치해 있어서 불균형적으로 많은 액수의 해외 원조와(또는 원조나) 외국인직접투자를 받는 것이 아니라면 그 나라는 빈곤에서 벗어나기 위해 그저 수출을 할 수밖에 없다.

장하준(Chang, 2009)은 무역정책이 산업정책과 통합되어야 함을 역설하며 아시아의 호랑이들이 거둔 성공은 시장자유화 정책, 수출 진흥 정책, 유치산업 보호정책의 효과적인 조합 때문에 가능했다고 말한다.

이렇듯 무역정책은 생산성 전환과정과의 시너지 효과를 가질 뿐만 아니라 경쟁정책의 목표를 달성하는 데에도 도움이 되는데, 그러한 점에서 볼 때 무역정책은 산업정책의 핵심적인 부분이 되어야 한다.

경쟁정책은 경쟁과정을 보호하는 것을 목표로 한다. 콜롬비아는 2009년 '경쟁 보호에 관한 법 1340'의 입법과 시행을 통해 상공감독원에 유일한 경쟁 관련 당국으로서의 권한을 부여함으로써 경쟁정책에 대한 관심이 환기되었다. 콜롬비아의 경쟁정책은 네 가지 기본적 특징을 가지고 있는데, 통합에 대한 규제, 담합과 카르텔에 대한 규제, 시장 지배적 지위의 남용에 대한 규제, 소비자 보호가 그것이다.

경쟁정책은 반독점정책이 아니라는 것을 이해할 필요가 있는데, 왜냐하면 독점의 존재와 일시적으로 독점적 지위를 누릴 가능성은 혁신과 구조적 변화를 발생시키는 건강한 시장의 필수적인 부분이기 때문이다. 경쟁정책 또한 무역정책과 독립적이지 않다. 장하준(Chang, 2009)은 국제무역이 어떻게 항구적인 국내 독점기업을 없애고 카르텔의 형성과 담합을 어렵게 하며 국내시장에 규율을 가져다주는지 설명한다. 카도트, 그레더 및 데 메로(Cadot, Grether and de Melo, 2000) 또한 다음과 같은 평가를 내린다.

…… '수입의 규율 효과' 가설(import discipline hypothesis)에 대한 수많은 연구 결과를 해석하는 데 있어 주의를 기울여야겠지만, 무역자유화는 적어도 경쟁정책이 추구하는 효과의 일부, 즉 국내 생산자가 소비자를 착취하는 능력에 제동을 거는 효과를 달성한다는 사실은 확립되어 있다.

그러나 경쟁정책은 산업정책 수단과 상충될 수도 있다. 예를 들어 정부가 대화의 장을 마련하고 경쟁자들 사이의 정보 교류를 촉진하는 공공 영역과 민간 영역의 조정 계획은 담합을 촉진할 수 있으며, 이는 경쟁 규범에 위반되는 것이다.

구 산업정책, 특히 소기업에 파산과 시장 퇴출에 대한 보호를 제공하는 등 특혜를 주는 정책은 경쟁적이고 건강한 시장을 보전하는 경쟁정책의 목표에 반한다. 따라서 반경쟁적 관습을 비호하는 정부 정책이 존재하는 경우, 경쟁정책은 경쟁적 환경을 보증하는 역할을 한다(Visser, 2013). EU를 포함한 많은 관할권은 기업에 대한 국가의 개입과 도움을 규제하는 구체적인 경쟁 규범 조항을 가지고 있다.

각 정책 수단들은 일치하기도 하고 불일치하기도 하지만, 이 때문에 수입과 후생 수준의 증대라는 공통된 목표가 가려져서는 안 될 것이다. 이러한 측면에서 국가 실패와 국가의 개입으로 인해 발생할 수 있는 예기치 못하거나 바람직하지 않은 위험성에 대해 인지하면서 공공정책이 시장실패 해결에서 수행하는 역할에 대해 생각해보자.

5. 경쟁 공공정책을 위한 제도 구상

시장실패, 정책 형성과 시행에 대한 분석, 정부실패의 위험성 등 생산성 공공정책에 대한 여러 경제학적 정당성이 시사하는 바는 어떤 정책이든 간에 정책의 성공을 결정짓는 주요소는 제도적 구상이라는 것이다.

제도적 구상이 추구해야 하는 바는 정부실패와 관련된 비용을 감소시키는 동시에 공공재, 외부성, 조정, 투자의 전유성 등의 문제를 해결하는 것이다. 페닝턴(Pennington, 2011)은 견실한 공공정책 제도를 구상에 있어 직면하는 도전과제로 하이에크의 정보 문제에 대한 제도적 견실함과 정책 구상자가 오류를 범할 가능성에 대한 제도적 견실함을 들었다. 이 절에서는 생산성 정책에 필요한 제도적 특성을 식별하는 의사결정 모형을 구체화할 것이다.

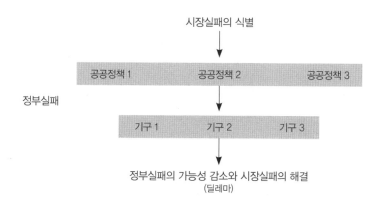

〈그림 5-1〉 공공정책 결정

관측: 최적 수준에 미치지 못하는 결과

시장실패의 식별

| 공공정책 1 | 공공정책 2 | 공공정책 3 |

정부실패

| 기구 1 | 기구 2 | 기구 3 |

정부실패의 가능성 감소와 시장실패의 해결
(딜레마)

자료: 직접 작성.

<그림 5-1>은 공공정책 의사결정 도식을 나타낸다. 우선, 최적 수준에 미치지 못하는 결과가 관측된다. GDP에서 산업이 차지하는 비중의 감소일 수 있다. 문제 진단을 위한 다음 단계는 최적에 못 미치는 결과를 초래하는 시장실패를 식별하는 것이다. 이 단계에서 결정적으로 중요한 것은 제도의 기술적 자질이다. 관측된 결과의 진정한 원인을 식별하는 것은 효과적인 정책 해결 방안을 찾기 위한 첫 번째 행동이다(Rodrik, 2013).

일단 시장실패, 혹은 경제의 병목현상이 식별되면 문제를 해결하거나 제약을 제거할 가능성이 있는 공공정책 꾸러미를 선택해야 한다. 마지막으로, 어떤 기구가 정책을 이행할지 정해야 한다. 이 단계에서 정부실패가 발생할 가능성이 있다. 정책과 기구의 조합으로 인해 이해관계, 권력, 소수의 이익과 다수의 불이익을 초래하는 방향으로 공공정책이 왜곡될 가능성이 생겨난다. 이것이 바로 공공선택학파가 말한 지대 추구이다. 이해집단은 정책 결정에 영향을 미칠 인센티브와 능력을 가지고 있지만, 정책의 비용을 지불하는 다수의 소비자들은 조직화할 능력이나 인센티브를 가지고 있지 않다(Helpman, 1994; Glaeser, 2012; Grossman and Helpman, 2002; Tullock, 2005).

산업정책의 경우 국가 포획 및 사양산업 부문으로의 공공자원 집중화 현상에 대한 위험성이 두드러진다. 발드윈과 로버트-니쿠드(Baldwin and Robert-Nicoud, 2002, 2009)는 사양산업 부문의 기업은 성장산업 부문의 기업들에 비해 로비에 더 많은 투자를 한다고 설명한다.

제도와 기구는 시장실패를 식별하고 가장 좋은 정책적 해결책을 고안하는 역할을 맡는데, 더 나은 선택을 통해 국가 포획의 위험성을 감소시키고 시장실패의 비용과 이를 해결하기 위한 개입에서 비롯되는 정부실패의 비용의 균형을 맞출 수 있다.

시장실패에 대한 문헌을 검토한 결과 시장실패를 해결하기 위한 정책을 크게 두 가지로 분류할 수 있었는데, 횡단적 혹은 수평적 정책과 수직적 혹은 부문별 정책이 그것이다. 수평적 정책은 특정 산업에 국한되지 않는다는 특징과 공공재와 관련되었다는 특징을 가진다. 초·중등교육을 예로 들 수 있다. 부문별 혹은 수직적 정책은 가치사슬의 고리 사이에서 발생하는 조정 문제나 외부성 문제의 해결과 관련된 정책이다. 각각의 정책을 실행함에 있어 정부실패가 발생할 가능성은 차이를 보인다.

<그림 5-2>는 정책의 수직성/수평성, 정부실패 가능성의 높음/낮음에 따라 공공정책을 네 가지로 분류한 것이다. 수평적 정책들은 특정 부문에 국한되지 않았기 때문에 그 혜택은 분산되며 따라서 포획의 인센티브와 위험성은 비교적 적다(Chang, 2009). 그렇기 때문에 대부분의 종단적 정책은 표의 우측 상단에 위치할 것이다.

<그림 5-2> 정부실패 가능성에 따른 정책 분포

		산업정책	
		수직적 (가치사슬/조정)	수평적 (공공재)
정부실패 가능성	낮음	적음	많음 (초등교육)
	높음	많음 (부문별 지원)	적음 ("doomed to choose")

자료: 직접 작성.

　그러나 하우스만과 로드릭(Hausmann and Rodrik, 2006)은 인프라에 대한 투자와 같은 기본적이고 수평적인 투자의 대부분은 특정 집단에 우선권이 주어지는 경향이 있음을 주장한다. 새로운 인프라 공사가 시작되면 특정 부문에 이익이 돌아가게 되는데, 이 부문은 이해집단을 결성하여 투자에 대한 의사결정 과정에 영향을 행사하고자 하는 인센티브를 가질 것이다. 특정 집단에 높은 비율의 혜택을 주는 종단적 정책은 우측 하단에 위치해 있다.

　한 산업에 혜택이 돌아가는 수직적 정책은 정치경제 문제에 대한 취약성을 드러낸다. 정책의 대부분은 표의 좌측 하단에 위치할 것이다. 부문별 혹은 수직적 정책의 시행을 위한 제도적 구상은 수평적 정책의 전개를 위한 제도적 구상보다 복잡하다. 정치경제 문제에서 벗어나는 것의 불가능성과 특정한 공공재가 부재할 경우 민간 영역에 보상을 지급하는 보조금 및 이전 정책을 사용해야 할 필요성에 대해서는 로드릭(Rodrik, 2013)을 참고하라. 수직적 정책을 고려하기 전에 수평적 정책에 우선적으로 집중해야 할 필요성에 대해서는 멜렌데스와 페리(Meléndez and Perry, 2010)와 누피아(Nupia, 2013)를 참고하라.

6. 경쟁정책의 현황

최근 콜롬비아에서는 경쟁정책이나 생산성 정책을 구상하고 조정하는 제도의 형성이 진척되어왔다. 라미레스와 포터(Ramírez and Porter, 2013)는 콜롬비아 경제정책의 역사를 재검토하며 거시경제 정책기구와 우호적인 거시경제 환경의 획득을 강조했다. 로드릭(Rodrik, 2013)이 강조하는 바와 같이 이는 발전을 위한 충분조건이 아니라 필요조건이다. 그들은 또한 국가경쟁력 시스템(Sistema Nacional de Competitividad)의 창설과 경제의 병목현상을 식별하고 해결책을 실행하는 공공 부문에 대한 민간 부문의 대응기관인 경쟁력이사회(Consejo Privado de Competitividad)의 참여에 대해 설명한다.

국가경쟁력 시스템은 구상 당시부터 신 산업정책 기조에 많은 영향을 받았으며, 국가 및 그 하위 차원에서의 정책 조정, 시장의 기회 및 투자처를 식별하는 데서 민간 부문이 수행하는 역할의 중요성, 생산성 정책의 이행과 조정 및 전유성 문제를 해결하기 위해 공공 부문과 민간 부문이 동맹을 형성할 필요성을 강조한다(Meléndez and Perry, 2010). 지역경쟁력위원회(Consejos Regionales de Competitividad)는 계획을 각 지역에 안착시키고 생산성 정책을 수용하는 지역 특유의 정보 활용을 가능케 할 필요성에서 비롯되었다. 대학과 교육기관 또한 국가경쟁력 시스템과 민간 영역의 현실에 맞추어 인적자본 형성과 혁신을 위한 계획을 조정하기 위해 참여했다.

경쟁력 시스템이 형성되었을 때부터 여러 가지 정부실패에 대응하기 위한 다양한 계획과 프로그램이 등장했다. 콜롬비아 대외무역은행(Bancóldex)의 인펄사(iNNpulsa) 프로그램은 '벤처 캐피탈리스트' 업무를 수행하는 혁신적 사업에 대한 재정적 지원을 제공하며, 대외무역은행의 생산성 전환 프로그램(Programa de Transformación Productiva)은 자유무역협정을 통해 개방된 시장에서 활약할 수 있는 세계적인 수준의 경쟁력을 갖춘 부문의 식별을 의제로 한다. 또한 지역 클러스터 개발이 목표인 '경쟁력의 길(Rutas de Competitividad)' 전략이나 정부 내부 특별 프로그램 등도 있다.

마지막으로, 콜롬비아만의 제도적 혁신을 하나 더 들자면 여러 주제에 대한 고위급 컨설턴트(Altos Consejeros) 제도를 도입했다는 것이다. 고위급 컨설턴트들은 여러 부처를 아우르는 종단적 문제에 대한 조정자 역할을 수행한다.

그러나 중요한 발전이 이루어졌고 산업정책들을 구상하고 시행하는 수많은 기관이 존재함에도 불구하고 여전히 '집안을 정돈해야 한다'는 인식이 존재한다. 여러 기관들 사이의 조정이 부족하고 국가와 지역 간의 조정이 부족하며 정책의 연속성 또한 미흡하다.

이러한 점에서 현대의 산업정책은 (지역적 차원을 포함한) 정부 전체에 속해 있다. 거의 모든 공공기관이 연계되어 있기 때문이다. 따라서 예컨대 통상산업관광부(MCIT)는 산업정책을 가지고 있지만 정부 다른 부처에서는 모른다거나, 그렇기 때문에 어떠어떠한 조정의 실패에 대해서 권한을 넘어서는 해결책이 필요할 때 통상산업관광부가 다른 부처의 문을 두드리게 해야 한다고 말하는 것은 충분하지 않다. 차라리 이 부처는 이 정책에 참여해야 하는 많은 부문들을 활용할 수 없음을 지적하는 것이 더 가치 있을 것이다(Llinás, 2013).

7. 제언

시장실패로 인한 정부 개입과 공공정책, 정치경제의 위험성, (수평적/수직적) 범위에 따른 기구의 성격과 정책의 종류, 정부실패의 위험성 등은 경쟁정책의 효율성을 제고하기 위해 콜롬비아에 필요한 제도적 특성에 대한 단서를 제공한다. 주목해야 할 점은 최근 장기적 공공정책에 대한 논의에서 국가기획청(Departamento Nacional de Planeación)이 부재하다는 사실이다.

이 분석 제안은 생산성 공공정책 시행을 위해 필요한 효율적 제도의 중요 요소들에 방점을 두며, 이들 요소는 다음과 같다.

① 생산 부문과 경제 환경의 현실에 대한 기술적 분석 및 이러한 결과를 초래하는 시장실패의 식별
② 국가 및 하위 차원의 정책 시행을 조정하는 능력
③ 공공정책의 상시 평가 실시와 프로그램의 폐기 또는 재구성에 대한 조언을 하는 능력
④ 국회 및 정치적 압력으로부터의 독립성
⑤ 시장실패와 정부실패의 딜레마를 평가하는 능력. 즉, 시장실패를 바로잡을 수 있는 계획일지라도 현재의 시장실패로 인해 발생하는 비용보다 정책 시행으로 인해 발생할 정부실패의 비용이 더 높다면 시행되어서는 안 된다.
⑥ 인정받는 고위급 평가 주체로서의 권한 및 적법성, 그리고 포획 정책이나 기타 정치경제적 문제를 방지할 수 있는 능력

산업정책에 대한 제안 중 일부는 여러 부처 범위를 아우르는 새로운

산업정책 관련 기관을 창설시켰다. 국가기획청 내에는 이러한 기관이 이미 존재하며 그곳에서 이 글에 기술된 것과 같은 정책들이 만들어지는 것으로 보인다. 그러나 국가기획청이 제 역할을 완수하기 위해서는 다음과 같은 정책에 대한 구체적인 행동이 요구된다.

① 국가기획청을 국가공공정책청(Departamento Nacional de Políticas Públicas)으로 재명명하고 재개념화한다.
② 연구 결과에 기초한 제언들을 발표하고 보급할 권한을 국가공공정책청에 부여함으로써 공공정책 평가 단위로서의 시너지를 강화한다.
③ 특별 부서를 만들어 상근 직원을 배치하고 기술진들이 기술부서(Subdirección Técnica)에서 종단적·수직적 정책을 자유롭게 평가하고 구상할 수 있게끔 하여 국가기획청의 '싱크탱크' 기능을 회복한다. 기술진의 직무와 전문 분야는 부문별·지역별로 분리한다.
④ 기술적 조언자 및 행정부의 공공정책 주요 평가자로서의 권한을 국가기획청장에게 부여한다. 국가경제사회정책위원회(Conpes)의 문서는 위원회의 부처 간 회의를 거쳐 국가기획청 내부 기술진이 작성한다. 이 문서는 정부부처의 제안과 같은 자격으로 국가개발계획에 포함된다. 정부부처의 정책 제안은 우선 국가기획청의 기술 부서에 제출되고 이후에 국가경제사회정책위원회에서 검토된다.

고위급 컨설턴트 제도는 폐지되어야 하며 이들이 맡고 있는 조정자 역할은 국가기획청으로 반환되어야 한다. 또한 조정 기능과 정책적 간여 기능이 분리되어야 한다. 국가기획청은 중앙정부의 싱크탱크로서,

그리고 수많은 국가적·지역적 수준의 공공정책기관의 조정자로서 구조 변화 정책의 구상에 필요한 기술적 직무를 완수하고 앞서 언급된 정치 경제적 문제를 해결할 수 있는 보증인으로서의 역할을 수행할 수 있다. 콜롬비아는 생산성 향상 및 생산성 전환 관련 정책을 이행할 수단을 가지고 있다. 새로운 계획이 지난 세기의 실패한 산업정책의 전철을 밟지 않도록 하는 것이 매우 중요하다.

참고문헌

Acemoglu, D. and J. A. Robinson. 2013. "Economics versus Politics: Pitfalls of Policy Advice." *Nber Working Paper Series*.

Amsden, A. 1989. *Asia's next Giant: South Korea and Late Industrialization*. New York: Oxford University Press.

Baldwin, R. E. and F. Robert-Nicoud. 2002. *Entry and Asymmetric Lobbying: Why Governments Pick Losers*. National Bureau of Economic Research.

_____. 2009. "Industrial Policy: Why Governments Pick Losers." *CentrePiece: The Magazine for Economic Performance*.

Cadot, O., J. M. Grether and J. de Melo. 2000. "Trade and competition policy: Where do we stand?" *Journal of World Trade*.

Chang, H. J. 2009. *Industrial Policy: Can We Go Beyond an Unproductive Confrontation?* Annual World Bank Conference on Development Economics.

Chrisney, M., and M. Kamiya. 2011. *Institutions and Productive Development Programs in Latin America and the Caribbean*.

Cornick, J. 2013. *Public Sector Capabilities and Organization for Successful PDPs*. IDB.

Easterly, W. 2009. "The Anarchy of Success." *The New York Review of Books*.

Easterly, W., A. Reshef and J. Schwenkenberg. 2009. "The Power of Exports." *The World Bank Policy Research Working Paper*.

Fukuyama, F. 2011. *The Origins of Political Order*. Columbia University Press.

Gerchunoff, P. 1989. "Peronist Economic Policies, 1946-1955." in R. D. Tella. *The Political Economy of Argentina, 1946-1983*. University of Pittsburg Press.

Glaeser, E. L. 2012. *The Political Risks of Fighting Market Failures: Subversion, Populism and the Government Sponsored Enterprises*. National Bureau of Economic Research.

Grossman, G. and E. Helpman. 2002. *Interes Groups and Trade Policy*. Princeton University Press.

Harrison, A. and A. Rodríguez-Clare. 2009. "Trade, Foreign Investment, and Industrial Policies for Developing Countries." in D. Rodrik. *Handbook of Development Economics.*

Hausmann, R. and D. Rodrik. 2006. *Doomed to Choose, Industrial policy as predicament.* John F. Kennedy School of Government.

Hayek, F. 1945. "The Use of Knowledge in Society." *American Economic Review.*

Helpman, E. 2011. *Understanding Global Trade.* Cambridge: Harvard University Press.

Helpman, G. G. 1994. "Protection for Sale." *American Economic Review,* Vol.84, No.4.

Hodler, R. 2009. "Industrial Policy in an Imperfect World." *Journal of Development Economics,* Vol.90, No.1, pp. 85~93.

Huntington, S. 1973. *Political Order in Changing Societies.* Yale University Press.

Johnson, C. 1982. *MITI and the Japanese Miracle: The Growth of Industrial Policy.* Stanford University Press.

Krueguer, A. 1990. "Government Failures in Development." *The Journal of Economic Perspectives.*

_____. 1993. *Political Economy of Policy Reform in Developing Countries.* Cambridge: MIT Press.

Lin, J. Y. and C. Monga. 2010. "Growth Identification and Facilitation: The Role of the State in the Dynamics of Structural Change." *The World Bank Policy Research Working Paper.*

Lin, J. and C. Ha-Joon. 2009. "Should Industrial Policy in Developing Countries Conform to Comparative Advantage or Defy it?" A Debate Between Justin Lin and Ha-Joon Chang. *Development Policy Review.*

Llinás, M. 2013a. "A ordenar la casa." en materia política industrial moderna. *Actualidad Pyme-ANIF.*

_____. 2013b. Políticade Cambio Estructural para un mayor aprovechamiento de los TLC.

Mahoney, J. and K. Thelen. 2010. *Explaining Institutional Change: Ambiguity, Agency, and Power*. Cambridge University Press.

Martínez, A. y J. A. Ocampo. 2011. *Hacia una política industrial de nueva generación para Colombia*. Bogotá: Coalición para la promoción de la industria colombiana.

Meléndez, M. and G. Perry. 2010. "Industrial Policies in Colombia." *IDB Working Paper*.

Nupia, O. 2013.8. "Políticas de incentivo a la competitividad: de los acuerdos en el aire a la implementación territorial." *La Silla Vacia*.

Pennington, M. 2011. *Robust Political Economy: Classical Liberalism and the Future of Public Policy*. New Thinking in Political Economy.

Persson, T., and G. Tabelli. 2000. *Political Economy: Explaining Economic Policy*. MIT Press.

Ramírez, J., and M. Porter. 2013. *Colombia: Organizing for Competitiveness*. Harvard Business School.

Robinson, J. 2009. "Industrial Policy and Development: A Political Economy Perspective." World Bank ABCDE conference. Seoul.

Rodrik, D. 1995. "Trade and Industrial Policy Reform." En *Handbook of Development Economics*. Columbia University, CEPR, and NBER.

_____. 2004. *Industrial Policy for the Twenty-First Century*. United Nations Industrial Development Organization.

_____. 2007. *One Economics, Many Recipes*. Princeton University Press.

_____. 2008. "Normalizing Industrial Policy." *Commission on Growth and Development Working Paper*, No.3.

_____. 2013. "The Past, Present, and Future of Economic Growth." *Working Paper Global Citizen Foundation*.

Tullock, G. 2005. *The Rent Seeking Society: The Selected Works of Gordon Tullock*, Vol. 5.

Visser, A. 2013. "Turning commission into price regulator 'disastrous'". *Business*

Day Live.

Wade, R. 1990. *Governing the Market: Economic Theory and the Role of Government in East Asian Industrialization.* Princeton University Press.

제6장

콜롬비아 산업 경쟁력 정책

헤르만 C. 프리에토 · 나탈리아 라디노 리카르도 _서민교 옮김

현재 콜롬비아에서 추진되고 있는 생산성 전환 프로그램은 국가 산업발전 촉진에 대한 장기적인 전략과 목표가 부재한 기획 은행에 불과하기 때문에 새로운 정책의 도입이 필요하다. 이 글에서는 산업정책, 경쟁력 정책, 혁신 정책이라는 세 종류의 정책 구분에 서부터 출발하여 기술 및 물류 혁신을 기본 축으로 하는 산업 경쟁력 정책을 제안한다. 이 정책은 공공투자의 확보와 민간투자에 대한 인센티브, 그리고 공공기관 및 민간 행위자들의 정책목표 실현에 대한 약속 이행을 강제할 제도적 틀을 통해 선별 전략 부문의 장기적인 안정적 발전을 보장한다. 또한 이 글에서는 정부와 사회의 협력을 통해 장기적으로 기술 혁신을 촉진해야 할 필요성을 주장한다.

헤르만 C. 프리에토 Germán C. Prieto 하베리아나 대학 부교수. 남미통합민주주의연구소(Demosur) 부소장.
나탈리아 라디노 리카르도 Natalia Ladino Ricardo 남미통합민주주의연구소 연구원.

* 이 글은 ≪FESCOL Policy Papers≫(2013년 12월)에 실린 글을 옮긴 것이다.

1. 개념적 틀

산업정책은 산업 생산의 경쟁력을 대상으로 삼고 부문 내의 혁신 촉진을 목표로 해야 하지만, 이 두 가지 요소가 없는 산업정책도 있을 수 있다. 마찬가지로 산업 부문을 대상으로 삼지 않고 혁신에도 관심이 없는 경쟁력 정책이나, 산업 생산과 경쟁력을 고려하지 않는 혁신정책도 있을 수 있다. 그렇다면 이 세 가지 요소는 다르다고 할 수 있으며, 이들 요소를 한 정책에 통합한다면 더 나은 결과를 얻을 수 있을 것이다.

산업정책은 산업 부문의 발전을 촉진하는 것을 목표로 하는 정책이다. 농업 생산은 '농업 산업'으로 간주될 수 있고, 여러 서비스업은 '서비스 산업'이라는 범주로 묶일 수 있다. 그러나 일반적으로, 그리고 이 글에서 이해하는 바와 같이 산업은 제조업을 일컫는데, 이 생산 범주에는 정보기술과 관련된 서비스업처럼 제조업의 상위 요소를 포함하는 서비스업 일부가 포함될 수 있다. 이런 의미에서 예컨대 호텔·관광 부문이나 콜센터 부문은 '산업' 범주에 포함되지 않는다(마찬가지로 과일이나 채소 등의 생산을 위해 '산업 프로세스'를 활용하는 농업 부문도 포함되지 않는다). 그러나 정보기술 서비스를 제공하기 위해서는 소프트웨어 및 하드웨어의 개발을 필요로 한다는 점에서 해당 업종은 '산업' 범주 안에 포함될 수 있으며, 더욱이 소프트웨어와 하드웨어의 개발은 '산업'을 정의하는 다른 특징인 고부가가치적 요소 또한 갖고 있다.[1]

경쟁이란 시장에 있는 다른 경쟁자들에 맞설 정도로 충분한 수준의

---

[1] 콜센터 또한 서비스 제공에 (소프트웨어나 하드웨어 같은) 고유의 기술 개발이 요구된다면 '산업' 범주에 포함될 수 있지만, 일반적으로 이 업종은 기존에 존재하는 기술의 구매를 통해 서비스를 제공한다. 마찬가지로 정보기술 서비스 업종이라 하더라도 고유한 기술 개발이 요구되지 않는다면 '산업' 범주에 포함되지 못한다.

경합을 일컫는다. 어떤 부문이 경쟁적이라는 것은 특정 시장에서 같은 제품을 제공하는 기업들이 경쟁하게끔 하는 충분조건들이 충족되었음을 의미한다. 경쟁력 정책은 한 분야 혹은 여러 분야의 경쟁조건을 개선하는 데 초점을 맞춘 정책이다. 경쟁은 지리적 위치, 교통의 편의성, 평균 수준보다 낮은 가격, 품질, 자원 활용의 효율성, 광고 등 다양한 요소와 관계되어 있다. 이 모든 것들은 혁신과 밀접한 관련을 가지고 있다. 종종 기술적 혁신만 혁신이라고 생각하는 사람들이 있지만, 지리적 위치의 새로움, 행정적 새로움, 홍보의 새로움 등 또한 생산 부문의 혁신에 속하며 해당 부문의 경쟁을 개선한다(Ocampo, 2011: 29~30).

이러한 측면에서 경쟁력을 높이고 혁신을 촉진하기 위한 구체적인 전략이 부재한 산업정책은 이러한 종류의 전략이 있는 정책에 비해 좋은 결과를 이끌어낼 가능성이 적다. 그리고 예컨대 농·목축 부문이나 서비스 부문만을 대상으로 하는 경쟁력 정책을 생각해볼 수 있는데, 이러한 정책은 국가 성장 동력이 되는 산업 부문을 배제하기 때문에 국가 생산에서 부가가치를 창출할 가능성을 포기하는 것이다(Ocampo, 2011). 비록 원자재나 서비스를 수출해서 성장을 이룰 수는 있지만, 원자재를 수출하는 경우 가격 변동이 심하여 경기 침체가 발생할 수 있고, 서비스를 수출하는 경우 그 경쟁력은 많은 부분 기술이나 혁신에 의존한다고 할 수 있다. 따라서 산업 생산의 발전 없이 서비스 부문을 크게 발전시키는 것은 더 높은 성장 가능성을 놓치는 것이다. 한편 농·목축 생산이나 서비스 부문 발전에 집중하고 산업발전을 등한시하는 것은 일자리 창출의 가능성 또한 놓치는 것으로서, 콜롬비아는 많은 인구를 가진 국가라는 것을 생각해야 한다. 가장 좋은 선택은 어느 부문도 놓치지 않고 1·2·3차 산업 모두를 발전시키는 정책을 수립하는 것이다.

콜롬비아에는 지난 20년 동안 산업정책이 부재했다. 1990년도부터 정부는 산업 부문 발전을 지원하는 전략 및 수단을 포함하는 경쟁력 정책을 수립하고 이행하는 데 집중해오기는 했지만 구체적인 산업정책은 없었다(Martínez, 2011).[2] 여기에는 두 가지 이유를 들 수 있다. 첫째, 산업정책을 국가가 생산활동을 떠맡는 것으로 이해하거나, 경쟁력이 약한 부문에 직접 보조금을 지급하게 되어 공공·민간 자원의 비효율적 활동을 초래하는 정책이라고 여기는 문화적·이념적 유산이다. 둘째, 외국인직접투자 유치라는 목적을 달성하기 위해서는 모든 경쟁자들이 동일한 조건 속에서 경쟁해야 하는데, 산업정책은 특정 부문에 특혜를 주기 때문에 자원 배분의 가장 효과적인 방법으로 여겨지는 자유경쟁에 왜곡을 발생시킨다는 것이다.

따라서 두 번째 이유와 관련하여 산업정책은 다른 나라의 생산자들에 대해 자국의 생산 부문에 대한 인센티브로 볼 수 있고, 산업정책의 존재는 협상국 간 개별 산업 부문의 경쟁조건을 비교하는 자유무역협정의 협상을 더 어렵게 한다. 어찌 되었든 콜롬비아가 산업정책을 가지지 못하는 것은 현실 인식과 이념의 문제이지 물질적 조건의 문제가 아니다. 브라질과 아시아의 '호랑이들' 및 인도 같은 나라들 또한 신자유주의적 구조조정 개혁을 감행했지만, 동시에 산업정책도 시행했다. 경제 개방과 무역자유화는 국가 산업 진흥과 양립 불가능한 것이 아니다. 만일 양립 불가능하다면 이들 나라의 구조조정 개혁은 지금보다 훨씬 더 많은 부작용을 낳았을 것이다.

이 글에서는 콜롬비아에 산업정책이 필요하다고 주장하는데, 최근

---

2) 예외로 인정될 수 있는 정책으로는 삼페르 정부(1994~1998) 시절 수립되어 생산성 증대를 목표로 한 '산업 재편성 및 현대화 정책'을 꼽을 수 있다. 그러나 이 정책은 다른 네 가지 정책 및 전략과 함께 '국가 경쟁력 전략'을 구성하는 요소에 불과했다 (Martínez, 2011: 42).

40년 간 이루어진 탈산업화 과정이 매우 우려스럽기 때문이다.[3] 대내외의 자유경쟁 속에서 콜롬비아 제조업 기업보다 더 효율적으로 제품을 생산하는 국외 제조업 경쟁자들 때문에 국내 산업 생산이 감소했다. 그 결과 많은 국내 기업들은 생산활동을 중지했으며, 외국인직접투자는 산업의 다른 부문에 집중되었다. 이러한 상황 속에서 콜롬비아는 생산을 통해 부가가치를 창출할 능력을 상실했을 뿐만 아니라, 일자리 창출과 국민소득의 증대를 위한 전략 부문까지도 포기했다.

이러한 이유로 인해 마르티네스와 오캄포(Martínez y Ocampo, 2011)[4]와 같은 맥락에서 이 글에서는 전략적 산업 부문의 경쟁력 확보를 목표로 하고 혁신을 주축으로 삼는 산업정책의 도입이 필요하다고 주장한다. 이를 산업 경쟁력 정책이라 명명할 것인데, 구체적인 내용은 이 글의 3절에서 다룰 것이다. 그에 앞서 현재 콜롬비아의 생산 증진 정책인 생산성 전환 프로그램을 분석할 것이다. 이 프로그램은 경쟁력과 혁신이라는 요소를 포함하고 있기는 하지만, 정책적 명확성이 부족하기 때문에 다음에 서술한 것처럼 실현 범위에 한계가 있다.

---

3) 라미레스가 제시하는 고등교육발전재단(Fedesarrollo)의 자료에 따르면 산업이 GDP에서 차지하는 비중은 1970년대 평균 23%에서 2000년대 15.4%로 떨어졌다. 2004~2010년 사이에는 산업 생산이 GDP에서 차지하는 비중이 14.2%에서 13.7%로 감소했으며, 수출에서 차지하는 비중 또한 54.2%에서 33.6%로 감소했다 (Martíez y Ocampo, 2011: 8~10).

4) 하지만 마르티네스와 오캄포와 다르게 본 연구는 산업정책을 공공정책으로 개념화하지 않는다는 점을 강조할 필요가 있다. '공공정책'과 같은 정책을 정의하는 조건 중 하나는 인간의 기본권 보장이지만, 산업정책은 그 점에 초점을 맞추지 않기 때문이다.

2. 생산성 전환 프로그램의 강점과 한계

마르티네스(Martínez, 2011: 47)가 시사하는 바와는 달리, 본 연구에서는 후안 마누엘 산토스 현 정부 또한 산업정책을 시행하지 않고 있다고 간주한다. 국가개발계획인 '모두를 위한 번영'은 산업을 포함하기는 하지만 산업만을 고려하는 것이 아닌 '기업 발전' 정책을 제시한다. 마르티네스(Martínez, 2011)의 말대로 이 정책은 횡단적 구성 요소로서 "대외무역, 금융, 중소기업 지원, 투자에 대한 인센티브, 창업과 혁신, 경쟁관리규칙, 인적자본 개발, 인프라물류 및 가격책정 정책 등을 포함한다". 그리고 부문별 구성 요소로서 '진보의 기관차들',[5] 생산성 전환 프로그램, 아직 구체화되지 않은 산업전략을 가지고 있다. 곧 살펴보겠지만, 생산성 전환 프로그램은 전략이나 정책이라기보다는 부문별 기획은행이라 할 수 있는데, 산업발전전략이 구체화되지 않았고 이 전략의 산업정책으로의 변화가 요구되고 있기는 하지만 현 정부가 산업정책을 가지고 있다고 보기는 어렵기 때문이다.[6]

생산성 전환 프로그램은 공공 부문과 민간 부문의 결합으로써 국가의 생산장치를 강화하고 수출을 통해 무역협정을 활용하며 그럼으로써 국민이 누리는 삶의 질 개선에 공헌하는 것을 목표로 한다. 공공 부문과 민간 부문의 결합이라는 특성상 생산성 전환 프로그램은 생산 부문을 의사결정과정에 관여시켜 생산력 향상을 위한 집단행동을 이끌어내도록 하는 계획이라 할 수 있다. 생산성 전환 프로그램은 농업 관련 산업,

---

5) '진보의 기관차들'은 성장 주도 산업으로서 농업, 건설업, 주택, 광업, 인프라, 혁신을 일컫는다.

6) 만약 본 연구가 이 전략을 정의하는 데 기여할 수 있다면 연구 목적의 상당 부분은 달성된 것이다.

제조업, 서비스업이라는 세 가지 큰 전략 부문에 집중한다. 이는 공청회를 통해 결정된 총 16가지 선별 부문으로 나누어진다. 각 부문은 생산망, 인적자본, 지속 가능성, 규정 등의 개선을 통해 생산력과 경쟁력을 향상시키기 위한 고유한 사업계획을 가지고 있다. 생산성 전환 프로그램의 목표 달성을 위한 두 가지 주요 수단은 경제 내 핵심 부문의 식별과 부문별 사업계획 구상이다. 이 모든 것은 강화·진흥·혁신청(Dirección de Fortalecimiento, Promoción e Innovación), 인적자본청(Dirección de Capital Humano), 인프라·지속가능성청(Dirección de Infraestructura y Sostenibilidad), 규범틀·규제청(Dirección de Marco Normativo y Regulación)의 지원을 받으며, 이들 부서는 구상된 사업계획의 틀에 따라 일한다. 다음으로 오늘날까지 생산성 전환 프로그램을 통해 달성된 결과들을 개략적으로 살펴보자.

생산성 전환 프로그램에 포함된 부문들은 재화 수출에서 상당한 비중을 차지하는데, 특히 농업, 기계·금속 및 제철업 부문이 주목할 만하다. 이 세 부문에서는 2011년에 63억 달러 이상의 수출을 달성했는데, 2010년 57억 2000만 달러에 비해 11.4% 성장한 것이며, 프로그램의 목표치였던 55억 달러를 상회하는 결과이다. 2011년과 2012년 전반기 생산 영역에서 가장 두드러지는 결과를 낳은 부문은 제조업과 농업 관련 산업으로서 각각 9.2%, 5.9%의 성장을 보였다. 농업 부문에서는 일자리가 5.1% 증가했고, 제조업 부문에서는 4.1%가 증가했다. 그러나 생산성 전환 프로그램이 이러한 결과를 보여주고 있기는 하지만, 선별 전략 부문의 성과가 실제로 부분적으로나마 생산성 전환 프로그램의 시행에 기인하는지를 입증하는 방법론적 연구는 부재하다.[7] 그러나 생산성

---

7) 한편 이는 최근 국가 수출 경쟁력을 향상시키려는 노력의 특징이기도 한데, 마르티

전환 프로그램이 제시할 수 있는 몇몇 측면에서의 성과들은 존재하는데, 이는 다음과 같이 요약된다.

(1) 제도

제도적 측면에서 국가발전계획 2010~2014는 만족스러운 경제성장을 위해 혁신, 경쟁력, 생산성, 그리고 성장 주도 분야의 활성화가 필요하다는 전제하에서, 생산성 전환 프로그램의 제도적 지속성과 안정성을 확보하기 위한 규범 및 가이드라인을 포함하고 있다. 프로그램의 관련 부서와 관련해서는 벤치마크·경쟁정보청, 각 부문별 청, 생산성 전환 프로그램의 계획과 실현을 감독하는 부서, 프로그램 커뮤니케이션 조정 부서 등 독자적인 조직이 존재한다.

(2) 지역화

기획 과정에 지역들을 참여시킨 것은 생산성 전환 프로그램의 가장 큰 성과에 해당한다. 각 지역의 경쟁력위원회들은 중앙정부의 노력 및 각 부문의 사업계획과 연계하여 가격, 연합, 혁신 등과 관련된 분야에서 합의와 계획을 이끌어냈다.

(3) 불법 및 비공식성에 대한 투쟁

생산성 전환 프로그램의 다른 중요한 성과로는 주로 올리브유, 그래픽 커뮤니케이션, 패션, 소고기 부문에서 발견할 수 있는 불법 및 비공식성에 대한 투쟁을 약속했다는 것이다. 이와 관련하여 밀매금지 법안의

네스(Martínez, 2011: 50)는 다양한 수출 촉진 정책 도구들의 효과를 입증하는 증거가 없다고 한다.

초안이 구성되고 무역에서의 불법성에 대한 전면 투쟁전략이 수립되었
는데, 시민들은 웹페이지를 통해 의견을 개진할 수 있었다.

(4) 지속 가능성

생산성 전환 프로그램은 지속 가능성이 경쟁력 개선에 긍정적인 요소
라고 본다. 이 점과 관련하여 지속 가능성 전략은 5개 주요 기획과
함께 추진되었고, 50개 이상의 기업을 대상으로 환경 관리 및 모니터링
에 대한 투자의 세제 혜택을 홍보하는 워크숍이 열렸으며, 옥스퍼드
대학교와의 협정도 강화되었다. 또한 일부 부문에 대한 지속 가능성
지표들도 개발되었고, 400명 이상의 경영인들이 에너지 효율성과 지속
가능성 보고서의 국제 표준인 글로벌 보고계획(GRI)에 대한 교육을 이
수했다.

(5) 인적자본

인적자본과 관련해서는 제조업, 서비스업, 농업 관련 산업 부문 대학
원 등록금의 50% 이상을 책임지는 콜롬비아장학기관(ICETEX)과 협정
을 체결한 바 있다. 현재까지 204개 기업이 이중 언어 프로그램(Ispeak)
에 등록했는데, 대부분이 서비스 업종이며 3만 7251명이 영어 과정을
이수했다. 또한 국립직업훈련원(SENA)과의 연계를 통한 48개의 생산성
기술 혁신 및 발전 프로젝트가 승인되었다.

생산성 전환 프로그램은 앞으로도 많은 도전과제를 직면하게 될 것이
다. 이 프로그램은 산업정책과는 다르게 공공 부문과 민간 부문이 협력
하여 수출 경쟁력이 있는 부문을 지원하고 일자리와 부가가치를 창출하
며, 콜롬비아와 자유무역협정을 맺고 있는 국가들로의 수출 확대를 모

색하는 전략이다. 생산성 전환 프로그램은 대통령실이 아닌 통상산업관광부(MinCIT)의 소관이기 때문에 모든 부처의 정책과 행동을 조율할 수 있는 능력을 갖추지 못했으며, 각 부처는 각자의 계획과 프로그램에 집중하며 다른 부처의 정책과 경쟁한다. 그 결과 몇몇 아시아 국가들처럼 모든 부처가 합심하며 특정 부문을 적극 지원하는 국가적 차원의 정책은 부재하다. 게다가 생산성 전환 프로그램은 2032년까지의 장기 프로젝트임에도 불구하고 집권 대통령에 의해 폐기·축소될 가능성이 있으므로 성공을 보장하기 어렵다. 왜냐하면 이러한 국가 정책은 장기적으로 수립·시행되어야 하는 전략이기 때문이다.

생산성 전환 프로그램이 직면하는 도전과제의 많은 부분은 민간 부문의 그것과 같다. 현재 진행 중인 여러 FTA를 고려할 때 수출 측면에서 협정을 충분히 활용하기 위해서는 매뉴얼 구축 작업에 더 힘쓰는 것이 필수적인데, 특히 아직 수출 판로가 불확실한 부문에서는 그 필요성이 더욱 크다. 마찬가지로 16개 선별 부문 각각은 소비 수준이 높은 잠재적 시장으로의 수출 가능성을 확대하기 위해 국제표준 인증 작업에 착수해야만 한다. 거시적인 차원의 도전과제 중 하나는 인프라의 부족인데, 인프라는 경쟁력과 밀접한 연관을 맺고 있음에도 불구하고 생산성 전환 프로그램에서는 이 문제를 다루지 않는다. 이런 점에서 생산성 향상과 수출 증진이라는 단일 목표를 중심으로 한 다양한 정책 및 정부 기관들의 연계가 부족함을 재확인할 수 있다. 이렇듯 국가적 프로젝트로서의 산업정책이 부재한 결과, 어떤 부문에서는 산업을 발전시키는 대신 수입을 하는 것이 더 비용이 적게 들고 효율적이게 되었다.

환율, 관세, 특혜관세, 보조금 등의 정책 수단은 생산성 전환 프로그램을 구성하는 요소가 아니다. 이 프로그램은 인적자본 형성, 가치사슬 강화, 혁신 촉진 등 경쟁력을 제고하는 프로젝트 개발을 다른 영역에서 모색한다. 따라서 화장품·위생 부문에서처럼 국내에 연구개발센터를 유치하기 위한 인센티브 확대가 필수적이며, 이를 위해서는 대학 및 지역 연구기관들이 수행하는 역할을 인식하는 것이 매우 중요하다. 마찬가지로 타이완이나 한국처럼 전략 부문 선정을 통해 발전을 일구어 낸 국가들과 협력하여 신기술 도입을 촉진할 수도 있을 것이다.

  인프라의 부족 외에 생산성 전환 프로그램이 가지고 있는 난점은 광물산업 붐을 통한 외화의 수입과 이로 인한 콜롬비아 통화인 페소화의 평가절상, 그리고 그것이 산업 경쟁력과 제조업에 미치는 영향이다. 게다가 FTA가 탈산업화 과정을 가속화시킬 수도 있는데, 페소화가 평가절상된 상황에서 국내 산업은 보조금의 도움 없이 특혜관세를 통해 수입된 재화와 경쟁해야 하기 때문이다. 이와 관련하여 중앙은행과 재무부, 통상산업관광부는 경쟁력 강화 관련 각자의 목표를 가지고 서로 다른 행보를 보이는 듯하다. 요컨대 일반적인 산업정책과, 특히 생산성 전환 프로그램이 가지고 있는 가장 큰 난점은 국가적 목표가 무엇인지에 대한, 그리고 국가적 목표를 달성하기 위해 관련 기관들이 어떻게 연계해야 하는지에 대한 정치·산업·정부의 합의 부족이라 할 수 있다.

3. 산업 경쟁력 정책의 내용

  산업 경쟁력 정책은 국가의 경제적·사회적 발전 동력이라는 역할을 산업에 되돌려주는 것인데, 이는 이전 정부들이 실행한 경쟁력 정책들과 현재의 생산성 전환 프로그램의 토대 위에 실현되어야 한다. 산업 생산을 효과적으로 촉진하기 위해 생산성 전환 프로그램이 갖추어야 할 몇 가지 조건이 있다. 첫 번째 조건은 산업 경쟁력 정책의 목표인 전략 부문군의 선정이다. 선정 조건은 다음과 같아야 한다.[8] ① 고부가 가치 상품을 생산하는 산업 부문, ② 혁신 가능성을 제공하는 과학기술 활동과 연계된 산업 부문, ③ 중소기업을 우선적으로 포함하여, 다른 국가 생산 산업 부문과 연계되어 생산망 및 가치창출망이 개발되는 산업 부문으로, 오캄포(Ocampo, 2011: 28)는 이를 '시스템적 경쟁력'[9]이 라 명명했다. ④ 특정 지역에만 집중되지 않고 지역적 균형을 맞출 수 있는 산업 부문, ⑤ 공공 영역과 민간 영역의 협력 관계를 구축할 가능성 이 높은 산업 부문

이런 조건들과 관련하여 몇 가지 설명을 할 필요가 있다. 국가의 지원 을 받는 전략 부문을 선정하는 것은 승자(경쟁력 있는 부문)들에게는 상을 주고, 패자(경쟁력 없는 부문)들에게는 벌을 주는 차별로 보일 수 있다. 그렇지만 산업 경쟁력 정책을 특정 전략 부문에 집중하지 않는 것은 성공할 기회를 포기하는 것이다. 차별하지 않기 위해 모든 부문을 지원 하는 것은 아무 부문에도 지원하지 않는 것과 같은데, 모든 부문에 어느 정도 규모의 지원을 제공하는 것은 재정적으로 불가능하기 때문이 다. 전략 부문들을 선정하는 것을 '승자'들에게는 상을 주고 '패자'들에 게는 벌을 준다고 보는 대신 국가 산업화를 주도할 '진정한 승자'들을 만들어내는 것으로 보아야 한다(Ocampo, 2011: 31). 또한 이들의 영향으

---

8) 이들 기준 중 일부는 오캄포(Ocampo, 2011: 29)에 의해서도 언급되지만, 전략 부문의 선정을 위한 평가기준으로서가 아니라(오캄포는 '부문'이 아닌 '활동'에 대해 이야기한다) '생산성 발전' 정책의 구성요소로서이다. 어쨌든 이어 언급되는 기준과 의견은 오캄포가 그의 논문에서 주장하는 것보다 더 광범위하다.

9) 오캄포(Ocampo, 2011: 28)에 따르면 이 용어는 경쟁력 있는 수출 부문에 투자 및 서비스를 제공하는 지역 산업을 생산망에 통합하는 것을 나타내기 위해 1990년 CEPAL에서 처음 사용되었다.

로 부차 산업들이 생산망에 통합되어 가치를 창출하고 발전할 수 있을 것이다. 어느 경우에든 간에 산업정책은 반대자들이 말하는 것처럼 국가가 유일한 주도자가 되는 것도 아니고, 전략 부문을 지원함으로써 경쟁을 저해하려는 것도 아니다. 산업 경쟁력 정책은 공공 부문과 민간 부문이 함께 이끌어나갈 것이며, 기업가들에게도 정책의 성공과 실패에 대한 책임이 돌아갈 것이다.

국가가 유일한 후원자가 되는 복지국가나 가부장적 국가의 개념으로 돌아가자는 이야기가 절대 아니다. 반대로 산업 경쟁력 정책은 콜롬비아 사회 전체의 약속으로서 정책의 성과로 인해 혜택을 받는 기업가들은 그 결과를 '투자'해야 할 것이다. 또한 국가의 역할을 단순한 '촉진제'로 제한하자는 것도 아니다. 국가는 '대행자'가 되어 민간 영역과의 제휴를 촉구하고 구체화하는 역할을 맡는 동시에, 만일 이들 부문이 적정한 속도와 규모의 성과를 내지 못한다면 국가가 나서서 의무 불이행에 대한 징계를 내리고 필요한 인센티브를 제공하는 역할을 맡아야 한다. 즉, 국가는 산업 경쟁력 정책에서 선별된 전략 부문들에 대한 충분한 재정적·인적 자원을 제공하지만, 국가 산업 모델을 따르는 것이 아니라 민간 부문의 자원 기여를 이끌어낼 수 있을 정도만큼 매력적인 규모의 자원을 공급하자는 것이다. 그렇다면 국가가 전략 부문을 지원함으로써 얻는 것은 무엇인가? 소득세 및 생산세의 징수 이외에는 없다. 산업 경쟁력 정책은 국가가 투자에 대한 수익이나 소득을 얻고자 하는 공공투자가 아니다(그러기 위해서는 국가 산업으로 회귀해야 할 것이다). 이 정책은 국가 발전과 콜롬비아 생산의 산업화, 그리고 일자리 창출과 경제성장을 위한 공공투자이지, 국고를 불리고자 하는 투자사업이 아니다.

앞서의 논의로 돌아가, (산업 생산을 효과적으로 촉진할 수 있기 위해 생산성 전환 프로그램이 갖추어야 할) 두 번째 조건은 산업 경쟁력 정책의 형성과 시행을 위해 요구되는 제도적 발판을 마련하는 것이다. 무엇보다도 산업 경쟁력 정책은 장기적인 국가적 약속이어야 한다. 이를 위해서는 선별된 부문과 선별되지 않은 부문에 적용되는 게임의 규칙을 명확하게 규정하는 '국가산업대협정'을 체결하여 비선별 부문들이 처벌이나 차별을 받는다는 느낌이 들지 않게끔 할 필요가 있다. 이 정책은 앞서 언급된 '시스템적 경쟁력'의 기조에 따라 다른 부문으로도 발전을 확장시켜나가야 한다. 또한 특정 산업의 발전에만 국한된 정책이 아닌 국가 발전 정책으로 간주되어야 한다. 부문을 선별하는 것은 지역 또한 선별하는 것인데, '국가산업대협정'에서는 지역적 균형도 고려되어야 한다. 그러나 지역 균형이 혁신의 가능성이나 부차 산업 발전과 같은 평가 기준에 우선해서는 안 될 것이다. 이 협정도 마찬가지로 동업 조합이나 사업자들에게 장기적인 약속을 제공해야 한다. 공공 영역과 민간 영역이 공동출자하는 금액도 각 산업 부문의 조건과 필요성에 따라 사례별로 평가되어야 한다. '국가산업대협정'이 의도하는 바는 사회와 국가에 산업 경쟁력 정책의 목표 실현을 위임하고, 산업화 프로세스의 중장기적인 공고화를 효과적으로 달성하는 것이다. 이 정책은 단기적 비전이나 즉각적 수익에 대한 기대에서 비롯된 것이 아닌, 미래를 위한 투자이다.

이와 관련하여 세 번째 기본적인 조건은 학계, 공공·민간 과학연구기관을 선별하여 전략 부문이 필요로 하는 혁신 개발 활동에 동원하는 것이다. 그기 위해서는 공공·민간의 연구활동 지원기금 조성이 필요하다. 공립대학이나 공공 연구기관의 경우에는 국가가 재정적 지원을 담보로 하여 산업 경쟁력 정책의 혁신 프로세스에 동원되도록 강제해야 한다. 이를 통해 정책에 대한 연구와 교육이 이루어질 것이다. 사립대학이나 민간 연구기관의 경우에는 펀딩을 놓고 경쟁하도록 혁신을 위한 연구개발과 선별된 산업 부문의 발전 방안에 대한 공모전을 개최해야 한다. 펀딩 기금은 국가와 기업가들이 공동으로 마련해야 한다. 민간기관은 자원을 놓고 경쟁해야 하고 공공기관은 그렇지 않은 이유는, 산업 경쟁력 정책은 국가가 공교육에 대한 의무를 지속적으로 수행할 수 있도록 길을 제시해야 하기 때문인데, 이 경우에는 그것이 대학과 공공 연구기관들에게 나라를 이롭게 하는 산업발전에 대한 국가 정책을 위임하는 것이다. 이를 통해 혁신이 필요한 모든 분야가 개발될 수 있고(연구기관들 간의 자유경쟁을 통해서는 일부 분야는 개발되지 못할 수도 있다), 공교육을 위한 자원이 어느 정도 확보될 수 있다. 공공기관과 민간기관이 각각 간여해야 할 부문을 정하는 기준은 연구기관의 잠재력과 부문의 필요성을 고려하여 결정되어야 한다.

마지막으로, 네 번째 조건은 제도적 운영과 관련된 것으로서 산업 경쟁력 정책을 총괄하는 통상산업관광부 내에 차관급 산업경쟁력 부서를 개설하는 것과 대통령령을 통해 정부 당국들 간 전체회의를 소집하는 것이다. 이를 통해 모든 부서들이 산업 경쟁력 정책의 이행에 참여하고 각각의 활동에 책임자가 임명될 수 있을 것이다. 현재의 부처 간 단절은 생산성 전환 프로그램이 가지고 있는 가장 큰 문제 중 하나인데,[10] 만일 국가가 산업 경쟁력 정책을 중심으로 사회 각 분야를 연결시키고자 한다면 우선 내부적 연결성부터 확보해야 할 것이다.

산업 경쟁력 정책이 갖추어야 할 주요 요소를 정리하면 다음과 같다.

---

10) 이러한 측면은 생산성 전환 프로그램을 담당하는 익명의 공무원들로부터 지적되었다. 이들의 견해는 본 연구의 저자들이 시행한 비공식 인터뷰를 통해 확보했다.

- 혁신, 부가가치 창출, 광범위한 발전 효과(시스템적 경쟁력)를 아우를 수 있는 가능성을 가진 부문군 선정. 이들 부문의 대부분은 이미 존재하지만, 새로운 부문의 개발에 노력을 기울일 수도 있다.
- 선정 부문들의 발전을 위한 연구, 과학기술에 대한 공공·민간 자원 투자. 이는 공공 부문과 민간 부문의 협력 실천을 의미하며, 이를 위해서는 국가의 리더십과 추진력이 필요하다.
- 연구기관과 대학에서의 선정 부문에 대한 혁신 개발 활동과 이에 대한 재정적 지원
- 화폐가치 절상으로 전략 부문들이 입는 손실에 대한 보상기금 마련. 또한 전략 부문의 생산재 수입과 관련한 관세정책 조정기제도 검토해야 한다.
- 정부구매 과정에서 산업 경쟁력 정책의 전략 부문 우선 고려
- 국가 내부적 연계를 약화시키는 무관세 지역 폐지. 오캄포(Ocampo, 2011: 30)에 따르면 무관세 지역은 새로운 활동을 촉진하지만 "생산적 보완성 강화와 시스템적 경쟁력 구축이라는 생산성 발전 정책의 기본 원칙에 대립된다".

제도적 측면
- 산업 경쟁력 정책의 목표를 명확하게 정립하고 국가와 사회의 모든 부문에 확약을 제공하는 '국가산업대협정' 구상
- 산업 경쟁력 정책을 총괄하는 통상산업관광부 내에 차관급 산업 경쟁력 부서 개설
- 대통령령으로 정한 정부 당국들 간의 전체회의 소집을 통해 모든 부서들이 산업 경쟁력 정책의 이행에 참여하고 각각의 활동에 책임자를 임명

- 공공 부문과 민간 부문의 연계 촉진과 구체화를 담당하는 대행 기관 창설(위에 언급된 차관급 산업경쟁력 부서가 이 역할을 맡거나 하위 부서를 두어도 될 것이다)

끝으로 본 연구는 산업 경쟁력 정책의 이행을 위해 어떤 부문들이 전략 부문으로 선정되어야 하는지에 대한 하나의 실천적 모델을 예시로 서 제시할 것이다.

4. 전략 부문 제안

생산성 전환 프로그램에서도 전략 부문에 집중하긴 하지만 산업발전 에 우선순위를 두지는 않는다. 이는 혁신과 연구개발을 촉진하여 수출 을 통해 경제성장을 달성하려는 용도에 산업을 국한시키는 것이다. 마 르티네스와 오캄포(Martínez y Ocampo, 2011)의 주장과 같이 저자들 또한 산업 경쟁력 정책은 혁신을 주축으로 한 전략산업 부문군의 경쟁력을 확보해야 한다고 판단한다. 따라서 혁신과 타 부문으로의 발전 확장 가능성이 가장 많은 부문들을 지원해야 할 것이다. 여기서 말하는 혁신 이란 새로운 생산과정 및 상품, 시장 및 상품화 방식에서의 혁신, 새로운 산업조직 형태, 새로운 원자재의 활용(Ocampo, 2011)이며, 무엇보다도 기술집적적인 재화가 그 대상이어야 한다.

콜롬비아가 지금까지 세계시장에서 이루어온 커피나 화훼 같은 1차 상품이나 설탕이나 구리 같은 천연자원 수출을 포기하자거나 그 중요성 을 등한시하자는 제안은 아니며, 다만 복잡한 공정을 통해 생산된 상품 수출을 전략적으로 추진하여 경제성장의 동력이 되도록 하자는 것이다.

콜롬비아 통계청(DANE)에 따르면 비전통적 상품의 수출액은 2001~ 2011년 기간 68억 4800만 달러에서 171억 6700만 달러로 두 배 이상 증가했다.[11] 이는 페소화 평가절상과 해당 상품들의 주요 수출국인 미국의 경기 둔화와 대(對)베네수엘라 교역 상황 악화라는 악조건하에서 달성된 결과이다. 하지만 로사리오 대학의 경쟁전략연구센터(CEPEC)[12] 의 보고서에 따르면 2000~2010년 사이 콜롬비아 경제에서 가장 역동적 이었던 비전통적 수출 부문은 저기술 재화나 원자재로서 해당 기간 콜롬비아 비전통적 상품 수출의 33%를 차지한 반면, 의약품과 같은 고기술 상품의 수출은 3%에 불과했다.

따라서 경쟁력을 강화하고 혁신을 만들어내기 위해 산업 경쟁력 정책이 우선순위로 삼아야 할 분야는 생산성 연계를 창출하는 기술 집적적인 수출 산업이다. 이를 통해 기존 산업의 재화와 서비스에 대한 수요가 발생하고 새로운 산업 활동이 촉발되어야 한다. 이제 이러한 조건을 만족하는 부문을 찾아보아야 할 것이다.

제안에 부합하는 부문들을 찾아내기 위해 우선 경쟁전략연구센터 보고서의 수치에 근거하여 비전통적 상품 수출을 시장 및 기술집적도별로 정리해보자. 2000~2010년 기간에 수출된 상품으로서 원자재나 저기술 재화에 포함되는 것으로는 귀금속(8%), 화훼(8%), 바나나(5%)가 있다. 중기술 재화로는 플라스틱 제품(8%), 화장품·향수(3%), 자동차·자동차

---

11) 콜롬비아 통계청(DANE), "콜롬비아의 커피, 석유와 그 부산물, 페로니켈, 비전통적 상품 수출"(2012.10), http://www.dane.gov.co/index.php?option=com_content &view=article&id=76&Itemid=56

12) "콜롬비아 주별 비전통적 상품 수출 분석(2000~2010)", 경쟁전략연구센터 (CEPEC), 로사리오 대학(2011.6), http://www.urosario.edu.co/urosario_files/15/ 15e4f721-af55-41de-bf98-182c2c0a1b2f.pdf

〈표 6-1〉 비전통적 상품들과 생산성 전환 프로그램의 일부 제조업 분야 비교

비전통적 수출 상품	생산성 전환 프로그램 제조업 부문	기술집적도
화장품·향수 자동차·자동차부품	화장품·위생 산업	중 중
금속제품 플라스틱 제품	자동차·자동차부품 산업	중 중
기계 화학제품 의약품	기계금속, 제철, 조선업	중 중 고

부품(4%), 냉장고와 같은 기기(3%)가 있다. 고기술 재화로는 의약품(3%)
이 있다. 참고로 화학제품과 금속제품의 수출은 각각 50.3%와 59.5%
성장했으며 비전통적 수출 총 변동분의 9.1%와 10.3%를 설명한다
(Cifuentes, 2011). 같은 기간 수출시장과 관련해서는 콜롬비아 비전통적
상품의 평균 25%가 가장 큰 수출국인 미국을 향했으며, 44%는 에콰도
르, 베네수엘라, 페루, 멕시코, 브라질, 칠레 시장으로 수출되었다. 참고
로 미국, 페루, 멕시코, 브라질, 칠레는 콜롬비아 상품 수출에 대한 특혜
관세를 누리고 있는 국가들이다.

　<표 6-1>은 상품 생산에 특정 인프라와 공정을 공유하기 때문에 외국
시장으로의 확장이 용이한, 라틴아메리카 국가에 수출되는 비전통적
상품들과 생산성 전환 프로그램의 일부 제조업 분야들을 비교한 것이
다. 이러한 부문으로는 화장품·위생 산업, 자동차·자동차부품 산업, 기
계금속, 제철, 조선업이 있으며, 현재 비전통적 수출 상품 중 어느 정도
비중을 차지하고 있는 플라스틱, 기계 제조, 의약품, 화학제품도 중요성
을 가진다.

　혁신 및 타 부문으로의 확장에 대한 기준은 기술집적도로 보았는데,
고기술 부문인 의약품 산업을 제외한 모든 산업이 중간 정도의 기술집

적도를 가지며, 이러한 상품들에 소요되는 재화를 생산하는 하위 산업 부문과 보완적인 관계를 가진다. 만일 수출에 혁신을 가하고 싶다면 해당 산업의 하위 부문에 있는 기업들을 자극하는 것으로부터 출발할 수 있을 것이다. 이렇듯 새로운 생산활동에 노력을 기울이는 대신 이미 존재하는 활동을 지원하여 혁신을 통한 부가가치 창출을 할 수 있다. 이러한 목표를 달성하기 위해서는 혁신과 타 부문으로의 확장이라는 기준으로 전략 부문의 선별이 이루어진 이후에 모든 공공정책이 선별된 부문을 중심으로 편성되는 것이 필수적이다.

예를 들어 화장품·위생 산업 부문은 거대한 생산망을 만들 가능성이 높다. 보고타 상공회의소(CCB)에 따르면 2015년 수출 전망은 15억 달러(GNP의 35%)로 최근 몇 년 동안의 평균 성장률이 16%에 육박하고,[13] 최근 10년 동안 수출 규모가 1억 1400만 달러에서 6억 83만 달러로 6배 증가했다. 주요 수출국들은 라틴아메리카 국가이다(약 60%).[14] 우선 콜롬비아의 생물다양성은 이들 제품 개발에 중요한 연구 분야인데, 동시에 화학 분야 연구도 이루어질 수 있다. 이와 관련하여 화학·화장품 산업들로 확장될 수 있는 연구·개발·혁신 프로젝트를 식별하기 위해서는 생산성 전환 프로그램의 성과인 국가경제사회정책위원회(Conpes) 안건 제3697호 '생물다양성의 지속 가능한 이용에서 출발한 바이오테크놀로지 개발 정책'과 프랑스의 코스메틱 밸리와 체결한 협력 협정을

---

13) 위생 부문은 포함되지 않음. 보고타 상공회의소(CCB), 화장품·향수 부문의 제품 수출을 어떻게 할 것인가? 기업 가이드라인(2011), http://camara.ccb.org.co/documentos/8683guia_empresarial_cosmeticos_02082011.pdf

14) 위생 부문 포함. 콜롬비아 수출투자진흥청(Proexport), 콜롬비아 화장품·위생 부문(2011), http://inviertaencolombia.com.co/images/stories/Perfil_Cosmeticos_y_Arti culos_de_Aseo_Octubre_2011.pdf

십분 활용해야 할 것이다. 또한 생태탐사 국영기업을 포함하는 국립생물다양성연구소 설립 프로젝트도 진행 중에 있다.[15] 마찬가지로 화장품 포장제품 개발 및 생산을 위해 플라스틱·제지·유리 등 분야와 연계하여 거대한 산업화 및 혁신망을 구축하는 것도 가능하다. 이처럼 산업 경쟁력 정책 제안은 과학기술과 제품 생산을 결합하여 제품 다양성을 확대하는 시스템을 개발하는 능력에 토대를 두고 있다.[16]

자동차·자동차부품 산업 또한 다양한 제조활동을 포함하기 때문에 상당한 정도의 생산성 연계를 실현하기에 적당한 부문이다. 현재 콜롬비아는 라틴아메리카에서 네 번째로 자동차를 많이 생산하는 국가이며, 이 부문은 국가 산업 GDP의 4%를 차지한다.[17] 자동차·자동차부품 산업의 생산 시스템 조직은 부품·조립 공장과의 하도급 계약에 기반을 두는데, 이를 통해 각 생산 고리의 전문성을 활용할 수 있다. 2011년 콜롬비아 자동차에서 조립 자동차가 차지하는 비중은 40.5%로 증가했다(32만 4570대 중 약 13만 1510대). 같은 해 콜롬비아의 자동차 수출은 2억 8300만 달러(1만 3029대)를 기록했는데, 이 중 95.5%는 에콰도르(1억 8400만 달러), 파나마(7500만 달러), 페루(1800만 달러), 칠레(1100만 달러)에 수출되었다.[18] 조립뿐만 아니라 내부 마감을 위한 가죽이나 섬유, 석유

---

15) 같은 글, p. 12.

16) 콜롬비아 수출투자진흥청(Proexport, 2011: 14~15)에 따르면 이미 이 부문의 연구개발 투자에 대한 인센티브들이 존재하며, 대학 및 연구기관들과 연계한 연구들이 진행 중이다.

17) 콜롬비아 수출투자진흥청(Proexport), 콜롬비아 자동차 산업(2012), http://www.inviertaencolombia.com.co/Adjuntos/Perfil%20Automotriz_%20Septiembre%202012%20Final%20(2).pdf

18) 같은 글, pp. 3~4.

화학제품(고무, 플라스틱), 도장, 제철, 전자제품 등 생산망에 포함되는 부품 및 상품 생산도 이루어진다. 그리고 소프트웨어 및 정보기술에 특화된 회사와 연구기관, 대학 등도 생산과정에 연계될 수 있다.[19]

콜롬비아가 무역을 확대할 수 있는 가능성 중 하나는 산업보완협정을 통해서든 자원의 효율적인 사용을 통한 무역증진 정부 프로젝트를 통해서든 라틴아메리카의 지역적 역학관계 속에서 선별 부문을 통합할 방안을 식별하는 것이다. 남미 지역이 중요한데, 미국, 스위스, 중국 등 중남미 외부 시장에서는 원자재나 저기술 재화를 흡수하고 있으며, 브라질과 페루에는 기술집적적 재화, 특히 플라스틱 제품이나 화장품·위생 상품을 판매하고 있기 때문이다. 지역 협동 프로그램을 개설하고 고기술 산업 부문의 세계시장 진출을 개선해야 하는 다른 이유는 마르티네스와 수아레스(Martínez y Suárez, 2011: 70)의 주장처럼 멕시코, 브라질, 아르헨티나, 콜롬비아, 칠레, 페루 경제는 그 비중은 낮지만 같은 종류의 고기술 상품들을 수출하고 있기 때문이다. 따라서 라틴아메리카 국가 경제가 세계에서 차지하는 기술적 위상은 더 다양한 부문의 참여에 의존하는 것이 아니라 동일한 부문들의 총수출에 의존할 것이다.

그러므로 콜롬비아가 당면한 과제는 페루, 멕시코, 브라질, 칠레와 맺은 자유무역협정이 제공하는 특혜관세를 충분히 활용하고 최근 발족

---

19) 콜롬비아 수출투자진흥청(Proexport, 2012: 16)에 따르면 현재 바예 대학과 민간 부문과의 협력을 통해 자동차기술개발센터 설립 프로젝트가 진행되고 있다. "자동차기술개발센터는 이미 설립되었거나 앞으로 콜롬비아에 투자될 조립 공장들의 이상적인 공급자가 될 수 있게끔 자동차부품 부문 경쟁력을 확보하는 데 핵심적인 도구의 역할을 할 것이다. 이를 위해 센터는 공급자들의 발전과 연구개발혁신, 부품 안전, 고급 전문화 교육 등을 지원할 것이다. 그리고 교육기관들과 기타 국내·국제 연구개발혁신기관들의 연계 또한 가능해질 것이다"(같은 책).

한 태평양동맹(멕시코, 콜롬비아, 페루, 칠레)을 발전시키며, 제도적 차원에서 산업의 경쟁력과 세계시장 진출을 도모하는 것이다. 이와 관련하여 전략 부문을 지원하기 위해 공공·민간 자원과 라틴아메리카 지역 기금을 활용한 프로젝트를 구상할 수 있을 것이다. 그리고 제약이나 기계 부문과 같이 기술집적도가 상대적으로 높지만 아직 수출 비중이 낮은 부문과 관련된 프로젝트 구상도 고려할 수 있을 것이다. 이들 부문은 규모의 경제를 보이며 기술 진보에 더 적합하기 때문에 세계시장에서 경쟁할 수 있는 가능성이 더 높다.

참고문헌

CCB. 2011. Cómo exportar productos del sector cosméticos y perfumes. Guía Empresarial. Disponible en: http://camara.ccb.org.co/documentos/8683_guia _empresarial_cosmeticos_02082011.pdf

Centro de Pensamiento de Estrategias Competitivas(CEPEC). 2011. Análisis de las Exportaciones no Tradicionales de los Departamentos de Colombia 2000~ 2010. Universidad del Rosario, Junio de 2011. Disponible en: http:// www.urosario.edu.co/urosario_files/15/15e4f721-af55-41de-bf98-182c2c0a1 b2f.pdf

Cifuentes, Paola. 2011.9.13. 'Crecen las exportaciones no tradicionales'. Portafolio. Disponible en: http://www.portafolio.co/opinion/crecen-las-exportaciones-no -tradicionales

Departamento Administrativo Nacional de Estadística(DANE). Colombia, exporta- ciones de café, petróleo y sus derivados, ferroníquel y no tradicionales (octubre 2012). Disponible en: http://www.dane.gov.co/index.php?option= com_content&view=article&id=76&Itemid=56

Martínez, Astrid. 2011. "Políticas sectoriales y horizontales en la estrategia de competitividad en Colombia 1994-2010." en Astrid Martínez y José A. Ocampo. *Hacia una política industrial de nueva generación para Colombia.* Bogotá: Coalición para la promoción de la industria colombiana, Cap. II.

Martínez, Astrid y José A. Ocampo. 2011. *Hacia una política industrial de nueva generación para Colombia.* Bogotá: Coalición para la promoción de la industria colombiana.

Martínez, Astrid y Nicolás Suárez. 2011. "Crecimiento económico y perfil ex- portador." en Astrid Martínez y José A. Ocampo. *Hacia una política industrial de nueva generación para Colombia.* Bogotá: Coalición para la promoción de la industria colombiana, Cap. IV.

Ocampo, José A. 2011. "Crecimiento económico, cambio estructural y políticas de desarrollo productivo." en Astrid Martínez y José A. Ocampo. *Hacia una política industrial de nueva generación para Colombia.* Bogotá: Coalición para la promoción de la industria colombiana, Cap. I.

Proexport. 2011. Sector cosméticos y artículos de aseo Colombia. Disponible en: http://www.inviertaencolombia.com.co/images/stories/Perfil_Cosmeticos_y_Articulos_de_Aseo_Octubre_2011.pdf

_____. 2012. Industria Automotriz en Colombia. Disponible en: http://www.inviertaencolombia.com.co/Adjuntos/Perfil%20Automotriz_%20Septiembre%202012%20Final%20(2).pdf

제7장

콜롬비아의 주요 산업*

광업, 교통 인프라, IT

권기수 · 박미숙 · 황현정

콜롬비아는 안정적인 성장세를 지속하며 중남미의 유망한 투자처로 부상하고 있다. 특히 풍부한 석유, 석탄 및 광물자원과 전 세계의 원자재 수요 급증에 힘입어 광업 부문 외국인투자가 급격히 증가하는 추세이다. 이 외에도 제조업, 금융서비스업, 교통 인프라, 통신, 관광 등에 외국 자본의 투자가 큰 폭으로 늘어나고 있다. 그러나 그간 한국에서 콜롬비아에 대한 연구는 전반적인 개황과 잠재력을 소개하는 피상적인 수준 에 그쳤다. 이에 따라 이 연구에서는 한국 기업과 정부의 협력 및 진출 방안을 제시하기 위해 한국 기업의 진출 가능성이 높은 콜롬비아의 주요 산업을 심층적으로 분석하고자 한다. 이 연구에서는 KOTRA와 협의하에 콜롬비아 정부의 적극적인 육성 정책으로 향후 발전 가능성이 크고 한국과의 협력 및 진출 가능성이 높은 분야인 유망 산업 분야로 광업, 교통 인프라, IT산업 3개를 선정해 분석했다.

권기수　대외경제정책연구원 신흥지역연구센터 중남미팀장.
박미숙　대외경제정책연구원 신흥지역연구센터 중남미팀 연구원.
황현정　KOTRA 보고타 KBC 과장.

* 이 글은 KIEP-KOTRA 유망국가 산업연구 11-04, 『콜롬비아의 주요 산업: 광업, 교통 인프라, IT』의 일부분을 발췌한 것이다. 재수록을 허락해주신 대외 경제정책연구원과 저자들에 감사드린다. 원문은 다음에서 볼 수 있다. http:// www.kiep.go.kr/skin.jsp?bid=pubmainview&grp=publication&num=185656

1. 경제 및 산업구조의 특징과 산업정책

1) 경제 개관

(1) 경제 특징

콜롬비아의 인구는 2011년 10월 기준 약 4693만 명으로 중남미에서 브라질, 멕시코에 이어 세 번째로 큰 소비시장을 가지고 있다. 도시화율이 높아 전체 인구 중 약 2330만 명이 대도시에 거주하고 있다. 또한 베네수엘라, 에콰도르, 볼리비아, 페루와 함께 안데스공동체의 회원국이고, 멕시코와 G-2 자유무역협정을 체결하여 중남미의 자유무역협정 체결 국가를 포함할 경우 인구 2억 명의 거대시장으로 접근할 수 있는 가능성을 갖춘 국가이다.

2010년 콜롬비아의 명목 GDP는 약 2880억 달러로 중남미 4위의 규모이며, 구매력 평가 기준 1인당 GDP는 9277달러이다. 특히 콜롬비아는 중남미에서 가장 안정적인 시장 중 하나이다. 1980년대 중남미 대부분의 국가들이 외채위기로 모라토리엄 위기나 하이퍼인플레이션을 겪는 중에도 콜롬비아 경제는 상대적으로 안정세를 유지했다. 2009년 글로벌 금융위기 때 중남미 국가들이 평균적으로 마이너스 성장을 기록하고 경제의 부침이 심했던 반면, 콜롬비아는 플러스 성장세를 유지했고 탄력적인 위기 극복 능력도 보여주었다. 콜롬비아의 지난 20년간 연평균 경제성장률은 3.6%로, 중남미 평균 경제성장률인 3.0%를 상회한다. 이러한 안정성을 바탕으로 국제 신용평가기관은 중남미 국가 중 콜롬비아를 칠레, 브라질, 멕시코, 페루와 더불어 투자의 안정성이 높은 국가로 평가하고 있다.

브릭스(BRICs) 국가 이후 포스트-브릭스(post-BRICs) 국가로 주목받고 있는 국가 그룹 중에 시베츠(CIVETS)가 있다. 시베츠는 대규모의 젊은 소비시장, 금융 시스템 발달, 양호한 경제 펀더멘털, 향후 20년간 연평균 4.5% 성장 기대 등의 특징을 가진 국가이다. 콜롬비아는 인도네시아, 베트남, 이집트, 터키, 남아공과 함께 시베츠 국가에 포함된다. 2009년 글로벌 금융위기 속에서도 시베츠 국가의 금융시장은 브릭스 국가에 비해 양호한 회복력과 성장세를 보였다.

콜롬비아는 중남미 5위의 원유 매장국으로 최근 정부의 적극적인 석유산업 육성정책에 힘입어 유망 산유국으로 재부상하고 있다. 그간 게릴라의 준동에 따른 치안 불안으로 전 국토의 약 20%만이 탐사되었기에 콜롬비아는 향후 유전개발의 잠재력이 높다. 또한 중남미 국가 중 가장 개방적인 투자정책을 추진하고 있어 석유 개발 환경이 가장 양호한 것으로 평가받고 있다. 정부는 석유 개발 로열티를 대폭 인하했고, 민간기업의 유전 소유를 인정하고 있다.

프레이저 인스티튜트(Fraser Institute)에 의하면 콜롬비아는 광물개발 잠재력에서 세계 10위로 평가받고 있다. 콜롬비아에 매장된 주요 광물로는 석탄, 철광석, 구리, 페로니켈, 에메랄드, 금, 은, 백금 등이 있다. 특히 광업은 콜롬비아 경제의 성장을 견인하고 있다. 광업 부문이 성장한 배경에는 정부의 적극적인 투자유치와 조세를 비롯한 각종 법률 개선이 큰 역할을 했다. 그러나 콜롬비아는 지역별·계층별로 소득격차가 심각하여 상품시장도 고가와 저가 시장으로 양분되어 있다. 고가 시장에서는 상류층을 상대로 한 선진국 브랜드 제품이, 중저가 시장에서는 서민을 상대로 중국산 및 동남아산 제품이 활발히 거래된다. 또한 지하경제에 대한 의존도가 높아 전체 수입품의 30% 내외는 밀수품으로 추정될 정도이다. 주요 밀수품은 오디오, 비디오, 신발, 의류, 주류, 담배 등이다.

(2) 경제 동향 및 전망

콜롬비아는 지속적으로 고성장세를 지속하고 있고, 2009년 전 세계 금융위기에서도 플러스 성장세를 유지했다. 최근의 성장은 주로 국내 수요 증가와 광산 및 에너지 부문의 생산 증가에 기인했다. 대부분의 전문가들은 향후 콜롬비아 경제에 대해서 긍정적으로 전망하고 있다. 소비자물가 상승률은 2008년까지 증가하다 2009년 큰 폭으로 하락한 후 다시 증가 추세를 보이고 있다. 그러나 물가상승률은 3.2%로 여전히 안정적인 수준이다. 반면 페소화는 지속적으로 가치가 상승하고 있다. 여기에는 석유, 석탄, 광물 등의 수출 증가와 외국인투자 확대가 주요 요인으로 작용했다. 실업률은 11~12% 사이로 높은 수준으로 유지되고 있다. 재정 적자는 2009년 글로벌 금융위기 시 경기부양을 위해 정부지출을 확대하면서 GDP 대비 -2.6%로 다소 증가했다. 경상수지는 2006년 이래 적자를 기록하고 있고, 외국인직접투자는 금융위기 시 일시적으로 감소하는 추세를 보였다.

2011년 콜롬비아의 경제성장률은 5.1%로 예상되나, 2012년에는 성장이 다소 둔화되어 4.4%에 머무를 것으로 전망된다. 그 이유는 유럽의 재정위기와 미국의 성장률 둔화가 콜롬비아의 수출에 부정적인 영향을 미칠 것으로 예상되기 때문이다. 그러나 낮은 이자율과 개선되는 고용에 힘입어 콜롬비아의 민간 지출은 여전히 확대될 것으로 전망된다. 또한 광업 부문을 중심으로 외국인투자 유입액도 증가 추세가 지속될 것으로 보인다.

2) 산업구조의 특징과 주요 산업정책

(1) 산업구조

콜롬비아의 GDP는 제조업(15%), 농·축산·어업(9%), 광업(6%), 서비스업(70%) 등으로 구성되어, 서비스업이 높은 비중을 차지하고 있다. 2009년 이후 광업, 금융업, 건설업 등이 콜롬비아 경제의 성장을 견인하고 있다. 석유를 포함한 광업은 2005~2007년 사이에 성장률이 3% 이하를 기록했으나, 2008년에는 7.3%, 2009년 15%, 2010년 12.7%로 최근 급격하게 성장하고 있다. 최근의 성장에는 외국인투자의 증가와 정부의 산업육성정책이 주요하게 기여한 것으로 조사되었다. 특히 메데인 시와 안티오키아 주 등 주요 광업 지역의 2010년 외국인투자 유입은 역대 최고 수준을 기록했고, 이러한 투자 급증세는 2011년에도 이어졌다.

콜롬비아는 주변의 안데스 국가와 비교하여 비교적 산업기반이 잘 갖추어져 있다. 섬유, 플라스틱, 자동차, 타이어, 철강, 화훼류, 커피 등은 해외 수출을 목표로 할 만큼 경쟁력을 갖추고 있다. 콜롬비아는 전통적으로 중남미에서 섬유 및 의류 산업이 가장 발달한 국가 중 하나이다. 2010년 상공관광부는 섬유 및 의류 산업을 국가의 신성장 동력 산업으로 지정하여 예산을 확대했다. 그러나 자본재와 내구성 소비재는 대부분 수입에 의존하고 있어 수입 비중이 90% 정도로 높은 편이다.

농·축산·어업으로 대표되는 1차 산업은 콜롬비아 경제에서 중추적인 역할을 담당한다. 커피, 바나나, 바나나 일종인 플라타노, 설탕, 야자기름, 화훼 등이 주요 농산물이고, 이들은 대외무역에서도 높은 비중을 차지하고 있다. 특히 콜롬비아의 커피는 세계 최고 품질을 인정받고 있다. 또한 콜롬비아는 중남미 3위의 축산국으로 쇠고기와 가죽 제품 등은 콜롬비아의 주력 수출품 가운데 하나이다. 5000만 명에 가까운 인구로 구성된 거대한 내수시장이 축산업 발달의 기반이 되고, 육류제품이 주식으로 소비되므로 축산업은 지속적인 성장이 기대된다.

광업은 GDP에서 차지하는 비중은 낮지만 무역에서는 절대적인 비중을 차지하고 있다. 또한 광업은 외국인투자가 가장 많이 유입되는 산업이다. 최근 정부의 적극적인 투자유치 노력과 관련 법률 개선에 힘입어 광업은 가장 높은 성장률을 기록했다. 특히 석유, 석탄, 금 등의 국제가격이 상승하면서 콜롬비아 광업에 대한 외국기업의 투자 관심이 높아지고 있다.

콜롬비아의 IT산업이 GDP에서 차지하는 비중은 크지 않다. 그러나 GDP 대비 IT산업 비중은 중남미에서 콜롬비아가 가장 높고, 성장률도 중남미 최고 수준을 기록하고 있어 성장 잠재력이 높은 산업으로 평가되고 있다. 또한 정부는 IT 관련 인프라와 전문인력 확대를 목표로 대규모의 국가 프로젝트를 실시하고 있다.

콜롬비아는 지역별로 산업이 특화되어 있다. 북부의 카리브 해 지역에는 관광, 물류, 석유화학, 건설 자재, 대서양 수출 플랫폼 등이 집중되어 있다. 중부의 안데스 지역에는 서비스 아웃소싱, 고부가가치 제조업, 내수시장 목표의 생산단지, 전문화된 농가공업 등이 발달했다. 서부의 태평양 지역에는 제조업, 농가공업, 물류, 바이오테크 산업, 태평양 수출 플랫폼이 형성되어 있다. 동부의 오리노코 지역은 농업, 임업, 바이오연료, 탄화수소 등의 주요 생산지이다. 마지막으로 남부의 아마존 지역은 개발보다는 자연자원이 보존된 지역으로 생태관광도 이루어지고 있다.

(2) 중장기 경제발전전략

2010년 8월 신정부가 취임한 후 향후 4년간의 대규모 투자계획을 담은 국가개발계획(Plan Nacional de Desarrollo: PND)을 발표했다. PND는 약 485조 페소(약 300조 원)에 달하는 부문별 투자계획을 담고 있다. 이 계획은 산토스 대통령의 임기가 종료되는 2014년까지 경제성장률 6.2%를 달성하고 1인당 국민소득을 7200달러로 끌어올리며, 실업률을 9%대로 낮추고 250만 명을 서민층에서 중산층으로 편입시킨다는 목표를 가지고 있다.

PND는 민주적 번영(Prosperidad Democrática)을 기치로 경제성장과 경쟁력 확보, 기회 균등, 평화 공고화, 환경, 투명한 정부 등의 실현을 추구하고 있다.

(3) 외국인투자정책

콜롬비아의 투자 환경은 정부의 적극적인 투자 육성책에 힘입어 2004년을 기점으로 괄목할 만하게 개선되고 있어, 2004년 17억 달러에 불과하던 외국인직접투자 유입액이 2008년에는 106억 달러로 급증했다. 2009년 글로벌 경제위기로 투자금액이 일시적으로 감소했으나, 2011년부터 투자가 회복되는 추세이다.

2000~2010년간 콜롬비아에 유입된 외국인직접투자 중 가장 큰 비중을 차지한 것은 미국(28.8%)의 투자였다. 그 다음으로는 영국(12.8%), 스페인(7.3%), 멕시코(4.2%)가 높은 투자 비중을 차지했다. 분야별로는 석유(26%), 광업(24.5%), 제조업(20.2%), 금융업(11.6%) 등에 주로 투자되었다.

최근 국제적으로 원자재와 자원에 대한 수요가 급증하면서 석탄과 석유 부문에 외국인투자가 몰리고 있다. 콜롬비아도 이러한 세계의 경제 흐름에 맞추어 석탄과 석유에 외국인투자가 급증했고, 이러한 추세는 앞으로도 지속될 것으로 전망된다. 전통적으로 외국인투자가 집중되는 광업 분야 외에도 최근에는 금융시장에 대한 투자 유입도 가속화되고 있다. 또한 정부의 인프라 확충 프로젝트 개시에 따라 도시 대중교통, 공항, 도로, 항만 등에도 외국인투자가 증가하고 있다. 정부는 외국인투자를 촉진하기 위해 세법을 개정하여 기업 소득세 감면과 송금 수수료 면제 등의 혜택을 제공하고 있다.

(4) 통상정책

과거 콜롬비아는 대외협상 체결에 미온적이었으나 우리베(Uribe, 2002~2010년) 정권 취임 이후 적극적으로 다자간협상에 나서고 있다. 콜롬비아는 현재 15개국과 FTA 협상을 발효했고, 미국과는 협상을 완료했다. 콜롬비아는 미국과 유럽 의존적인 무역관계에서 탈피하여 새로운 시장을 개척하고자 노력 중인데, 특히 아시아 시장에 높은 관심을 보이고 있다. 이에 따라 아시아 국가 중에서는 최초로 한국과 FTA 협상을 지원 중이다. 한국 외에도 파나마, 터키, EU 등과 협상을 추진하고 있다.

콜롬비아는 1991년부터 적극적으로 개방적인 경제정책을 실시해왔다. 이에 따라 수입관세 인하, 통관 및 대외지불절차 간소화 등의 정책을 지속적으로 추진 중에 있다. 또한 안데스공동체의 회원국으로 역외 공동관세 및 역내 관세 철폐를 위한 통상외교도 활발하게 전개하여 관세 구조와 관세율을 안데스공동체에 맞추어가고 있다. 그리고 모든 자연인과 법인이 자유롭게 수입을 할 수 있도록 개방적인 수입관리제도를 실시하고 있으며, 지하경제를 근절하고 건실한 경제를 구축하려는 노력도 기울이고 있다.

콜롬비아는 안데스공동체의 역외 공동관세에 준하는 4단계 관세율을 적용하고 있다. 관세 산정은 종가세 방식을 채택하고 있으며, 부과기준은 CIF 가격이다.

2. 광업

1) 개황

콜롬비아는 중남미 3대 광물부국으로 석유, 천연가스, 석탄 등의 에너지 자원을 비롯하여 금, 은, 에메랄드, 페로니켈 등의 광물을 다량 보유하고 있다. 현재 광물 탐사가 이루어진 지역은 콜롬비아 전체 영토의 15~20%에 불과해 향후 추가로 광물이 발견될 잠재력이 높다. 콜롬비아 광물의 잠재 매장량은 석탄이 약 170억 톤, 금이 약 2800만 온스로 추정된다.

2010년 기준으로 콜롬비아의 금속 및 비금속 광물과 석탄 생산은 전체 국내총생산의 약 2.3%를 차지한다. 2010년의 광물 생산 증가율은 4.3%이고, 2000~2010년 평균 성장률은 8.1%로 광업은 콜롬비아 전체 산업 중 가장 역동적으로 성장하는 부문이다.

광물 중에서 석탄이 전체 광물 생산의 43.4%로 가장 비중이 높고, 그 다음으로 주로 생산되는 광물은 금속 광물(32.2%)과 비금속 광물(24.4%)이다.

콜롬비아 전체 수출의 약 25%가 광업 생산물로, 광업 수출은 2000~2010년 사이에 연평균 7%씩 성장했다. 또한 전체 외국인직접투자 유입액 가운데 광물 분야 투자가 30%를 차지하며 지난 10년간 광물 부문의 외국인직접투자 유입액은 연평균 16%씩 급성장했다. 광업은 콜롬비아에서 외국인투자가 가장 선호되는 산업이다. 전체 콜롬비아 경제에서 광업이 차지하는 위상은 1990년대 경제 구조조정과 개방화가 실시되면서 높아지기 시작했다. 2002년 집권한 우리베 정부는 민간기업과 외국기업의 광업 투자를 적극 장려하면서 생산 광물 품목의 다양화와 확인 매장량 증가에 기여했다. 중국 및 인도를 비롯한 신흥국의 성장으로 전 세계의 광물자원 수요가 커지면서 광물 가격이 상승하고 수출이 증가했다. 또한 정부의 우호적인 외국인투자 환경 조성에 따라 외국인 직접투자가 급증하면서 콜롬비아의 광업은 호황을 맞이했다.

정부의 광업 투자 활성화 정책과 광업 붐으로 인해 석탄을 중심으로 한 광업 생산과 수출은 급격하게 증가했다. 그러나 이는 콜롬비아 경제의 1차 산품에 대한 수출 편중도 심화를 야기했다. 또한 지속적인 광물 탐사가 수반되지 않을 경우 광물 채굴이 지속 가능한지에 대한 우려를 낳기도 했다. 또한 광업 부문은 고용창출 효과가 낮아 실업 해결에 기여하지 못한다는 우려도 대두되었다. 광업은 자본집약적인 특성으로 인해 고용창출 효과가 낮은데, 2010년 기준으로 전체 고용인력 가운데 광업에 종사하는 노동자는 1.5%에 불과했다. 콜롬비아 정부는 지난 10여 년간 광업 투자증대 정책을 시행했으나, 같은 기간 광업 고용인력은 1만 5000여 명 증가하여 전체 약 250만 명의 실업인구와 대비할 때 미미한 정도에 불과하다.

2) 주요 정책

(1) 광업정책 개요

2000년대 들어 콜롬비아 정부는 광업을 국가의 핵심 산업으로 육성하기 시작했다. 특히 정부는 ① 광업국가로의 도약, ② 광업자원의 효율적 관리, ③ 생산성과 경쟁력 강화에 중점을 두고 있다.

첫째, 광업국가로 도약하기 위해 정부는 국내외 광업 메이저 기업뿐 아니라 신규 기업의 광업 부문 투자를 장려하고 있다. 특히 안정적인 투자환경을 만들어 투자자 신뢰를 회복하고 투자유치를 활성화하기 위해 2005년 '외국인투자자를 위한 법률 안정법(Ley de Estabilidad Jurídica para el Inversionista)'을 공표했다. 이 법에 따라 콜롬비아 정부가 투자자와 계약을 체결하여 투자 안정성을 법적으로 보장한다. 둘째, 광업 기업이 정부가 요구하는 의무사항을 제대로 준수하는지를 감독하여 광업자원이 효율적이고 효과적으로 이용될 수 있도록 관리한다. 특히 정부는 소규모의 지역 광산이 안전 기준을 준수하도록 특별한 관심을 쏟고 있다. 셋째, 광업의 생산성과 경쟁력을 향상시켜 광업 기업의 수익을 증가시키고, 고용창출 효과를 늘리며, 작업자의 안전과 건강을 보장하고자 한다. 이 외에도 광업 분야에서 ① 광산 활동의 용이성, ② 지속가능한 광물자원의 개발, ③ 광부에 대한 노동력 착취 방지를 정부가 달성해야 할 중요한 목표로 설정하고 있다.

(2) 광업 관련 정부기관

'광업법(Codigo de Minas)'은 광업 관련 업무를 광물에너지부(Ministerio de Minas y Energía)가 관장하도록 규정한다. 광물에너지부는 산하에 광물청(Instituto Colombiano de Geología y Minería: INGEOMINAS), 에너지광물기획청(La Unidad de Planeacion Minero Energetica: UPME) 광물정보청(Sistema de Informacion Minero Colombiano: SIMCO) 등의 기관을 두고 있다. 광물청은 지질조사와 광업권 허가를 담당한다. 기본적으로 광물개발허가권 발급은 광물청이 담당한다. 그러나 정부는 안티오키아, 볼리바르, 보야카, 칼다스, 세사르, 노르테데산탄데르의 6개 주에는 광물개발허가권 발급을 위임했다. 에너지광물기획청은 광물에너지 개발을 위한 장기계획을 세우고, 광물정보청은 광물 정책·현황·제도 등에 대한 정보를 제공한다.

(3) 법률

콜롬비아 광업의 근간을 이루는 것은 2001년에 개정된 법률 제685호 '광업법'이다. '광업법'은 총 362조로 이루어져 있고 광업 관련 모든 규정을 포함한다. 콜롬비아 광업에 투자하는 내국 및 외국 기업은 '광업법'의 내용을 준수해야 한다.

'광업법'의 주요 내용은 다음과 같다.

- 제14조 (광업권) 광상을 탐사 및 채광할 권리는 국가광업등록청 (Registro Minero Nacional)에 등록된 계약을 통해 주어진다.
- 제18조 (외국인) 외국의 자연인 및 법인체는 콜롬비아 국민과 동등한 권리와 의무를 갖는다. 광업 및 환경 당국은 외국인에게 추가적 또는 다른 필수사항·조건·형식을 요구할 수 없다.
- 제19조 (외국기업) 광업권 취득을 원하는 외국 기업은 콜롬비아에 지점 또는 지사를 가지고 있어야 한다.
- 제70조 (계약기간) 광업권 계약은 신청자의 요청에 따라 최대 30년까지 기간을 설정할 수 있다. 이 기간은 국가광업등록청에 명시된 계약 날짜를 기준으로 한다.
- 제71조 (탐사기간) 광업소유자는 계약일로부터 3년 내에 계약지역에 대한 기술탐사를 실시해야 한다.
- 제72조 (건설 및 설립 기간) 탐사 완료 후 3년 내에 탐사에 필요한 시설을 건축하고 장치를 설치한다.
- 제198조 (환경 수단과 장치) 광업활동을 환경적인 측면에서 감독하

고 실행하기 위한 장치가 환경규정에 따라 수립되었다. 이러한 장치로는 환경운영계획(Planes de Manejo Ambiental), 환경영향조사(Estudio de Impacto Ambiental), 환경허가(Licencia Ambiental), 환경지침(Guias Ambientales)이 있다.

- 제227조 (로열티) 국가 소유의 모든 재생 불가능한 천연자원의 개발에 대해서 로열티를 지불해야 한다. 로열티는 고정 또는 누진 비율로 적용하고, 현금이나 현물로 지불이 가능하다.

(4) 로열티 및 임차료

광산개발 기업은 탐사 및 채광시설 건립단계에는 토지 사용에 대한 임차료(canon superficiario)를 지불해야 하고, 채광단계에서는 광물 생산량에 비례하는 로열티(regalía)를 지불해야 한다.

광물 생산자는 소진되는 자연자원을 채굴하는 대가로 정부에 로열티를 지불해야 한다. 총 생산된 광물의 가치를 기준으로 광물별로 특정 비율의 로열티를 지불해야 하며 부과율은 1~12%로 책정된다. 로열티에 관계된 국가기구로는 징수된 로열티를 각 지방에 분배하는 로열티국가기금(Fondo Nacional de Regalía: FNR), 로열티국가기금을 감독하고 기금을 집행하는 로열티국가위원회(Comision Nacional de Regalía: CNR) 등이 있다.

광업 기업은 탐사·조립·건설기간 동안 광업권 허가지역의 토지 이용에 대한 임차료를 지불해야 한다. 임차료는 계약서상 토지의 소유권이 누구에게 있는가에 상관없이 지불해야 하고, 금액은 토지 면적에 따라 달라지며 1년 단위 선불로 지급한다. 임차료의 결산, 징수, 분배는 광업 당국이 담당한다(주콜롬비아 대한민국대사관, 2009: 15).

(5) 투자절차

콜롬비아의 광업에 투자하기 위해서는 양허계약(contrato de Concesión: 독점형태)을 체결하여 개발권을 취득해야 한다. 이를 위해 우선은 관심 지역을 선정하고, 광산의 위치 지도와 기술정보 등을 포함한 양허계약 서식을 작성해야 한다. 계약과 자금조달 방법 등을 포함한 계약 제안서를 작성하여 광물청이나 인허가를 위임받은 해당 주(안티오키아, 볼리바르, 보야카, 칼다스, 세사르, 노르테데산탄데르)에 제출한다. 광물청이나 해당 주로부터 제안서가 수락되면 광업권에 대한 양허계약을 체결하게 된다. 광업권 계약 체결 시 개발 기업은 광업 및 환경 의무, 벌금 지불 및 권리상실 등의 이행을 보증해주는 광물환경보험(poliza minero ambiental)을 들어야 한다. 보험료는 탐사기간과 건축 및 시설 설치기간에는 연간 투자금액의 5%, 채굴기간에는 연간 생산량(추정치)의 10%로 책정된다. 또한 탐사·설치·건설 기간에는 광업권 허가지역에 대한 임차료를 지불한다. 이후 작업계획(programa de trabajo y obras: PTO)과 환경허가요청서 (solicitud de licencia ambiental)를 제출한 후, 작업계획을 집행하고 채굴을 시작한다.

(6) 환경규정 및 원주민 보호

광업개발은 탐사 - 건설 - 생산의 3단계로 구분된다. 이때 탐사단계를 끝내고 생산시설의 건설단계 또는 생산단계로 진입하기 위해서는 정부 로부터 반드시 환경허가(Licencia Ambiental)를 취득해야 한다. 광업개발 권은 광물청 또는 광업개발권 발급을 이양받은 해당 주에서 얻지만, 환경허가는 기본적으로 중앙정부의 환경·주택·국토개발부(Ministerio de Ambiente, Vivienda y Desarrollo Territorial: MAVDT)에서 얻어야 한다. 그러나 사업의 규모가 작은 경우에는 해당 지역의 지역자율환경청(Corporacion Autonoma Regional: CAR)으로부터 환경허가를 얻는다. 지역자율환경청은 중앙정부로부터 행정적, 재정적, 법적으로 독립되어 자율적으로 운영되는 지역환경기구로, 해당 지역의 환경 및 자원개발을 관리한다. 콜롬비아에는 현재 33개의 지역자율환경청이 있다. 따라서 광업개발을 추진하는 기업은 환경·주택·국토개발부나 각 지역의 지역자율환경청으로부터 환경허가를 얻어야 한다.

콜롬비아 정부는 흑인과 원주민의 인권을 법률로 보호하고 있다. 따라서 광업개발 대상 지역에 이들이 거주하는 경우에는 광업개발보다 이들의 권리에 우선순위가 주어진다. 정부는 광업개발이 실시되기 이전에 지역주민에게 프로젝트의 내용을 설명하는 사전설명제도(Consulta Previa)를 의무화하고 있다. 이때 해당 지역에 거주하는 원주민 또는 흑인이 광업개발에 대해 반대할 경우 프로젝트를 진행할 수 없다.

3) 세부 산업 동향

(1) 석탄

콜롬비아의 확인된 석탄 매장량은 약 67억 톤으로, 중남미 1위의 석탄 보유국이자 생산국이다. 아직 탐사되지 않은 영토가 많아 콜롬비아의 잠재 매장량은 약 170억 톤에 이를 것으로 추정되고 있다. 북부의 엘세레혼(El Cerrejon) 탄광은 세계에서 가장 큰 노천탄광으로 이곳에는 약 39억 톤의 석탄이 매장되어 있다. 콜롬비아의 석탄은 유황성분이 적고 연소 시 연기가 적게 나며 휘발성이 높다는 특징을 가지고 있다. 콜롬비아가 생산하는 대부분의 석탄은 연료나 제련용으로 사용되는 무연탄과 역청탄으로, 이는 콜롬비아 석탄 생산과 수출의 약 97%를 차지한다. 콜롬비아의 무연탄과 역청탄 매장량은 약 63억 톤으로 생산량에서 세계

9위에 해당된다.

콜롬비아의 2009년 석탄 생산량은 약 7300만 톤으로 전 세계 국가 가운데 13위를 차지했다. 석탄의 주요 매장지는 카리브 해에 인접하고 베네수엘라 국경과 마주한 과히라 주의 바란카스(Barrancas)와 세사르 주의 이비리코(Ibirico)이다. 이들 지역에서의 생산량은 전체 석탄 생산의 약 92%를 차지한다. 대규모의 석탄광산은 주로 카리브해 연안 지역에 위치하며 대부분 연료탄을 생산한다. 반면 소규모 광산은 안데스 지역에 위치하고 주로 제련용 석탄을 생산한다.

석탄 생산량은 최근 10년간 연평균 약 8%의 속도로 지속적으로 성장하고 있다. 2001년 생산량은 약 4400만 톤이었으나, 2009년에는 약 7300만 톤으로 1.7배 가까이 증가했다. 현재의 속도로 생산을 지속할 경우 가채년수는 약 92년으로 추산된다.

2009년 석탄 생산은 약 1조 9000억 페소로 전체 광물 생산의 약 43%를 차지했다. 광물 GDP에서 석탄이 차지하는 비중은 2000년 41.4%였으나, 2009년도에는 43.4%로 증가했다. 2010년 기준으로 대서양 연안 구아히라와 세사르 주의 생산이 전체 생산의 90.4%를 차지했고, 나머지 10%는 내륙지방에서 생산되었다. 또한 생산된 석탄 가운데 약 92%는 해외로 수출되었다.

주요 석탄 생산기업은 세레혼(Cerrejon), 드루몬드(Drummond), 글렌코어(Glencore) 등으로, 이들은 생산한 석탄을 기업 소유의 철도와 항구를 통해 수출한다. 세레혼은 BHP 빌리톤(BHP Billiton), 앵글로 아메리칸(Anglo American), 엑스트라타(Xstrata)가 각각 33.3%씩 지분을 투자한 기업으로 연간 생산량이 약 3100만 톤에 달한다. 드루몬드의 연간 생산량은 2100만 톤, 글렌코어의 연간 생산량은 1100만 톤으로 조사되었다.

콜롬비아의 석탄 수출은 1990년대 중반 이후 급격한 증가 추세에 있다. 1990년 약 1480톤에 불과했던 수출물량이 2010년에는 6815톤으로, 지난 20년간 약 4.6배 가까이 성장했다. 특히 2000년대 들어 중국과 인도를 비롯한 신흥국의 성장과 이에 따른 원자재 수요 증가로 국제 석탄 가격이 상승하면서 석탄 개발과 수출 수요가 크게 증가했다. 콜롬비아에서 생산된 석탄의 약 95%가 수출되며, 주요 수출국은 미국, 유럽, 중국이다. 특히 미국으로의 수출이 전체 수출의 약 70%를 차지한다.

2004~2010년 사이 석탄 수출가격(FOB)은 평균 약 160% 상승했는데, 특히 철강산업의 원료로 사용되는 원료탄(Carbon Metalurgico)의 가격은 277%, 코크스의 가격은 162%나 높아졌다.

광업은 콜롬비아가 외국인투자를 가장 많이 유치하는 분야이다. 특히 광업 분야 외국인투자는 지난 10년간 비약적으로 증가했다. 2001년 전체 외국인직접투자 가운데 광업이 차지하는 비중은 23.4%였으나, 2010년에는 약 73%로 급증했다. 광업 분야 외국인투자 중에서 가장 큰 비중을 차지하는 것은 석유 개발이고, 석탄은 그 다음으로 선호되는 산업이다. 석탄 개발에 유입된 2010년의 외국인직접투자액은 약 17억 5000만 달러로 전체 투자액의 26%를 차지했다.

콜롬비아의 석탄 개발에는 유럽, 중남미, 호주 등 다양한 국가의 다국적기업이 진출해 있다. 콜롬비아 기업 중에서는 카르보네스 델 카리베(Carbones Del Caribe s.a.)와 카르본(Carbón s.a.)이 가장 규모가 크다. 다국적 기업으로는 스위스의 글렌코어 AG(Glencore AG), 호주의 BHP 빌리톤(BHP Billiton Inc.), 영국의 앵글로 아메리칸(Anglo American plc)과 리오 틴토(Rio Tinto plc), 미국의 드루몬드(Drummond), 캐나다의 갤웨이 리소스(Galway Resources ltd.), 브라질의 보토란팀(Votorantim)과 발레 도 리우 도세(Vale Do Rio Doce) 등이 있다.

콜롬비아에서 석탄 수출이 가능한 주요 항구는 태평양 연안에 위치한 부에나벤투라(Buenaventura) 항과 카리브해 연안의 카르타헤나(Cartagena), 산타마르타(Santa Marta), 바란키아(Baranquilla) 항구 등이다. 그러나 도로 인프라가 열악하여 내륙에서 생산된 석탄을 항구로 이동시키는 과정에서 운송비가 많이 든다. 특히 효율적인 물류 시스템이 부족하여 소규모의 석탄 생산기업은 수출항구로 석탄을 수송하는 데 어려움을 겪고 있다. 콜롬비아 정부는 2010~2020년 동안 석탄 생산량을 2배로 증대시킨다는 목표를 세웠다. 그러나 석탄 생산을 늘리고 수출을 확대하기 위해서는 효율적인 운송 시스템 구축이 선행되어야 한다. 따라서 콜롬비아 정부는 태평양 연안에 새로운 항구를 건설하고 기존 항구를 확장하며, 내륙과 항만을 연결하는 철도를 건설하여 운송 시스템을 효율적으로 발전시키는 방안을 검토 중이다.

(2) 금속 및 비금속 광물

콜롬비아에는 에메랄드, 금, 은, 백금 등의 귀금속 광물과 구리, 철, 니켈 등의 금속 광물, 그리고 소금, 황, 석회석 등의 비금속 광물이 풍부하게 매장되어 있다.

지역에 따라 매장된 광물에 차이가 있다. 태평양과 인접한 콜롬비아 북서부의 안티오키아, 초코(Choco), 칼다스 주는 금과 은의 주요 매장지역이다. 콜롬비아에서 생산되는 백금의 약 99%는 초코 주에서 생산된다. 에콰도르와의 국경에 있는 나리뇨와 푸투마요 주, 그리고 카우카 강(Rio Cauca)에 인접한 우일라, 톨리마, 카우카, 바예델카우카 등의 주에는 금과 은 외에도 니켈, 구리, 망간, 납, 아연, 티타늄 등의 광물이 매장되어 있다.

2010년 기준 초코 주의 금 생산량은 24.5톤으로 전체 주 가운데서 가장 높은 물량을 기록했다. 그 다음으로 금 생산량이 많은 지역은

18.9톤을 생산한 안티오키아 주와 5.8톤을 생산한 볼리바르 주 등이다. 위 세 개 주에서 생산된 금은 약 49톤으로 2010년 콜롬비아 전체 금 생산의 약 92%를 차지했다.

은의 주요 생산지도 금의 생산지역과 유사하다. 2010년 안티오키아 주의 은 생산량은 약 8.8톤으로 가장 많은 물량을 기록했고, 초코 주가 3.6톤, 칼다스 주가 1.9톤을 각각 생산했다. 이 세 개 주에서 생산된 은은 콜롬비아 전체 은 생산량의 약 94%를 차지한다.

금이나 은과 달리 백금의 생산은 초코 주에 집중되어 있다. 2010년 콜롬비아의 전체 백금 생산은 997.5kg이었고, 이 중 약 99%인 991kg이 초코 주에서 생산되었다.

전 세계에서 에메랄드를 생산하는 국가는 콜롬비아, 브라질, 잠비아, 짐바브웨, 파키스탄, 마다가스카르 등 일부에 지나지 않는다. 이 중 콜롬비아의 생산량이 가장 많은데 전 세계 에메랄드의 약 55%를 생산하고 있다. 그 외에 브라질(15%), 잠비아(12%), 짐바브웨(5%), 파키스탄(5%) 등이 주요 생산국이다.

콜롬비아에서 에메랄드가 주로 생산되는 지역은 중부 내륙에 위치한 보야카 주다. 콜롬비아의 에메랄드는 강도가 높고 광택이 좋으며 투명도가 높아 세계에서 가장 우수한 품질을 인정받고 있다. 특히 콜롬비아산은 전 세계 에메랄드 중에서 가장 크기가 크다는 특징을 가지고 있다. 일례로 브라질의 에메랄드는 2~3캐럿이 일반적인 데 반해, 콜롬비아산은 40~50캐럿까지도 생산되고, 때로는 200캐럿이 발견되기도 한다.

콜롬비아의 연간 에메랄드 생산은 2010년 약 523만 캐럿에 달했다. 2004년에는 최고 983만 캐럿까지 생산했으나, 이후 생산량이 잠시 감소하다 2007년 이후 다시 증가하고 있다. 콜롬비아에서 생산된 대부분의 에메랄드는 일본(50%), 미국(25%), 프랑스를 비롯한 유럽(12%), 이스라엘(6%) 등으로 수출된다.

광물청(INGEOMINAS)은 콜롬비아의 광물자원 잠재 매장지역 지도를 작성했다. 광물청에 따르면 안데스 산맥이 지나는 서부 지역과 동부의 아마존 지역이 광물의 잠재 매장지역이다.

페로니켈과 금을 비롯한 콜롬비아의 광물 수출은 지속적으로 증가하는 추세이다. 특히 2000년대 중반 이후 급등한 국제 광물 가격이 콜롬비아의 수출 증가에 기여했다.

콜롬비아 기업 외에 많은 수의 다국적기업이 광물 탐사와 생산에 진출했다. 캐나다, 남아공, 미국, 영국 등의 기업은 금 생산에 주로 투자 진출했고, 콜롬비아 기업은 금을 비롯하여 석회암, 소금 등의 비금속 광물 생산 부문에서 활동하고 있다.

2001년 외국인투자에서 광업이 차지하는 비중은 23.4%였으나 2010년에는 72.7%로 증가했다. 특히 금속 광물에 대한 투자는 2001년 70만 달러에 불과했으나 2010년에는 약 6억 달러로 급증했다.

4) 향후 발전 잠재력 및 전망

콜롬비아의 2009년 석탄 생산량은 약 7281만 톤이었고, 2010년 생산량은 약 8000만 톤으로 예상된다. 콜롬비아 정부는 향후 10년간 석탄 생산량을 현재보다 2배로 늘려 2020년에는 1억 6000만 톤 생산을 달성할 계획이다. 그리고 이 계획을 실현하기 위해서는 약 68억 달러의 투자가 필요하다고 언급했다. 콜롬비아의 석탄 생산량은 최근 10년간 연평균 약 8%의 성장세를 유지했다. 현재 추정되는 석탄 매장량은 약 70억 톤이며, 현재의 속도로 생산할 경우 가채년수는 약 92년으로 추산된다.

현재 콜롬비아 국내 항구에서는 약 8000만 톤의 석탄이 처리되고 있다. 그러나 최근의 석탄 생산 증가에 부응하고 아시아시장으로의 수출을 확대하기 위해서는 석탄 수송 인프라의 확대가 불가피하다. 정부는 2019년까지 수출항구의 석탄 처리용량을 1억 5000만 톤으로 높일 계획이다. 이를 위해서는 철도의 신설과 보수, 확장, 그리고 주요 항구의 확장과 새로운 항구 건설이 필요하다. 따라서 정부는 광업 수송 인프라 투자에 민간기업의 참여를 장려하고 있다.

3. 교통 인프라

1) 개황

경제가 발전하는 데는 노동력, 자본, 기술 축적 등의 여러 요소가 필요하다. 그중에서도 교통 인프라는 경제활동에 투입되는 요소들의 생산력을 높이는 중요한 역할을 한다. 그러나 낙후된 교통 인프라는 콜롬비아를 비롯한 많은 중남미 국가들의 발전을 가로막는 장애물이 되고 있다. 비효율적이고 부족한 교통 인프라는 물류 이동의 효율성을 떨어뜨려 생산물의 원활한 수송과 무역을 저해한다. 세계경제포럼 (World Economic Forum)이 발간한 『세계 경쟁력 보고서 2010~2011(Global Competitiveness Report 2010~2011)』에는 각국의 교통 인프라 수준을 지수로 나타냈다. 전 세계 국가 가운데 가장 발전된 교통 인프라를 가진 곳은 홍콩으로 지수는 6.69였다. 한국의 교통 인프라는 18위로 5.73을 기록했다. 반면 중남미 평균은 3.48로 한국과 격차가 크게 벌어졌다. 특히 콜롬비아는 중남미 평균보다도 낮은 2.94를 기록하여 전체 순위로는 101위를 차지했다.

부족한 교통 인프라는 수출입 비용을 높여 상품의 교역에도 부정적인 영향을 미친다. 세계은행에서 발간한『세계 각국의 비즈니스 환경에 관한 보고서(Doing Business 2011)』에 의하면 컨테이너 1개당 운송비용으로 측정한 콜롬비아의 수출 비용은 2270달러로 OECD 평균인 1032달러보다 2배 이상 높고, 중남미 평균인 1257달러보다도 1.8배나 높다. 같은 방법으로 측정한 수입 비용은 2830달러로 이는 OECD 평균인 1085달러의 약 2.6배이고, 중남미 평균인 1546달러의 약 1.8배에 달한다.

2) 주요 정책

(1) 인프라 개선 계획

2010년 8월 취임한 산토스 신정부는 같은 해 11월 향후 4년간(2010년 8월~2014년 8월) 추진할 투자계획의 청사진을 담은 '국가개발계획 2010~ 2014(Plan Nacional de Desarrollo 2010~2014)'를 발표했다. 이 계획은 약 300조 원에 달하는 각 부문별 투자계획을 담고 있다. 여기에는 민자도로 건설, 민자철도망 운영, 대중교통 통합 시스템 운영 등 교통 인프라 개선 프로젝트도 포함되어 있다. 낙후되고 노화된 교통 시스템은 콜롬비아의 발전을 저해하는 주요 요인 중 하나로 지목되어왔으며, 국가의 발전을 위해서는 교통 인프라 선진화가 선행되어야 한다는 공감대 아래 다양한 교통 인프라 개선 프로젝트가 계획되었다. 교통 인프라의 경쟁력 향상을 위해 2차선 이상의 민자도로를 현재 884km에서 2014년에는 1834km까지 늘릴 계획이다. 민자철도망은 현재 906km에서 1만 1154km로 확대하고, 교통, 통신, 광업에너지 인프라에 1154조 페소를 투자할 계획이다. 인구 60만 명 이상의 도시에는 대중교통 통합 시스템

(Sistema Integrado de Transporte Masivo: SITM)을 적용할 계획이다. 현재 대중교통 통합 시스템이 운영 중인 도시는 5개이나 2014년에는 15개, 2019년에는 20개로 확대할 것이다.

(2) 교통 인프라 관련 정부기관

콜롬비아의 교통 인프라는 도로, 철도, 해양, 하천, 항공 등으로 구성된다. 교통부(Ministerio de Transporte)가 교통 운송과 관련 인프라에 관한 정책을 계획하고 규제의 수립을 담당한다. 한편 국가기획처(Departamento Nacional de Planeacion: DNP)는 교통 인프라가 경제발전에 기여하는 바를 검토하고 인프라 개발을 기획한다. 경제사회정책이사회(Consejo Nacional de Política Económica y Social: CONPES)는 주요 프로젝트의 사업 시행에 관한 최종 승인을 담당하고, 항구·운송감독청(Superintendencia de Puertos y Transporte)은 사업 시행에 대해 감독과 규제 기능을 맡는다. 또한 통행료, 유료(油料), 통과료 등의 운송 관련 가격에 대한 규제는 운송규제위원회(Comision de Regulacion de Transporte)가 담당한다.

그리고 정부의 예산으로 추진되는 교통 인프라 프로젝트는 도로청(Instituto Nacional de Vias: INVIAS)이, 민자유치 프로젝트는 민자사업허가청(Instituto Nacional de Concesiones: INCO)[1]이 담당한다.

(3) 양허계약

교통 인프라를 건설하기 위해 필요한 사업자와 콜롬비아 정부 간의 계약 종류는 1993년에 제정된 법률 제80호에 정의되어 있다. 사업자와

---

1) 2011월 11월 4일부터 민자사업허가청(INCO)이 인프라청(Agencia Nacional de Infraestructura)로 변경됨.

정부 간에 체결할 수 있는 계약은 공사계약(contrato de obra), 컨설팅계약 (contrato de consultoría), 서비스제공계약(contrato de prestación de servicio), 양허계약(contrato de concesión), 신탁위임 및 공공신탁(encargos fiduciarios y fiducia pública)의 다섯 가지이다.

특히 인프라 공사를 위한 양허계약(contratación para obras de infraestructura mediante concesiones)은 1993년에 제정된 법률 제105호(교통 부문)와 법률 제143호(에너지 부문)에 규정되어 있다.

이 법률에 따르면 양허계약 시 개발권자는 인프라 공사로 피해를 입는 제3자에 대해 피해 보상(daños y perjuicios)의 책임이 있다. 또한 부과금(tarifa), 요금(tasa), 보상금(valorización)과 각각의 지급방식이 규정 되어 있다. 부과금은 인프라의 건설·유지·보수를 위해 공사가 시행되는 지역의 주민이나 부동산 또는 동산 소유주에게 부과하는데 금액은 사업 시행자가 임의로 결정한다. 부과금의 예로는 배수구 건설 및 유지 비용, 도시미화공사 비용, 시내도로 개선비용 등이 있다. 요금은 통행요금과 출입요금 등 서비스 이용에 부과하는 금액이다. 보상금은 신규로 건설 된 도로, 항구, 공항 등의 소유권자인 정부나 지차체가 공사 시행이나 서비스의 대가로 사업시행자에게 지불하는 금액이다(주콜롬비아 대한민 국대사관, 2010: 16).

법률 제80호의 제19조와 제32조는 공공사업양허계약(contrato de concesión de obra pública)을 ① 공공사업(obra pública), ② 공공서비스(servicios públicas), ③ 국가재산(bienes del estado)의 세 가지 종류로 구분하고 있다. 공공사업계약(contrato de obra pública)은 공사 이행과 보상 지불로 계약이 종료되지만, 공공사업양허계약은 공사가 완료된 후에도 인프라 운영에 관한 계약이 지속된다는 점에서 공공사업계약과 구별된다. 운송 인프라 에 관한 양허계약은 1993년도에 제정된 법률 제105호에 규정되어 있다.

이 법률 제30조에 따르면 민간 컨소시엄은 통행료나 보상금을 통해 투자자금을 회수할 수 있다. 또한 투자 회수방식은 계약서에 반드시 명시되어 있어야 하고, 사업시행자의 동의 없이는 변경이 불가능하다 (주콜롬비아 대한민국대사관, 2010: 17).

(4) 자금조달 및 회수 형태

공공 인프라 건설의 자금을 조달하는 방안에는 민간자금조달 양허 프로젝트, 사업시행자의 선 자금조달과 정부의 대금지불방식 프로젝트, 혼합형 양허 프로젝트가 있다. 민간자금조달 양허 프로젝트에서 사업시행자는 프로젝트에 필요한 자금 전체를 자체 조달하여 인프라를 건설하고 유지 및 보수와 운영을 담당한다. 투자금액은 운영권을 위임받아 일정 기간 통행료를 받는 방식을 통해 회수한다. 콜롬비아 전체 인프라 건설의 약 80%가 민간이 자금을 조달하고 요금을 징수해 자금을 회수하는 방식으로 건설되었다. 민간자금조달 양허 방식보다 큰 공사의 경우에는 요금 징수로 투자금을 회수하는 것이 어려울 수 있다. 이 경우 정부가 공사 단계별로 공사대금을 지불하는 방식으로 공사를 추진한다. 그러나 이러한 방식의 공사는 최근 보고된 사례가 없다. 마지막으로 위의 두 가지 형태를 결합한 혼합형 양허 프로젝트가 있다. 이때 투자자금의 일부는 인프라 운영 시 부과되는 요금을 통해 회수하고, 일부는 정부가 사업자에게 지불한다. 태양의 길 고속도로(Autopista Ruta del Sol)와 아메리카 고속도로(Autopista de las Américas) 건설 프로젝트에 혼합형 방식이 사용되었다. 현재 콜롬비아 전체 인프라 건설 프로젝트의 약 19%가 혼합형 방식으로 건설되고 있다(주콜롬비아 대한민국대사관, 2010: 19).

3) 세부 산업 동향

(1) 도로

콜롬비아 도로청(INVIAS)에 따르면 콜롬비아 전체 도로의 길이는 약 13만km에 이르고, 이 중 콜롬비아 전국을 횡단하는 장거리 고속도로인 1급 도로는 총 1만 6979km이다. 이 중 1만 3579km는 도로청이 운영하고, 나머지 약 3400km는 민자사업허가청(INCO)을 통해 운영권을 얻은 컨소시엄 회사가 운영한다. 2급과 3급 도로의 총 길이는 약 11만 2699km로, 각 주정부(Departamentos), 시(Municipios), 도로청, 민간회사 등이 운영한다.

콜롬비아 정부는 1994년부터 2급과 3급 지방도로의 관리권한을 해당 지역의 주정부에 위임하고 있다. 이 정책의 실시로 지방도로의 관할권이 점진적으로 지방에 이전되었고, 현재 2급과 3급 도로 가운데 24.5%인 약 2만 7577km만이 도로청의 관할하에 있다. 그러나 정부 예산의 부족으로 나머지 도로의 관할권 이전작업은 지속되지 못하고 있는 상태이다. 또한 지난 몇 년간 신규 지방도로 건설에 대한 투자도 크게 이루어지지 못했다. 부족한 예산하에서 신규 도로 건설보다는 기존 도로의 유지·보수·개량에 우선순위가 주어졌기 때문이다.

도로청이 운영하는 1만 3579km의 1급 도로 가운데 포장된 도로는 1만 370km로 약 76.4%를 차지하고, 비포장도로는 3189km로 약 23.5%에 이른다. 도로 상태를 최상·상·중·하·최하의 5단계로 구분했을 때, 대부분의 도로가 상·중·하 범위에 포함되었다. 이 중에서 상으로 평가받은 도로는 6076km로 전체의 44.7%를 차지했고, 중은 4543km(33.5%), 하는 2960km(21.8%)로, 보수공사가 필요한 도로의 비중이 높음을 알 수 있다.

중앙정부와 지방정부의 예산 부족으로 인해 콜롬비아는 전반적으로 도로의 유지와 보수 상태가 열악하고, 특히 지방도시를 연결하는 2급과 3급 도로에 대한 투자가 부족하다. 그러나 최근에는 도로 건설과 유지·보수 공사에 대한 공공투자 비중이 증가하고 있어 최근 4년간(2006~2010년) 약 5100km의 도로가 포장되는 성과를 이루었다.

정부는 '플랜 2500(PLAN 2500)'이라는 지방 발전을 위한 도로 인프라 개선 프로젝트를 실시했다. 이 프로그램은 1·2·3급 도로 가운데 비포장 도로 3125km를 포장하는 것을 목표로 설정했다. 사업 대상 도로는 교통부, 국가기획처, 지방정부 등이 참여하여 선정했다. 2009년 말 기준으로 약 2300km가 포장되어 목표치의 약 73%가 달성된 상태이다.

도로는 주요 화물운송수단으로, 전체 화물의 약 80%가 도로를 통해 수송된다. 2009년도에 도로를 통해 운송된 화물은 약 1억 7700만 톤이었다. 그러나 열악한 도로 사정으로 인해 도로가 효율적인 운송수단으로 충분히 활용되지 못하고 있다.

도로를 이용하는 여객 수는 2000년대 중반 눈에 띄게 증가했으나, 2000년대 후반에는 다소 주춤하는 추세이다. 여객운송이 정체된 데는 항공료 인하로 인한 항공 이용의 상대적인 증가가 일조한 것으로 해석된다.

콜롬비아 정부는 국가의 경쟁력을 향상시키고 지방 간 연계성을 강화하기 위해 다양한 도로 건설 및 개선 프로젝트를 실시하고 있다. 그러나 정부 예산으로 실시되는 도로청 발주 사업은 비중이 적고, 대부분의 대규모 사업은 민자사업허가청이 발주하는 양허사업으로 진행된다.

정부가 발표한 '국가개발계획 2010~2014'에 따라 국내 산업의 경쟁력을 높이고 생산성을 향상시키기 위해 대규모의 도로 인프라 개발 사업이 시행될 계획이다. 민자사업허가청(INCO)은 5000km 이상의 도로를 민관협력(Public Private Partnership: PPP) 사업을 통해 건설할 계획이다. 민자사업허가청은 도로의 건설뿐 아니라 타당성 조사, 자문, 금융 조달 등에서 국내 기업뿐 아니라 해외 기업의 참여를 기대하고 있다. 2011년 9월 현재 민자사업으로 진행되고 있는 도로 건설 사업은 총 25개로, 전체 5800km 구간에 달한다. 이 중 건설이 완료된 구간은 875km이며, 670km가 사용 중이다. 이 사업에는 브라질과 스페인 등의 외국 기업도 참여하고 있다.

2012~2013년 사이에는 6000km 이상의 도로가 민자사업으로 건설될 계획이다. 이 사업의 타당성 조사와 설계는 2012년 상반기에 완료되어, 같은 해 중순에 입찰이 실시될 계획이다. 사업은 신규 도로 건설, 기존 도로의 2차선화, 보수공사 등으로 구성된다.

국가 경쟁력을 높이기 위한 전략으로 다양한 노선의 고속도로가 민자 사업으로 건설되고 있다. 현재 진행 중인 프로젝트로는 태양의 길 고속 도로, 아메리카 고속도로, 산악 고속도로(Autopista de la Montaña), 야노 고속도로(Autopista al Llano)가 있다. 고속도로의 건설로 생산지와 시장 간의 연결성을 높이고, 콜롬비아의 물류 경쟁력을 강화할 계획이다. 이들 고속도로는 민자사업으로 건설되고 있다.

태양의 길 고속도로는 카리브해와 중부 내륙의 도시를 연결하는 약 1071km 구간으로 6개 주와 34개 시를 통과한다. 특히 이 도로는 바예두 파르(Valledupar), 부카라망가(Bucaramanga), 보고타, 메데인 등 콜롬비아 경제의 중심이 되는 도시를 통과하므로 지역경제 발전과 운송시간 단 축, 고용 창출 등 사회경제적으로 큰 파급효과를 가져올 것으로 기대된 다. 이 고속도로의 북부 구간은 세사르 주에서 생산되는 석탄을 수출하 는 주요 경로로 이용될 것이다.

아메리카 고속도로는 콜롬비아 북부의 연안 도시와 파나마, 그리고 베네수엘라를 연결하고, 중남부 지역을 관통하는 기존 양허된 도로와 연결될 계획이다. 이 프로젝트에는 930.5km의 도로 보수, 703.5km의 2차선 건설, 161km의 신규 도로 건설, 팔로 데 레트라스 - 카카리카(Palo de Letras-Cacarica) 구간을 연결하는 2개의 교량 건설 등이 포함되어 있다.

산악 고속도로는 중부 내륙의 산악지대를 통과하여 약 900km 구간에 걸쳐 건설된다. 이 고속도로는 서부터널 - 엘티그레(Tunel de Occidente-El Tigre) 구간, 아티요 - 카우카시아(Hatillo-Caucasia) 구간, 베요 - 푸에르토 베리오(Bello-Puerto Berrío) 구간, 안콘 - 트레스푸에르타스(Ancón-Tres Puertas) 구간의 4개 구간으로 구성된다. 전체 도로 건설에는 약 15년이 소요될 것으로 예상되며, 험악한 지형 특성상 131개의 터널과 606개의 교량이 건설될 계획이다.

야노 고속도로는 동부 평원(llano) 지역과 수도 보고타를 연결한다. 이 도로는 보고타에서 시작하여 메타(Meta) 주의 주도인 비야비센시오(Villavicencio)까지 연결되고, 동부 평원 지역을 연결하는 통로 역할을 할 것이다.

콜롬비아 주력 수출품을 원활하게 수출항으로 이동시키기 위해 정부는 2차선 도로를 건설할 계획이다. 이 사업에는 신규 도로 건설, 교량 건설, 터널 공사, 기존 도로의 보수 공사 등이 포함된다. 사업은 크게 부에나벤투라 항구 - 보고타 - 쿠쿠타, 동부 야노 지역 - 태평양, 서부횡단 도로, 막달레나 강 도로의 4개 구간으로 나뉜다. 전체 구간은 약 5200km에 이르고, 2014년까지 약 98억 달러가 이 사업에 투자될 계획이다.

(2) 철도

철도는 콜롬비아에서 활발히 활용되지 못하고 있다. 콜롬비아의 철도는 선로 사이의 간격이 국제 기준에 비해 짧은데, 이는 철도 발전을 저해하는 주요 원인이기도 하다. 또한 콜롬비아의 중부 지역은 산악지대로 지형이 험악하여 고속철을 개발하는 데에도 지형적인 한계가 있다.

콜롬비아의 철로 전체 길이는 3468km로 이 가운데 1991km는 양허계약으로 건설되어 컨소시엄 회사가 운영하고 있다. 그리고 1327km는 도로청이 운영하고, 나머지 150km는 민간 소유 철도이다. 민간회사가 운영하는 150km 구간은 세레혼 석탄 광산과 카리브해의 항만을 연결하는 철도이다. 세레혼 석탄광산은 콜롬비아 최대의 석탄광산이자 세계 최대의 노천 광산이다.

광업 다국적기업인 BHP 빌리톤, 앵글로 아메리칸, 엑스트라타가 합작투자로 세레혼 석탄(Carbones del Cerrejon)을 설립했다. 광산과 카리브해의 볼리바르 항구를 연결하는 민간철도는 세레혼 석탄의 소유이다.

콜롬비아의 주요 철도 노선으로는 대서양 철도(Red Atlantico), 태평양 철도(Red Pacifico), 세레혼 철도(Cerrejon) 등이 있다. 현재 운행되는 대부분의 철도는 2000년도에 민간에 양허되어 페노코(FENOCO)와 페로카릴 델 오에스테(Ferrocarril del Oeste) 등의 민간기업이 운영하고 있다. 콜롬비아 철도의 가장 큰 문제점은 오랜 기간 보수공사를 시행하지 않고, 운행을 하지 않아 시설이 매우 낙후되었다는 것이다. 이에 따라 일부 철도는 사용이 불가능한 상태이다. 도로청이 운영하는 철도의 대부분인 1322km는 비사용 구간이다.

현재 운행 중인 철도는 대부분 광업 생산물, 특히 석탄을 수출항으로 이동시키는 수단으로 이용된다. 2009년 철도로 운송한 화물은 5만 9398톤이었고, 이 중 99.6%인 5만 9144톤이 석탄이었다. 대서양 철도는 전체 길이 1493km로 카리브해의 항구도시인 산타마르타부터 중부 내륙의 보고타, 벨렌시토(Belencito) 등의 도시를 연결하고 있다. 철도의 북부에 위치한 치리구아나(Chiriguana) - 산타마르타 사이의 245km 구간은 석탄운송에 사용되는 노선이다. 이 중 192km 구간은 복선 철로를 건설 중으로 2010년 12월 기준 112km의 복선 구간이 완공되었다. 2002년 운송량은 1260만 톤에 불과했으나 2009년에는 2850만 톤으로 2배 이상 증가했다. 이 구간의 평균 운행 속도는 100km/h이고, 하루 평균 운송 화물량은 1만 1000톤으로 집계된다.

태평양 철도는 부에나벤투라 항구에서 내륙의 라펠리사(La Felisa)를 연결하는 458km의 구간과 내륙의 사르살(Zarzal)과 라테바이다(La Tebaida)를 연결하는 40km 구간으로 이루어져 있다. 전체 구간 중 북부 일부 지역을 제외한 378.579km 구간이 현재 운행 중이고, 나머지 112.182km 구간은 재건축 및 복구 작업 중이다.

콜롬비아 정부는 2014년까지 165km의 구간을 새로이 운행할 계획인데, 이 기간 동안 약 14억 달러가 투자될 것으로 전망된다. 구체적으로는 치리구아나에서 카리브해의 항구인 산타마르타까지 복선 철도를 건설하고, 중앙철도(Sistema Ferrovial Central)를 완공하여 운행하는 것이 목표이다. 또한 카라레(Carare) 철도와 태평양 항구와 중앙 내륙 지방을 연결하는 철도의 공사를 실시할 계획이다.

중앙철도는 내륙지방과 북부의 치리구아나를 연결하여 내륙 지방에서 생산된 상품을 카리브해의 수출항으로 운송한다. 이 중 일부는 대서양 철도의 일부 구간인데 양허계약으로 철도가 복구되었다. 정부는 중앙철도가 내륙의 톨리마 주와 우일라 주까지 연결되도록 양허계약으로 신규 구간을 건설할 계획이다.

카라레 철도(Tren del Carare)는 쿤디나마르카, 보야카, 산탄데르 주에서 생산된 석탄을 막달레나 강까지 운송하는 노선이다. 카라레 철도를 통해 막달레나 강까지 운송된 석탄은 카리브해의 항구에서 수출된다. 브라질은 이 프로젝트에 큰 관심을 가지고 있어 콜롬비아와 공동으로 사전 타당성조사를 실시했다.

현재 콜롬비아 전체 철도 중 양허된 구간은 태평양 철도와 대서양 철도의 일부 구간인 치리구아나 - 산타마르타 구간이다. 그리고 양허되어 운영 중인 철도의 전체 길이는 625km이고, 민자사업허가청의 관할 하에 복구작업이 진행되거나 운영되는 구간은 980km이다. 민자사업허가청은 중기 사업으로 치리구아나와 구아히라 주의 항구들을 연결하는 철도와 카라레 철도를 양허사업으로 건설할 계획이다.

(3) 하천

하천은 도로, 철도 등의 교통시설이 미치지 못하는 고립된 지역과 주요 도시 및 항구를 연결하는 대안적인 교통수단이다. 콜롬비아 정부는 하천의 범람을 관리하고 항구시설을 확장하여 운항 가능성을 높이며, 전체적인 수상 운송의 효율성을 높이는 데 노력을 기울이고 있다.

콜롬비아의 유역(cuenca)은 막달레나(Magdalena, 91%), 아트라토(Atrato, 7%), 오리노코(Orinoco, 2%), 아마소나스(Amazonas, 1%)의 4개로 구성된다. 4개의 유역에 위치한 강의 총 길이는 2만 4725km이다. 이 중 약 1만 1275km(45.6%)의 구간에서는 대형 선박의 항해가 가능하고, 1만 8222km(73.7%) 구간에서는 소형 선박까지만 항해할 수 있다.

막달레나 유역은 최대 물량을 운송하는, 콜롬비아에서 가장 중요한 수상운송 경로이다. 막달레나 강 주변에는 약 2800만 명 이상의 주민이 거주한다. 막달레나 강은 보고타, 메데인, 칼리, 부카라망가 등의 주요 도시를 포함하여 726개의 도시와 18개의 주를 통과하는데, 이 지역의 경제력은 콜롬비아 전체 국내총생산의 85%를 차지한다. 특히 콜롬비아는 안데스 산맥이 국토를 관통하므로 각 도시 간 육로 접근성이 떨어지는데, 막달레나 강은 도시 간을 연결하는 대안적인 운송수단이 되고 있다.

2009년 약 745만 명의 인원이 하천을 운송수단으로 이용했다. 여객 운송이 가장 많은 강은 시누(Sinu) 강으로 2009년 여객 수는 321만 명이었고, 막달레나 강으로는 254만 명이 이동했다. 2009년 하천을 통한 화물운송량은 약 449만 톤으로 기록되었다. 이 중 막달레나 강이 전체 화물의 37.6%인 169만 톤을 운송했고, 레온(Leon) 강이 38%인 172만 톤을 운송했다. 막달레나 강은 ACP, 납사, 석유, 석유화학제품, 시멘트, 광물, 농산물 등을 주로 운송한다. 반면 레온 강은 바나나의 주요 운송 경로로 이용되고, 이 외에 수산물, 목재 등도 운반한다.

콜롬비아 정부는 2014년까지 막달레나 강의 운항성을 증가시키고, 메타(Meta) 강, 아트라토(Atrato) 강, 푸투마요(Putumayo) 강의 운항성 계획을 세우며, 디케 운하(Canal del Dique)의 운항성 문제와 라모하나(La Mojana) 지역의 하천 범람을 해결하고자 한다. 이를 위해 정부는 약 17억 달러를 투자할 계획이다. 이 투자를 통해 강을 이용한 화물운송을 연간 600만 톤 이상으로 증대시키는 것이 목표이다.

디케 운하는 카르타헤나 항구와 막달레나 강을 연결하고, 총 길이는 118km에 이른다. 막달레나 강의 끝에는 칼라마르(Calamar) 하천항(river port)이 위치해 있다. 카르타헤나 항구는 산타마르타 항구와 더불어 콜롬비아의 대표적인 항구이나, 과거에는 내륙의 막달레나 강과 연결되는 경로가 없었다. 디케 운하는 스페인 점령기인 1582년에 막달레나 강과 카르타헤나 항구를 연결하기 위해 건설되었다. 그러나 퇴적층이 증가하면서 디케 운하의 운항성이 떨어지는 문제점이 발생했다. 이에 정부는 퇴적층 관리, 수량 조절, 범람 관리, 운항성 개선 프로젝트를 실시할 계획이다.

정부는 우선순위를 두고 메타 강의 운항성을 증가시키기 위해 노력하고 있다. 메타 강은 메타(Meta), 아라우카(Arauca), 카사나레(Casanare), 비차다(Vichada) 주 등 사회적·경제적으로 낙후된 지역을 통과하고 있다. 따라서 메타 강의 운항성을 높이는 것은 이 지역과 콜롬비아 경제 중심지와의 연결성을 높이고, 수송비용을 줄이며 운송시간을 단축하여 지역경제 활성화에 기여하는 효과를 가져올 것이다.

라모하나는 마강게(Magangue), 티키시오(Tiquisio), 산루카스(San Lucas), 바르게(Barge), 코르도바(Cordoba), 수크레(Sucre) 등 콜롬비아의 북쪽 지역 일대를 지칭한다. 라모하나 지역은 카우카(Cauca) 강과 산호르헤(San Jorge) 강이 빈번하게 범람하여 수많은 재산과 인명 피해를 낳고 있어 하천 범람 문제의 해결이 시급한 지역이다.

(4) 항구

해상운송은 콜롬비아 수출입의 가장 중요한 운송수단으로 2009년 전체 대외무역의 96%인 1억 1600만 톤이 해상을 통해 운송되었다. 해상운송 물량은 연평균 6%씩 성장하고 있으며, 콜롬비아가 각국과 진행 중인 FTA 협정이 발효될 경우 연간 물동량은 12%씩 증가할 것으로 전망된다.

현재 콜롬비아에는 97개의 항구가 있고, 이 중 외국 선박의 운항이 가능한 항구는 9개이다. 국제 무역에 이용되는 주요 항구는 산타마르타, 바란키야, 카르타헤나, 부에나벤투라, 투마코(Tumaco) 등이 있다.

콜롬비아 해상운송 인프라에서 발생하는 가장 큰 문제는 항구 정체이다. 이 문제는 대부분의 주요 항구에서 나타나고 있다. 경제사회정책이사회(CONPES)는 2009년 9월 항구 정체 문제를 해결하기 위한 투자계획을 승인했다. 이 계획에는 항구로 연결되는 운하의 확장과 보수, 항구 확장, 항만설비 증대, 항만 이용료 최적화 등이 포함되어 있다. 정부는

2014년까지 주요 항구로 연결되는 운하의 수심을 깊게 하는 공사에 약 20억 달러를 투자할 계획이다. 또한 2014년까지 산타마르타, 바란키야, 카르타헤나, 부에나벤투라, 콘테카르(Contecar) 항구를 확장하고, 과히라, 시에나가(Cienaga), 바이아데부에나벤투라(Bahia de Buenaventura) 등의 지역에 신규 항구를 건설할 계획이다.

(5) 공항

2009년 기준으로 콜롬비아에는 총 590개의 공항과 착륙장이 있다. 이 중 70개는 국영기관인 항공청(Aeronautica Civil) 소유이다. 항공청의 70개 공항 중에서 53개는 항공청이 직접 운영하고, 12개는 양허계약으로 민간에서 운영하며, 5개는 대여(comodato)하고 있다. 또한 총 590개 공항 중 167개는 지방자치단체의 소유로 이 중 5개는 항공청이 운영하고, 나머지는 주정부나 시에서 운영한다. 지방 소유의 공항 중 정기적으로 운영하는 공항은 전체의 8%에 불과하다. 즉, 나머지 92% 공항은 특정 목적에 의해서만 간헐적으로 이용된다.

2009년 콜롬비아 공항의 이용 승객 수는 약 1000만 명으로 2008년에 비해 13.05%나 증가했다. 같은 기간 전 세계의 항공이용 승객 수 증가율이 1.8%, 중남미가 1.9%인 것과 비교하면 콜롬비아의 항공이용 증가는 괄목할 만하다. 항공이용 승객 수는 지속적으로 증가 추세인데, 이는 화물운송 증가와 함께 콜롬비아의 높은 공항 개발 수요를 반영한다. 콜롬비아는 물리적인 공항 인프라뿐 아니라 공항 서비스의 개선도 시급하다. 주요 도시에 위치한 공항 대부분이 국제공항 기준을 만족시키지 못하기 때문이다. 국가기획처(DNP)의 보고서에 의하면 주요 도시의 공항 가운데 적정한 수준의 서비스를 제공하는 공항은 15%에 불과하다.

현재 콜롬비아 제일의 공항인 보고타의 엘도라도 공항은 늘어나는 국내 및 국외 승객으로 인해 증설공사가 불가피하여 공항터미널 현대화와 증축공사를 실시하고 있다. 2011년 7월 시점으로 전체 공사의 60%가 완성되었고, 2012년 7월 완공을 목표로 하고 있다. 엘도라도 공항 증축 외에도 정부는 2014년까지 약 10억 달러 규모로 공항 신축과 증설 공사를 시행할 계획이다.

(6) 도시 대중교통

콜롬비아 정부는 정책적으로 대도시와 중소도시에 대중교통 도입을 추진하고 있다. 인구 60만 명 이상의 대도시에서는 중앙차선 굴절버스 시스템을 기본으로 하는 대중교통 통합 시스템(SITM)을 도입할 계획이다. SITM은 중앙차선 굴절버스 시스템을 기반으로 하기에 버스전용차선, 정류장, 차고지와 같은 특정 인프라 건설을 필요로 한다. 또한 중앙차선 굴절버스, 버스, 지하철 등의 대중교통 수단 간 연계가 이루어지도록 환승역을 연결하고, 통합된 요금징수 시스템을 적용할 것이다. 2011년 11월 현재 5개 도시에서 SITM이 운영 중이고 2개 도시에서 건설 중이다. SITM을 도입하면서 394km에 이르는 중앙차선 굴절버스 전용차로 및 굴절버스와 일반버스 공용차로를 건설했고, 이로써 2010년도에는 5만 5000명의 일자리를 창출했다. SITM을 이용하는 승객의 수는 하루 평균 200만 명을 넘는다.

반면 인구 25만~50만 명의 중소도시에서는 전략적 대중교통 시스템(Sistema Estratégicos de Transporte Publico: SETP) 사업을 추진하고 있다. SETP는 일반버스를 중심으로 대중교통수단의 보급을 확대하는 정책이다. 따라서 SITM처럼 굴절버스 전용도로와 같은 특정 인프라를 필요로 하지 않는다. SETP 사업에서는 일반버스에 자동 요금징수 장비를 장착하여 운행하고, 버스노선 재조정, 환승역 구축, 도로 정비, 친환경과 고성능 차량 도입, 중앙교통정보 및 통제 센터 구축, 도로 및 정류장 인프라 구축 등이 실시된다.

정부는 아르메니아(Armenia), 파스토(Pasto), 마니살레스(Manizales) 등을 포함한 12개 중소도시에서 SETP를 우선적으로 추진하고 있고, 향후 다른 도시로 확대 적용할 계획이다.

콜롬비아의 대중교통 시스템 도입은 주요 도시인 보고타와 메데인에서 시작되었다. 수도인 보고타는 지하철이 건설되지 않아 교통체증이 심각했으나, 2000년부터 중앙차선 굴절버스 시스템인 트란스밀레니오(Transmilenio)를 운영하여 체증을 다소 완화했다. 보고타 시의 트란스밀레니오는 2000년도에 첫 번째 노선이 완공되었다.

트란스밀레니오 사업은 2015년까지 총 350km의 버스전용차로를 설치할 계획이고, 버스전용차로의 기종점에는 지선버스를 설치하여 효율적인 버스 운영체계를 구축할 것이다. 현재는 프로젝트의 세 번째 단계에 도달했고, 노선 확장과 정비 공사가 진행 중이다. 보고타 시의 대중교통은 버스와 미니버스가 주를 이루고, 이들은 공기업과 민간기업이 운영한다.

콜롬비아 제2의 도시인 메데인은 1995년부터 메데인 지하철(Metro de Medellin)을 운행하고 있다. 이 지하철은 인근 도시인 이타귀(Itagui), 엔비가도(Envigado), 베요(Bello) 등을 연결한다.

2004년도에는 케이블카인 메트로카블레(Metrocable)를 도입하여 메데인 시 주변 고지대에 위치한 빈민촌을 메데인 지하철과 연결하고 있다. 중앙차선 굴절버스 시스템인 메트로플러스(Metroplus)는 현재 완공되어 2011년 12월 개통될 계획이다. 메데인 시는 경전철(Transvia) 건설을 계획 중인데 2015년 완공을 목표하고 있다. 또한 2개의 케이블카를 추가로 건설하여 도시 외곽 고지대에 거주하는 저소득층을 위한 교통 편의를 꾀할 계획이다. 메데인 시는 중앙차선 굴절버스 시스템인 메트로플러스, 경전철 트란스비아(Transvia), 케이블카 메트로카블레, 지하철 메트로(Metro) 간의 연계성을 높이고, 이들 교통 시스템을 주변 도시와 연결할 계획이다.

현재 세계적으로 인구 700만 명이 넘는 대도시 가운데 지하철이 도입되지 않은 도시는 보고타를 포함해 5개 도시에 불과하다. 보고타 시는 심각한 교통체증을 해결하기 위해 2000년도 트란스밀레니오를 도입하고, 차량 2.5부제를 실시하는 등의 해결책을 강구했으나, 근본적인 해결은 이루어지지 않았다. 보고타 시의 지하철 건설은 1942년 건설계획이 발표된 이후 지속적으로 보고타 시의 숙원사업으로 남아 있었다. 그러나 최근 산토스 정부가 보고타 시의 1호선 지하철 건설에 기술적·재정적 지원을 약속하면서 보고타 시의 지하철 건설 실행이 탄력을 받고 있다. 보고타 시는 지하철 1호선 건설에 총 20억 달러의 예산을 투입할 계획으로 기초 엔지니어링 조사에 1년~1년 반, 본 공사에 5년을 예상하고 있다. 따라서 보고타 지하철은 빠르면 2018년 개통될 것으로 전망된다.

보고타 시는 보고타 시와 주변 위성도시를 연결하는 친환경 근교 철도를 건설할 계획이다. 보고타 시 근교 철도는 아니피비오(Anifibio)라고 불리는 열차로 차체를 교체하고, 전기 열차를 운영하는 계획을 담고 있다.

콜롬비아 정부는 대중교통 시스템 도입을 통한 교통 효율성 제고와 함께 친환경 대중교통 프로젝트에도 박차를 가하고 있다. 보고타, 메데인, 칼리, 페레이라, 바란키야 등 대중교통 통합 시스템을 도입하는 도시는 새로 도입되는 버스에 배기가스 배출량을 억제하는 엔진을 장착하거나 환경오염을 최소화하는 철도노선을 설계하는 등 친환경 대중교통 프로젝트를 시행하고 있다. 카리브해에 위치한 바란키야 시는 2010

년 4월 중남미 최초로 배기가스 배출량을 감소시키는 유로-4 기준에 부합하는 엔진을 장착한 버스를 대중교통 통합 시스템에 도입했다. 또한 정부는 2010년 1월부터 수입하는 전 버스차량이 유로-4 이상의 기준에 부합하는 엔진을 장착하도록 의무화했다. 콜롬비아의 친환경 대중교통 통합 프로젝트는 중남미 지역에서 최초로 이루어지는 혁신적인 사업으로 지속 가능한 교통 시스템 도입에 대한 정부의 의지를 드러낸다.

4) 향후 발전 잠재력 및 전망

콜롬비아 정부는 낙후된 교통 인프라를 콜롬비아의 경제발전을 저해하는 가장 큰 장애물로 인식하고 있다. 따라서 정부는 교통 인프라 선진화의 필요성을 강조하면서 다양한 투자계획을 발표했다.

콜롬비아 정부는 향후 20년간의 교통 인프라 개선안과 투자계획을 마련했고, 단기 계획으로 2011~2014년 기간의 투자금액을 설정해 놓았다. 2011~2021년 동안 약 993억 페소(약 5116만 달러)를 교통 인프라 개선에 투자할 계획이고, 2011~2014년에는 318억 페소(약 1638만 달러)가 집행될 계획이다. 여러 부문 가운데 신규 도로 건설 및 개보수에 전체 예산의 약 56%인 559억 페소(약 2880만 달러)를 투자하고, 그 다음으로는 철도 건설에 211억 페소(약 1087만 달러)를, 도시 대중교통 개선에 141억 페소(약 726만 달러)를 집행할 계획이다.

콜롬비아의 북동부와 중앙 내륙 지역에는 석탄, 석유 등 주요 자원이 다량 매장되어 있으나 열악한 교통 인프라는 항만까지의 운송비를 높여 자원의 수출경쟁력을 약화시키고 있다. 따라서 정부는 내륙 운송 인프라 투자를 확대해 운송비를 낮춤으로써 이들 자원의 수출경쟁력을 높일 계획이다.

4. IT산업

1) 개황

콜롬비아 정부는 2010년에 총 12개의 산업 부문을 선정해 이들 산업의 경쟁력을 세계적으로 향상시키기 위한 생산성 전환 프로그램(Productive Transformation Program)을 실시했다.[2] 이 중 소프트웨어 및 IT 부문의 발전을 위해서 해당 부문의 인적자원 개발, 법 규제 개혁, 인프라 구축, 산업개발을 위한 세부 계획안을 마련해 추진하고 있다. 이 같은 정부의 노력에 힘입어 IT사업 환경, 관련 인프라, 인적자원, 법적 환경, R&D 환경 등이 개선되고 콜롬비아의 IT산업 국가 경쟁력이 크게 높아졌다. BSA(Business Software Alliance)에서 발표하는 IT산업 경쟁력 지수에 따르면 2009~2011년 기간 동안 콜롬비아는 인도, 칠레, 멕시코와 더불어 국가 경쟁력이 상승한 대표적인 국가로 평가된다. UN에서 발표한 2010년 전자정부준비지수(E-Government Development)에서도 콜롬비아는 2008년에 비해 21순위 상승하여 중남미 국가 중에서 가장 높은 순위를 기록했다. 콜롬비아 정부 포털 사이트에는 국민들이 부처별, 지역별로 서비스를 이용할 수 있도록 다양한 온라인 서비스가 마련되어 있다.[3]

---

[2] 콜롬비아 정부는 2009년에 8개의 산업 부문을 선정하고 2010년에 4개의 신규 분야를 추가했다. 12개 부문에 해당하는 사업으로 건강 서비스, 화장품 및 개인관리 물품, BPO 및 아웃소싱, 소프트웨어 및 IT, 그래픽 통신, 전기 에너지, 상품 및 서비스, 섬유, 의류, 디자인, 자동차부품, 초콜릿, 새우, 쇠고기, 식물성 오일이 있다.

[3] EIU에서 매년 발표하고 있는 '디지털 경제 순위(Digital Economy Ranking)'에서 콜롬비아는 10점 만점에 4.81점을 획득하여 세계 50위를 기록했다. 이는 정보통

콜롬비아의 IT시장은 중남미 시장 전체의 5.8%(36억 3000만 달러, 2009년)로 그 비중은 크지 않다. 그러나 순위로는 아르헨티나와 브라질에 이어 세 번째로 큰 IT시장이다. 2013년까지 연평균 9% 성장세가 전망되는 등 성장속도는 다른 중남미 국가를 능가한다. 또한 하드웨어, 소프트웨어, 컴퓨터 서비스, 통신 등 네 가지 분야의 시장 규모를 기준으로 한 GDP 대비 IT시장 규모는 중남미 국가 중 가장 크다. 이는 콜롬비아에서 IT에 대한 수요가 그만큼 높다는 사실을 입증하는 지표다.

하드웨어 시장은 전체 콜롬비아 IT시장의 49.2%, IT 서비스는 35.7%, 소프트웨어는 15.1%를 각각 차지한다. 다른 중남미 국가와 마찬가지로 소프트웨어 시장이 전체 IT시장에서 차지하는 비율은 상당히 낮은 편인 반면, 하드웨어 시장의 비중은 매우 높다. 특히 다른 중남미 국가들에 비해 IT 서비스 시장에 대한 투자가 많다는 점이 콜롬비아 IT시장의 특징이다.

2) 주요 정책

(1) 정보통신기술(ICT) 국가계획

콜롬비아 정부는 2008년에서 2010년까지 대중들의 정보통신기술 이용을 증대시키기 위해 '정보통신기술 국가계획(Plan Nacional de Tecno-

---

신기술을 흡수하고 사용할 수 있는 능력을 나타내며, 중남미 역내 국가 중에서는 6위에 해당하는 수준이다. 그뿐만 아니라 세계경제포럼(World Economic Forum)이 발행하는 '네트워크 준비지수(Networked Readiness Index: NRI)'에서는 138개국 중 58위를 차지했고, 중남미 국가 중에서는 7위를 차지했다. 이 네트워크 준비지수란 곧 콜롬비아의 개인과 기업, 정부의 정보통신기술 발전도와 경쟁력을 의미한다.

logía de la Información y Communicación: PNTIC)'을 추진했다. PNTIC는 지방자치단체와 일반 가정의 브로드밴드 접근율을 각각 70%와 40%로 끌어올리고, 초중등학교 학생의 브로드밴드 접근성을 2008년 19.8%에서 2010년 54.8%로 높이는 목표를 설정했다. 또한 정보통신기술 분야의 교육을 받은 교사 비율을 70%까지 높일 계획이다.

또한 콜롬비아는 지역 간 균등한 발전을 도모하고, 새로운 디지털 도시와 마을을 건설하기 위해 2008년부터 2011년까지 150억 페소를 투자하기로 결정했다. 이 프로그램의 주요 대상 지역은 20개 시(muni-cipio)와 6개의 주(departamento)이다. 특히 2011년에는 몬테라(Montera)와 바리차라(Barichara), 온카나(Oncana), 바예두파르(Valledupar) 시와 세사르(Cesar), 메타(Meta), 산탄데르(Santander) 주에 집중적인 투자가 이루어질 예정이다.

(2) 비베 디히탈 플란(Vive Digital Plan)

2010년 10월 콜롬비아 정부는 '비베 디히탈 ICT(Vive Digital ICT)'라는 새로운 ICT 정책을 발표했다. 이는 향후 4년간 콜롬비아의 IT 분야 발전을 이끌어갈 범국가적 정책이다. 이 계획은 인터넷 접근성 향상과 국내 디지털 인프라 구축안을 포함한다. 콜롬비아 정부는 계획 추진을 위해 대통령을 포함한 각 부처 장관과 민간 부문 대표자로 구성된 이사회를 구성했다.

콜롬비아 정부는 이 계획을 통해 첫째, 현재 27%에 그치고 있는 인터넷 이용가구 비중을 50%까지 늘리고, 중소기업의 비중을 현재의 7%에서 50%까지 늘린다는 계획이다. 둘째, 인터넷 접속 인구를 현재의 220만 명에서 880만 명까지 끌어올릴 계획이다. 셋째, '정보 고속도로'에 접속하는 지방자치단체의 수를 현재보다 세 배로 늘릴 계획이다.

콜롬비아 정부는 인프라, 서비스, 애플리케이션, 사용자라는 네 개의 큰 카테고리 내에서 세부 계획을 세워 이행 중에 있다. 특히 IT업체들은 노트북을 포함한 접속기기에 대한 관세를 폐지하거나 신용대출에 대한 접근성을 높이는 등의 서비스 부문 계획에 큰 관심을 갖고 있다. 애플리케이션 부문에서 정부는 '정부 내부 전산망(Intranet Gubernamental)'이나 온라인 '정부 접근 프로그램(la Urna de Cristal)'과 같은 계획을 포함한 세부 목표를 통해 온라인 사용 육성전략을 더욱 적극적으로 펼쳐나갈 계획이다. 정부가 IT 서비스의 주 사용자이면서 장려자가 되고 있는 셈이다.

(3) 기타 정책

2011년 2월 콜롬비아 정부는 인도 IT기업의 투자를 더욱 촉진시키기 위해 인센티브를 제공할 준비가 되어 있다고 발표한 바 있다. 중남미 지역 내 BPO 허브로 성장하는 목표를 세운 콜롬비아 정부는 인도 IT기업을 중요한 잠재적 파트너로 고려하고 있다. 콜롬비아 정부는 2011년 인도 IT기업으로부터 4000만~5000만 달러 규모의 투자유치를 기대하고 있다.

2011년 4월 콜롬비아 정부는 소프트웨어 기업을 대상으로 감세 혜택 (현행 11%에서 3.5%로 감세) 도입을 고려하고 있다고 발표했다.

3) 세부 산업 동향

(1) 하드웨어

콜롬비아의 하드웨어 시장은 최근 큰 폭의 성장을 거듭하고 있다. 2009년 PC 판매 규모는 2008년 대비 20% 증가했다. 금융위기 등의 여파에도 불구하고 2011년 콜롬비아의 PC 판매량은 11억 달러에 달할 전망이고, 그 규모는 2015년까지 17억 달러에 이를 것으로 보인다. 소매상의 PC 판매는 민간 소비가 증가하면서 2010년 크게 증가했다. 콜롬비아 통계청(DANE)에 따르면 민간 부문 PC 수요가 2010년 하반기에 급상승한 것으로 나타났다. 가정용 컴퓨터 판매량은 높은 소비 수요와 민간 소비 증가에 힘입어 2010년 9월에는 전년 동월 대비 60%, 같은 해 10월에는 50%가 증가했다.

콜롬비아의 PC 보급률은 2009년 중반 이미 12.8%에 도달했는데, 이는 정부의 2010년 목표치 10.8%를 상회한 수치다. 현재의 추세대로라면 PC 보급률은 2015년에 20%를 상회할 전망이다. 콜롬비아에서 PC 부문은 낮은 가격과 ICT 인프라 개선에 힘입어 장기적으로 높은 성장세를 이어갈 전망이다. 특히 콜롬비아 정부가 2010년부터 국내 전역에 광대역 접근성 향상을 목표로 추진하고 있는 '비베 디히탈 ICT 개발 계획'에 힘입어 컴퓨터 수요가 크게 증가할 것으로 보인다.

2011년 컴퓨터 판매 규모는 2010년의 160만 대를 크게 상회하는 190만 대에 달할 것으로 예측된다. PC 소매판매와 PC 수입은 2009년 경기 침체 속에서도 꾸준한 증가세를 보였으나, 경기 악화와 더불어 페소화 평가절하의 영향을 피해갈 수 없었다.

또한 2011년에는 스마트폰이나 태블릿 PC, 넷북 등의 판매량이 증가할 것으로 예상된다. 2011년 3월 출시된 iPad2나, 삼성 갤럭시탭 등이 시장에서 치열한 경쟁을 벌일 전망이다. 일부 분석에 따르면 이러한 태블릿 PC 판매량이 넷북 판매량을 향후 2~3년 내에 앞지를 것으로 전망된다. 아울러 스마트폰 사용의 증가는 PC 판매에 악영향을 미칠 것으로 보인다.

(2) 소프트웨어

2011년 콜롬비아의 소프트웨어 시장 규모는 4억 4000만 달러에 이를 것으로 예상된다. 향후 5년간(2011~2015년) 소프트웨어 시장은 연평균 12% 성장할 전망이다. 높은 불법복제율에도 불구하고 은행업, 소매업, 공공 부문, 소비재 부문에서의 수요 증가에 힘입어 소프트웨어 시장은 높은 성장세를 보일 것으로 보인다.

소프트웨어 시장 중 라이선스 판매의 경우 금융위기의 여파로 2009년에 일시적인 감소세를 보이기는 했지만 대체로 상승세가 지속되고 있다. 소프트웨어 서비스 판매를 포함할 경우 그 상승세는 더욱 가파르다. 소프트웨어 수출 규모는 2010년 현재 3200만 달러로 아직까지 미미하지만, 2011년부터는 4000만 달러를 넘어서 2013년에는 2배 이상 증가한 7500만 달러에 달할 전망이다.

2010년 현재 콜롬비아의 소프트웨어 주요 수출 대상국은 에콰도르(48%), 미국(28%), 코스타리카(24%), 베네수엘라(16%) 등이다.

콜롬비아의 소프트웨어 기업은 영세한 규모의 기업이 전체 시장의 약 55%를 차지하고 있으며, 중소형 기업은 44%, 대기업은 2%에 불과하다. 여기서 대기업은 연간 평균 매출액이 50만 달러를 넘는 기업을 의미한다. 2009년 소프트웨어 기업의 수는 2005년 대비 40% 이상 증가한 700개에 달했다. 국제 소프트웨어 및 정보기술 품질인증 기준인 CMMI 인증을 받은 기업은 2003년에 1개에 불과했으나, 2009년에는 16개 기업으로 늘어났고, 2010년에는 40여 개로 증가했다.

BSA에 따르면 콜롬비아의 소프트웨어 불법복제는 정부의 지속적인 불법 소프트웨어 퇴치 노력에 힘입어 중남미 국가들 중에서도 가장 낮은 수준에 해당한다.[4] 이는 안정적인 소프트웨어 산업 발전에 중요한 밑바탕이 되고 있다. 실제로 콜롬비아 정부는 범국가적으로 공개 소프트웨어를 홍보하는 운동을 펼치는 등 다양한 방면에서 노력을 기울여왔다. 또한 마이크로소프트사는 보고타에 처음으로 중남미 반(反)불법복제 연구소를 설립하고, 경찰과 개인에게 훈련 및 서비스 등을 제공한 바 있다.

향후 콜롬비아에서는 ERM(Enterprise Risk Management)이나 공급망관리 시스템 같은 기본 솔루션에 대한 지속적인 수요 증가로 소프트웨어 시장은 지속적으로 성장할 전망이다. 최근에는 운영효율성 증가와 지역 공급망 조직화, 물류와 창고기능의 현대화 등에 힘입어 전사적자원관리(ERP) 수요가 증가하고 있다. 또한 신분 확인, 사생활 보호 등의 보안 시스템에 대한 관심도 지속적으로 증가할 것으로 보인다. 산업 부문과 관련해서는 통신, 금융서비스, 공공 부문, 소비재 부문, 제조업과 중소기업 부문 관련 소프트웨어 산업의 성장 잠재력이 높을 것으로 기대된다.

콜롬비아 정부는 ICT 산업을 육성하고 국내 소프트웨어 시장을 활성화시키기 위해 소프트웨어 기업에 대한 세제 혜택 제공을 검토하고 있다. 아울러 CMMI 인증 획득을 위해 약 60개의 기업을 지원하고 있다.

(3) 서비스

2011년 콜롬비아의 IT 서비스 부문 지출은 2010년에 비해 18% 성장한 9억 2700만 달러에 달할 전망이다. IT시장의 매출에서 서비스가 차지하는 비중은 현재 39% 정도로, 신흥 개도국이나 중남미 지역 평균을 상회하는 수준이다. 시장 수요의 대부분인 75%는 대기업으로부터

---

4) BSA에 따르면 2009년도 콜롬비아의 불법복제율은 55% 수준으로, 역내 국가들인 브라질(56%), 멕시코(60%), 칠레(64%), 에콰도르(67%), 아르헨티나(71%), 베네수엘라(87%)보다 낮다.

나오고 있으며, 중소기업의 수요 역시 더욱 증가할 전망이다. 아울러 정부의 새로운 전략인 '비베 디히탈 ICT' 개발 계획안 역시 공공 부문의 IT 관련 지출에 새로운 변수로 작용할 것으로 보인다.

전반적으로 콜롬비아의 IT 서비스 시장은 2011~2015년 기간 연평균 13% 증가할 것으로 기대된다. IT 서비스는 중남미 지역에서 가장 역동적인 부문 중 하나로 주목받고 있다. 콜롬비아의 이사헨(Isagen)이나 쿤디나마르카 에너지회사(Empresa de Energía de Cundinamarca) 같은 회사들이 큰 입찰을 수주하면서 공공재 부문에서의 잠재적 성장력이 두드러질 것으로 보인다. 최근에는 금융기관으로부터 아웃소싱 수요 확대 등에 힘입어 금융 관련 IT 서비스 시장이 빠르게 증가하고 있다.

콜롬비아 정부는 역내 IT 서비스 시장의 업무처리 아웃소싱(BPO)과 외주의 중심지로서 콜롬비아의 입지를 굳히기 위해 각별한 노력을 기울이고 있다. 이러한 콜롬비아 정부의 노력에 힘입어 IT 서비스 시장은 핵심적인 성장 동력 산업이 될 것으로 평가된다. 콜롬비아에서의 IT 서비스 시장은 50%가 이러한 업무처리 아웃소싱 시장이 차지한다. 콜롬비아는 중남미의 심장부에 위치해 있어 지리적인 이점을 가지고 있고, 숙련된 인력을 갖추고 있으며, 글로브넷(Globenet) 해저 케이블에 연결되어 있어 BPO의 중심지로 부상할 수 있는 조건을 충분히 갖추었다. 그러나 가격경쟁력을 갖고 있는 페루 등 중남미 역내 다른 국가와의 경쟁도 피할 수 없는 상황이다. 2011년 IT 아웃소싱 시장의 규모는 1억 2900만 달러에 달할 것으로 추정된다. IT 서비스의 주요 분야는 은행업, 금융서비스, 공공서비스, BPO 등이다.

금융위기 발생 이후 몇몇 금융서비스 기관에서 IT 분야 예산을 삭감하는 등 부정적 영향이 있었지만 아웃소싱에 대한 국제적인 수요는 늘어나는 추세다. 아울러 콜롬비아 국내에서도 소매금융에서 투자은행까지 금융 분야의 IT 서비스 수요가 점차적으로 확장될 것이다.

또한 SaaS나 IaaS(Infrastructure-as-a-Service)와 같은 클라우드 컴퓨팅 활용을 도와주는 기관이 IT 서비스 시장 수요를 견인할 것으로 보인다. 은행업과 소매업과 같이 클라우드 컴퓨팅을 활용하는 분야의 기관은 하드웨어 부문 투자에서 지출을 줄이고자 할 것이기 때문이다. 그뿐만 아니라 인프라나 공공 부문에서도 수요 증가가 예상되고, 교육이나 건강 부문도 IT 서비스를 도입하는 데 선구적인 역할을 하게 될 것이다.

(4) 정보통신

① 통신시장 추세

콜롬비아의 통신 인프라는 다른 남미 국가와 비교할 때 상대적으로 잘 발달된 편이다. 그러나 소규모 도시나 농촌지역의 경우 여전히 통신 시설이 열악하다. 국영 및 민간 업체들이 전국 단위나 지자체 단위로 사업을 하고 있다. 정보통신기술부와 통신규제위원회(Communications Regulatory Commission: CRC)는 상이한 통신운영자 간의 상호 호환성을 중시한다.

콜롬비아의 통신시장은 금융위기의 여파로 2009년부터 둔화되는 추세를 보여왔다. 2009년 통신시장의 매출은 전년 대비 4% 감소한 114억 달러를 기록했다. 그 와중에서도 브로드밴드 부문은 유일하게 지속적인 성장을 보였다. 2004년에는 처음으로 콜롬비아의 이동통신 사용자 수가 유선전화 사용자 수를 넘어섰다.

2010년 말 기준으로 콜롬비아에서 전체 전화 사용자 중 15%가 유선전화, 85%가 이동전화 사용자이다. 2011년 콜롬비아의 통신시장은 브로드밴드 부문이 성장세를 견인할 전망이다. 그에 반해 유선 부문 시장은 지속적으로 감소세를 보일 것으로 예상된다. 이동통신 이용자 수는

2011년에도 6%가량 증가할 것으로 보인다. 그러나 일부에서는 콜롬비아의 이동통신시장이 조기 포화상태에 이를 수도 있다고 평가한다.

현재 일부 부유계층에서는 이미 휴대폰을 두 개씩 보유하고 있는 상황이다. 2012~2020년 기간 콜롬비아의 경제성장률은 4.5%에 이를 것으로 전망되므로 브로드밴드 시장의 지속적인 확장이 기대된다.

② 이동전화시장

콜롬비아의 이동통신 보급률은 중남미 평균을 1%P 상회한다. 콜롬비아는 중남미에서 디지털 이동통신기술을 도입한 첫 번째 국가다. 콜롬비아에서 이동통신시장은 가장 빠르게 성장하고 있는 시장 중 하나로 2004년 중반부터 이미 이동통신 이용자 수가 유선전화 이용자 수를 앞질렀다. 현재 이동전화 보급률은 40%에 육박하고 있다. 금융위기의 여파로 이동전화시장이 침체를 겪기도 했으나, 이러한 감소 추세는 2010년부터 소폭 반등했다.

대부분의 중남미 국가들과 마찬가지로 콜롬비아 내에서의 주통신 기술은 GSM(Global Systems for Mobile Communications) 방식이다. 아날로그 방식의 AMPS(Advanced Mobile Phone Service)는 2006년 완전히 사라졌고, TDMA(Time Division Multiple Access) 방식과 CDMA(Code Division Multiple Access) 방식은 각각 2008년과 2010년 중반에 사용이 중단되었다.

이동통신사 중에서는 처음으로 콤셀(Comcel)사가 2008년 2월부터 UMTS(Universal Mobile Telecommunications Service) 네트워크를 개시했다. 2011년 1월 현재 콤셀사는 33개 주도(department capital)와 더불어 932개 시(municipio), 31개 관광지역에서 3G 서비스를 제공하고 있다. 콤셀사의 서비스에는 화상전화, 모바일 TV, 모바일 브로드밴드가 포함된다. 티고(Tigo)사도 2008년 10월부터 3G 서비스를 개시했는데, 2011년 1월 현재

24개 주, 338개 시에 서비스를 제공하고 있다. 또 다른 주요 통신회사인 모비스타(Movistar) 역시 2008년 12월부터 3G 서비스를 개시했으며 화상채팅과 모바일 브로드밴드 서비스를 27개 주도와 다수의 시에 제공하고 있다.

또한 콜롬비아는 중남미에서 최초로 3G의 다음 단계라 볼 수 있는 LTE(Long Term Evolution, 4G) 네트워크의 상업적 활용 국가가 될 전망이다. UNE은 2011년 하반기부터 콜롬비아의 주요 도시에서 LTE 서비스를 개시할 계획이다.

③ 인터넷 시장

콜롬비아의 인터넷 보급률은 2006년에 15%에 불과했으나 2010년에는 전체 인구의 절반가량이 인터넷을 사용하는 것으로 나타났다. 비록 브로드밴드 보급률은 아직까지 전체 인구의 10%에도 미치지 못하고 있으나 그 증가율은 연평균 43.3%로 매우 가파른 편이다. 모바일 인터넷 보급률도 2009년 3분기 45.23%를 기록하며 모뎀 사용자 증가율을 크게 웃돌고 있다. 또한 840달러 미만 저가 PC에 대한 부가가치세가 면제되면서 2007년부터 PC 판매가 급증하여 인터넷 시장 발전을 위한 환경이 자연스럽게 조성되었다.

기술 형태별 인터넷 가입자 비율을 살펴보면 2002년에는 케이블 이용자가 전체의 80% 이상을 차지했으나, 2006년을 기점으로 xDSL의 이용자 비율이 전체의 50%를 상회하기 시작했다.

와이맥스나 무선 인터넷 접속 비율은 최근 다소 주춤하는 기세를 보이긴 했으나 다시 증가세로 돌아서 2010년 이용자 수는 3만 명을 돌파했고, 2011년에는 이용자 수가 더 늘어날 전망이다.

속도별 유선 인터넷 가입자 증가율을 살펴보면 2010년 1분기에는

2048~4096Kbps 유선 인터넷 가입자가 7배 이상 증가한 반면, 2011년 1분기에는 4096Kbps 이상의 인터넷 가입자가 400% 이상 증가했다.

무선 인터넷이나 멀티미디어를 통한 인터넷 접속을 의미하는 모바일 인터넷 보급률은 2009년 10%대를 밑돌았으나, 2010년부터 급격한 상승세로 돌아서 2011년 2분기에는 30%대에 육박했다. 전반적인 모바일 사용자 수는 큰 변화가 없는 상태에서 모바일 인터넷 가입자 수는 조금씩 증가하고 있다.

콜롬비아 정부는 클릭존(Zona Clic)과 같은 프로그램을 통해 인터넷 및 컴퓨터 보급 장려책을 추진하고 있다. 현재 가장 낙후된 지역의 경우 컴퓨터 보급률이 10%에 불과해 향후 성장 잠재력은 높은 것으로 평가된다. 또한 콜롬비아 정부는 2014년까지 880만 인터넷망 설치 및 720개 지방도시 연결을 목표로 4년간 5조 5000억 페소를 투자할 계획이다. 이 밖에 디지털 신도시 및 타운 건설을 위해 2008~2011년 기간 동안 15조 페소를 투자할 예정이다.

콜롬비아 정부는 추가로 현재 16%에 달하는 인터넷 서비스 부가세를 감축하는 방안을 고려 중이다.

4) 향후 성장 잠재력

향후 콜롬비아 IT시장의 성장 전망은 매우 밝다. 그 이유는 무엇보다 아직까지 콜롬비아의 전반적인 IT 인프라 수준이 열악하기 때문이다. 대표적으로 콜롬비아에서 지방의 PC 보급률은 10%에 불과하다. 이는 향후 콜롬비아의 PC시장이 확대될 수 있는 잠재력이 매우 크다는 점을 의미한다. 정부의 프로그램, 특히 교육용 PC 보급 프로그램 또한 PC시장의 빠른 성장을 견인하고 있다. 콜롬비아 정부는 사회의 불만족 계층을 통합하는 수단으로 ICT 분야를 전략적으로 활용하고 있다. 최근 콜롬비아 정부가 중점적으로 추진하고 있는 IT 육성책인 '비베 디히탈 프로그램(Vive Digital Programme)'도 콜롬비아 IT시장의 발전 잠재력을 끌어올리고 있다. 또한 기업 부문에서 데이터센터에 대한 투자와 정보 관리, 보안 솔루션 분야에 대한 투자 확대 수요도 콜롬비아 IT시장의 전망을 밝게 하는 요소다.

향후 5년간(2011~2015년) 콜롬비아 IT시장은 연평균 11%의 높은 증가 세를 기록할 것으로 예상된다. 이 같은 빠른 증가세에 힘입어 IT시장 규모는 2011년 28억 달러에서 2015년에는 42억 달러에 달할 전망이다. 분야별로는 서비스 시장이 연평균 12.6%로 가장 빠른 증가세를 보일 것으로 예상되며, 소프트웨어 시장도 연평균 11.7%로 높은 성장세를 기록할 것으로 보인다. 그에 반해 하드웨어 시장은 IT시장 평균 성장률 을 다소 하회하는 9.7% 성장에 그칠 전망이다.

참고문헌

주콜롬비아 대한민국대사관. 2009. 『콜롬비아 광물에너지 개황』.

_____. 2010. 『콜롬비아 인프라 개황』.

한국석유공사. 2009. 『콜롬비아 Country Report』.

BMI. 2011. "Colombia, Information Technology Report, Quarterly 3."

CVNE. 2011. "Colombia y Corea trabajan por la radio difusió educativa y el uso de las TIC en el aula."

Departamento Nacional de Planeació. 2010. Plan Nacional de Desarrollo 2010-2014.

Dinero. 2010. "Colombia Buscaráinversionistas del Sector de las TIC."

InteracTIC. 2011. "Cifras Sector TIC 2011 I Semestre."

Ministro de Minas y Energí. 2007. "Políica de Promoció del Paí Minero."

Ministerio de Tecnologís de la Informació y las Telecomunicaciones. 2011. "Relaciones Bilaterales."

Ministro de Transporte. 2010a. "Infraestructura para la Prosperidad: Productividad, Seguridad y Bienestar para los Colombianos."

_____. 2010b. "Diagnótico del Transporte 2010."

_____. 2011. Sistema Integrados de Transporte Masivo 2002/2010.

Proexport. 2010. "Sector Software y Servicios de TI."

_____. 2011a. "Colombia: La Transformació de un Paí, Software & Servicios de Tecnologí de Informació(TI)."

_____. 2011b. "Software and Information Technology (IT) Services Foreign Investment Vicepresidency."

Paul Budde Communication Pty Ltd. 2010. "Colombia-Telecom Market Trends, Key Statistics & Regulatory Overview."

_____. 2011a. "Colombia-Telecom Market and Regulatory Overview-Background Report."

_____. 2011b. "Colombia-Mobile Market-Overview, Statistics & Forecasts."

Unidad de Planeació minero energéico. 2011. Boletí estadítico de minas y energí
    1990-2010.

World Bank. Doing Business 2011.

콜롬비아 경제개발원. Departamento Nacional de Planeació. www.dnp.gov.co

콜롬비아 광물정보청. Sistema de Informació Minero Colombiano. www.simco.
    gov.co

콜롬비아 교통부. Ministro de Transporte. www.mintransporte.gov.co

콜롬비아 에너지 광업부. Ministro de Minas y Energí. www.minminas.gov.co

콜롬비아 중앙은행. Banco de la Repúlica Colombia. www.banrep.gov.co

콜롬비아 통계청. DANE. www.dane.gov.co

콜롬비아 투자진흥청. Proexport. www.proexport.com.co

제 2 부
사회 변동과 정치 안정

제8장

알바로 우리베와 후안 마누엘 산토스, 동일한 우파인가?

히나 파올라 로드리게스 _이경민 옮김

2010년 8월 후안 마누엘 산토스가 콜롬비아 대통령으로 취임하자 많은 이들이 헌법상 3선이 금지되어 물러나게 된 알바로 우리베 벨레스 전 대통령의 어젠다를 지속할 것이라고 예상했다. 두 번에 걸친 우리베의 집권을 위해 자유당(Partido Liberal)의 구성원들을 결집시키고 2005년 국민통합사회당(Partido de la U: Partido Social de Unión Nacional)을 창당했으며 민주적 안정화 정책하에 2006년부터 2009년까지 국방부 장관을 역임한 산토스의 역할은 그렇게 예견되었다. 따라서 산토스와 우리베가 이끌었던 유권자들이 대립하게 된 상황은 예상치 못할 만큼 당혹스러운 사건이었다. 이는 두 인물의 차이는 어디에 있으며 대립하게 된 원인은 무엇인지에 대한 의문을 낳는다. 이제는 "친근한 적"이 되어버린 두 인물에 대해 최근 4년 동안 수십 개의 일간지 칼럼이 발표되고 책도 출간되었다. 그러나 그들이 멀어졌다는 문제를 넘어, 우리베와 산토스가 엄밀한 의미에서 상이한 국가 모델을 추구했는가에 대해서는 연구가 미미했다. 이에 이 글에서 우리는 두 인물의 지속성과 단절을 살피면서 양자의 정책 프로그램을 전반적으로 비교해볼 것이다.

히나 파올라 로드리게스 Gina Paola Rodríguez 콜롬비아 정치학자. 부에노스아이레스 대학교 연구원이자 라틴아메리카 - 카리브연구소(IEALC) 역사사회학연구그룹 회원.

* 이 글은 ≪Nueva Sociedad≫ 254호(2014년 11~12월)에 실린 글을 옮긴 것이다.

1. '민주적 안정성' 고양

우리베는 안드레스 파스트라나(Andrés Pastrana, 1998~2002년 콜롬비아 대통령) 정부와 콜롬비아무장혁명단 - 인민군(Fuerzas Armadas Revolucionarias de Colombia - Ejército del Pueblo: FARC-EP)의 평화협상이 결렬됨으로써 유발된 국민적 불만을 등에 업고 2002년 8월 대통령에 당선되었다. 그동안 무력충돌의 한복판에서 전개된 4년간의 소모적인 협상과정에서 게릴라의 폭력행위는 더욱 빈번하게 매스컴에 등장했을 뿐 협상 테이블에서는 진전을 이끌어내지 못했다. 납치 행위가 증가하고 시민을 대상으로 한 무차별적인 공격이 자행되었으며 이것이 매스컴을 통해 지속적으로 알려짐으로써 FARC의 이미지는 군사적 공격을 감행하는 잔혹한 조직으로 굳어지고 말았다. 한편 파스트라나 정부가 조건도, 명확한 규칙도 없이 완충지구를 설정함으로써,1) 게릴라는 전술적 후방에서 정부군에 대한 공격을 준비하고 정부의 구출 작전에도 불구하고 피랍인을 계속해서 억류할 수 있었으며 마약밀매 같은 불법행위를 전개할 수도 있게 되었다. 이러한 불법행위로 인해 국민들은 평화에 대한 그들의 진정성을 의심했다. 게릴라에 대한 적대감은 미국의 세계무역센터 공격에 뒤이은 세계적 반테러 운동에 부합했다. 그리하여 FARC가 알카에다와 같은 테러조직에 포함되자 그들이 지니고 있던 정치적 대변자로서의 가능성은 상실되었다.

우리베는 조지 W. 부시(George Walker Bush)의 애국적 발언에 기대어

---

1) 1998년 파스트라나 정부는 FARC와의 평화협상과 무력충돌 종식을 위해 콜롬비아 중남부에 4만 2000m² 정도의 완충지구를 설정했다. 이 완충지구는 2002년 2월 파스트라나의 명령으로 정부군이 재장악했다. — 옮긴이

자신의 발언과 정부 정책을 국가의 '거대한 적'으로 전락한 FARC와의 결전에 초점을 맞췄다. 민주적 안정화 정책은 미국의 협조하에 모든 게릴라 조직에 대한 전방위적이고 체계적인 군사행동으로 구상 및 실현 되었으며, 이는 시민사회가 안정화를 위한 활동을 강화하는 데 기여할 것을 요구했다. 그 결과 농민병 조직, 국가안보 예산 확충, 정보제공자에 대한 보상, 공조망 형성, 불법무장조직으로부터 이탈 유도와 같은 조치 가 취해졌다(Presidencia de la República de Colombia, Ministerio de Defensa, 2003).

민주적 안정화의 또 다른 수단은 준군사조직의 해체였다. 우리베는 1994년 안티오키아 주지사로 있을 때부터 그들을 준정규군으로 전환하 는 사안에 대해 긍정적이었다. 하지만 자위대의 생명을 유지시켜주던 법적 조치들은 자위대의 약화나 해체를 담보하지 못한 채 얼마 지나지 않아 폐지되었다. 그리하여 1996~2002년까지 준군사조직이 확장 및 통합되면서 AUC(Autodefensas Unidas de Colombia: 콜롬비아 자위군연합)가 만들어졌다. 이 조직은 사적·공적 재원을 탈취함은 물론이고 안전보장 기관, 국가정보기관, 정치정당, 조합, 사법권에 침투할 수 있는 엄청난 권력을 지니고 있었다.[2] '정의와 평화 법안'을 통해 공개적으로 무장해 제되는 과정에서 준군사조직들이 얻어낸 조건들은 우리베 정부가 원한 것이 무엇이었는지 명확하게 보여준다. 우리베 정부의 준군사조직과의 협상은 득보다 실이 많았다. 의도적이었든 아니었든 간에 그 협상은 정의와 희생자에 대한 보상이 아니라 마피아 조직과 이들의 경제력과 정치적 영향력을 인정해주는 과정으로 변질되고 말았다.[3]

---

2) 이와 관련해서는 다음을 참조하라. Hernández(2010); Corporación Nuevo Arcoiris (2007).

민주적 안정화에 대한 성과를 거두기 위해 우리베는 정규군에 많은 것을 요구하며 친히 게릴라와의 전투를 지휘했다. 이것이 가능했던 것은 어찌 보면 아주 신속하고 효과적인 대(對)반란 행동을 허가한 파스트라나 정부의 정규군 재편이 진행된 덕이었다. 또한 준군사조직의 은신 지역으로 활용되던 남동부의 게릴라를 겨냥하여 미국의 재정적·물적 지원으로 전개된 '애국계획(Plan Patriota)'⁴⁾ 덕분이기도 했다. 권리로 보장된 행위가 지휘권자에게 결과를 보여주기에 충분치 않으면 정규군은 비사법적 살해를 자행함은 물론 준군사조직과 연대하기도 했다.

'사망자 조작' 스캔들⁵⁾이 발생하던 때에 국방부 장관이던 산토스는 무고하게 살해된 950명 이상의 시민을 전투 중 사망한 게릴라로 둔갑시킨 사건에 정규군이 연루되어 있음을 공식적으로 발표했다. 그는 그 사건이 실재했음을 공식적으로 인정했지만 그에 대한 정치적 책임은 끝까지 회피했다. 오히려 그는 '몇 개의 썩은 사과'에 초점을 맞춰 현역 군인 27명을 직권으로 해임했고 마리오 몬토야(Mario Montoya) 장군의 사표를 수리했다. 몬토야 장군은 도미니카공화국 주재 콜롬비아 대사로 전임되었다. 이후 대통령에 오른 산토스는 '사망자 조작' 사건은 과거의 문제라고 선언했다. 그러나 인권운동가들이 인터아메리카인권위원회

---

3) 그 과정에 대한 연구는 다음을 참조하라. Rodríguez(2010: 143~181).

4) 2003년부터 시행된 콜롬비아 정규군과 경찰청의 군사작전으로 FARC를 비롯한 불법무장세력이 장악한 도시를 회복하는 데 그 목적이 있었다. 이후 2004년에 시행된 '공고화 계획(Plan Consolidación)'은 농촌 지역에서 무장세력을 제거하는 데 목적이 있었다. ― 옮긴이

5) 2008년 말에 발생한 '사망자 조작(Falsos positivos)' 스캔들은 정규군이 무고한 시민을 살해하고 그들을 게릴라로 둔갑시킨 사건으로 촉발되었다. 2009년 검찰 당국은 946건이 이에 해당하는 것으로 발표한 바 있다. ― 옮긴이

(Comisión Interamericana)에 제출한 보고서에 따르면 산토스 집권기에도 비사법적 살해 행위가 자행되었다. 그리고 2002~2012년까지 집계된 '사망자 조작'은 3500여 건에 이르는 것으로 추정된다.[6]

산토스는 2008년 하케작전(Operación Jaque) 시 국방부 장관으로서 군권을 지휘하여 당시 대통령 후보이던 잉그리드 베탕크루(Ingrid Betancourt)[7]와 세 명의 미국인, 그리고 11명의 납치된 군경을 구출하는 데 성공했다. 또한 그는 무장해제와 '카리나(Karina)', '네그로 아카시오(Negro Acacio)', '마르틴 카바예로(Martín Caballero)', '라울 레예스(Raúl Reyes)'와 같은 FRAC의 정치-군사의 유착구조를 약화시킨 것에 대해 자긍심을 드러냈다.

2. '악한 이웃' 정책

국민 안정화 정책의 반좌파주의는 테러리즘에 대한 전 지구적 투쟁이라는 이름으로 정당화되면서 콜롬비아 국경을 넘어 다양한 '초국가적' 행동으로 이어졌다. 그 첫 번째 행동이 2004년 베네수엘라의 카라카스에서 발생했는데, 콜롬비아 정보부가 FARC의 핵심 인물인 로드리고

---

6) Mesa de Trabajo sobre Desapariciones Forzadas de la Coordinación Colombia-Europa-Estados Unidos, "En Colombia las desapariciones forzadas no son asunto del pasado," documento presentado ante la Comisión Interamericana de Derechos Humanos(noviembre de 2012).

7) 잉그리드 베탕크루(1961~): 콜롬비아 여성 정치인으로 2002년 녹색산소당(PVO)의 대통령 후보로 선거운동을 하던 중 FARC에 의해 납치되었다가 2008년 정부군에 의해 구출되었다. ― 옮긴이

그란다(Rodrigo Granda)[8]를 체포하여 콜롬비아로 압송한 사건이다. 이 사건으로 인해 우고 차베스(Hugo Chávez) 베네수엘라 대통령이 보고타 주재 베네수엘라 대사를 소환함으로써 불쾌감을 표시했고 브라질과 쿠바 대통령이 이 외교적 마찰을 중재하게 되었다.

주변국의 주권을 무시한 예는 2008년에도 있었는데, 에콰도르 영토를 폭격하여 FARC의 서기이자 대변인이던 라울 레예스(Raúl Reyes)가 사망한 사건이다. '피닉스작전'으로 불리는 이 사건에 대해 에콰도르는 게릴라 기지에 있던 에콰도르인 1명과 멕시코인 4명이 사망한 책임을 물어 산토스에 대해 국제수배를 요청했다. 인터폴이 그 요청을 수용하지는 않았지만 이 사건은 이미 악화된 베네수엘라와의 관계를 더욱 악화시켰고, 차베스가 콜롬비아 국경으로 군대를 이동시킴으로써 콜롬비아는 양쪽으로부터 위협받게 되었다. 두 인접국과의 긴장으로 인해 2008년 3월 도미니카공화국의 산토도밍고에서 라틴아메리카 정상회의가 열렸다.

인접국에 대한 영토 침범과 관련하여 우리베는 진보 성향의 정부가 집권한 국가에 대해 공격적이고 배타적인 발언을 하고 말았으며, 이는 콜롬비아가 라틴아메리카에서 자발적으로 배제되는 결과를 초래했다. 이러한 자발적 배제는 우리베를 편향적으로 지지하는 언론매체들이 '신자유주의적 방향'[9]을 불신하는 풍토의 뉴스에 대응함으로써 더욱 공고화되었다. 우리베의 마니교적 수사(修辭)는 모든 반대파와 비판을 "마약 테러리스트 친구 카스트로·차베스주의"와 연계시켰다. 뫼비우스

---

8) 로드리고 그란다(1950~): FARC의 핵심 조직원으로 2004년 체포되었으나 프랑스 국적을 지니고 있던 잉그리드 베탕크루가 납치된 상황에서 사르코지 프랑스 총리가 그에 대한 석방을 요청함에 따라 2007년 우리베 대통령의 명으로 석방되어 FARC에 복귀했다. ─ 옮긴이

9) 이와 관련하여 다음을 참조하라. Tapia(2008: 101~113).

의 띠가 그렇듯 내무와 외무를 구분하지 않은 우리베는 국내외의 모든 비판 세력에 대해 낙인을 찍는 전략을 전개했다. 그는 그 세력이 정치인이든 지성계든, 독립 언론이든 시민사회 조직이든 개의치 않았다.

우리베주의는 FARC의 폭력행위에 대한 통상적 거부를 전유하면서 다양한 정치사회적 반론을 아군과 적군의 논리로 수렴함으로써 '반 FARC 민족주의'(López de la Roche, 2014)를 갖추게 되었다. 우리베는 부친을 비롯하여 게릴라에 의한 피살 사건들을 경험했던바, 게릴라에 대한 자신의 증오심을 매스컴과 이데올로기 조작을 통해서 공적·정치적 단계로 끌어올렸으며 적이 누군지 분명히 했다. 그에게 최대의 적은 FARC였으며 우리베의 확고한 주장에 포로가 된 대중은 민주적인 반대파와 비판을 묵살하고 있다는 사실을 인지하지 못한 채 더욱 강고한 이데올로기와 안정, 질서를 요구했다.

파비오 로페스 데 라 로체(Fabio López de la Roche)가 지적하듯이, 이데올로기와 매스컴을 이용한 우리베주의는 "과거와 현재를 허구화"함으로써 "국가라는 개념을 효과적으로 재규정"하는 것이었으며, 이는 "사회를 병참화하며 비판적 사상에 낙인을 찍고 권위주의를 이롭게 하는 위험한 이데올로기적 단일화"이자 "반테러리스트라는 키워드로 콜롬비아의 역사를 다시 쓰는" 것이었다(López de la Roche, 2014: 187 y ss). 그러한 조작의 효과를 고려할 때라야만 우리베 집권기에 발생한 심각한 인권침해 스캔들과 부패와 불법성에도 불구하고 오늘날까지 무수한 유권자들이 우리베를 지지하고 있다는 사실이 이해될 수 있을 것이다.

인접국에 대한 우리베식 애국주의의 대립은 조지 W. 부시 행정부의 안보전략에 완전히 종속된 것이었다. 미국의 이권을 충실히 따른 우리베는 베네수엘라와 에콰도르에 대적했을 뿐만 아니라, 미국의 이라크 개입을 옹호했으며 이를 근거로 주변국에 대한 침범을 정당화하기 위해 제한적 주권의 개념을 원용했다. 그 동맹의 결과로 우리베는 2009년 1월 13일 백악관에서 자유메달을 수상했다.

　일주일 후, 임기를 시작한 버락 오바마 대통령은 콜롬비아 영토 내에 7개 군사기지를 설치하는 군사협력안을 승인했다. 우리베는 그 조약에 대한 서명이 지역에 미칠 위험성을 앞에 두고 2009년 8월 아르헨티나 바릴로체에서 개최된 남미국가연합(Unión de Naciones Suramericanas: UNASUR) 정상회담에 참여하게 되는데, 그는 "베네수엘라 차베스 정부의 군비 증강과 이란, 러시아, 중국 정부와의 관련성"을 논한다는 조건으로 회담에 참석했다(Braslavsky, 2009.8.13). 그러나 미국과의 조약은 결국 2010년 7월 콜롬비아 헌법재판소의 판결에 의해 저지되었다.

3. 투자에 대한 신뢰

　민주적 안정화를 옹호하는 입장에서 우리베 정부의 최대 치적은 국가 영토의 상당 부분을 군사적으로 회복한 것이다. 과거에는 납치나 강탈을 목적으로 한 범죄조직이나 게릴라의 희생양이 되지 않고는 지날 수 없었던 고속도로 및 주요 도로의 통행 안정성이 높아짐에 따라 투자와 상품 이송에 대한 신뢰도가 높아졌다. 이로써 민주적 안정화는 콜롬비아의 안정이 실질적으로 호전되고 있음을 목격한 상업계, 산업계, 그리고 여행자들의 지원을 기대할 수 있게 되었다.

　그러나 군사적 영토 회복이 분쟁지역에 사는 사람들에게 기본적인 공공서비스나 양질의 고용을 제공할 수 있을 만큼 제도적 준비나 국가의 노력으로 이어지지는 못했다. 전쟁 전략에 대한 사회적 시스템으로 '활동하는 가족(Familias en Acción)'이라는 지원 프로그램이 있는데, 이는

대통령에 의해 임의로 운영되었으며 가입제였다.[10] 한편 콜롬비아 경제
가 2005~2007년 기간에 평균 6.7% 성장했음에도 불구하고 이것이 실업
률을 낮추는 효과로 이어지지는 못했다. 실제로 2008년과 2009년의
국제적 위기를 겪으며 성장률은 각각 2.5%와 0.4%로 곤두박질쳤으며
이후 실업률은 14.6%로 상승했다(Escuela Nacional Sindical, 2010).

우리베는 임기 초기에 탄화수소와 광산 부문에 집중하여 외국인투자
율을 164%까지 끌어올렸다. 그러나 상거래와 제조업은 하락했다. 그런
데 광업이 콜롬비아 고용율의 1%를 차지하는 반면에 상업, 요식업,
숙박업 관련 부문은 26%(Escuela Nacional Sindical, 2010)가 넘는다는 점을
고려하면 가볍게 여길 일이 아니다. 이 글에서 천연자원 채굴에 기반을
둔 성장 모델의 결과를 분석하지 않는다 하더라도, 저임금 노동 양산,
전문화 결여, 부(富)의 집중과 외국으로의 수익 이탈, 임대업에 대한
혜택 등 그것이 미치는 사회적·경제적 파장을 보는 것으로 충분하다.
이와 더불어 기업주에 대한 보증대출을 증대하고 시장개방을 극대화하
는 데 초점을 맞춘 국가정책을 시행했다는 점을 고려한다면, 전략적
동업자를 찾으면서 그들이 왜 10개 이상의 공기업을 민영화하고 그
어느 때보다 노동자들의 권리를 훼손하면서까지 노동 개혁을 시행했는
지 알 수 있다.[11]

---

10) 다음 자료를 참조하라. Global Exchange, "Análisis del programa Familias en
   Acción en el marco de los procesos electorales en Colombia," www.globalex
   change.org/sites/default/files/Informe%20Final.pdf
11) 2002년 법률 제789호 '고용지원과 사회보호 확대에 관한 법률'은 주간근무시간을
   밤 10시까지 연장했으며 야근수당, 추가근무수당, 재택근무수당, 휴일수당을 축
   소했다. 불법적 해고에 따른 보상도 축소했다. 노동비용 감축전략으로 연금 개혁
   을 실시하여 현 퇴직자의 '메사다14'를 삭제하고 연금수혜 연령을 올렸다. '메사

2기 우리베 정부 시절에 콜롬비아는 300만 명 이상이 실업자였으며, 700만 명 이상의 소득이 최저임금에도 미치지 못했고, 2000만 명이 빈민이었으며, 600만 명이 극빈자였다. 2005~2008년 기간 지니계수가 0.58에서 0.59로 상승했고, 이로써 콜롬비아는 라틴아메리카에서 두 번째로 불평등한 나라로 추락했다(OIT, 2009).

4. 평화를 위한 '제3의 길'

2009년 5월 산토스는 국방부 장관직을 사임하고 우리베 대통령이 세 번째 대권에 출마하지 못할 경우 대통령 후보로 나설 것임을 천명했다. 헌법재판소가 헌법 개정안에 대해 위헌 판결을 내림으로써 우리베의 대권 출마가 불가능하게 되자 산토스는 전임 대통령의 과업을 이어받을 것을 약속하며 선거전에 돌입했다. 그렇게 하여 산토스는 결선투표 불참률이 55%가 넘는 선거에서 68.6%의 득표율로 2010~2014년 임기의 대통령직을 수행하게 되었다.

그런데 산토스는 취임 당일에 게릴라와 협상을 개시할 가능성에 대해 언급했다. 그리고 그러한 의지는 2012년 10월 18일 '분쟁 종식과 안정적이고 지속적인 평화 건설을 위한 일반 협약'에 기초하여 정부와 FARC-EP 간의 협상 테이블이 노르웨이의 오슬로에 마련됨으로써 공식화되었다. 이 협약은 어젠다 실현을 위해 네 시기를 정하고 다섯 가지 주요 문제를 확정했는데, 통합적 농촌개발정책, FARC의 정치 참여,

---

다14'는 1993년 법률 제100호를 말하는 것으로 제142조는 퇴직, 불구, 노령에 따른 연금수혜자에게 매년 6월 추가 연금 지급을 규정하고 있다.

분쟁 종식, 불법 마약 문제 해결, 희생자에 대한 보상이다.

이 협약안과 더불어 협상은 두 번째 국면에 접어들었으며 어젠다의 다섯 가지 중 네 가지가 다뤄졌다. 우리베주의자들의 공격 가운데, 무력 충돌 희생자 문제는 아바나에서 논의될 예정이었으나 처음부터 협상안 도출은 어려울 것으로 보였다. 이제는 상원의원이 된 우리베의 욕설이 매스컴을 탔으며, 더불어 콜롬비아 군부 인사와 전(前) 국가안전부(Departamento Administrativo de Seguridad: DAS) 요원의 불법도청 사건이 있었고, 수십 년에 걸친 무력충돌과 강탈의 고통에 대해 보상받을 수 있기를 기대하며 2011년 비준된 토지반환법의 보호를 받던 수천 명의 콜롬비아인에 대해 신흥 준군사조직이 폭력을 자행했다.

산토스 정부는 과도기적 체제를 준비함에 있어 걸음마 단계에 있다. 2014년 입법부 활동이 개시되자 산토스는 탈무력충돌을 위해 필요한 입법 개혁안을 의회가 비준해줄 것을 권고했다. 이는 평화를 위한 사법적 범주의 승인뿐만 아니라 지속적 평화를 위한 선결조건인 교육, 보건, 안보, 환경, 농촌 발전, 국가 개혁 등에 관한 제도적 개혁을 포함하고 있다.

3선 대권에 도전할 수 없었던 우리베는 차기 대통령 임기인 2014~2018년을 대비해 오스카 이반 술루아가(Oscar Iván Zuluaga, 1959~)를 대리 대통령 후보로 지명했다. 술루아가는 2기 우리베 정부 시절에 재무부 장관을 역임한 바 있으며 이름과는 다르게 극우성향의 정당인 민주중심당(Partido Centro Democrático: PCD) 대표이다. 이 두 인물이 연합하게 된 계기는 상당 부분 우리베와 산토스의 대립 때문이다. 이들은 "테러리즘에 대항한 전선을 형성하고," "산토스 대통령이 우리의 과제를 보존하고 지속하기로 약속함으로써 대통령에 당선되었음에도 불구하고 다른 방향으로 전환했으니" 그 방향을 회복해야 한다는 입장이다. 따라서 민주중심당은 우리베의 주장을 수용하여 가다듬은 다섯 개 항목, 즉 민주적 안정성, 투자 신뢰, 사회통합, 엄정하고 탈중심화된 국가, 대중적 소통을 핵심적 정책 방향으로 잡고 있다.

산토스가 FARC와 평화협상을 개시함으로써 우리베의 노선을 '배신했다'는 일반적 관점에 반하여 우리베가 자신의 집권시절에, 평화위원회 위원으로 활동했던 프랭크 펄(Frank Pearl, 1962~)을 매개로 세 번에 걸쳐 비밀리에 게릴라와 접촉했음이 최근에 알려졌다. 평화 프로세스에 대한 우리베주의자들의 공격에 대해 산토스는 우리베 정부가 FARC의 게릴라와 평화 프로세스를 진행했을 뿐만 아니라 민족해방군(Ejército de Liberación Nacional: ELN)과도 그러한 시도를 했다고 단언했다. 산토스의 발언이 사실이라면 우리베와 산토스의 논쟁은 의문으로 남을 수밖에 없을 것이다. 더불어 이는 현재 민주중심당(PCD)의 상원의원인 우리베가 산토스를 적대하는 진짜 이유가 무엇인지 궁금증을 증폭시킬 뿐이다. 혹시 우리베가 산토스를 견제하는 이유가 자신이 결정적으로 달성하지 못한 뭔가를 산토스가 이뤄가고 있기 때문일까?

5. 미국 + 태평양권 + 남미국가연합

산토스의 외교 행보는 우리베 집권시기의 외교정책과는 상당히 다른 방향으로 선회했다. 그는 베네수엘라와 에콰도르와의 관계를 회복했으며 남미국가연합(UNASUR)과 같은 지역기구에 콜롬비아를 배치하려는 의지를 보였다. 산토스는 취임 3일차인 2010년 8월 10일 차베스와 정상회담을 갖고 양국의 위기를 논의하고 경제, 관광, 인프라, 조세정보의 상호교환에 대한 협정에 동의했으며, 이 협정은 베네수엘라 현직 대통령인 니콜라스 마두로(Nicolás Maduro) 정부까지 유지되었다. 또한 남미 국가연합 사무총장인 네스토르 키르츠네르(Néstor Kirchner)와 그의 부인 이자 현직 아르헨티나 대통령인 크리스티나 페르난데스(Cristina Fernán-dez)와의 비공식회담에서 주둔군 문제를 논의했으며, 마리아 엠마 메히아(María Emma Mejía)와 에르네스토 삼페르(Ernesto Samper) 콜롬비아 전 (前) 대통령이 각각 2011년과 2014년에 남미국가연합 사무총장에 임명되는 데 관여했다.

주변국과 평화가 유지되면서 산토스는 국제금융기관들의 혜택을 받았다. 산토스는 국제금융기관의 요구에 따랐을 뿐만 아니라 지속적으로 그 기관들에 자문을 요청했다. 그는 2013년 미대륙간개발은행(IDB), 세계은행(WB), 국제통화기금(IMF)의 회의석상에서 "우리는 아이디어를 얻으러 왔습니다. 영감을 찾아서 말입니다. 우리의 경제를 어떻게 강화할 수 있을지 알아보고자 말입니다"라고 발언했다(El Paíis, 2013.12.4).

신자유주의라는 처방을 따르는 경제국과 연계하려는 그의 전략은 2011년 칠레, 멕시코, 페루와 함께 태평양동맹(Alianza del Pacífico) 경제블록을 구성하는 것으로 구체화되었다. 산토스는 존 F. 케네디의 시대를 호명하며 '진보와 평화를 위한 연합'으로서 경제블록의 출발을 알림으로써 쿠바 아바나에서 열리게 될 평화협상과 경제정책을 묶어냈다. 무장충돌을 종식시킬 협정에 서명함으로써 그가 기대하던 바는 콜롬비아 경제가 아시아 국가들에 발맞춰 성장하는 것이었다.

아바나에서의 서명이 가져올 사회경제적 효과를 제외한다면 지난 4년간의 경제 사정이 우리베 집권 때와 큰 차이를 보이지는 못하고 있다. 대통령 선거운동에서 우파의 후보들은 평화를 이루기 위한 접근 방식을 놓고 싸우는 데 정신이 팔려 있었을 뿐 경제 분야가 어떻게 될지에 대해서는 예측조차 하지 않았다. 산토스와 술루아가는 공히 자유시장과 자유무역협정의 추종자이다. 다만 그들은 협정의 발효시점을 언제로 잡느냐에 있어 이견이 있었을 뿐이다. 술루아가는 협정의 완성도를 높이기 위해 발효시기를 늦추자고 주장했다. 두 사람은 청년들의 창업지원과 경제 동력으로서의 경제혁신을 주장했다. 그러나 누구도 산업 분야에 대해 강력한 복안을 내놓지 못했으며, 농업 관련 분쟁과 농업생산 보조금과 같은 당면 과제 이상의 농업정책은 수립하지 못했다. 생산 보조금에 있어 최근 몇 년 동안 농업 분야가 심각한 위기에 직면했으며 토지쟁탈로 발생한 무력충돌을 해결해야 함에도 불구하고 산토스는 소유권, 집중화, 개발방식과 같은 구조적 문제를 해결할 통합적 정책을 아직도 구상하지 못하고 있다.

균형발전의 전망도 아주 밝지는 않다. '모두를 위한 번영: 고용 증대, 빈곤퇴치, 사회안정'을 내건 국가발전계획(Plan Nacional de Desarrollo)의 결과를 보면 아주 불균형적일 뿐만 아니라 그 불균형을 고르게 맞출 방안도 없다. 과학기술에 대한 투자가 미미하여 발전전략이 제대로 방향을 잡을 가능성이 희박하고, 허용되어서는 안 될 토지소유 집중화를 묵인하고 있는 농업정책으로 인해 사회적 불평등과 빈곤율을 줄일 수 있다는 희망도 찾아보기 어렵다. 토지소유에 따른 지니계수가 0.87에 이르는 실정이니 말이다. 게다가 자원개발 모델 추진은 상황을 더 악화시키고 있다. 엄청난 환경 파괴가 발생하고 있고 국가의 임대사업 참여는 극히 제한되고 있으며, 외국 열강들의 전유물처럼 콜롬비아 경제가 유지되고 있다. 또한 광산·에너지로 얻은 수익을 발전과 일반 복지로 전환시킬 방법도 강구하지 못하고 있다.

6. 산토스 대 우리베

8년 동안 지속된 우리베의 반(反)FARC 민족주의는 오늘날 콜롬비아 국민들을 두 갈래로 갈라놓고 말았다. 평화 어젠다와 전쟁 어젠다의 극단적 대립은 산토스의 재선을 흔들어놓았으나 결선투표에서 좌파 민주진영이 그를 지지한 덕에 무게중심을 가져오는 데 성공했다. 문제는 선거전에서 이것이 중심축이 됨으로 인해 구조적인 문제들, 즉 경제 모델이나 미국과의 관계 혹은 사회적 어젠다가 부차적인 문제로 밀려났다는 것이다.

비록 산토스가 라틴아메리카 좌파와 우호적 관계를 맺고 있지만 그의 정치적 프로젝트는 완전히 딴판이다. 그는 보고타에서 가장 유력한 집안(일간지 ≪엘 티엠포(El Tiempo)≫ 소유 가문)에서 태어났으며 어린 시절부터 자유주의 사상을 흡수했고 미국 캔자스 대학교에서 경제학과 경영학을 전공한 후 미국 하버드 대학교와 영국 런던경제대학교에서 그러한 사상을 확고하게 정립한 사람이다. 특히 그는 런던경제대학교 시절 토니 블레어 영국 총리를 만나 '제3의 길(Third Way)'[12]을 수용하게 되었으며, 자유주의와 민주적 사회주의가 양립할 수 있다는 전제하에 그 노선을 콜롬비아에 적용했다. 오늘날 산토스는 "새롭고 현대적인 조류를 타야 한다"며 "시장을 최대한 확대하고 국가는 필요에 따라 최대한 개입해야 한다"고 주장하고 있다(Ortega, 2010.1.28). 그의 큰할아버지인 에두아르도 산토스 또한 대통령을 역임(1938~1942)했는데, 그의 사상과

---

12) '제3의 길'은 사회민주주의와 경제적 자유주의를 조화한 중도주의적 이념을 일컫는다. 토니 블레어 영국 총리(1997~2007)는 자신의 정책 방향을 '제3의 길'로 규정했다. ― 옮긴이

가족력을 고려하면 그의 자연스러운 반(反)단절주의적 성향은 놀랍지 않다 '자연스러운'이라고 말한 이유는 본질적 변화는 불가능하다는 인식이 콜롬비아 역사를 관통하고 있으며 현상유지(status quo)라는 보수성은 가장 진보적인 사람들에게서까지 나타나기 때문이다. 반면 급진적 개혁주의자들은 산으로 들어가거나 민주화를 이루려는 투쟁 속에서 죽어갈 수밖에 없었다.[13] 최근 10년 사이에 대안민주당(Polo Democráico Alternativo: PDA)이 출범하기는 했으나 콜롬비아에 사회민주주의를 뿌리내리지 못했고 좌파는 아직도 정치제도의 변방에서 빠져나오지 못하고 있다.

산토스의 입법부 개혁은 소극적이고 현실적으로 구체화하기 어려운 일이었다. 그렇다고 반세기가 넘도록 내전으로 피범벅이 된 나라에 평화를 가져온 사람으로 역사에 남기를 바라는 그의 열망이 사라진 것은 아니다. 그러므로 산토스의 주요 업적은 우리베와 그를 추종하는 사람들이 부채질한 더러운 전쟁에 찬물을 퍼붓는 것에 있었다. 그는 신자유주의 나침반의 방향을 한 치도 바꾸지 않았고 미국과의 친밀한 관계도 포기하지 않으면서 우파 대지주에 지역주의자에 마피아 같은 전임자의 '사악한' 동지들로부터 벗어나려고 했다.

최근 들어 여러 매체들을 통해 우리베 전 대통령과 나르코 준군사조직의 연계와 더불어 이들이 정치인, 기업·경제 엘리트, 목축업자들, 지주들과 다국적기업의 이익을 보장해주기로 했다는 사실이 속속 드러나

---

13) 1948년 자유당의 대통령 후보였던 가이탄(Jorge Eliécer Gaitán)에 대한 암살과 그를 지지하는 사람들에 대한 핍박과 '보고타소(Bogotazo)', 그리고 1980~1990년대에 3500명에 이르는 애국연합(Unión Patriótica: UP) 활동가들에 대한 집단학살은 무력을 행사하지 않고 콜롬비아 정치에 변화를 가져오고자 했던 사람들이 희생된 대표적 사례이다.

고 있다.[14) 이들은 준군사조직을 수단으로 우라바(Urabá) 지역, 대서양 해안 지역, 산탄데르 북부 지역에서 농민들과 영세업자들을 몰아내고 노동조합, 사회지도자, 인권운동가들의 입을 막았다. 무장해제한 준군 사조직원들의 증언에 따르면 우리베가 수차례에 걸쳐 자위방어조직들 과의 모임에 참석했으며, 이들이 우리베가 선거에 나섰을 때 경제적 지원과 무력을 통한 동원을 지원했다고 한다. 우리베를 지지하는 전·현 직 국회의원에 대한 100여 건 이상의 재판과 30건 이상의 유죄판결은 국회의원들과 준군사조직이 연계되어 있음을 입증하고 있다. '준군사 조직 게이트'는 그러한 전략적 동맹의 정점에서 발생했던바, 영세농업 인 지원을 위한 국가 프로그램이 대지주 가문과 마약밀매자들에 의해 재편됨으로써 발생한 엄청난 부패와 이에 관계된 재판은 범죄조직이 합법적·불법적 행위자들과 연루되어 있다는 사실을 분명히 드러내는 것이었다.[15)

---

14) Comisión Nacional de Reparación y Reconciliación(Colombia), Grupo de Memori a Histórica, *Justicia y paz. Tierras y territorios en las versiones de los paramilitar es*, Aguilar(Bogotá, 2012), www.banrepcultural.org/sites/default/files/justicia-y-pa z-tierras.pdf 및 우리베와 준군사조직의 연계성을 다룬 이반 세페다 카스트로(Iván Cepeda Castro) 상원의원의 "Álvaro Uribe Vélez: narcotráfico, paramilitarismo y parapolítica," Senado de la República(2014), http://static.iris.net.co/semana/uplo ad/documents/Documento_403082_20140917.pdf를 참조하라.

15) 카리브 지역에서는 비베스 라코투레(Vives Lacoture), 라코투레 당곤(Lacoture Dangond) 등의 가문이, 바예델카우카(Valle del Cauca) 지역에선 우리베파 출신 의 전(前) 장관 카를로스 올긴 사르디(Carlos Holguin Sardi) 등의 가문이 농업지 원금 재편의 수혜자들이었다.

7. 결론

콜롬비아는 정치정당이 오래전에 변질되어버린 나라인바, 최근에 치러진 선거에서 진보적 콜롬비아인에게 남은 대안이라고는 덜 악질적인 후보자를 택하는 길밖에 없었다. 선거의 논쟁점은 국가의 모델을 어떻게 할 것인가가 아니라 미디어의 경쟁 속에서 형상화된 개인적 리더십과 계파주의적 공조와 관료적 야망에 있었다. 그러므로 산토스와 우리베의 차이는 일정한 이데올로기적 기획에 있는 것이 아니라 그들이 지배하고 있는 당파와 공식적으로 드러난 그들의 어조, 즉 한쪽이 조심스럽고 화해적이며 온건한 반면에 다른 한쪽은 말 많고 신경질적이며 극단적이었다는 점에 있었다. 우리베가 게릴라와 연루되어 있다는 것과는 다르게 산토스가 FARC(그리고 때로는 ELN)와 협상했다는 것이 그를 변절자로 만들지는 않았다. 오히려 산토스는 투자자들이 요구한 법률적 안정성을 보증할 수 있는 최고의 인물이 되었다. 이는 전쟁의 시기에 경제가 성장했다 하더라도 장기적으로는 전쟁으로 인한 경제적·사회적 비용이 더 크기 때문이었다. 앞으로 콜롬비아인들은 탈무력충돌의 시대를 맞이하며 엄청난 부채를 감당하게 될 것이다.

이 양자의 극단화 과정에서 뭔가 알아내야 할 것이 있다면, 그것은 '사망자 조작 스캔들', '국가안전부(DAS)의 도청 스캔들', '준군사조직 게이트', 농업지원 프로그램의 부패, 우리베주의자들의 무수한 악행 등 민주적 안정화의 남용을 견뎌낼 수 없는 투표자들이 보여준 차이의 원인이다. 우리는 투표를 포기한 60%의 엄청난 유권자들이 단순히 정치에 무관심해서 그런 것인지 정치를 불신하고 분개하여 그런 것인지 알아볼 필요가 있다.

Braslavsky, Guido. 2009.8.13. "Uribe viene a la Argentina, pero quiere discutir sobre Venezuela e Irán." *Claríin*.

Comisión Nacional de Reparación y Reconciliación(Colombia), Grupo de Memoria Histórica. 2012. *Justicia y paz. Tierras y Territorios en las Versiones de los Paramilitares*. Aguilar, Bogotá. www.banrepcultural.org/sites/default/ files/justicia-y-paz-tierras.pdf

Corporación Nuevo Arcoiris. 2007. *Así fue la Infiltración Paramilitar de la Política en Colombia*. Bogotá.

Escuela Nacional Sindical. 2010. "Balance del gobierno Uribe: Modelo económico, política laboral, empleo e informalidad en el gobierno Uribe. Primera entrega." www.ens.org.co/index.shtml?apc=Na--;25;-;-;&x=20155553

El Paíis. 2013.12.4. "Organismos multilaterales destacaron política económica de Juan Manuel Santos." www.elpais.com.co/elpais/economia/noticias/organis mos-multilaterales-destacaron-politica-economica-juan-manuel-santos

Hernández, Claudia López. 2010. *Y Refundaron la Patria··· De Cómo Mafiosos y Políticos Reconfiguraron el Estado Colombiano*. Debate. Bogotá.

López de la Roche, Fabio. 2014. *Las Ficciones del Poder. Patriotismo, Medios de Comunicacióon y Reorientacióon Afectiva de los Medios bajo Uribe Véelez* (2002-2010). IEPRI/Debate, Bogotá.

Mesa de Trabajo sobre Desapariciones Forzadas de la Coordinación Colombia-Europa-Estados Unidos. 2012.11. "En Colombia las desapariciones forzadas no son asunto del pasado." documento presentado ante la Comisión Interamericana de Derechos Humanos.

Organización Internacional del Trabajo(OIT). 2009. "Oficina Regional de la oit para América Latina y el Caribe." *Panorama Laboral 2009*. Lima: OIT. www.ilo. org/wcmsp5/groups/public/---americas/---ro-lima/documents/publication/wc ms_179382.pdf

Ortega, Alberto Acosta. 2010.1.28. "La Tercera Vía: una alternativa para Colombia con Santos." *Restauración Nacional.*

Presidencia de la República de Colombia, Ministerio de Defensa. 2003. "Política de defensa y seguridad democrática." Bogotá. www.oas.org/csh/spanish/docu mentos/Colombia.pdf

Rodríguez, G. P. 2010. "Perdonar lo imperdonable. Crimen y castigo en sociedades en transición." Enrique del Percio(comp.). *Prejuicio, Crimen y Castigo.* Buenos Aires: Sudamericana/COPPAL, pp. 143~181.

Tapia, Luis. 2008. "La reforma del sentido común en la dominación neoliberal y en la constitución de nuevos bloques históricos nacional-populares." Ana Esther Ceceña(coord.). *De los Saberes de la Emancipacióon y la Dominación.* Buenos Aires: Clacso, pp. 101~113.

제9장

콜롬비아 의회 구성을 위한 복합선거제

의원과 시민의 관계 개선을 위한 제언

존 수다르스키 _이경민 옮김

선거제도는 당선자만큼이나 유권자의 태도에 영향을 끼친다. 콜롬비아의 경우 파벌주의나 비효율적인 대표성, 심각한 수준의 선거 혼란처럼 의회와 정당에 악영향을 끼치는 요소들은 선거 시스템으로 인해 발생한 결과이다. 다양한 선거 개혁과 정치 개혁은 정당을 강화하는 데는 기여했지만 시민사회와 유권자들의 의식을 고양하고 유권자와 당선자의 관계를 강화하거나 당선자의 책임성을 유도하지는 못했다. 2005, 2007, 2011년 콜롬비아의 사회적 자본을 살펴본 결과, 입법부 관련 사회자본이 아주 낮은 수준에 머무르고 있었으며 유권자가 자신이 속한 지역의 의원이 누구인지도 모를 정도였다. 더욱이 2010년 선거에서 상하원을 통틀어 3500만 명 이상의 표가 무효표였다는 것은 선거 혼란이 심각한 수준임을 보여준다.

그런 점에서 필자는 이 글에서 입법부 선거 시스템을 개혁할 것을 제안하고자 한다. 이 제안은 소선거구제(1구 1인 대표제)의 장점을 수용한 복합선거제를 도입하자는 것이다. 이를 통해 유권자와 당선자의 관계를 강화하고 효과적인 대표성과 책임성을 추동할 수 있으며 비례대표제를 추가함으로써 정치적 소수를 보호할 수 있을 것으로 전망된다.

존 수다르스키 John Sudarsky 하버드 대학교 정치학 박사. 현재 녹색당(Partido Verde: PV) 소속 정치인으로 2010년부터 2014년까지 상원의원을 역임.

* 이 글은 ≪Fescol Policy Paper 2012≫에 실린 글을 옮긴 것이다.

1. 서론

선거제도는 유권자나 당선자에게 강력한 영향을 끼칠 수 있다. 실제로 선거에서 의회와 정당에 대한 시민들의 비판의 상당 부분은 콜롬비아의 선거제에 관한 것이다. 콜롬비아 헌법은 의회를 양원제(상원, 하원)로 구성해야 한다고 명시되어 있다. 상원을 구성하는 투표는 전국구로 시행되며 원주민을 위한 2개의 특별 의석이 있다. 반면에 하원은 각 주별로 선거구가 나뉘어(다만 보고타는 단일선거구이다) 시행되며 원주민과 아프로콜롬비아인(afrocolombianos) 공동체 및 재외 콜롬비아인 공동체와 정치적 소수를 위한 추가 의석이 마련되어 있다. 투표는 구속명부식(폐쇄형)과 새로운 정당의 출현과 정치적 소수의 입장을 보호할 수 있는 비구속명부식(개방형)이 혼합되어 있다.

최근 10년간 다양한 정치 개혁과 선거 개혁으로 실질적인 변화가 있었는데, 득표수에 따라 의석을 배정하는 비례대표제 도입이 그것이다. 이 제도가 도입된 2003년 정치 개혁은 정치정당을 강화하는 데 있었다. 반면에 2009년 정치 개혁은 탈법조직과 범죄행위와 연루되어 처벌된 의원들이 소속된 정당에 철퇴를 내릴 목적으로 시행되었다. 또한 이 정치 개혁은 정당에 대한 법적 보전과 승인을 강화하기 위한 것이었던 바, 실제로 2010년 선거에 참여한 정당의 수가 감소했으며 2014년 선거에서는 기존보다 3% 정도 더 감소했다.

그러한 개혁은 공통적으로 정부의 통치력과 정당을 강화시켰다. 하지만 시민과 시민사회의 역할을 강화하지도 집단적 합리성도 일궈내지 못했다.1) 2010년 국회의원 선거는 무수한 문제를 야기했다. 기표방식은

---

1) 집단적 합리성을 형성하는 일은 콜롬비아에서 각별한 의미를 지닌다. 세계가치관

복잡했고 하루에 너무 많은 투표를 해야 하는 등 유권자들의 혼란을 야기했다. 유권자는 자기가 선택한 후보가 누구인지 인지하는 데 어려움을 겪었는데, 이는 유권자가 투표를 하려면 특별선거구 투표를 하는지는 물론이고 후보의 등록번호와 소속 정당을 알고 있어야 했기 때문이었다. 더디고 불확실한 신분증 발급과정과 무효표는 선거의 합법성을 약화시켰으며, 이는 대의제도의 신뢰성을 심각하게 훼손하는 결과를 낳았다.2) 그런 점에서 선거과정 재편이 불가피한바, 유권자와 후보의 관계를 강화하기 위해서는 유권자의 입장에서 선거과정을 단순화하고 소선거구제와 같은 새로운 제도를 도입해야 한다.

2. 유권자 - 의원의 관계와 소선거구제

의회에서는 물론이고 정당이 시민의 집단적 의사를 수용함에 있어서도 유권자의 역할은 찾아볼 수 없었다. 비록 1991년 헌법이 광범위한 국민 참여를 위한 메커니즘을 도입함으로써 헌법이 보장한 국민주권의 효력을 높이려 했지만 사실상 참여의 형태가 투표라는 방식만으로 이뤄진 게 보통이었다.

유권자와 당선자 간의 실질적인 대표성에 대해서는 논의조차 이뤄지지 않았다. 예컨대 의원이 유권자들에게 어떤 방식으로 책임성을 설명

조사의 결과를 보면 콜롬비아는 법적 합리성의 수준이 가장 낮은 나라에 속하며 1997, 2005, 2011년에 그 하락세가 두드러졌다.

2) 콜롬비아의 사회자본(Sudarsky, 1997, 2005, 2011). 1997년 의회 선거는 높은 수준의 신뢰성을 유지했으나, 2005년과 2011년에는 불신도가 각각 0.3%, 0.5% 상승했다.

할 것인지도 논의되지 않았다. 이는 유권자와 의원의 관계에 대의라는 개념이 없음을 의미하는 것으로 이베로아메리카(Iberoaméica)의 유산을 물려받은 나라에서 지배적으로 나타나는 문화 요소이다.

유권자 - 대리인 관계의 취약함은 콜롬비아의 사회자본 평가에 그대로 나타나고 있는데(3차 사회자본 평가, 보고타, Fundación Restrepo Barco, 2011), 특히 입법적 연계성과 책임성에서 두드러진다. 상원의 연계성이 1997년 이후로 주목할 만한 변화를 보이지 못하고 있지만, 하원의 연계성은 2005~2011년 기간 동안 8% 상승하기는 했다. 하지만 이 또한 1997년에 비하면 0.08% 감소한 것이다. 마찬가지로 이 사회자본 평가는 주의회의 문제를 분명하게 보여주는데, 이는 상기 기간에 의원들의 시민과의 연계성이 밑바닥 수준이라는 것이다. 심지어 시민들이 해당 의원이 누군인지도 모를 정도로 심각했다.

유권자와 의원의 관계는 대의라는 각별한 의미를 지닌다. 극단적으로 표현하자면, 유권자는 자신들을 위해 활동하도록 대리자에게 위임하는 것이다. 그런 의미에서 대리자는 유권자에 대한 책임을 다해야 하며 자신의 입법활동을 설명하고 자신을 선택한 사람들의 이익과 비전을 증진해야 한다. 그렇다고 대리자가 말 그대로 그저 위임받은 지위만을 말하는 것은 아니다. 왜냐하면 대리자는 유권자들과 변증법적 관계에 있기 때문이다. 즉, 그는 국가의 활동, 예산의 변화, 국가적·지역적 자원의 원천과 활용에 대해 알리고 설명해야 한다. 이는 유권자들이 다양한 사업의 성과와 실패에 대한 책임이 누구에게 있는지 알 수 있도록 대리자가 재임기간에 수행해야 할 일이다.

유권자와 의원의 관계에는 대의라는 '소우주적(microcómico)' 개념이 존재한다. 여기서 주목할 것은 입법부가 사회구성원에 의해 구성된다는 점이며, 이는 입법부가 한 사회의 모든 정치권력이 배열된 축소판임을 의미한다.

대의제가 지닌 이 두 가지 개념은 선거제도에 중대하게 작용한다. 앵글로색슨인들의 민주주의는 봉건적인 계약의 원칙에서 출발하여 유권자-의원의 개념을 취했으며, 이는 영국처럼 한 지역에서 가장 많은 득표를 얻은 사람이 의석을 차지하는 소선거구제에 기초한 의원내각제로 반영되거나 미국처럼 대통령제하에서 다득표자가 입법부를 구성하는 방식으로 반영되었다.

이 제도는 유권자가 대리인이 누구인지 인지하고 가장 효과적인 방식으로 책임성을 요구할 수 있는 제도이다. 시민이 정치사회적 통제를 구현하려면 이러한 메커니즘을 지녀야 한다. 즉, 대리인이 재선을 노릴 경우, 유권자가 그를 지지할 것인지 아닌지 결정권을 갖게 되는 것이다. 이로써 투표는 대리인을 소환할 수 있는 메커니즘의 하나가 될 수 있다.

1) 대의성 상실을 줄일 방식으로서의 참여 메커니즘[3)]

따라서 참여 메커니즘의 중요성이 거기에 있다. 콜롬비아의 경우 헌법에 따라 4년마다 전국구, 지역구 선거를 시행하고 있으며 매년 예산안을 처리하고 있다. 시대가 변하고 시민사회가 강화되면서 그러한 메커니즘은 시민권을 형성하고 시민이 원하는 것을 집단적으로 정의할 수 있게 되었으며, 다음 선거에서 '추동' 메커니즘이 되어 후보자의 공약이 사람들이 원하는 바에 상응하게 되었다.

이 과정이 되풀이되면 그 메커니즘은 의원을 소환할 수 있는 메커니

---

3) 스트룀(Strom, 2000) 참조. 대의성 상실은 대리자의 태도나 행위에 대해 유권자가 지닌 정보가 투명하지 않은 상태에서 유권자가 대의자에게 권력을 위임하는 과정에서 발생한다.

즘으로 변한다. 물론 이 과정은 선거구의 규모에 따라 다를 수밖에 없다. 선거구가 지나치게 크면 다수의 시민이 선거구와 유권자의 관계를 설정하는 데 어려움을 겪을 수밖에 없다.

2) 대통령제에서의 유권자 - 의원 관계 약화와 파벌주의와 배타주의 시스템에서의 유권자 - 의원 관계의 붕괴

소선거구제에 기초한 의원내각제에서 유권자와 당선자 간의 책임성 관계는 대통령제의 경우보다 훨씬 분명하게 나타난다. 의원내각제에서는 대표성과 책임성이 각 선거구의 의원들에게 부과되며, 의원들로부터 총리와 내각으로, 그리고 이들로부터 각 부처의 공직자들로 확장된다.

대통령제에서 이 관계는 훨씬 어려울 뿐만 아니라 미국의 경우처럼 소선거구제에서는 더욱 그러하다. 왜냐하면 그 관계가 선거구의 투표자로부터 하원의원으로, 각 주의 투표자에서 상원의원으로, 전국구 투표자에서 대통령으로 확장되기 때문이다. 대통령이 장관을 임명하는 데 있어 선거라는 절차는 필요치 않다. 그리고 대통령과 상하원의 구성원들은 각기 다른 영역의 공직자에게 영향력을 미치게 된다.

대통령제를 시행하고 있지만 소선거구제가 없는 콜롬비아의 상황은 더욱 취약하다. 하원의 대표성이 소선거구제에 상응하지도 않을 뿐더러 유권자가 주 단위로 흩어져 있기 때문이다. 그런 점에서 파벌주의 관계를 언급할 수 있는데, 그 대표성이 집단적, 공공적이지 못하고 공공재산의 사적 분배로 조장된 사적 대표성이기 때문이다.

3) 소선거구제가 콜롬비아에 미칠 이점

시민은 대표자가 누구이며 누구에게 책임이 있는지를 인지하는 일, 다시 말해 유권자 - 의원의 관계를 명확히 알아야 한다. 각 지역마다 시민의 참여 프로세스가 추가적으로 조직화된다면, 그리하여 발전을 위한 투자가 야기할 딜레마에 맞설 수 있다면, 집단적 합리성이 생성될 것이며 대표자들에게 어떤 책임을 물을 것인지 알게 될 것이다.

소선거구제 도입은 대표성을 무력화하는 주요 요인, 즉 넓은 선거구에서의 선택투표제가 지닌 결함을 제거할 수 있다. 또한 각 선거구마다 정당의 후보가 나오는바, 투표용지에 각 후보의 정당은 물론이고 사진을 싣는 등 투표용지를 단순화할 수 있다.

정당들은 정당 연대의 이점을 취할 수 있다. 단일 후보를 뽑게 한다면 정당은 조직의 영토를 강화할 수 있을 것이다. 한 정당의 구성원들 중에서 민주적 경선이 치러진다면, 이 경선과정은 정당에 정당성을 부여해줄 것이며, 정당은 후보를 선정함에 있어 대중적 지지를 고려하여 심사숙고할 것이다. 정당은 민주주의를 기반으로 공고해질 것이고 당선자를 관리할 수 있을 것이다. 더욱이 후보자는 정당의 정책 방향과 이데올로기를 공유하고 시민들은 자신의 이익에 부합한 정책에 따라 투표에 임할 수 있을 것이다.

후보자의 입장에서는 선거비용을 상당히 줄일 수 있다는 이점이 있다. 선택투표제에서는 안티오키아 주의 경우에서 보듯이 선거구가 지나치게 크기 때문에 후보가 해당 주의 모든 지역을 감당하기 위해 엄청난 비용을 쓸 수밖에 없다. 물론 당선자의 지지층이 한 지역에 집중되어 있기는 하지만 전 지역에 걸쳐 엄청난 비용을 들여가며 지지를 유도하는 현상이 나타나게 마련이다.

후보자가 누구인지 명확히 알 수 있다는 사실은 후보자가 제 위치를 설정할 수 있도록 해준다. 이는 유권자가 자신의 태도와 평가에 근거한 후보 선택을 용이하게 해주며, 엄청난 비용을 부담해야 했던 후보자는 누구에 대해 책임성을 보여야 할지 인식할 수 있게 된다. 이는 책임성을 지녀야 하는 현재의 의원들이 자기의 유권자가 누구인지도, 그들이 무엇을 원하는지도, 자기의 대표성의 효과를 어떻게 증대시킬지도 인지하지 못하고 있기 때문에 매우 중요한 문제이다.

사회적인 측면에서 소선거구제는 다양한 이점을 줄 것이다. 먼저 선거구의 인구가 유사하게 구성된다는 점이다. 이는 보고타의 사회자본 평가(2005~2011)에서 확인할 수 있는바, 상류층에 비해 하층민의 투표가 25%에 그치고 있다.[4] 더욱이 2011년에 1, 2, 3계층의 투표는 2005년에 비해 6% 감소했다.[5] 이 문제는 각 사회계층이 선거 참여의 유용성에 대해 서로 다르게 인식하고 있다는 점과 선거구 설정이 복잡하게 구성되어 있어 유권자와 입법부의 연계성이 떨어진다는 점에 그 원인이 있다. 소선거구제가 도입되면 보고타의 시우다드 볼리비아 같은 지역은 낮은 투표율과 분산된 대표성으로 인해 선거에 참여할 동기가 희박한 현재의 시스템을 벗어나 그들의 이익을 대변해줄 두세 명의 국회의원을 배출할 수 있을 것이다.

이와 마찬가지로 소선거구제는 탈중심화에 긍정적 영향을 미칠 것이다.[6] 탈중심화의 과정이 더디게 진행되는 이유는 주정부에 대한 신뢰성

---

4) Sudarsky, *El capital social de Bogotá, 2005-2011.*

5) 여기에 제시된 사회경제적 계층 구분은 6단계분류법(1: 최하층, 2: 하층, 3: 중하층, 4: 중층, 5: 중상층, 6: 상층)을 따른 것이다. ― 옮긴이

6) 마요르가(Mayorga)가 볼리비아의 예를 통해 지적하듯이 복합선거제로의 전환 프로세스는 탈중심화 프로세스와 긴밀한 상관성을 지닌다(Shugart y Watemberg,

이 떨어졌기 때문이다. 즉, 현재의 주정부 정치 시스템으로는 사회적 통제를 이뤄낼 수 없으며 새로운 책임성도 위임할 수 없는 실정이다. 이러한 불신은 많은 주와 시가 직면한 사법부의 위기에서 찾을 수 있는데, 이는 시민들이 만연한 부패를 줄이기 위해 취할 수 있는 해결방안이 거의 없다는 데 기인한다. 결국 소선거구제의 도입과 사회적 통제를 위한 참여 프로세스는 조직화된 시민들과 국가가 발전의 딜레마를 공유할 수 있게 할 것이다. 구조적 투명성 부재와 지금과 같은 선거 프로세스는 체제에 대한 합법성 부재와 불신을 낳을 따름이다.

3. 입법부를 위한 복합선거제 제안

복합선거제의 가능성이 다양하게 열려 있고 그 시스템이 복잡한바, 콜롬비아 의회가 헌법 개혁을 추진할 결정적인 복안을 마련함에 있어 어떠한 판단기준을 우선시해야 하는지 가늠하는 한편, 선거제도 구상에 대한 논의가 진행되어야 할 것이다. 이러한 집단적 습득과정은 필수적이다. 왜냐하면 이는 기획을 입안한 사람들의 선거논리가 변해야 함을 함축하고 있고 그 대안이 어떤 이점을 가져올지 건설적으로 다뤄야 하기 때문이다. 이 제안을 다뤄야 하는 사람들이 현재의 시스템에서 당선된 자들이라면 어려움이 따르겠지만 개인적이든 집단적이든 그 시스템의 결함을 피부로 느꼈을 것이다.

선거 개혁은 집단적 합리성을 생성하고 콜롬비아의 선거제도를 더욱 참여적인 방식으로 바꾸는 데 있다. 즉, 유권자와 대표자의 연계 메커니

2003: 581).

즘을 만들고 유권자에 대한 당선자의 책임성을 강화하자는 것이다.

1) 하원 선거

각 주와 수도는 인구에 따라 선거구를 분리하되 2005년 인구조사에 준하여 대략 41만 5000명에 맞춰 소선거구를 설정할 수 있다. 선거구의 범위는 각 주와 수도 내에 있는 도시를 비롯해 소도시나 지역에 맞춰 조정될 수 있을 것이며, 각 지역의 역사문화적 범주도 적용될 수 있다. 각 소선거구에서는 다득표를 원칙으로 한 명의 하원의원을 선출한다. 각 선거구의 투표용지는 합법적 지위를 갖춘 정치정당이나 법적 요건을 충족한 시민운동조직의 후보에 맞춰 준비될 것이다. 그리하여 전체 하원 의석의 60%가 소선거구제를 통해 채워질 것이다.

또한 정당이나 시민운동조직에 따라 결정된 비례대표 명단도 있어야 한다. 이 명단에 등록된 후보들은 소선거구제에서 각 정당이 얻은 총 득표수에 따라 배정될 것인바, 이는 사표를 포함하게 되는 것이다. 이러한 과정을 거쳐 인디오, 흑인, 재외국민과 같은 특별 선거구를 포함해 40%의 의석이 채워지게 된다.

2) 상원 선거

상원은 특별선거구를 배제하면 의석의 40%가 전국구 차원에서, 60%가 소선거구제를 통해 구성될 것이다. 선거구의 인구는 전체 인구를 60으로 나눈 것에 상응하며, 유권자 수로 환산했을 때 81만 3000명 정도로 하원 선거구 인구의 두 배에 해당한다. 그리고 각 선거구에서 다수를 득표한 후보가 한 개의 의석을 차지하게 된다. 소선거구제로 상원의원을 배출하지 못한 사표들은 비례대표제를 적용하여 의석 배분을 통해 각 정당의 명부에 맞춰 40명의 상원의원을 선출하게 된다.[7]

이 제안은 복합선거제가 가져올 이점들을 취하고 후보들이 선거구에 집중하게 됨으로써 당선자들이 대표성을 갖추게 될 것이다. 또한 각 주마다 상원의원이 지명된다는 개념을 벗어날 수 있는데, 이는 주의 크기가 클수록 국민적 대표성이 심각하게 훼손되는바, 그 대안으로 전국구 비례대표를 40%에 두면 그러한 문제를 해결할 수 있다.[8]

복합선거 시스템이 어떻게 작동할지 알아보기 위해 2010년 의회 선거를 기초로 시뮬레이션을 실시한 바 있다. 그 결과 복합선거 시스템이 현재 콜롬비아가 적용하고 있는 비례대표제보다 훨씬 균형적이었다. 이 시뮬레이션의 구체적인 결과는 웹사이트(www.sistemaelectoralmixto. com)에서 확인하기 바란다.

3) 소선거구제의 장단점과 복합선거제의 장점

전적으로 다득표로 결정되는 소선거구제에 비해 복합선거제가 갖는 첫 번째 장점은 사표를 줄일 수 있다는 점이다. 비례대표제는 광범위하게 적용되기 때문에 의석 - 득표의 균형을 재조정할 수 있다. 또한 다양한 선거구에 흩어져 있어서 의석을 얻지 못한 소수당의 표가 모일 경우, 소수당이 대표성을 획득할 수 있는 가능성도 있다. 더불어 정당도 강화된다. 비례대표 후보자 선발이 정당 내부의 결정을 따르게 된다면 정당

---

7) 현재 콜롬비아 상원은 102명으로 구성된다. 100명은 전국구로 선출되며 2명은 원주민을 위해 배당된 의석이다. — 옮긴이

8) 32개 주에서 68개의 의석이 생성된다. 따라서 전체 의석의 40%, 즉 28석은 인구수로 인하여 대표성에 심각한 타격을 받는 도시나 주들의 차이를 무마할 수 있다.

의 조직력도 강화되는 것이다. 각 정당은 유권자들에게 명확하게 메시지를 전달할 수 있을 뿐만 아니라 비례대표 명단에 대한 시민들의 인정도 얻을 수 있다.

4. 논쟁점과 재고할 사항들

복합선거제라는 복안은 여러 대안들 중 하나로서 추가적인 논의가 필요한바, 그 논쟁점들은 다음과 같다.

1) 신당 또는 시민운동조직과 전국적 차원의 영향력이 없는 정당 생산

복합선거제가 지역적 차원과 국가적 차원에서 연계되어 있기는 하지만, 소선거구제가 전적으로 지역적인 정당이나 정치운동을 추동할 수 있는 위험성은 있다. 예컨대, 소선거구의 의원으로 선출되고도 전국단위 정당의 통합적 기능을 수행하지 않을 수 있다는 것이다. 새로운 정치세력을 위해 개방적 시스템을 유지하고 국가 지향성이 회피되는 것을 방지하는 일은 시민운동조직이 일정 선거구에 확정적으로 후보를 등록하고 다수표를 획득하여 당선되도록 할 때 가능해진다. 하지만 입법활동조직이 갖춰야 할 최소 당선자를 보유하도록 해야 한다. 그렇지만 여기서 제안한 복합선거제에서는 상원이든 하원이든 정당이나 시민운동조직의 이름으로 얻은 최소득표수를 적용했다.

2) 소선거구제 수정

선거구 (재)획정은 그 자체로 강한 정치적 압박을 야기하는 문제이자 특정 후보자나 정당에 유리하도록 선거구를 획정하는 행위인 게리맨더링(Gerrymandering)과 같은 악순환을 낳을 수 있다. 선거구 획정이 기술적인 문제이기는 하지만, 이 문제는 선거구에 대한 논리적 상응성이 유지될 수 있도록 선거와 관련된 사람들의 독립성이 요구된다. 그렇게 되려면 소선거구를 획정하는 주체가 누구이든지 그러한 변화가 선거에 적용되기 전에 충분한 선거운동 기간을 보장해야 하며 그 변화가 빈번하지 않아야 한다. 제도 변화를 결정하려면 전 국민에 대한 통계조사가 있어야 하지만 국회는 선거에 미칠 영향 때문에 통계조사를 승인하지 못했다. 따라서 통계조사 승인 결정에 대한 기술적 자치성을 의회에 부여해야 한다. 가령, 세계적 검증이나 명성 있는 대학 혹은 아구스틴 코다치 지리연구소나 통계청 등 제3자의 참여를 통해서 말이다. 통계조사 기술에 대한 승인도 시행 이전에 국제적 기술을 보유한 기관에 의해 검증되어야 한다. 그렇게 해야만 그 누구라도 그 결과에 대해 반발하지 않고 수용할 수 있을 것이다.

3) 집단적 참여 메커니즘 강화의 필요성

소선거구제에서 유권자의 의지를 형성하고 조직하기 위해서는 참여 메커니즘이 필수적이다. 그렇게 해야만 대표자가 공적으로 자신이 책임져야 하는 유권자를 알 수 있다. 참여 메커니즘의 효과는 유권자들을 관제하는 규정들을 재고해야만 가능하다. 어쨌든 직접민주주의의 고유한 메커니즘이 있는바, 어쨌든 직접민주주의에는 일련의 고유한 메커니즘이 있는데, 그 공통점은 어떤 의제에 대해 시민들이 투표를 한다는 것이다. 시민들은 회합하여 논쟁을 벌일 필요가 없으며 따라서 투표와 같이 온건히 개인적인 행위가 강조된다.

참여방안이나 참여제안 같은 협의 메커니즘은 지역 구성원들의 상호작용을 요구하며, 그런 점에서 지역의 사회자본과 맞물려 있다. 지협적 영향권 내에 고립된 사람들은 지역발전방안을 보장하기 위해 입안된 지역의 국가발전위원회들을 통해 집단적으로 자신들의 이익을 주장할 수 있는 힘을 모을 수 있게 된다. 또한 전국적 차원에서 그들과 다른 지역민들을 통합함으로써 매번 그러한 프로세스를 처음부터 다시 시작해야 하는 악습을 깨고 법률적 유효성을 갖춘 상태에서 장기간에 걸쳐 활동할 수 있는 미래지향적 비전을 만들어낼 수 있다. 그런 의미에서 참여 메커니즘은 반드시 필요하다. 집단적 참여 프로세스가 작동할 수 있도록 최소한 하원에서만큼은 소선거구제가 도입되어야 한다.

4) 전국적 정보 시스템 조정의 필요성과 투명성 강화를 위한 기회

그동안 참여가 어려웠던 것은 적절한 사회적 통제를 시행하는 데 필요한 법률정보, 기획, 그에 따르는 비용 및 수혜자에 대한 완전하고 적절한 정보가 없었기 때문이다. 물론 의미 있는 진전이 있기는 했지만 중앙정부, 주정부, 시당국에서 받는 재원이 선거구에 맞게 현실화되려면 책임성에 대한 시스템을 조정할 필요가 있다. 즉, 예산 법안을 개혁해야 한다는 것이다. 그렇게 되면 유권자들은 소선거구제를 통해 예산안에 대한 정보를 이용할 수 있게 될 것이다.

5. 부가사항

소선거구제와 예상 선거결과 등 상기 제안과 관련한 내용은 웹사이트 (www.sistemaelectoralmixto.com)에서 확인할 수 있다.

참고문헌

Crisp, B. F., E. Moreno, and M. S. Shugart. 2003. "The accountability deficit in Latin America." in Scott Mainwaring and Christopher Welna. *Democratic Accountability in Latin America*. Oxford: Oxford University Press, pp. 79~132.

Farrell, D. M. 1997. *Comparing Electoral Systems*. London: Prentice Hall.

Inglehart, R. y C. Welzel. 2007. "Cultural Map ofthe World." www.worldvalues survey.org.

Kornblith, M. 2007. *Democracia Directa y Revocatoria de Mandato en Venezuela, Conferencia Internacional sobre la Democracia Directa en Latinoamérica, Argentina*. Universidad de San Martin, International IDEA.

La Evolución del Capital Social en Colombia, 1997-2005. 2007. Los cambios en Capital Social(Ksocial), Confianza y Control Indirecto del Estado(Confie) y Fe en fuentes de información no validadas(Fenoval). Bogotá, Fundación Restrepo Barco. www.funrestrepobarco.org.co.

Mayorga, René Antonio. 2003. "The Mixed-Member Proportional System and its Consequences in Bolivia." in M. Shugart y M. P. Wattenberg. *Mixed-Member Electoral Systems. The Best of Both Worlds?* Cambridge: Cambridge University Press.

Putnam, Robert D. 1993. *Making Democracy Work: Civic Traditions in Modern Italy*. Princeton: Princeton University Press.

Sánchez, Fabio y Jairo Nuñes Méndez. Julio de 1999. "Geography and economic development: A municipal Approach for Colombia, Preliminary Draft." Bogotá, CEDE Facultad de Economía, Universidad de los Andes, Presentado a la Research Network Project, Office of the Chief Economist, Inter-American Development Bank.

Shugart, M. y M. P. Wattenberg. 2003. *Mixed-Member Electoral Systems. The Best of Both Worlds?* Cambridge: Cambridge University Press.

Strom, K., 2000. "Delegation and accountability in parliamentary democracies." *European Journal of Political Research* 37(May), pp. 261~289.

Strom, K., W. C. Muller, and T. Bergman. 2003. *Delegation and Accountability in Parliamentary Democracies*. Oxford: Oxford University Press.

Sudarsky, J. 2001. *El Capital Social de Colombia*. Bogotá: Departamento Nacional de Planeación. http://dnp.gov.co/03_PROD/PUBLIC/Capital_Social.htm.

제10장

빈곤과 불평등

가용 정보의 평가

세사르 A. 카바예로 R. · 마리아 V. 가르시아 · 사라 벨레스 C. _서민교 옮김

콜롬비아는 빈곤의 측정과 퇴치에서 많은 성과를 보이고 있지만, 불평등에 대해서는 그렇지 않다. 빈곤 관련 모든 지표에서 콜롬비아 국가 차원의 개선이 있었다는 사실이 가용 정보의 분석을 통해 드러나지만, 도시의 규모별, 도시와 농촌 간 지역별 차이는 지속적으로 나타나고 있다. 따라서 빈곤과 불평등에 대한 조사를 지역적 차원에서 실시하여 현상에 대한 실태를 파악하고 적절한 정책을 수립해야 한다. 한편 콜롬비아의 통계자료는 시민의 세금으로 운영되는 공공기관을 통해 수집·가공·발표되기 때문에 필요한 사람은 누구든지 자유롭게 정보를 열람할 수 있어야 한다. 그리고 출처의 통계적 신뢰성이 유지되어야 하고 무엇보다도 관련성 및 연속성이 보장되어야 한다.

세사르 A. 카바예로 R. César A. Caballero R. 여론조사기관 시프라스 이 콘셉토스(Cifras y Conceptos S.A.) 회장. 마니살레스 대학 사회과학경영대 학장과 콜롬비아 통계청장 등 역임.
마리아 V. 가르시아 María V. García 현재 Davivienda은행 재직. 당시 여론조사기관 시프라스 이 콘셉토스 근무. 콜럼비아대학교 석사.
사라 벨레스 C. Sara Vélez C. 여론조사기관 시프라스 이 콘셉토스 재직.

* 이 글은 ≪Fescol Policy Paper 2011≫에 실린 글을 옮긴 것이다.

1. 서론

빈곤과 불평등 같은 개념은 최근 몇십 년 동안 정치권과 학계에서 논쟁의 중심이었다. 이 현상들을 측정하고 이해할 수 있는 수많은 관련 정보들이 생산되었다. 오늘날에는 방법론적 발전, 시계열 자료, 국가지역 통계자료를 통해 빈곤의 면모를 다차원적으로 파악할 수 있게 되었다. 정보의 출처는 공공기관과 민간기구인데, 민간기구에서는 여러 종류의 지표를 개발하여 계산하기도 한다.

우선, 빈곤과 불평등의 개념을 이해하는 것이 필요하다. 아마르티아 센(Amartya Sen)이 제시하는 빈곤의 정의는 자산이 없거나 선택의 자유에 제한이 있어서, 인간의 필요를 충족시키거나 최소 수준의 바람직한 삶의 질을 누릴 만한 능력이 감소되어 사람들이나 가정, 공동체에 영향을 미치는 영속적 혹은 일시적 상황이다. 한편 경제적 불평등은 집단 간 혹은 집단 내의 불균등한 소득을 의미한다. 이에 덧붙여 센은 그의 최근 저서 『정의에 대한 사유(The Idea of Justice)』에서 다음과 같이 주장한다. 즉, 인류는 부당함을 비정상으로 분류했는데 이때 인류는 이 개념을 모든 사람들에게 적용되는 포괄적 정의나 기회 일반에 대한 이상적 개념이 아니라, 사회를 공격하는 비정상적인 부당함을 점진적이고 구체적으로 없애나가는 것을 허용하는 개념으로 정의하는 중요한 업적을 이루었다는 것이다. 콜롬비아에서 비정상적 부당함으로 분류되어야 할 것들로는 아사, 부유층과 빈곤층의 분리 교육, 농촌 지역 아프리카계 콜롬비아 여성에 대한 차별 등이 있다.

이 연구에서는 콜롬비아의 빈곤과 불평등 관련 가용 정보에 대한 평가와 함께, 콜롬비아에서는 빈곤의 측정에서는 큰 진전이 있었지만 불평등의 측정에서는 그렇지 않았다는 것을 주장할 것이다. 서론 이외의 내용은 세 부분으로 나누어진다. 첫 번째 부분에서는 콜롬비아에 존재하는 (빈곤 관련) 주요 지표에 대해 알아볼 것인데, 가장 간단한 지표부터 현상의 다양한 차원을 포착할 수 있는 지표까지 다룰 것이다. 두 번째 부분에서는 불평등에 대한 지표를 살펴볼 것이다. 세 번째 부분에서는 콜롬비아 자료를 간단하게 분석할 것이다. 마지막으로 빈곤 측정 분야의 발전을 활용하여 불평등에 대한 연구를 강화할 수 있도록, 그리고 콜롬비아 사회 전반이 관련된 공공정보를 통해 이득을 얻을 수 있도록 공공정책에 관한 몇 가지 제언을 하고자 한다.

2. 빈곤 측정의 발전과 성과

콜롬비아에서는 다양한 출처의 정보를 통해 빈곤과 관련된 지표들이 계산된다. 가장 많이 사용되는 출처들로는 콜롬비아 통계청(DANE)에서 실시하는 인구총조사, 삶의 질 조사, 소득 및 지출 조사, 가구총조사, 사회 프로그램 잠재적 수혜자 식별 시스템(Sisbén) 조사, 콜롬비아 가족 계획협회(Profamilia)에서 실시하는 국가인구보건조사(ENDS), 콜롬비아 가족복지연구원에서 실시하는 국가영양상태조사(ENSIN), Red UNIDOS 의 INFOUNIDOS 정보시스템, 고등교육발전재단의 횡단면 사회조사 (ESLF), 그리고 인식조사 등이 있다.

이 모든 조사에서는 빈곤의 지표로 쓰일 수 있는 서로 다른 종류의 결핍들을 보여주고 있으며, 빈곤의 서로 다른 측면들을 강조한다. 일반 적으로 표본추출을 통한 노동시장과 삶의 질에 대한 설문조사에서는 상당한 통계적 정확성을 갖춘 지표들이 얻어지며(2006·2007년은 예외) 신뢰성도 높은 편이다. 이어서 가용 지표들을 살펴볼 것이다.

1) 신체측정 지표

(1) 정의

이 지표들은 공동체의 사회경제적 조건과 관련된 정보를 포착하는 것이 목표이며, 영양 문제의 정도를 파악할 수 있게 해준다. 이들 지표 중 일부는 빈곤의 대리 지표[1]로 간접적으로 사용될 수 있는 신장 변화 같은 일반적인 조건들을 보여주며, 어떤 지표들은 영양실조나 비만과 같은 문제들을 직접적으로 측정하기도 한다. 예를 들어 메이젤과 베가 (Meisel and Vega, 2004)의 「콜롬비아인의 신장: 역사 신체측정학 에세이, 1910~2002」에서는 신체측정과 관련된 지표들과 개인의 사회경제적 조건들의 관계를 유의적으로 식별한다. 이 연구는 지속적 경제성장이 영양 개선을 통해 콜롬비아인들의 평균 신장 증가의 주요 원인이었다는 점을 보여준다.

한편, 콜롬비아 가족복지연구원이 실시한 국가영양상태조사는 콜롬비아의 영양 상태를 두 지표를 통해 제시한다. 하나는 5세 미만 아동의 나이에 비해 신장이 작은 상태를 의미하는 만성적 영양실조이며, 또 다른 하나는 5세 미만 아동의 나이에 비해 체중이 적게 나가는 상태를 의미하는 포괄적 영양실조이다(<그림 10-1> 참조).

(2) 장점과 단점

빈곤을 직접적으로 측정하지는 않지만 신체측정 지표들은 개인이나 집단의 건강과 영양 상태를 진단할 가능성을 제공하며, 국민들의 영양

---

1) 신장은 건강과 영양 섭취에 의존하고 있으며, 건강 및 영양 섭취는 개인이나 사회의 빈곤 정도에 종속적이라고 가정하고 있다.

〈그림 10-1〉 5세 미만 아동의 만성적/포괄적 영양실조(1990~2010, 콜롬비아)

(단위: %)

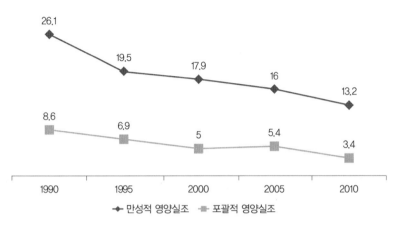

자료: 콜롬비아 가족복지연구원, 「국가영양상태조사 2010」.

실조 문제의 상태를 알 수 있게 해준다. 이들 지표를 통한 측정은 비교적 간단하기 때문에 많은 국가들에 적용될 수 있으며, 따라서 국가 간 비교가 용이하다는 장점이 있다. 그러나 빈곤의 대리 지표 또는 도구 변수에 불과한 이들 지표를 사용하기 위해 전제되는 가정들이 현실에서는 충족되지 않는 경우가 있기 때문에 그 결과는 조심스럽게 해석되어야 한다.

(3) 수치로 본 콜롬비아

<표 10-1>에서 보는 바와 같이 콜롬비아 사회의 복지 개선은 뚜렷하다. 1910~1914년 사이에 태어난 남성들의 평균 신장은 163.48cm였고 여성들은 150.78cm였는데, 1980~1984년 사이에 태어난 남성들의 평균 신장은 170.64cm로 증가했고 여성들은 158.65cm로 증가했다. 이는 콜롬비아의 빈곤이 평균적으로 감소했음을 시사한다.

〈표 10-1〉 생년별 평균 신장(1910~1984, 콜롬비아)

(단위: cm)

출생년도	남성 평균 신장	여성 평균 신장
1910~1914	163.5	150.8
1915~1919	163.6	151.5
1920~1924	164.2	152.4
1925~1929	164.7	153.1
1930~1934	165.2	153.5
1935~1939	165.8	154.2
1940~1944	166.3	154.7
1945~1949	167.1	155.6
1950~1954	167.8	156.4
1955~1959	168.1	156.8
1960~1964	168.5	157.2
1965~1969	169.0	157.3
1970~1974	168.9	157.2
1975~1979	169.7	157.8
1980~1984	170.6	158.7

자료: Miesel and Vega(2004).

콜롬비아 가족복지연구원의 수치에서는 2010년 콜롬비아의 만성적 영양실조가 13.2%로 나타나는데, 1990년도의 26.1%에 비하면 개선된 것이다. 포괄적 영양실조 또한 1990년에서 2010년 최근 20년 사이 8.6%에서 3.4%로 감소했다(<그림 10-1> 참조).

2) 1인당 국내총생산(GDP)

(1) 정의

1인당 GDP는 수용되는 빈곤 측정 도구 중 가장 많이 쓰이는 지표이다. 이 지표는 한 경제의 재화 및 서비스의 생산가치와 국가 총인구와의 관계를 통해 계산되어 경제의 평균 소득을 나타낸다(Mankiw, 2000).

(2) 장점과 단점

  신체 측정 지표와 마찬가지로 1인당 GDP를 빈곤의 지표로 사용할 때는 조심스러울 필요가 있다. 평균 소득을 측정하기 때문에 양극단의 소득은 간과되고, 국민들이 같은 수준의 소득을 가진다고 암묵적으로 가정되기 때문이다. 따라서 이 지표는 분석 대상 국가나 지역의 정말로 가난한 사람들을 식별할 수 있는 능력을 가지고 있지 않다. 그리고 노드하우스(Nordhaus, 1972) 같은 학자들은 1인당 GDP가 경제적 복지를 측정하기에 적합한 도구가 아니라고 주장한다. 그 이유는 빈곤을 실제로 반영하고 있는 소비 지표처럼 재화 및 서비스에 대한 접근능력을 보여주지 않기 때문이라는 것이다.

  이러한 비판에도 불구하고 1인당 GDP가 다양한 수준의 1인당 소득을 다양한 수준의 발전 및 다른 빈곤 지표들과 연계시키는 능력은 부정할 수 없다. 또한 매년 많은 나라들의 자료를 입수 가능하기 때문에 시계열

〈표 10-2〉 2009년 1인당 GDP와 2010년 인간개발지수(구매력 평가 기준)

구분	국가	1인당 GDP (달러)	인간개발지수	인간개발지수 순위(169개국)
높은 GDP	카타르	73,869	0.803	46
	노르웨이	58,362	0.938	1
	아랍에미리트	58,584	0.815	40
	쿠웨이트	55,719	0.771	41
낮은 GDP	부룬디	392	0.282	201
	라이베리아	313	0.3	197
	콩고민주공화국	283	0.489	155
	짐바브웨	171	0.14	204

자료: 세계은행, 2010년 명목가격; 국가기획청, 인간개발지수.

의 연속적 비교 분석을 용이하게 한다.

<표 10-2>는 2009년 1인당 GDP가 가장 높은 국가들과 가장 낮은 국가들을 보여준다. 카타르, 노르웨이, 아랍에미리트, 쿠웨이트는 1인당 GDP가 가장 높은 국가들이고, 짐바브웨, 콩고민주공화국, 라이베리아, 부룬디는 가장 낮은 국가들이다. 앞서 언급했듯이 이들 국가들이 인간 개발지수와 같은 지표들과 같은 특성(가장 높은 수준 또는 가장 낮은 수준) 을 공유하는 것은 우연의 일치가 아니다.

(3) 수치로 본 콜롬비아

계산방법을 고려할 때 콜롬비아의 국내총생산 측정은 두 기간으로 나뉜다. 1947~1969년까지는 중앙은행이 GDP 계산을 담당했고, 1970년 부터는 콜롬비아 통계청이 이 역할을 수행하고 있다. 이러한 변화를 통해 경제활동 부문 분류가 14개에서 33개로 확대되었고, 기관별 측정 이 시작되었으며, 그 결과 경제의 재화 및 서비스 생산가치 계산은 더 넓은 범위를 포함하고 정확도 또한 향상되었다(<그림 10-2>).

<그림 10-2>에서 볼 수 있듯이 자료 조사가 시작되었을 때부터 1인당 GDP는 증가 경향을 보여왔으며, 2009년에 이르러서는 약 900만 페소 (2005년 불변가격)가 되었다. 이는 1인당 GDP를 통해 측정된 빈곤이 시간 이 흐름에 따라 감소했다는 점을 시사한다.

주별로는 <그림 10-3>에서 보는 바와 같이 산탄데르, 보고타, 아라우 카, 메타의 1인당 GDP가 가장 높고, 푸투마요, 과비아레, 과니아, 초코, 바우페스의 1인당 GDP가 가장 낮다.

---

2) 국내총생산 자료 통합은 콜롬비아경제성장연구그룹(GRECO)이 담당했다.

〈그림 10-2〉 1인당 GDP

(단위: 페소)

A. 1951~1999년 국가 전체(1994년 기준)

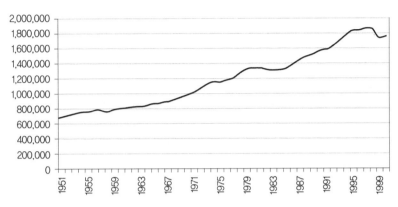

자료: 중앙은행/GRECO.[2]

B. 2000~2009년 국가 전체(2000 · 2005년 기준)

(단위: 100만 페소)

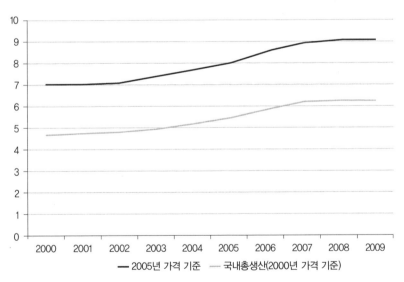

— 2005년 가격 기준　— 국내총생산(2000년 가격 기준)

자료: 콜롬비아 통계청, 국민계정.

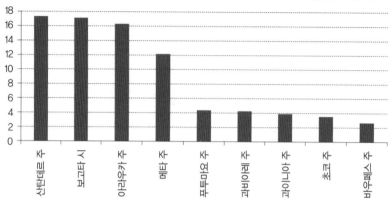

〈그림 10-3〉 2008년 주요 주의 1인당 GDP(2005년 불변가격)

(단위: 100만 페소)

자료: 콜롬비아 통계청, 국민계정.

3) 불충족 기초 욕구 지수(Necesidades Básicas Insatisfechas: NBI)

(1) 정의

"NBI는 몇 가지 단순 지표들을 통해 국민들의 기초적 욕구가 충족되고 있는지를 파악하는 것을 추구한다."[3] 이 같은 단순 지표들은 개인의 기본 욕구를 다양한 측면에서 파악하려는 지표로서, 부적합 주거, 과밀 거주 가구, 적절한 서비스를 제공받지 못하는 가구, 경제적 의존도가 높은 가구, 취학연령의 미취학 아동이 사는 가구 등이 있다. "그리고 이들 단순 지표로부터 NBI라는 복합 지표를 생성해내는데, 적어도 하나 이상의 단순 지표에서 결핍 상황이 식별되는 가정을 빈곤가정으로 분류한다"(콜롬비아 통계청). 따라서 빈곤가정으로 분류된 가정에 사는 모든

---

3) 콜롬비아 통계청, NBI, http://www.dane.gov.co/daneweb_V09/index.php?option
   =com_content&view=article&id=231&Itemid=66

사람들은 빈곤하다고 분류된다.

(2) 장점과 단점

NBI는 주거의 특성, 공공 인프라, 교육 등 구조적 기초욕구 관련 지표들을 포함하지만, 이는 경기 변동을 반영하지 못한다. 가장 잘 알려진 약점들로는 불충족 기초욕구가 하나밖에 없든 여러 개 있든 똑같이 빈곤하다고 여기는 것, 도시 빈곤을 과소평가하는 것, 빈곤한 사람의 분표 계산이 불가능한 것, 가정에서 사용되는 새로운 형태의 서비스를 고려하지 않기 때문에 시간이 지나면서 변수들의 변별능력이 감소하는 것 등이 있다.

(3) 수치로 본 콜롬비아

<그림 10-4>에서 보는 바와 같이 콜롬비아의 경우 NBI를 통해 측정된 빈곤은 감소했다. 2002년에 총인구의 22.56%가 빈곤했지만, 2009년에는 그 비율이 17.66%로 떨어졌다. 한편 단순 지표를 통해 빈곤을 분석해보면, 2002~2009년까지 미취학 지수가 2% 정도로 가장 낮고, 과밀거주나 경제적 의존 등의 지수가 가장 높은 것으로 나타난다.

마지막으로, 콜롬비아의 NBI는 일반참여시스템(SGP)[4]에서 사용되는 공식의 한 부분임을 강조할 필요가 있다. 이런 형식을 통해 중앙정부가 지방자치단체들에게 지원하는 예산은 암묵적으로 NBI를 통해 측정된

---

[4] 일반참여시스템은 콜롬비아 헌법 제356조, 제357조에 따른 주(departamentos), 구(distritos), 시(municipios) 등 지방자치단체들에 대한 국가예산 이전으로서, 각 행정기관이 맡고 있는 건강, 교육 등 법 제715호(2001) 제76항에서 정한 서비스에 대한 재정지원을 목적으로 한다. http://impuestos.shd.gov.co/portal/page/portal/portal_internet_sdh/tesoreria/ingresos_tes/SGP — 옮긴이

〈그림 10-4〉 NBI(2002~2009, 콜롬비아)

(단위: %)

A. 국가 전체

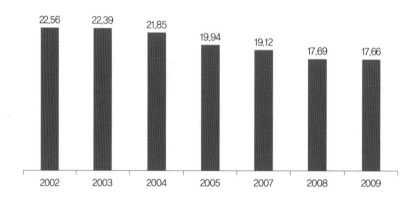

B. 단순 지표 - 국가 전체

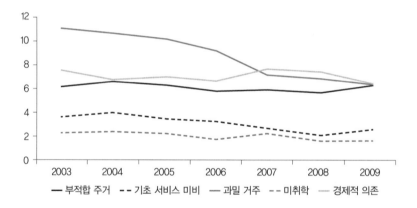

— 부적합 주거   -- 기초 서비스 미비   — 과밀 거주   -- 미취학   — 경제적 의존

자료: 가구지속조사(ECH) 2002~2005, 가구총조사(GEIH) 2007~2009 자료를 바탕으로 국가기획청(DNP)의 사회증진 및 삶의 질 부서(SPSCV)에서 계산.

공정과 연대라는 기준을 적용하고 있다. 이는 건강, 교육, 주거에 투자하여 주민들의 삶의 여건을 개선할 수 있도록 더 가난한 시들이 국가예산의 더 많은 부분을 받는다는 것을 의미한다.

4) 극빈선과 빈곤선

(1) 정의

빈곤선은 개인이나 가정이 기초적 욕구를 충족시키는 데 필요한 최저 소득을 말하며, 이 소득에 미치지 못할 경우 빈곤하다고 분류한다 (DANE, 1997). 이 지표는 최소 필요 영양섭취를 나타내는 '권장 식품 꾸러미'와 이 꾸러미를 구매할 수 있는 최저 예산을 파악하는 방식으로 계산되며 다음 사항들을 만족해야 한다.

- 최소 영양 기준 충족
- 대상 인구의 영양섭취 습관 최대한 존중
- 식품의 구매 가능성 고려
- 정해진 범위 내에서 최소 비용 설정

1998년 콜롬비아 통계청은 1984년과 1985년의 소득 및 지출 조사 자료를 바탕으로 콜롬비아의 빈곤선 지표를 개발했다. 동시에 이 정보를 활용하여 극빈선 지표도 개발했는데, 이는 개인이나 가정이 권장 식품 꾸러미를 구매하기 위해 필요한 최저 소득으로 정의된다(DANE, 1997). 빈곤선과 극빈선 둘 다 소득 변수를 통해 측정한 후생 지표이며 경기 순환에 반응한다.

참고로 세계은행에서 개발한 빈곤선도 있는데, 국가 간 비교를 가능하도록 만든 보편적 빈곤선이다. 1991년에 정해진 바로는 (구매력 평가 기준) 소득이 하루 1달러인 경우 빈곤한 것으로 분류되며, 2000년에는 재계산되어 기준이 하루 1.08달러로 올랐으며, 2005년에는 하루 1.25달러로 상승했다. 이 지표는 국제적 비교에 유용하게 사용된다.

(2) 장점과 단점

이들 지표를 생성해내기 위해서는 권장식품 꾸러미에 포함될 식품을 선택해야 한다. 그런데 이 과정에서 대상 인구와 칼로리 권장 섭취량의 변화와 관련된 문제가 발생해왔다.

다음은 두 지표가 식품 선택에 사용하는 공통 기준이다.

- 30% 이상의 가정에서 소비할 것
- 식품 지출의 1% 이상을 차지할 것
- 총 섭취 칼로리 혹은 단백질의 1% 이상을 차지할 것
- 가정에서 구입하는 식품 무게의 0.5% 이상을 차지할 것

1984~1985년도 꾸러미 작성은 빈곤가정의 25%를 참고했으며, 칼로리 권장 섭취량은 2,209칼로리였다. 1994~1995년에는 그 수치가 각각 90%와 2,294칼로리로 상승했으며, 해당 식품이 자신이 속한 식품군[5])에서 차지하는 지출 비중이 5% 이상이어야 한다는 조건이 추가되었다. 꾸러미에 포함되는 식품은 적어도 한 가지 이상 기준을 충족해야 한다.[6] 현재 국가기획청에서는 빈곤선과 극빈선의 새로운 식품 꾸러미를 구성하고 있으며, 금년 6월경에 발표할 예정이다.

빈곤선과 극빈선을 계산함에 있어 발생하는 또 다른 문제는 설문조사에서 보고되는 소득이 과소평가되었을 수도 있다는 것이다. 따라서 파

---

5) 콜롬비아 통계청(DANE) 문서 1994~1995 소득 및 지출 관련 총조사로부터의 빈곤선과 극빈선 평가에서는 식품군을 9가지 그룹으로 분류한다. ① 유제품, ② 육류 및 계란, ③ 콩류, ④ 곡물, ⑤ 덩이줄기, 뿌리, 바나나, ⑥ 야채, ⑦ 과일, ⑧ 지방, ⑨ 당류.

6) 무뇨스(Muñoz), "소득 및 지출 관련 총조사로부터의 빈곤선과 극빈선 평가"(2000).

〈그림 10-5〉 빈곤선(2002~2009)

(단위: %)

A. 국가 빈곤율 추이

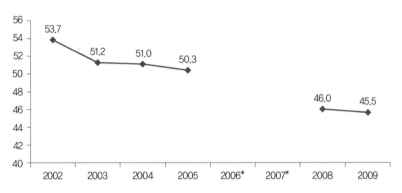

B. 지역별 빈곤율 추이

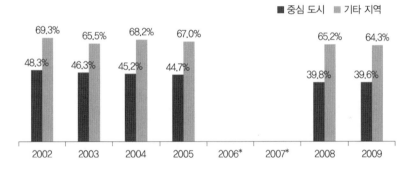

주: * 측정방법의 변화로 인해 자료 없음.
자료: 콜롬비아 통계청의 가구지속조사(ECH)와 가구총조사(GEIH) 자료를 바탕으로 실
    업, 빈곤, 불평등 문제 연계 대책반(MESEP)에서 계산.

악되는 소득이 사람들의 실제 소비나 지출을 정확하게 반영하지 못할
수도 있으며, 빈곤선보다 더 높은 소득을 얻는 사람이 빈곤층으로 분류
되는 오류가 범해진다. 또한 이들 지표에서 사용되는 소득 자료는 1인
기준으로 측정되기 때문에 결과에 편차가 발생한다(Corredor et al., 1999).

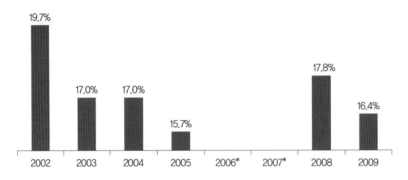

〈그림 10-6〉 극빈선(2002~2009, 국가 전체)

주: * 측정방법의 변화로 인해 자료 없음.
자료: 콜롬비아 통계청의 가구조사를 바탕으로 실업, 빈곤, 불평등 문제 연계 대책반
(MESEP)에서 계산(MESEP에서 가구지속조사와 2008 가구총조사 자료 통합).

(3) 수치로 본 콜롬비아

최근 발표된 자료에 따르면 2009년 콜롬비아 중심 도시들에 거주하는
인구의 39.6%, 나머지 지역 인구의 64.3%가 빈곤한 것으로 나타났다.
그러나 2002년에 비해 빈곤율은 감소한 편인데, 가구지속조사에 따르
면 당시 주정부가 소재하는 중심 도시들과 나머지 지역의 수치는 각각
48.3%와 69.3%였다(<그림 10-5> 참조).

한편, 콜롬비아의 극빈율은 2009년에는 16.4%로 빈곤율보다는 낮으
며, 2005년의 극빈율보다는 높게 나타났다(<그림 10-6> 참조).

시계열 자료의 단절에 대해서는 언급할 만한 가치가 있다. 7개 도시에
대한 자료는 1978년도부터, 국가 전체 자료는 1990년부터 수집되었다.
2006년과 2007년 콜롬비아 통계청에서는 설문조사에 대한 조정을 실시
했는데, 이 변화는 관련 정부 부서나 전문가들과의 협의 없이 이루어졌
다. 콜롬비아 통계청에서는 몇 달 동안 수정 작업을 했다는 사실을
부인했으나, 여러 차이점과 모순점들이 발견되면서 그 사실을 인정할

수밖에 없었다. 이후 정부에서는 전문가 대책반을 소집했고, 대책반은 해당 두 해 동안 수집된 자료는 신뢰성이 없다고 판단했다. 이것이 시계열 자료의 단절이 발생한 이유이다.

5) 통합적 빈곤 지표(El Método Integrado de Pobreza: MIP)

(1) 정의

1986년에 등장한 지표로서 (빈곤선과 극빈선을 통해 측정한) 화폐적 빈곤과 (NBI를 통해 측정한) 비화폐적 빈곤을 이용한다. NBI와 빈곤선의 결합으로 인해 네 가지 그룹으로의 분류가 가능해졌다(<표 10-3> 참조).

- 만성적 빈곤: 최소 하나 이상 NBI 지표에 해당하며, 소득·지출이 빈곤선 이하임.
- 경기적 빈곤: NBI 지표에 의해 빈곤층으로 분류되지 않으나, 소득·지출이 빈곤선 이하임.
- 관성적 빈곤: 최소 하나 이상 NBI 지표에 해당하나, 소득·지출이 빈곤선 이상임.
- 빈곤하지 않음: NBI 지표에 의해 빈곤층으로 분류되지 않으며, 소득·지출이 빈곤선 이상임.

〈표 10-3〉 통합적 빈곤 지표 도표

빈곤선	NBI	
	빈곤	빈곤하지 않음
빈곤	만성적 빈곤	경기적 빈곤
빈곤하지 않음	관성적 빈곤	빈곤하지 않음

자료: 통합적 빈곤 지표, Cifras y Conceptos S.A. 제작.

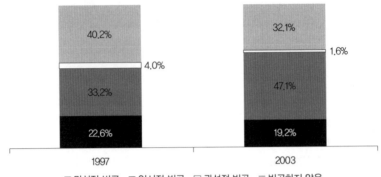

〈그림 10-7〉 통합적 빈곤 지표(1997, 2003년)

자료: 실업, 빈곤, 불평등 문제 연계 대책반(MESEP) 계산. 2008년에는 생활실태조사의
해당 자료가 없었음.

(2) 장점과 단점

통합적 빈곤 지표는 구조적 빈곤과 일시적 빈곤을 구별해주는 도구이
고, 자료 또한 가구조사로부터 쉽게 획득할 수 있다. 그러나 이 지표는
기초 욕구와 소득 사이의 관계를 설명하지 못하며, 격차나 분포 또한
측정하지 못한다.

(3) 수치로 본 콜롬비아

통합적 빈곤 지표에 따른 빈곤율은 NBI나 콜롬비아 통계청 빈곤선의
빈곤율보다 더 높게 나타난다.

무뇨스와 리바스(Muñoz y Rivas, 2005)가 콜롬비아 통계청과 빈곤 및
불평등 감소전략구상대책반(MERPD)를 위해 수행한 연구에 따르면, 4인
정도[7]로 구성된 가족이 모든 상품에 대한 기초 권장 꾸러미를 구매하기

---

7) 연구에서는 4.5명이 기준이다.

위해서는 100만 페소(2004년 물가 기준)가 필요한데, 이는 빈곤선 기준하에서 빈곤한 것으로 분류된다.

6) 계층화

(1) 정의

주거의 물리적 특성 및 주변 환경의 분석을 통해 여섯 단계(계층)를 구성하여 주거 여건 및 가정 실태와 관련된 정보를 파악하고자 하는 방법이다. 계층화의 주목표는 가정의 경제적 능력을 식별하여 차별화된 가정 공공서비스 가격을 책정하고 정부 보조금 프로그램의 수혜자를 파악하는 것이다.

(2) 장점과 단점

계층화 정보는 서비스 요금에 있어 불평등을 감소시키기 위한 좋은 대리 변수이지만, 외생변수이기 때문에 반드시 가정의 사회경제적 여건을 파악하는 것은 아니다.

(3) 수치로 본 콜롬비아

13개 주요 도시의 가구 비율은 주로 계층 2와 3에 집중되어 있고, 계층 5와 6에 속한 가구는 적은 편이다(<그림 10-8> 참조).

도시별로 살펴보면, 계층 1, 2의 비율은 몬테리아에서 가장 높게 나타나고, 부카라망가와 마니살레스에서 가장 낮게 나타난다. 계층 3, 4에 속한 가구 비율은 약 39%인데, 부카라망가는 예외적으로 58%라는 값을 보인다. 마지막으로, 계층 5, 6의 비율은 모든 도시에서 가장 낮은데, 그중 페레이라의 비율이 16%로 가장 높은 편이다(<그림 10-9> 참조).

〈그림 10-8〉 전기 서비스에 따른 13개 도시의 계층화. 가구 비율

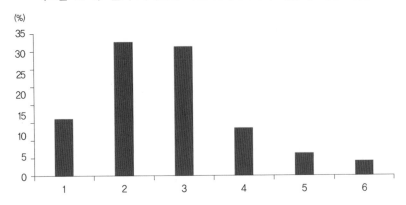

자료: 가정 공공서비스 감독청.

〈그림 10-9〉 도시별 계층화. 가구 비율

(단위: %)

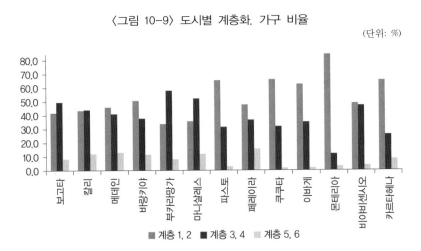

자료: 가구 공공서비스 감독청.

7) 삶의 질 지수(QLI)

(1) 정의

삶의 질 지수는 빈곤의 수준을 구조적으로 측정하고자 하는, 즉 가정의 물리적인 필요의 불충족뿐만 아니라 근본적인 필요의 불충족까지 식별하고자 하는 지표이다. "……삶의 질 지수는 사람들이나 가정의 취약성 정도를 알려주며, 신체활동이나 가족 구성원을 개선시키기 위한 공공정책이 특별히 주목해야 할 측면이 무엇인지 알 수 있게 해 준다."[8]

콜롬비아에서 이 지표는 삶의 질 총조사(ENCV)를 통해 만들어지는데, 이 조사에는 주거 위치, 주거 조건 및 서비스, 인적자본, 가구의 인구학적 특성, 내구재 등의 항목이 포함된다. 삶의 질 지수는 NBI에서 고려하는 인프라 변수들이나 빈곤선의 기준이 되는 소득, 인적자본 등에 관한 몇 가지 변수들을 하나의 숫자로 표현한다. 삶의 질 지수의 증가는 빈곤의 감소를 나타낸다.

(2) 장점과 단점

이 사회후생 측정 방법은 더 많은 변수를 고려하기 때문에 더 정확하다. 소득이 아닌 능력을 고려한다. 나머지 가구들의 여건 또한 고려하기 때문에 상대적 표준 평가방법이다(콜롬비아 통계청).

(3) 수치로 본 콜롬비아

콜롬비아의 경우 1999년부터 2006년까지 삶의 질 지수가 증가하는

---

8) 국가기획청의 인간개발 국가 프로그램(PNDH), http://www.dnp.gov.co/PortalWeb/
Gobierno/ProgramaNacionaldeDesarrolloHumanoPNDH/Antecendentes.aspx

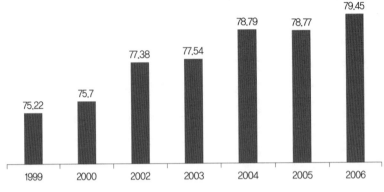

〈그림 10-10〉 삶의 질 지수 추이(1999~2006, 국가 전체)

자료: 국가기획청.

경향을 보였으며, 자료 마지막 시기에서는 79.45의 값을 가졌다(<그림 10-10> 참조).

8) 사회 프로그램 잠재적 수혜자 식별 시스템(Sisbén)

(1) 정의

1991년 헌법 개정 시 빈곤·취약계층에 대한 사회적 지출의 필요성이 대두하면서 시스벤(Sisbén)이 만들어졌다. 이는 개인을 생활수준에 따라 분류할 수 있게 해주는 식별 도구이다. 만약 어떤 사람이 잠재적 수혜자로 식별되었다면 그 사람은 1단계에서 3단계 사이에 분류되며, 국가 지급 보조금을 신청할 수 있다.

(2) 장점과 단점

이는 사회 프로그램의 수혜를 받을 수 있는 빈곤층에 대한 센서스이다. 하지만 필요가 없는 사람에게 복지 서비스가 제공되는 포괄의 오류

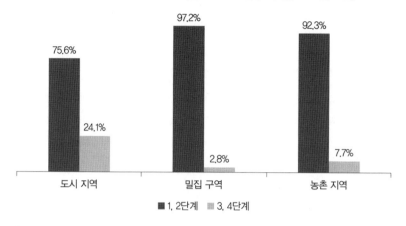

〈그림 10-11〉 구역 및 단계별 Sisbén 인구 구성(2010년 9월)

■ 1, 2단계   ■ 3, 4단계

자료: Sisbén.

와 필요로 하는 사람에게 복지 서비스가 제공되지 못하는 배제의 오류
가 발생할 수 있다.

(3) 수치로 본 콜롬비아

도시 지역 인구의 75.6%가 시스벤의 1단계와 2단계로 분류되며,
24.1%가 3단계와 4단계로 분류된다. 밀집구역(centro poblado)[9]과 농촌
지역의 경우 그 비율이 다르게 나타나는데, 밀집구역 인구의 97.2%,
농촌 지역 인구의 92.3%가 1단계와 2단계로 분류된다(<그림 10-11> 참조).

---

9) 밀집구역은 콜롬비아 통계청에서 통계적 목적을 위해 개발한 개념으로, 20개 이상
   의 가구들이 인접해 있는 농촌 지역을 일컫는다. 이러한 곳은 가구가 밀집되어
   있기 때문에 차로와 인도의 구분 등 도시적 특성이 나타난다. ― 옮긴이

9) 인간개발지수(HDI)

(1) 정의

1990년 UNDP[10]는 전 세계 130개국을 대상으로 한 인간개발에 대한 최초의 보고서를 발행했다. 이 보고서의 목표는 인간개발지수를 통해 국가별 인간개발 정도를 측정하는 것이었다. 이 지수는 다음 세 가지 지표로 구성되어 있다.

- 수명: 출생 시 기대수명으로 측정
- 교육 정도: 성인 문해율과 초·중·고등학교 총 취학률로 측정
- 생활 정도: 1인당 실질 국내총생산(구매력 평가 기준, 달러)을 통해 측정

인간개발지수는 이 세 가지 측면을 평균해서 구할 수 있는데, 각 측면 지수는 다음과 같이 계산되며 측면지수별로 최고치와 최저치가 정해져 있다.[11]

$$측면지수 = \frac{실제 값 - 최저치}{최대치 - 최저치}$$

---

10) UN개발계획(United Nations Development Programme).

11) 보다 자세한 공식은 다음과 같다. — 옮긴이

$$\frac{1}{3} \times \left(\frac{출생시기대수명 - 25}{85 - 25} + \frac{2}{3} \times 성인문해율(15세이상) + \frac{1}{3} \times \frac{총취학률 - 0}{100 - 0} + \right.$$
$$\left. \frac{\log(일인당\, GDP) - \log(100)}{\log(40000) - \log(100)} \right)$$

〈그림 10-12〉 콜롬비아 인간개발지수

A. 인간개발지수 추이(1980~2010)

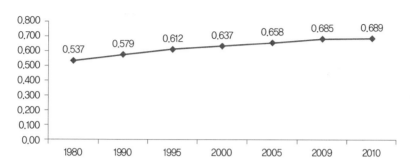

자료: UNDP, 인간개발보고서/국가별 자료.

B. 측면별 인간개발지수(2010)

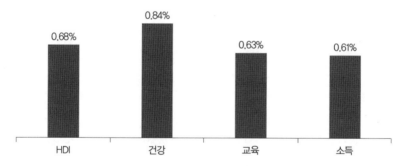

자료: UNDP, 인간개발보고서/국가별 자료.

(2) 장점과 단점

인간개발지수는 여러 경제 변수들과 건강 및 교육 지표를 결합하는 사회경제개발 지표이며, 연속 변수이기 때문에 국가 간 비교도 가능하며 따라서 개발을 평가하고 측정하는 기초적인 도구 역할을 한다. 인간개발지수가 앞서 언급된 여러 지표들보다 넓은 범위를 포괄하는 지표이기는 하지만, 지역적 차원에서 현상을 파악하기 어렵다는 한계를 가지

고 있다. 만약 지역적 수준의 지표를 알고 싶다면 인구총조사 자료를
활용해야 할 것이다.

(3) 수치로 본 콜롬비아

최근 발표된 인간개발지수 보고서에서 콜롬비아는 0.689의 수치로
169개국 중 79위를 차지했다. 콜롬비아 인간개발지수는 0.537의 수치를
얻은 1980년도부터 계속 개선되고 있으며, 2000년도에는 0.637로 나타
났다. 최근 10년 동안의 콜롬비아 인간개발지수 평균 증가율은 0.79%이
다. <그림 10-12>에서 측면별로 살펴볼 수도 있는데, 건강 부문에서는
큰 진전이 있었지만 소득 측면에서는 아직 부족한 것을 알 수 있다.

10) Red UNIDOS[12] (예전의 Red JUNTOS)

(1) 정의

Red UNIDOS 프로그램은 주거지가 없는 극빈 상태에 처해 있는 콜롬
비아 가정을 위한 빈곤 극복 전략으로서, 이들 가정을 국가 사회안전망
에 포섭하고자 한다. 국가경제사회정책위원회(Conpes)의 2006년도 안건
제102호에서는 빈곤가정에 바람직한 삶의 여건을 마련해주기 위해 5년
이내에 달성할 9가지 측면의 45개 기본 목표를 설정했다.

이 연구에서는 여러 이유로 Red UNIDOS의 존재를 강조하고자 한다.
첫째, 콜롬비아 사회 특정 인구(취약계층 600만 명가량)에 대한 패널데이

---

12) Red UNIDOS는 콜롬비아 보건사회보장부 등 여러 공공기관이 참여하는 프로그
램으로서, 극빈에 대한 다차원적인 해답을 찾기 위한 국가 프로젝트이다. 이전
명칭은 Red JUNTOS이다. — 옮긴이

터[13])를 수집하기 때문이다. 둘째, 이 시스템에서 수집하는 정보를 토대로 여러 주요 빈곤 지표들(NBI, QLI 등)을 계산할 수 있다. 셋째, 같은 인구 그룹의 정보를 정기적이고 체계적으로 수집하는데, 이를 통해 이들 계층에게 시행되는 각종 사회 프로그램들의 효과를 측정할 수 있다.

Red UNIDOS에서 노력을 기울이는 측면들은 다음과 같은데, 정보 시스템인 INFOUNIDOS에서 최신 정보를 확인할 수 있다.

- **신분 증명**: 호적, 주민등록증, 군인 카드 등 신분을 증명할 수 있는 문서 발급 관련 서류 작업을 지원한다. 이를 통해 사회 프로그램 잠재적 수혜자 식별 시스템(Sisbén)에 등록되어 보조금을 지급받을 수 있다.
- **소득과 일자리**: 18세 이상 무직 성인에 대한 직업교육을 지원함으로써 이들이 사기업에 취업하여 노동시장에 편입될 수 있다.
- **교육**: 취학연령 아동 및 청소년들에게 유치원 및 초·중등 교육을 보장하며 글자를 읽거나 쓸 줄 모르는 성인에게 문자 교육을 시행한다.
- **건강**: 취업자가 없을 경우 전 가족에게 식품 지원을 보장한다.
- **영양**: 식품의 선택, 조리, 보관 등에 대한 교육을 통해 영양 섭취를 개선한다. 이를 통해 정상적인 체중과 신장 관리도 가능해진다.
- **주거**: 주거 개선을 위해 저축하는 가정에 보조금을 지원한다. 공공 서비스에 대한 접근을 보장하며, 공원이나 휴식공간 조성 등 도시

---

13) 동일한 대상을 시간에 따라 반복적으로 조사하여 얻는 자료로서, 횡단면적 데이터와 시계열 데이터를 한꺼번에 가지고 있는 정보이기 때문에 실증분석에 있어서 연구자들이 선호한다. ― 옮긴이

〈그림 10-13〉 Red JUNTOS 범위(2007~2011)

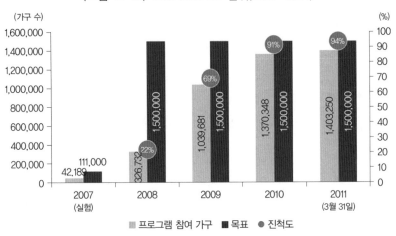

자료: INFOUNIDOS, Red JUNTOS.

정비를 통해 삶의 질 개선을 도모한다.

- **가족 역학**: 갈등을 해결하는 방법을 지도하고 함께 사는 것에 대한 명확한 규정을 확립한다. 이를 위해 가족 내 폭력 예방, 성병 예방, 마약·음주 감소 및 예방, 청소년 범죄, 청소년 성행위 등에 대한 캠페인을 장려한다.
- **은행과의 연결 및 저축**: 대상자들을 금융 시스템과 보험 시스템에 연결시켜 보조금 지급의 효율성을 높인다.
- **법체계에 대한 접근성 강화**: 시민으로서의 권리와 의무를 주지시키고 법체계에 대한 접근을 용이하게 한다.

(2) 장점과 단점

Red UNIDOS의 정보 시스템은 이 프로그램에 참여하는 사람들에 대한 패널데이터를 제공한다. 그리고 이 정보를 통해 프로그램의 성과를 측정할 수 있고 여러 빈곤 지표들을 계산할 수 있다. 하지만 프로그램 수혜자들에 대한 정보밖에 없다는 한계가 있다.

(3) 수치로 본 콜롬비아

Red UNIDOS에서 발표한 최근 자료에 따르면 2011년 3월에 140만 3250개의 가구가 프로그램에 참여했다. 그중 감소한 빈곤자 수는 390만 명, 감소한 극빈자 수는 340만 명으로 나타났다.

11) 주관적 빈곤

(1) 정의

이 지표는 소득 수준만을 고려하는 것이 아니라 조사 대상이 자신의 상황이나 생활에 대한 기대를 어떻게 인식하는지를 나타낸다. 일반적으로 설문조사를 통해 정보가 수집되는데, 대상자들에게 자신이 빈곤하다고 여기는지, 최저 소비를 충당할 만큼의 소득을 벌고 있는지를 질문한다.

콜롬비아에는 빈곤의 인식에 대한 여러 설문조사가 있다. 가장 많이 알려진 것으로는 콜롬비아 통계청에서 실시하는 삶의 질 조사, 고등교육발전재단의 횡단면 사회조사(ESLF), '코모 바모스(Cómo Vamos)' 프로그램의 인식조사 등이 있다.

(2) 장점과 단점

이런 종류의 지표들은 사람들이 자신의 빈곤 상황을 어떻게 받아들이는가를 고려한다. 그러나 사람들의 의견이 항상 사실인 것만은 아니며 시간에 따라 변화할 가능성도 존재한다.

〈그림 10-14〉 삶의 질 조사: 주관적 빈곤(2008~2010, 콜롬비아)

A. 스스로 빈곤하다고 여기는 가구 비율

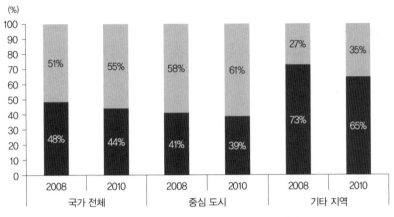

B. 가구소득에 대한 인식

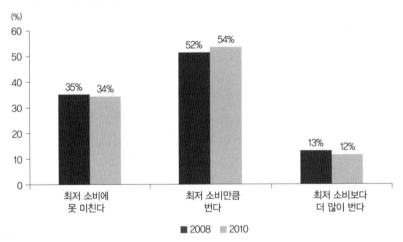

자료: 콜롬비아 통계청, 2010년 삶의 질 조사.

(3) 수치로 본 콜롬비아

2010년 삶의 질 조사에 따르면 총인구의 44%가 스스로를 빈곤하다고 여기는데, 이는 2008년의 48%에 비해 현저히 감소한 수치이다. <그림 10-14>의 A에서 보는 바와 같이 2010년 중심 도시 이외의 지역에서는 2008년에 비해 8%포인트 감소하여 인구의 65%가 스스로를 빈곤하다고 생각했지만, 중심 도시에 비해 빈곤 인식률이 훨씬 더 높게 나타난다. 한편, 가정의 34.4%가 최저 소비를 충당할 만큼의 소득을 벌지 못한다고 응답했으며,[14] 11.5%만이 최저 소비보다 더 많은 소득을 번다고 응답했다(<그림 10-14>의 B).

고등교육발전재단의 횡단면 사회조사에 따르면 2007년 세 개의 주요 도시권(보고타, 부카라망가, 칼리) 가구의 43%가 스스로를 빈곤하다고 여겼고, 2008년에는 40%로 감소했다. 13개 주요 도시권의 전체적인 수치

〈그림 10-15〉 코모 바모스 프로그램: 주관적 인식
(2005~2010, 보고타, 칼리, 메데인)

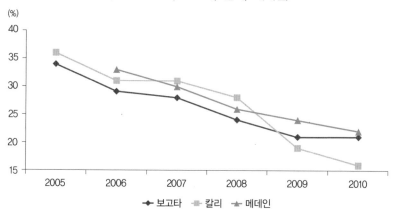

자료: 보고타, 칼리, 메데인의 코모 바모스 인식조사.

---

14) 가구소득에 대한 가장 또는 배우자의 의견임.

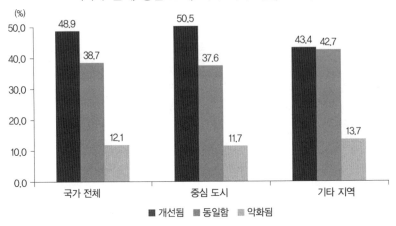

〈그림 10-16〉 태어나서 자란 가정과 현재 가정의 경제 형편 비교
(국가 전체, 중심 도시, 기타 지역 비율, 2008)

자료: 콜롬비아 통계청, 삶의 질 조사(ECV).

는 44%로 나타났다. 소득과 관련해서는 13개 주요 도시권 가구의 37%
가 최저 지출을 감당할 수 없다고 응답했으며, 55%가 최저 소비만큼
번다고 응답했다.

보고타, 칼리, 메데인의 '코모 바모스' 프로그램에서 실시한 인식조사
의 최근 결과는 〈그림 10-15〉에서 볼 수 있다. 주관적 빈곤을 드러내는
비율은 칼리에서 16%로 가장 낮았으며, 보고타, 메데인, 카르타헤나에
서는 각각 21%, 22%, 25%로 나타났다.

삶의 질 조사의 세대 간 항목에서는 자신이 자란 가정과 비교했을 때
현재 가정의 경제적 형편을 더 열악하게 여기는지, 동일하다고 여기는
지, 더 낫다고 여기는지 질문했다. 2008년 삶의 질 조사 최근 자료에서
는 콜롬비아인의 48.9%가 자신이 태어난 가정에 비해 현재 가정의 경제
적 형편이 더 낫다고 응답했으며, 12.1%만이 악화되었다고 대답했다
(〈그림 10-16〉).

12) 옥스퍼드 대학의 다차원 빈곤지수(MPI)

(1) 정의

2010년 옥스퍼드 대학과 UN개발계획에서 개발한 지수로서, 역량에 초점을 맞추며 인간빈곤지수(HPI)[15]를 대체한다.

다차원 빈곤지수는 "동시다발적 박탈로 인해 영향을 받는 사람의 수와 평균적으로 직면하는 결핍의 수를 측정한다".[16] 이 지수는 세 가지 측면의 열 가지 지표로 구성되어 있으며, 그 목록은 다음과 같다.

- **교육**: 이 측면은 취학률과 교육기간이라는 두 가지 지표로 구성된다. 각 지표의 가중치는 1/6이다.
- **건강**: 영양 지표와 유아사망률 지표로 구성되며, 각 지표의 가중치는 1/6이다.
- **생활수준**: 전기, 식수, 하수 설비, (모래, 흙, 퇴비 등이 아닌) 바닥, (장작, 석탄, 퇴비 등이 아닌) 주방 연료, (라디오, 텔레비전, 자전거, 오토바이 등) 재화에 대한 접근성을 고려한다. 각 변수가 가지는 가중치는 1/18이다.

가중된 지표들의 1/3에 대한 접근성이 없을 때 한 가정과 그 구성원을 빈곤층으로 분류하며, 두세 가지 박탈이 식별될 경우 다차원적 빈곤에 빠질 위험성이 있다고 간주된다.

---

15) 인간빈곤지수(Human Poverty Index: HPI)는 인간개발지수(HDI)에서 반영한 세 가지 필수 요소인 수명, 지식, 적절한 생활수준의 박탈에 초점을 맞춘 지표이다.
  ― 옮긴이

16) UN개발계획, 『인간개발보고서 2010』(UNDP, 2010) p. 106.

(2) 장점과 단점

소득과는 다른 여러 박탈을 동시적으로 고려하며, 빈곤선이나 극빈선 같은 다른 지표들과 함께 사용될 가능성도 있다. 그러나 조사 가정의 어떤 해당 변수들이 파악되어 데이터화되었는지에 따라 지수 계산이 어려울 수도 있다. 예를 들어 콜롬비아 영양 정보는 1990년부터 조사되었지만 5년 단위로, 그리고 주 차원에서 파악되었다. 삶의 질 변수들은 표본의 제약이 있는데, 데이터를 분리할 수 있는 최소 단위가 주와 중심 도시들까지에 불과하다.

(3) 수치로 본 콜롬비아

2008년 콜롬비아(당해 인간개발지수는 세계 79위였음)의 다차원 빈곤지수(0과 1 사이의 숫자를 가지며, 1에 가까울수록 열악하다)는 0.041이었다. 다차원적 빈곤층으로 분류된 인구는 9.2%였으며, 다차원적 빈곤에 빠질 위험성이 있는 인구는 8.3%로 나타났다.

13) 부탄왕국의 행복지수(GNH)

(1) 정의

지그메 싱예 왕추크 부탄 국왕은 자신의 나라가 경제적으로 빈곤하다는 끊임없는 비판에 대응하여, 1972년 하버드 대학에 위탁하여 부탄왕국의 행복지수를 개발하고 국민총행복(Gross National Happiness: GNH)이라 명명했다. 국왕은 국민총행복이 "전 국민의 행복과 후생이 정부의 목표인 깨어 있는 사회"를 나타내는 것이라 말했다.[17] 부탄연구센터는

---

17) 국민총행복, 부탄연구센터, http://www.grossnationalhappiness.com/gnhIndex/in

다음 아홉 가지 개별 요소들을 고려하여 하나의 값을 가지는 국민총행복을 구성했다.

- **심리적 후생**: 제대로 된 정책과 서비스가 성공적으로 시행되고 있는지 측정하는 것은 국가의 매우 중요한 문제이다. 이 측면을 측정하기 위해서 심리적 문제(질투, 좌절, 이기심 등) 총 발병률과 부정적 정서의 발현율, 긍정적 정서(관대함, 동정, 침착 등)의 발현율, 명상과 같은 영적 활동, 일상생활에서 카르마[8]적 효과를 생각하는지 등을 고려한다.
- **시간 활용**: 24시간 동안 시간이 어떻게 사용되었는지, 어떤 활동에 가장 많은 시간을 썼는지 등 그 특성을 분석한다. 비노동활동 시간을 어떻게 활용하는가는 중요한 문제이다.
- **공동체의 활력**: 공동체 내의 관계 및 상호작용의 강점과 약점에 주목한다. 관련 지표들로는 가족 활력, 안전, 상호 관계, 신뢰, 사회적 지지, 사회화, 혈연관계 등이 있다.
- **문화**: 문화는 부탄왕국 주요 정책 목표 중 하나이며, 이 지표는 문화적 전통의 다양성과 강점에 초점을 맞춘다. 부탄의 공식 언어인 종카어의 사용, 전통 스포츠, 마을 축제, 수공예 능력 등을 고려한다.
- **건강**: 건강 지표들은 국민 건강에 영향을 미치는 요인과 전반적인 보건 시스템을 평가한다. 건강 상태, (HIV 감염 등) 보건 관련 교육,

---

truductionGNH.aspx

18) 카르마는 사람들의 행동에서 비롯되는 초월적인 에너지이다. 설문조사에서는 일상생활에서 카르마를 고려하는지를 질문한다.

보건 서비스에 대한 장벽 등이 고려된다.

- **교육:** 이 측면에서는 교육과 교육의 효율성을 측정하고자 한다. 고려되는 지표로는 교육의 성과, 종카어 교육, 문해율 등이 있다.
- **환경 다양성:** 생태계, 다양성, 환경재생능력 등에 대한 인식 자료를 포함한다. 환경오염, 생태학적 지식, 조림 등의 지표들이 고려된다.
- **생활수준:** 시민들의 기본적 경제 형편을 포괄하는데, 소득, 주거, 식품안전, 기타 생활조건 등이 고려된다.
- **통치:** 국민들이 정부의 직무 수행을 어떻게 인식하는지 평가하는 데, 특히 효율성, 정직성, 품질에 주목한다. 좋은 정부 관련 지표들로는 업무수행능력, 자유, 제도에 대한 신뢰 등이 있다.

(2) 장점과 단점

국민총행복이 빈곤 측정에 관한 전통적인 인식을 깨뜨리기는 하지만, 부탄(넓게 잡아서 아시아 특정 지역)에만 한정되는 문화적·종교적 변수들 때문에 이 지수를 통해 국제적 비교를 실시하는 것은 불가능하다.

최근 등록된 자료에서는 국민총행복 측정 기준에 따를 때 부탄 국민의 81.2%가 행복한 것으로 나타난다. 항목별로 살펴보면, <그림 10-17>에서 볼 수 있듯이 심리적 후생이 99%로 가장 높게 나타났으며, 통치 측면은 35.9%로 가장 낮은 평가를 받았다.

(3) 수치로 본 콜롬비아

국민총행복은 행복을 측정하는 유일한 지표는 아니다. 세계가치조사(WVS)는 58개국 사람들이 행복을 느끼는지 아닌지를 조사한다. 발표된 콜롬비아 자료를 보면 국민들의 48.8%가 행복하다고 느끼고 있으며, 이는 멕시코, 트리니다드토바고, 영국, 가나에 이어 5위에 해당했다.

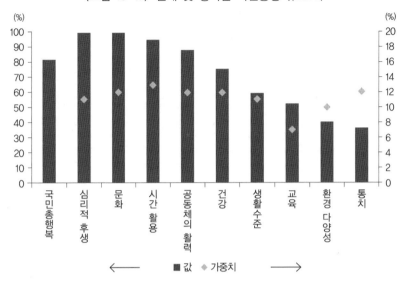

〈그림 10-17〉 전체 및 항목별 국민총행복(2009)

자료: 국민총행복, 부탄연구센터.

지수가 가장 낮은 국가들은 이라크, 홍콩, 루마니아, 이집트 등이었다.[19]

3. 불평등 지수

1) 지니계수

(1) 정의

지니계수는 가장 많이 쓰이는 불평등의 척도인데, 소득의 불평등을

---

19) 수치는 세계가치조사 데이터뱅크에서 확인할 수 있다. http://www.wvsevsdb.com/
wvs/WVSAnalizeQuestion.jsp

측정한다. 이 지수는 누적 가구소득과 누적 가구 수를 2차원 평면에 함께 표시하는 로렌츠곡선으로부터 구해진다.

로렌츠곡선과 완전평등분배 대각선 간의 거리는 소득 집중의 정도를 나타낸다. 로렌츠곡선은 (0과 100을 제외한) 모든 인구 구간에서 대각선 아래에 위치하며, 더 아래에 위치할수록 소득 집중이 더 심함을 뜻한다. …… 계수가 0이면 완전평등을, 계수가 1이면 완전불평등을 의미한다 (Lora, 2008: 49).

이렇듯 지니계수는 (관측 데이터를 통해 얻어진) 소득의 실증적 분포를 완전평등 직선과 비교한다.[20]

(2) 장점과 단점

소득이전이 있을 시 관측되는 표본에 해당 가구들이 많이 포함될수록 수치적 효과가 크게 나타난다(Medina, 2001).

(3) 수치로 본 콜롬비아

완전불평등 지수가 1이라는 사실을 고려하면 지니계수로 살펴본 콜롬비아의 상황은 좋지 않다. <표 10-4>에서 볼 수 있듯이 2009년 지니계수는 0.578로, 1991년 0.546으로부터 점진적으로 증가해왔다. 지니계수 증가의 효과가 미미하게 보일지도 모르나, 다른 비슷한 국가들과 비교해 보는 것이 중요하다. <그림 10-18>에서는 라틴아메리카 대부분 국가에

---

20) 지니계수는 로렌츠곡선과 대각선으로 둘러싸인 도형의 넓이를 대각선 아래 직각 삼각형의 넓이로 나눈 값이다. ― 옮긴이

<그림 10-18> 라틴아메리카 지니계수

A. 2003년 라틴아메리카 지니계수

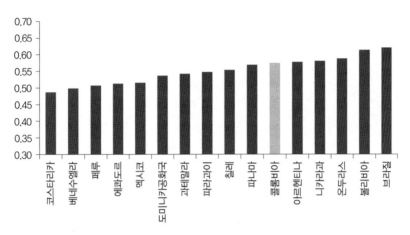

B. 2009년 라틴아메리카 지니계수

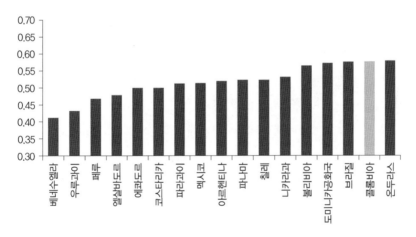

주: 2007년 콜롬비아의 지니계수는 가용한 직전 자료의 수치와 같음.
자료: 라틴아메리카 카리브 경제위원회(CEPAL), Cifras y Conceptos S.A. 계산.

<표 10-4> 지니계수(1991~2009, 국가 전체)

	1991	1995	2000	2001	2002
지니계수	0.546	0.560	0.563	0.557	0.594
	2003	2004	2005	2008	2009
지니계수	0.573	0.579	0.580	0.589	0.578

자료: 가구조사 자료[2002~2005 가구지속조사(ECH)와 2008~2009 가구총조사(GEIH)]를
　　바탕으로 실업, 빈곤, 불평등 문제 연계 대책반(MESEP)에서 계산. 측정방법의 변화
　　로 인해 2006년도와 2007년도 자료 없음.

서 지니계수가 감소한 반면 콜롬비아의 경우 증가하는 모습을 보인다.

2) 불평등 조정 인간개발지수(IHDI)

(1) 정의

2010년 UN개발계획에서는 불평등 조정 인간개발지수(Inequality-adjusted HDI: IHDI)를 최초로 발표했다. 이는 인간개발지수에 사회적 불평등 정도를 추가한 것이다. 완전하게 평등한 국가의 HDI와 IHDI는 동일하지만, 소득분배나 보건·교육 서비스 접근성에 대한 불평등이 심할수록 IHDI는 HDI보다 작은 값을 가진다.

불평등 조정 인간개발지수는 인간개발지수에 비해 평균 22% 작은 값을 갖는다. 그리고 일반적으로 인간개발지수가 낮은 국가들일수록 불평등한 것으로 관측된다. 불평등 조정 인간개발지수는 앳킨슨 지수[21]

---

21) 앳킨슨 지수는 소득 불평등 측정 도구로서 영국 경제학자 앤서니 반즈 앳킨슨
　　(Anthony Barnes Atkinson)이 개발한 여러 지수 중 하나이다. 자세한 내용은
　　알키르와 포스터(Alkire and Foster, 2010)나 2010 HDI 기술 노트 2번 항목을
　　참조하라.

〈그림 10-19〉 2010년 세계 169개국 불평등 조정 인간개발지수

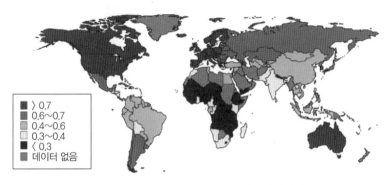

자료: 인간개발 관련 국제 지표/지도/2010 불평등 조정 인간개발지수.

를 이용하여 측면지수들을 불평등으로 조정한 다음 기하평균하는 방식
으로 계산된다.

(2) 장점과 단점

이 지표는 보편성을 가지고 있으며, 조정을 거쳐 취약계층을 더 잘
식별할 수 있게 되었다. 불평등 조정 인간개발지수는 넓은 범위를 포괄
하지만, 지역적 단위로는 분리되지 않기 때문에 지역적 차원에서 현상
을 파악하기 어렵다는 한계를 가지고 있다. 만약 지역적 수준의 지표를
알고 싶다면 인구총조사 자료를 활용해야 할 것이다. 그리고 불평등의
종류 또한 분리하지 않는다. 즉, 교육, 성, 문화적 조건, 소득 등 어떤
요소가 불평등의 주요인인지 파악할 수 없다.

(3) 수치로 본 콜롬비아

2010년 콜롬비아의 IHDI는 0.492인데, 이는 HDI보다 28.6% 낮은
수치로서 불평등이 콜롬비아 인간개발을 저해하는 요소임을 알 수 있

다. UN개발계획의 분류에 따르면 콜롬비아의 인간개발지수는 높은 편이지만, 불평등으로 조정된 인간개발지수로 따지면 콜롬비아는 중간 정도의 그룹(0.4~0.6 사이)에 속한다(<그림 10-19> 참조).

3) 성불평등지수(GII)

(1) 정의

UN개발계획에서는 인간개발지수를 바탕으로 하여 성불평등지수를 발표했다. 이 지수는 여성의 상대적 불리함을 생식 건강, 여성 권리, 노동 참여 세 가지 측면에서 고려한다. 불평등 조정 인간개발지수 또한 이 세 측면에서 남성과 여성의 격차를 고려하여 인간개발 정도를 계산하지만, 이는 성불평등을 측정하는 지수는 아니다.

성불평등지수는 전 세계적으로 성과 관련된 정책 관련 분석이나 토론을 지도하고 확산하기 위한 도구로 사용되고 있다.[22] 인간개발지수와 같이 성불평등지수는 시 단위로 분리할 수 없으며, 성별 격차를 인간개발에 반영한다.

(2) 장점과 단점

성불평등지수는 사회·경제개발 지표로서 경제발전을 지연시키는 요인으로 성별 차이를 고려한다. 그리고 연속 변수이기 때문에 국가 간 비교도 가능하며, 따라서 개발을 평가하고 측정하는 기초적인 도구 역할을 한다. 성불평등지수 또한 넓은 범위를 포괄하지만, 지역적 단위로는 분리되지 않는다는 제약을 가지고 있고, 따라서 지역적 차원에서

---

22) UN개발계획, 『인간개발보고서 2010』.

현상을 파악하기 어렵다는 한계를 가지고 있다. 만약 지역적 수준의 지표를 알고 싶다면 인구총조사 자료를 활용해야 할 것이다.

(3) 수치로 본 콜롬비아

(가용한 최신 자료인) 2008년 자료에서 콜롬비아의 성불평등지수는 0.658로 나타나 139개 국가 중 90위를 차지했다. 성불평등지수는 0과 1 사이 값을 갖는데, 0은 불평등이 가장 적은 것을 1은 불평등이 가장 많은 것을 의미한다.

4. 콜롬비아의 빈곤과 불평등 현황

다양한 빈곤 및 불평등 지수를 전반적으로 살펴본 결과 콜롬비아는 다음 세 가지 특징을 드러냄을 알 수 있다.

- 모든 빈곤 지표에서 개선을 보였으나 도시의 규모나 도시와 농촌 지역 간 격차는 지속적으로 크게 나타났다.
- 콜롬비아는 지니계수로 봤을 때 라틴아메리카에서 소득분배 불평등이 가장 심각한 국가들 중 하나이며 상황이 악화되고 있다.
- 콜롬비아 통계청에서 생산한 자료를 바탕으로 만들어진 빈곤 관련 시계열 자료의 단절이 발생한 2006년과 2007년을 예외로 하면, 빈곤 측정 도구는 양적·질적으로 성장하고 있다.

1) 수치로 본 콜롬비아

이 항목에서는 측정에 사용된 변수들과 지표들 사이의 관계, 그리고 가용한 콜롬비아 관련 정보에 대한 자세한 분석을 소개할 것이다.

- 신체측정 지표는 남성 평균 신장이 1910년 163.5cm에서 1984년 170.6cm로 증가했고, 같은 기간 여성 평균 신장이 150.8cm에서 158.7cm로 증가했음을 보여준다. 그 요인들로는 개선된 영양 섭취 패턴, 기본적 위생시설, 건강관리 등이 있다.
- 2010년 콜롬비아의 영양실조율은 3.4%였지만, 지역별로 큰 차이를 보인다. 예를 들어 라과히라 주의 영양실조율은 11.2%에 육박하지만 메타 주는 1.8%에 불과하다.
- 콜롬비아 1인당 GDP는 2000년에는 약 700만 페소였지만, 2009년에는 900만 페소로 증가했다. 주별로 비교하자면, 산탄데르, 보고타, 아라우카에서는 1인당 GDP가 1600만 페소 이상이었던 반면 푸투마요, 과비아레, 초코, 바우페스에서는 400만 페소 아래로 나타났다.
- 콜롬비아 전체 NBI는 2002년 22.6%에서 2009년 17.7%로 감소했으며, 특히 과밀거주 측면에서 큰 개선을 보였다. 하지만 대도시 사이의 격차(보고타와 키브도가 양 극단에 위치한다), 도시 지역과 농촌 지역 간의 격차(각각 12.34%와 31.33%)가 크게 나타난다.
- 극빈선과 빈곤선에서도 상당한 개선을 보였다. 국가 전체의 극빈선 이하 가구 비율은 2002년 19.7%에서 2009년 16.4%로 감소했으며 (2006년과 2007년의 자료 미비는 사회적으로 통탄할 일이다), 빈곤선 이하 가구 비율은 53.7%에서 45.5%로 감소했다. 마찬가지로 지역별 격

〈표 10-5〉 각 지표별 계산에 사용된 변수

지표	인구 통계	소득	교육	건강	공공 서비스
인체 측정학적 지표	○			○	
1인당 GDP	○	○			
NBI	○		○		○
극빈선/빈곤선		○			
통합적 빈곤 지표	○	○			○
계층화					○
QLI			○	○	○
HDI	○	○	○		
주관적 빈곤	○	○			
다차원 빈곤지수			○	○	○
국민총행복		○	○	○	○
지니계수	○	○			
IHDI	○	○	○		
성평등지수	○	○	○	○	

자료: Cifras y Conceptos S.A.에서 제작.

차가 존재하는데, 빈곤선 이하 비율은 중심 도시와 기타 지역에서 같은 기간 각각 48.3%에서 39.6%로, 69.3%에서 64.3%로 변화했다.

• 콜롬비아인들을 다차원 빈곤지수로 살펴보았을 때, 빈곤하지 않은 사람들은 1997년 40.2%에서 2003년 32.1%로 감소했다. 하지만 경기적 빈곤(빈곤선 기준 빈곤, NBI 기준 빈곤하지 않음)의 비율은 같은 기간 33.2%에서 47.1%로 증가했는데, 이 기간 동안 발생한 항상소득 감소를 반영하는 것이다.

• 삶의 질 지수는 1999년부터 76% 이상의 값을 보이며 꾸준히 증가해오고 있다. 2006년에는 79.5% 값을 보였다. 하지만 도시와 농촌 지역별 차이와 도시 규모별 차이가 존재한다. 중심 도시의 경우

삶의 질 지수가 1999년에는 83%였고 2003년에는 84.6%였지만, 기타 지역에서는 같은 기간 각각 54.8%와 55.3%를 보였다.

- 인간개발지수는 1980년 0.537에서 2010년 0.689로 크게 증가해왔지만, 상대적 국가 순위는 큰 개선이 없었다. 1990년 콜롬비아는 130개국 중 86위였고 2010년에는 169개국 중 79위에 머물렀다.

- Red UNIDOS의 적용 범위는 2007년부터 현격하게 개선되었다. 2011년 목표는 150만 가구를 프로그램에 참여시키는 것인데, 현재 진행률은 94%를 보이고 있다.

- 주관적 빈곤과 관련한 지표 또한 개선되었다. 2008년 국가 전체 인구 중 48%가 스스로를 빈곤하다고 여겼는데, 2010년에는 44%로 감소했다. 같은 기간 중심 도시 사람들의 주관적 빈곤 인식은 41%에서 39%로 감소했고, 기타 지역은 73%에서 65%로 감소했다.

- 빈곤에 대한 인식을 조금 더 깊게 살펴보면, 국가 전체에서 2008년과 2010년에 각각 인구의 35%와 34%가 "최저 지출을 감당할 수 없을 만큼"의 소득을 번다고 응답했으며, 52%와 54%는 "최저 지출 만큼 번다"고, 13%와 12%만이 "최저 지출 이상의 소득을 번다"고 답했다.

- 다차원 빈곤지수를 살펴보았을 때 0.41의 수치를 보이는 콜롬비아는 101개 국가 중 65위에 위치한다. 빈곤율은 9.2%이고 다차원 빈곤에 빠질 위험성이 있는 비율은 8.3%로 나타났다.

- 지방의 빈곤 수치를 분석했을 때 그 진단은 완전히 다르게 내려진다. 국가 전체는 여러 지표상 개선을 보였지만, 지방의 빈곤율은 높은 것으로 나타났다. 이 때문에 2009년 UN개발계획에서는 콜롬비아 전체 시 중 71개를 '밀레니엄 시'로 지정하여 빈곤 감소와 개발 촉진 관련 프로그램 시행 대상으로 삼았다.

• 마지막으로, 콜롬비아의 불평등 지표들은 명백하게 나쁜 결과를 보였다. 소득분배 수준을 나타내는 지니계수를 보면 콜롬비아는 [2003년] 라틴아메리카 16개 국가 중 (칠레와 파나마 다음인) 11위에 위치했으나, 2009년에는 15위를 차지하며 온두라스만을 간신히 앞섰다.[23] 그리고 콜롬비아는 불평등 조정 인간개발지수에서 91위를, 성불평등지수에서 90위를 차지했다(인간개발지수는 79위).

5. 공공정책 제언

콜롬비아는 빈곤 측정에서 큰 발전을 거두었다. 현재 빈곤 관련 여러 지표들을 계산할 수 있도록 하는 다양한 설문조사가 존재한다. 예를 들어 삶의 질 조사에서 제공되는 정보를 통해 삶의 질 지수, NBI, 빈곤선, 극빈선, 소득 등을 계산할 수 있다. 그러나 불평등과 관련된 정보는 부족한 실정이다. 따라서 첫 번째 제언은 현재 존재하는 (빈곤 및 후생 관련) 정보의 적극적인 활용을 통해 불평등 현상을 이해해보자는 것이다. 그러기 위해서는 1차 자료 수집에 성별, 지리적 위치(농촌/도시), 인종에 대한 자기 인식, 장애, 분쟁이나 자연재해의 영향 등의 변수들을 포함해야 한다.

두 번째 제언은 정보의 성격과 공개 수준에 관한 것이다. 콜롬비아의 통계정보는 대부분 시민의 세금으로 운영되는 국가 공공기관을 통해

---

[23] <그림 10-18>의 2003년 자료에는 16개 국가가 있으나, 2009년 자료에는 과테말라가 빠지고 우루과이와 엘살바도르가 추가되면서 국가 수가 17개로 늘어났다. 따라서 본문의 15위는 16위로 정정되어야 한다. — 옮긴이

수집·가공되고 공개된다. 따라서 원하는 사람은 누구든지 별도의 비용 없이 (출처의 비닉권은 유지하며) 원자료를 포함한 모든 정보에 자유롭게 접근할 수 있어야 할 것이다.

세 번째 제언은 측정방법의 변화와 관련된 것으로서, 이는 1차 자료의 출처와 지표 계산 방법을 포함한다. 통계정보를 생산하는 역할을 수행하는 기관들은 정보의 정기적인 발행을 보장해야 한다. 또한 국가의 필요에 따라 일부 수정할 수 있을 정도의 융통성을 가지고 있으며 국제적인 비교를 가능하게 하는 엄밀하게 구상된 방법론을 가지고 있어야 한다. 마찬가지로, 해당 방법론과 계산과정 또한 투명하게 공개되어야 할 것이며 필요한 사람들이 무료로 쉽게 접근할 수 있도록 해야 한다.

네 번째 제언은 통계자료의 연속성을 보장하는 것과 관련된 것으로서, 이를 통해 지표들이 매년 또는 중장기적으로 어떤 추세로 움직이는지를 알 수 있기 때문이다. 시계열 자료의 가용성은 관측된 현상의 인과관계를 식별할 수 있도록 돕는데, 이 때문에 새로운 변수를 추가하는 것도 중요하지만 그것을 잘 유지하면서 비교 가능하게 만드는 것이 더욱 중요하다.

다섯 번째 제언은 최신 정보를 업데이트하자는 것이다. 앞에서 언급된 지표들 중 상당수(통합적 빈곤 지표, 빈곤선, 극빈선, 삶의 질 지수, 생활실태조사의 몇 개 항목)를 계산하고 발표할 수 있는데, 이는 정보 출처가 최신화되어 있기 때문에 가능한 것이다.

콜롬비아의 인구는 지역별로 중심 도시 거주 인구와 기타 지역 거주 인구로 나뉜다. 중심 도시는 시의회에서 정한 도시 경계로 둘러싸인 지역을 의미하며, 기타 지역은 산재한 농촌 지역과 구획화된 곳으로서 시청보다 작은 단위의 행정기구가 있을 수도 있고 없을 수도 있는 지역을 말한다. 콜롬비아에는 인구가 1만 이하인 시가 442개 있으며, 중심

도시로 분류된다 하더라도 그곳의 경제활동은 전형적인 농촌 특성을 나타낸다. 따라서 여섯 번째 제언은 분석에 있어 이러한 중심 도시들을 농촌 지역에 통합하는 것이다.

마지막으로, 일곱 번째 제언은 자료와 지표들이 지역적 차원에서 더 많이 활용되도록 장려하자는 것이다. 현재 존재하는 방대한 정보는 기본적으로 국가 현황을 분석하는 데 사용되고 있고 지역 차원의 분석은 부재하기 때문에 자료가 담고 있는 풍부한 정보를 버리고 있다고 할 수 있다. 지역 연구소를 육성하는 것은 정보의 더 많은 활용을 통해 콜롬비아 여러 지역 관련 양질의 정보가 더 많이 생산되게끔 하는 선순환의 시작이 될 수 있을 것이다.

부록

지표	출처	기간
신장	메이젤과 베가(Meisel y Vega, 2004)가 계산	1910~1984
영양실조	국가영양상태조사	1990~2010
1인당 GDP	콜롬비아 통계청/중앙은행	1950~2009
NBI	가구지속조사/생활실태조사/인구총조사	1973~2009
극빈선/빈곤선	가구지속조사/생활실태조사	1986~2009
통합적 빈곤 지표	가구지속조사/생활실태조사	1986~2009
계층화	공공서비스 감독청	1982~2008
삶의 질 지수	가구지속조사/생활실태조사	2002~2006
인간개발지수	UN개발계획/세계은행	1990~2010
주관적 빈곤	생활실태조사/코모 바모스/ 고등교육발전재단의 횡단면 사회 조사	2002~2010
다차원 빈곤지수	UN개발계획/세계은행	2010
지니계수	가구지속조사/생활실태조사	1986~2010
IHDI	UN개발계획/세계은행	2010
성불평등지수	UN개발계획/세계은행	2010

자료: Cifras y Conceptos S.A.에서 제작.

참고문헌

Alkire, S. y J. Foster. 2010. *Designing the Inequality-Adjusted Human Development Index(HDI)*. Human Development Research Paper 28. PNUDHDRO, Nueva York.

Banco Mundial. 2000/2001. *Lucha Contra la Pobreza. Panorama General. Desarrollo Mundial*. Banco Mundial, Washington, D.C.

Caballero, C. 2004. *Cambio y Exclusión*. Editorial La Oveja Negra. Bogotá, Colombia.

Corredor, C., E. Becerra, M. Muñoz, A. DeHann, E. Bustelo, C. Vallejo, E. Funkhouser y J. Gonzalez. 1999. *Pobreza y Desigualdad: Reflexiones Conceptuales y de Medición*. Colombia.

Departamento Administrativo Nacional de Estadística(DANE). 1997. *Ficha Metodológica Encuesta Nacional de Calidad de Vida*. Bogotá D.C.

_____. 2009. *Metodología Encuesta Nacional de Calidad de Vida*. Bogotá D.C.

_____. 2011a. Necesidades Básicas Insatisfechas(NBI), http://www.dane.gov.co/daneweb_V09/index.php?option=com_content&view=article&id=231&Itemid=66

_____. 2011b. Necesidades Básicas Insatisfechas(NBI), http://www.dane.gov.co/daneweb_V09/index.php?option=com_content&view=article&id=231&Itemid=66

Documento Conpes Social. 2006. *Red de Protección Social Contra la Extrema Pobreza*. DNP, Bogotá D.C.

Feres, J. y F. Medina. 2001. *Hacia un Sistema Integrado de Encuestas de Hogares en los Países de América Latina*. Cepal, División de Estadística y Proyecciones Económicas.

Feres, J. y X. Mancero. 2001. *Enfoques para la Medición de la Pobreza. Breve Revisión de la Literatura*. Cepal, División Estadística y Proyecciones Económicas.

Freire, E. 2011.4.12. Entrevistado por Sara Vélez C. Bogotá.

Lora, E. 2008. Técnicas de medición, capítulo 2: indicadores de vida, igualdad y pobreza.

Mankiw, G. 2000. *Macroeconomia*. Nueva York, Mayol ediciones.

Millán, N. 2000. *La Pobreza en Colombia: Medidas de Equivalencias de Escala y la Dinámica del Ingreso per Cápita del Hogar*. Cuadernos PNUD, Pobreza-02.p65.

Medina, F. 2001. Consideraciones sobre el índice de Gini para medirla concentración del ingreso. Cepal, División Estadística y Proyecciones Económicas.

Meisel, A. y M. Vega. 2004. La estatura de los colombianos: un ensayo de antropometría histórica, 1910~2002. Banco de la república. *Documentos de Trabajo sobre Economía Regional*, No. 45, mayo.

Muñoz, M. 2000. Estimación de líneas de pobreza y de indigencia a partir de la encuesta nacional de ingresos y gastos 1994~1995. DANE.

Muñz M. y Rivas G.(2005). Construcció de las canastas normativas de alimentos para trece ciudades, resto urbano y zona rural. Documento MERPD-DNP.

Nordhaus, William D. 1972. "The Optimum Life on a Patent: Reply." *American Economic Review*, American Economic Association, Vol. 62(3), pp. 428~431, June.

Programa de las Naciones Unidas para el Desarrollo(PNUD). 1997. *La Pobreza en la Perspectiva del Desarrollo Humano: Concepto y Medición*.

_____. 2010. La verdadera riqueza de las naciones: Caminos al desarrollo humano. Informe sobre Desarrollo Humano 2010. Edición vigésimo aniversario.

Quispe, R. 2000. Necesidades Básicas Insatisfechas. Ponencia en 5to. Taller Regional de la Medición de la Pobreza: Métodos y Aplicaciones.

Ravallion, M. 1999. Las Líneas de pobreza en la teoría y en la práctica. Banco Mundial.

Sen, Amartya. 1984. *Resources, values and development*. Harvard University Press, Cambridge.

_____. 2010. *La idea de justicia*. Taurus pensamiento. Madrid, España.

The World Factbook 2009. 2009. Washington, DC: Central Intelligence Agency.

제11장

비교역사학적 관점에서 본 콜롬비아의 폭력

찰스 버키스트 _박윤주 옮김

이 강연문에서는 콜롬비아의 사회사를 개관하고 현 상황을 날카롭게 분석한다. 마약과 폭력으로 얼룩진 콜롬비아의 오늘을 올바로 이해하기 위해서는 역사적 맥락에서 다른 라틴아메리카 국가와의 차이를 주목해야 한다. 마약과 폭력은 단순히 부패의 산물이 아니라, 보수당과 자유당의 국가연대(National Front, 1958~1974)의 산물이다. 이 연대는 중농과 소농 위주의 내수경제 체제하에서 두 정파 간 갈등이 심하지 않아 타협의 여지가 있었기에 가능했지만 결과적으로 사회, 정치, 경제 개혁을 지연시킴으로써 커다란 구조적 모순을 낳으면서 마약과 폭력이 비롯된 것이다. 극단적인 친미 행보를 걷는 현 콜롬비아 정부도 비판받아야 하지만 콜롬비아의 무장혁명집단이 극단적인 투쟁을 지양해야 온건한 정부 비판 세력의 목소리가 힘을 얻어 폭력과 마약의 사슬을 끊을 수 있다.

찰스 버키스트 Charles Bergquist 워싱턴 대학교 역사학과 석좌교수. 연구분야는 현대 라틴아메리카의 노동이다. 저서로『라틴아메리카의 노동: 칠레, 아르헨티나, 베네수엘라, 콜롬비아에 대한 비교 에세이(Labor in Latin America: Comparative Essays on Chile, Argentina, Venezuela, and Colombia)』(1988),『콜롬비아의 커피와 갈등, 1886-1910(Coffee and Conflict in Colombia, 1886-1910)』(1978)이 있다.

* 이 글은 찰스 버키스트 교수가 2009년 11월 9일 계명대학교에서 한 강연문이다.

1.

오늘 다루려는 주제는 콜롬비아에서 벌어지는 폭력이며, 강의는 비교 역사학적인 관점에 중점을 두고 이루어질 것이다. 콜롬비아의 근현대를 연구하는 많은 학자들은 대부분 사회과학자들로, 연구 주제의 역사적 측면이 갖는 중요성을 자주 간과한다. 반면 역사학자들은 현재 위기의 역사적 기원에 대해서 자주 언급하지만, 대체적으로(수많은 사회과학자들과는 달리) 이를 비교학적 관점에서 접근하지는 않는다. 하지만 나는 비교의 중요성을 강조해왔고, 콜롬비아나 다른 라틴아메리카 지역에 대해 쓴 나의 저서들은 모두 비교학적 관점에서 접근한 작업들이다. 나는 비교학적 관점이 역사적 인과관계를 구성하는 다양한 요소들을 분류하고 분석하는 데 도움을 주며 동시에 역사적 분석을 위한 강력한 개념틀을 제공한다고 생각한다. 이 강의에서 나는 광범위한 분야를 포괄하는 비교를 시도하려고 한다. 이러한 작업이 라틴아메리카의 역사 일반에서 콜롬비아의 역사가 차지하는 위치에 대해 다소 생소하게 느끼는 청중들의 이해를 높일 수 있길 기대한다.

19세기 초부터 20세기 말까지, 즉 콜롬비아가 국가로 존재한 대부분의 기간 동안 콜롬비아는 국제사회에서 거의 알려지지 않은 나라였다. 브라질과 멕시코에 이어 라틴아메리카에서 세 번째로 인구가 많은 나라였음에도 불구하고, 아프리카나 아시아에서는 물론이고 유럽과 북미에서도 주목받는 나라가 아니었다. 20세기 초 콜롬비아 국회가 파나마 지역을 통과하는 대양 간 운하 건설을 위한 미국과의 협정 승인을 거부하고 나서면서 콜롬비아는 일시적으로 세계의 주목을 끌게 된다. 하지만 미국은 파나마의 분리를 통해 자신의 이익을 보장하는 협정을 유지시켜 운하 건설을 시작했다. 결국 콜롬비아는 또다시 세계의 관심에서 멀어지게 된다. 이러한 무관심은 최근까지 콜롬비아에 대한 연구, 특히 국외 연구자들에 의해 수행된 연구가 부족한 이유이다.

그러나 요즘 콜롬비아에 대한 관심은 높아지고 있다. 최근 수십 년간 콜롬비아는 대부분 부정적인 이유로 인해서지만 자주 뉴스에 오르내렸다. 콜롬비아에 대한 이러한 언론의 관심은 학자들의 관심 또한 불러일으켰다. 『백년간의 고독』이라는 소설로 노벨문학상을 수상한 가브리엘 가르시아 마르케스(Gabriel García Márquez)를 비롯하여 최근까지 왕성한 활동을 벌이고 있는 페르난도 보테로(Fernando Botero)의 작품들은 이제 세계인들에게 친숙한 대상이 되었다. 쿰비아(Cumbia)와 바예나토(vallenato)와 같은 콜롬비아의 음악은 수십 년 동안 라틴아메리카 사람들이 즐겨왔고, 샤키라(Shakira)나 후아네스(Juanes) 같은 가수들은 세계적인 스타가 되기도 했다.

전 세계에서 커피를 마시는 사람들은 모두 콜롬비아 커피 원두의 우수한 품질에 대해 알고 있다. 덕분에 콜롬비아는 20세기 전반 동안 브라질 다음으로 커피를 많이 수출하는 국가였다. 현재는 2위 자리를 베트남에게 넘겨주긴 했지만 콜롬비아는 여전히 양질의 아라비카 커피 콩을 가장 많이 수출하는 국가이다. 뒤에서 좀 더 살펴보겠지만 커피는 콜롬비아 역사에 큰 영향을 끼쳤을 뿐 아니라 최근 그리 달갑지 않은 콜롬비아의 어두운 면을 설명하는 주요 요소이다.

콜롬비아가 갖고 있는 부정적인 명성 중 가장 심각한 것은 폭력에 관한 것이다. 1946~1966년 사이 콜롬비아는 1910~1917년의 멕시코혁명 이후 라틴아메리카에서 일어난 가장 심각한 혼란에 시달렸다.[1] 콜롬비아의 라 비올렌시아는 전통적인 두 정당인 자유당과 보수당 사이에서

---

1) 이 당시의 폭력 대립을 라 비올렌시아(La Violencia 혹은 the Violence)라고 부른다.

〈그림 11-1〉 20세기 초반 콜롬비아의 커피 재배 지역과 행정구역

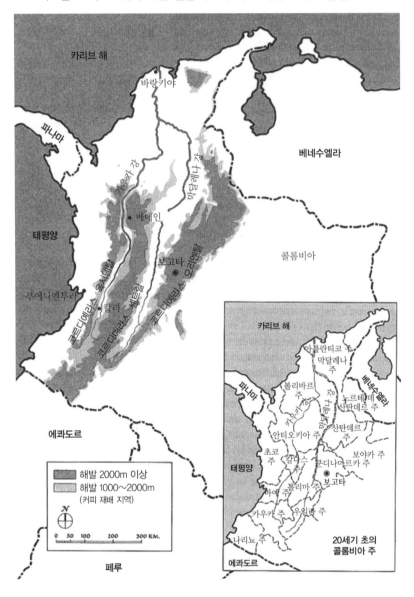

발생한 것이었다. 라 비올렌시아는 멕시코 혁명처럼 토지나 농업 개혁 또는 내셔널리즘적인 경제정책으로 이어지지 않았다. 대신 이후 16년간 계속된 양대 정당 간의 권력 공유를 상징하는 국민전선(National Front, 1958~1974)으로 진화했으며, 국민전선 안에서 양대 정당은 번갈아 대통령직을 맡고 공직을 양분해왔다.

라틴아메리카 전문가가 아닌 대부분의 외국인들에게 이 시기는 잘 알려져 있지 않다. 그러나 많은 사람들이 최근의 콜롬비아 정치 폭력에 대해서는 알고 있다. 최근의 정치 폭력은 FARC(콜롬비아 무장혁명군)와 ELN(콜롬비아 민족해방군)으로 알려진 라틴아메리카에서 가장 오래된 마르크스주의 게릴라 조직들이 콜롬비아 정부와 우익 불법무장단체 지지자들과 대립하면서 발생했다. 이미 50년의 역사를 지닌 이 갈등은 좀처럼 사그라질 기미를 보이지 않고 있으며, 콜롬비아가 차지한 많은 불명예스러운 세계 '1위'들을 양산하는 데 기여하고 있다. 최근 몇 년 동안 콜롬비아는 민간인 납치가 가장 많이 일어난 국가였다. 콜롬비아는 또한 정치적인 이유로 노동조합원들이 가장 많이 살해되는 국가이다. 실제로 최근 수년간 콜롬비아에서 살해된 노동조합원들의 숫자는 나머지 세계에서 살해된 노동조합원들의 숫자를 전부 합친 것보다도 많다.

게릴라, 우익 불법무장단체 그리고 정부 간의 계속된 갈등으로 인해 4600만 콜롬비아 국민의 10%가 난민이 되었다. 이로 인해 수백만 콜롬비아인들이 이루 헤아릴 수 없는 고통을 겪게 되었을 뿐 아니라, 콜롬비아는 세계에서 가장 많은 난민이 살고 있는 지역들 중 하나가 되었다.

그러나 콜롬비아가 현재 갖고 있는 오명 중에서 가장 부정적인 것은 아마도 불법 마약 거래일 것이다. 콜롬비아는 1970년에 이미 상당량의 마리화나를 수출하기 시작했으며 최근에는 헤로인도 수출하고 있다.

하지만 1980년대와 1990년대에 와서 콜롬비아는 세계 최대의 코카인 공급지로 떠올랐다. 당시 콜롬비아가 불법 코카인 수출로 벌어들인 수익은 콜롬비아의 합법적 주력 수출 품목인 커피의 수익을 이미 넘어섰다. 불법시장에 대한 통계치 간에 차이가 많고, 지난 수년간 생산량 또한 변동했기 때문에 정확한 수치를 제시하는 데에는 어려움이 있다. 하지만 코카인 공급을 막기 위해 미국 정부가 수십억 달러를 투자하고, 독성화학물질을 공중에서 대량 살포했지만, 콜롬비아의 코카인 생산은 21세기에도 여전히 전과 거의 동일한 수준을 유지하고 있다는 데에 전문가들은 모두 동의한다.

(이해관계로 서로 얽혀 있는) 콜롬비아의 게릴라, 준군사집단, 마약 마피아들은 마약 거래를 통해 자금을 조달했다. 마약 거래 수익은 콜롬비아 통화의 평가절상을 가져왔고, 농작물과 산업재 수출에 부정적 영향을 끼쳐 종국에는 콜롬비아 경제를 심각하게 왜곡해왔다. 그뿐만 아니라 마약조직 두목들이 자주 중소농민들을 희생시키면서, 거대한 농촌 자산 특히 목초지를 대규모로 점유함에 따라 농지 개혁의 퇴행을 조장했다. 정부의 마약 근절 작업과 이에 수반된 일련의 과정에 의해 강제 철거된 농민과 농촌 노동자들은 유일한 수익성 작물인 코카를 재배하기 위해 접근이 힘든 열대우림으로 더욱 깊숙이 피신하게 되었고, 그 결과 남아 있는 열대우림 지역에 압력이 가해졌다. 그뿐만 아니라 마약밀매에서 발생한 거대한 이윤은 콜롬비아 사회의 기초 조직인 법원, 경찰, 정당과 같은 기관들을 부패시켰다.

마지막으로, 내란과 이를 극복하기 위한 노력에 집중한 나머지 콜롬비아는 다른 남미국가들과 달리 미국 주도의 신자유주의 경제정책에 도전하는 중도좌파적인 흐름에 참여하지 않은 남미 유일의 국가가 되었다. 최근 브라질의 룰라(Lula) 정부, 베네수엘라의 차베스 정부, 볼리비아의 에보 모랄레스(Evo Morales) 정부 및 칠레, 아르헨티나, 파라과이 그리고 에콰도르의 유사한 좌파 정부들은 정도 차이는 있지만, 사회 프로그램들을 강화함으로써 자본주의적인 시장 세력을 약화시켜왔다. 그리고 이들 국가들은 자국 경제에 대한 통제권을 강화하고, 나아가 미국의 개입으로부터 벗어나기 위해 노력하고 있다.

반면 콜롬비아인들은 신자유주의 경제정책의 신봉자이자 견고한 친미주의자인 알바로 우리베의 유례없는 3선을 위해 헌법을 고치겠다고 하고 있다. 우리베 대통령은 워싱턴과 포괄적인 자유무역협정의 성사를 위해 협상을 벌여왔고, 미군이 콜롬비아의 7개 군사기지에 접근할 수 있도록 하여 논란의 대상이 된 (비공개 협상에 의한) 새로운 협정을 최근 공개했다. 이 협정의 발표와 함께 라틴아메리카 전 지역의 긴장은 고조되었고, 특히 라틴아메리카에서 미국의 대항마가 되려고 애쓸 뿐만 아니라 최근 러시아로부터 많은 무기를 구입한 베네수엘라와 콜롬비아 간의 갈등이 증폭되기도 했다.

최근 몇년 동안 우리베 대통령은 콜롬비아 역사상 가장 높은 70% 이상의 지지율을 만끽해왔다. 하지만 그의 인기는 그의 신자유주의 경제정책 때문이 아니다. 그의 인기는 게릴라에 대한 강력한 대응책 때문이다. 그의 전임자들이 게릴라와의 협상을 통해서 문제를 해결하려고 했다가 실패했던 것과는 달리 (물론 전임자들이 근본적인 경제 및 사회 개혁을 했던 것은 아니다), 우리베 대통령은 게릴라에 대한 공격적인 군사작전을 펼쳤다. 우리베 대통령의 공격적인 대(對)게릴라 전술의 성공 여부는 매우 제한적이지만, 그의 공격적인 정책은 게릴라 전술(특히 납치와 사회기반시설 파괴)에 염증을 느낀, 그리고 게릴라들의 사회주의적 목표를 거부하는 대다수 콜롬비아 국민의 뜨거운 지지를 받게 되었다.

현 콜롬비아 정치 갈등의 두 주체인 게릴라와 정부는 오늘날 콜롬비아의 상황에 대해 극단적으로 상반된 견해를 가지고 있다. 이렇게 서로 다른 견해는 콜롬비아 역사에 대한 상이한 이해에 기초하고 있다. 게릴라와 국내외 좌파 지지자들은 콜롬비아의 지배계급이 반대 세력을 전혀 인정하지 않았고 개혁을 향한 모든 역사적 노력을 억압하고 제거해왔다고 주장한다. 그 결과 현 체제를 전복시키기 위한 무장저항만이 정의사회를 구현할 수 있는 유일한 길이라고 주장한다.

반면, 콜롬비아의 엘리트들과 그 지지자들은 콜롬비아 지배층의 중용과 자유주의적인 근대화 정신을 강조한다. 그들은 역사를 통해 이제는 완전히 폐기된 위험한 외부 공산주의 (특히 카스트로식의) 모델에 무장좌파 세력이 맹목적으로 경도되어 있다고 비난한다.

다음으로, 무장 좌파를 고발한다는 점에서 지배층의 입장과 동일하며 동시에 콜롬비아의 기득권층 중 상당수와 미국 정부 내 지배층 지지자들이 수용하고 있는 입장으로, 역사적인 고찰에 크게 의존하지 않는 세 번째 입장이 있다. 이들은 콜롬비아 사회와 정치의 부패는 마약 거래 때문이라고 믿으며, 따라서 마약 거래와 여기에 의존하는 무장세력을 제거하는 것이야말로 콜롬비아의 평화와 지속적인 경제성장에 필수요소라고 생각한다.

이 강의를 통해 나는 위에서 설명한 입장들을 각각 평가할 뿐 아니라 콜롬비아 역사에 대한 대안적 읽기를 통해 기존의 역사 이해의 틀들을 극복하고자 한다. 우선, 본격적인 분석에 앞서 방금 언급한 세 번째 입장, 즉 콜롬비아 역사에 대한 이해 없이 주로 마약 거래의 파괴적인 속성만을 강조하는 입장을 살펴보도록 하겠다.

앞에서 언급했듯이 마약 거래가 콜롬비아의 평화 정착을 위한 투쟁을 상당히 어렵게 만들었다는 것은 사실이다. 하지만 볼리비아와 페루와 같이 마약 거래가 성행하고 있는 다른 남미의 나라들에는 콜롬비아에서 나타나는 특수하면서도 다루기 어려운 특성들이 나타나지는 않는다. 볼리비아와 페루 모두 쿠바혁명 이후 수십 년에 걸쳐 마르크스주의 무장봉기를 경험했지만, 이 국가들에서 게릴라는 살아남지 못했다. 그리고 오늘날 이 두 나라, 특히 볼리비아에는 선거에 기반을 둔 좌파(제도 좌파)가 강세를 보이고 있으며 신자유주의 질서에 도전하고 있다. 따라서 분명한 것은, 마약 거래가 이 세 나라의 서로 매우 다른 역사적 유산에 따라 서로 다른 결과를 초래한다는 것이다. 그렇다면 콜롬비아의 마약 거래가 갖는 독특한 특성을 가져온 콜롬비아의 역사적 유산에 대해 살펴보도록 하자.

2.

오늘날 콜롬비아의 위기를 설명할 수 있는 역사적 특수성을 이해하기 위한 핵심 개념은 역설이다. 상당히 역설적이게도 오늘날 미주 대륙에서 가장 강력하고 역사가 긴 마르크스주의 게릴라 운동이 전개되고 있는 콜롬비아는 사실 역사적으로 이 지역의 규모가 큰 나라들 중에서 좌파 전통이 가장 약한 나라였다. 강력한 아나키스트, 사회주의 그리고 노동 세력과 함께 1910년 거대한 사회혁명을 시작했던 멕시코와, 친자본주의적 두 정당 지지자들이 정치적 성과물을 두고 벌인 골육상잔의 갈등에 갇혀 있었던 20세기 중반의 콜롬비아를 비교해보면, 허약한 콜롬비아 좌파 정치의 징후를 알 수 있다.

콜롬비아와 멕시코를 포함한 모든 라틴아메리카 국가들에서 독립 이후 몇십 년 동안 내전을 통한 자유주의 정당과 보수주의 정당들 간의 폭력적인 갈등이 있었다. 이 두 정당들은 자유주의 개혁의 속도, 특히 가톨릭교회의 역할과 특권, 노예제도 폐지의 시기와 조건, 자유로운 농지와 노동시장 형성을 위한 개혁 및 자유무역의 범위, 그리고 개인의 자유 및 보통선거권의 범위에 대해 의견을 달리했다. 그러나 19세기 말까지 이견들의 대부분은 해결되었다. 즉, 경제적 자유주의는 대부분의 국가에서 받아들여졌던 반면, 식민 시대부터 형성되었던 대지주 계급들의 반대로 인해 사회·정치 개혁들은 심각하게 훼손되었다.

그러나 콜롬비아에서는 경제적 자유주의조차도 성공적이지 못했다. '부흥(Regeneration)'이라고 불리던 반동적인 보수주의 체제가 1886년 이후 권력을 잡고 자유주의 경제 원칙들을 공격했으며 자유주의자들을 권력에서 배제시켰다. 이에 대항하여 자유주의자들은 19세기 라틴아메리카에서 가장 치열한 내전이었던 천일전쟁(1899~1902)을 일으킨다. 하지만 약 10만 명의 사망자를 낸 3년 동안의 전쟁 이후에도 여전히 보수주의자들은 권력을 유지했고, 콜롬비아는 라틴아메리카의 주요 국가 중 경제적 자유주의의 문제를 해결하지 못한 채 20세기를 맞이하는 유일한 나라가 되었다.

콜롬비아의 이러한 이례적인 역사적 경험은 인종적·경제적 원인에서 기원한다. 인종적인 원인은 스페인 점령 이전, 콜럼버스 이전의 머나먼 과거로 거슬러 올라간다. 대체로 콜럼버스 이전 라틴아메리카에는 두 종류의 토착문화가 존재했다. 하나는 안데스와 메소아메리카 고지대(오늘날 페루와 멕시코에 해당)에 존재했던, 인구밀도가 높고 고도로 계층화된 농업 중심의 문명들이었다. 다른 하나는 인구밀도가 낮고 평등적이며 주로 수렵경제에 의존했던 미주 대륙 북쪽 및 남쪽 끝의 평원과 열대 저지대에 존재하는 문명들이었다. 그런데 식민시기 동안 라틴아메리카 원주민들이 면역체계를 가지고 있지 않았던 유럽산 질병들로 인해 이 두 원주민 사회에서 많은 인구가 사망했다.

그러나 고지대 원주민들은 높은 인구밀도 덕분에 상당수가 살아남았다. 반면 라틴아메리카의 저지대에서는 실질적으로 원주민들이 모두 사라졌다. 이후 신대륙의 저지대, 즉 브라질과 남미 북부, 카리브 지역 및 중미의 몇몇 지역, 멕시코 그리고 오늘날의 미국 남부 지역에 해당하는 곳에서 성행한 플랜테이션 농업에 원주민들을 대신해 노동력을 제공하기 위해 흑인 노예들이 투입되었다.

그렇다면 콜롬비아의 현실은 이 넓은 인종적 틀에 어떤 식으로 맞아떨어질까? 콜롬비아는 이러한 두 원주민 문화들의 사이에 존재한다고 볼 수 있다. 콜롬비아 고지대의 인구밀도는 상당한 수준이었고, 콜롬비아는 식민시기를 겪으면서 비교적 많은 원주민 인구와 상당히 많은 메스티소 인구를 보유하게 된다. 물론 볼리비아, 페루, 에콰도르, 과테말라 그리고 멕시코와 같이 독립시기 원주민 공동체들이 전체 인구의 절반가량을 차지했던 나라들에 비하면, 콜롬비아의 원주민 인구는 소수라고도 할 수 있다. 콜롬비아는 신세계 식민지에서 일어난 흑인노예 수입에서도 중간 정도의 수준을 보여준다. 콜롬비아는 스페인이 세운 많은 새로운 식민지 국가들보다는 더 많은 노예를 수입했지만, 브라질, 카리브 지역, 베네수엘라 북부 해안 지역 그리고 미국 남부에서 일어났던 수준의 대규모의 노예 수입은 이뤄지지는 않았다.

<표 11-1>과 <표 11-2>는 19세기와 20세기 초반에 걸쳐 콜롬비아에서 일어났던 인종 혼합의 결과를 보여준다. 이 표들은 미국인 역사학자 프랭크 새포드(Frank Safford)와 콜롬비아의 역사학자 마르코 팔라시오스(Marco Palacios)가 쓴 콜롬비아 역사에 관한 책에서 발췌한 것이다. 그러나 이 표를 만든 두 사람은 이 글에서 하려는 분석을 위해 이 표를 만든 것은 아니었다.

이 표들은 1851년과 1912년 콜롬비아의 여러 지역의 '인종'을 나누어

<표 11-1> 인종(race)별 인구분포율(1851)

주	백인 (1)	원주민 (2)	흑인 (3)	메스티소 (4)	물라토 (5)	잠보 (6)	혼혈 합계 (4+5+6)
안티오키아	20.5	2.9	3.7	42.2	29.5	1.2	72.9
볼리바르	13.7	5.5	5.5	25.3	22.0	28.0	75.3
보야카	3.0	38.4	0.7	48.1	4.7	5.1	57.9
카우카	19.4	7.9	13.0	37.3	21.8	0.6	59.7
쿤디나마르카	24.5	29.4	0.3	45.0	0.6	0.3	45.9
막달레나	6.7	10.7	6.7	26.7	29.3	20.0	76.6
파나마	10.1	5.8	3.6	65.2	7.2	8.0	80.4
산탄데르	23.1	0.0	1.1	69.8	5.6	0.5	75.9
톨리마	17.4	15.8	1.6	48.9	15.8	0.5	65.2
콜롬비아	17.0	13.8	3.8	47.6	13.1	4.7	65.4

<표 11-2> 인종(race)별 인구분포율(1912)

주	백인	흑인	원주민	혼혈
안티오키아	34.5	18.3	2.2	45.0
아틀란티코	21.1	11.5	4.9	62.6
볼리바르	19.6	21.0	10.6	49.1
보야카	25.8	0.0	8.0	66.2
카우카	36.9	5.0	2.3	55.8
쿤디나마르카	25.3	19.8	34.5	20.4
막달레나*	-	-	-	-
바예	48.2	13.7	3.9	34.2
우일라	29.7	3.9	8.5	57.8
나리뇨	45.4	7.7	26.3	20.5
노르테데산탄데르	43.4	6.0	0.3	50.2
산탄데르	36.0	6.2	0.8	57.0
톨리마	25.1	5.0	8.8	61.0
콜롬비아	34.4	10.0	6.3	49.2

주: * 1912년 막달레나 주 인구조사에는 인종 관련 데이터가 없음

놓았다(물론 인종이란 사회적인 산물로서 생물학적 현실을 나타내는 정확한 지표라고 하기는 어렵다). 우선 1851년 인구조사 자료에 나타난 절대적으로 많은 인구를 포함하는 '혼혈' 카테고리(65%)와 1912년 자료에서 보이는 역시 상당히 많은 인구를 포함하는 '백인' 카테고리(1851~1912년 사이 17%에서 34%로 2배 증가)를 주목해야 한다. 그리고 그동안 상대적으로 적고, 감소 추세에 있는 원주민과 흑인들의 수를 주목해보자. 이러한 현상은 20세기까지 계속된다.

메스티소(Mestizos), 물라토(Mulattos), 흑인들은 남미대륙 북부의 독립전쟁에서 결정적인 역할을 했고, 중앙 안데스의 고산지대 원주민 지역들에 독립을 가져왔던 해방군에 대거 참여했다(남미의 원주민들은 독립투쟁에 대해 대체적으로 관여하지 않았다). 그리고 콜롬비아의 흑인들은 다수를 차지하는 혼혈 그룹과 함께 독립 이후 자유주의 개혁을 위한 투쟁에서 자유주의 정당의 강력한 지지자로서 핵심적인 역할을 담당했다. 원주민 및 흑인 인구가 많은 다른 라틴아메리카 국가들과는 달리, 콜롬비아의 흑인 남성, 물라토 남성, 메스티소 남성 그리고 정치에 참여했던 소수의 원주민들은 일찍이 시민권을 누릴 수 있었다. 그러나 최근 발표된 여러 훌륭한 콜롬비아 역사 분석에서 알 수 있듯이(특히 Lasso, Sanders, Appelbaum, Vega, 그리고 Aguilera의 책들), 이들은 '콜롬비아인'으로서 정치에 참여했으며, 그들이 '인종' 혹은 '민족성(ethnicity)'에 기반을 두어 활동을 전개하려 할 때마다 곧바로 처벌받았고 심지어는 살해당하기도 했다.

19세기 및 20세기 콜롬비아에서는 인종을 거론하는 것이 금지되어 있었다. 그 결과 콜롬비아의 민중들은 계급적인 목표의 달성을 위한 수단으로 인종적 정체성이 갖는 힘을 활용할 수 있는 기회를 박탈당했다. 대신 시간이 흐름에 따라 자유주의 정당과 보수주의 정당은 백인 엘리트들 간의 경쟁적 파벌구조 완성이라는 목표를 달성하려고 노력했고, 하류계층의 지지자들은 주로 후견주의적인 방식으로 이러한 노력에 동원되었다. 그리고 19세기 말에 이 과정이 거의 완성되었다. 필자의 첫 저서는 천일전쟁에 관한 것이었다. 이를 위해 천일전쟁의 계급적 측면을 주의 깊게 조사했지만 유용한 자료를 거의 구하지 못했다. 1900년 무렵부터 20세기 거의 전반에 걸쳐 콜롬비아인 대부분은 두 전통 정당들 중 한 곳에 동조했는데, 이는 사회계급적인 이유에서가 아니라 전통적인 충성심과 정치적 보호, 전리품, 후원을 바라고 이루어진 행위였다.

두 전통적인 정치정당에 대해 대중이 강력한 지지를 보내고 이 두 정당과 스스로를 동일시하게 된 이유는 19세기 전반에 걸쳐 콜롬비아의 경제가 어려웠다는 점과 부분적으로 관련이 있다. 콜롬비아는 금, 담배, 커피 그리고 다른 수출품들의 주요 생산국이 되려고 노력했으나, 19세기 동안 이러한 노력은 거의 결실을 보지 못했다. 역동적인 수출 경제를 형성하려 했던 콜롬비아의 노력이 실패했다는 것은 이후 자유주의 개혁을 두고 벌어진 치열하고 잦은 내전들을 설명하는 데 도움이 된다. 또한 국가주의적이며 반자유주의적인 경제정책을 주장하던 반동적인 보수당이 19세기 말 강력하게 국가권력을 장악할 수 있었던 이유를 이해하는 데에도 도움을 준다. 역시 새포드와 팔라시오스의 책에서 가져온 <표 11-3>을 보면 라틴아메리카의 인접 국가들이 서구 자본주의의 시류에 동참하던 시기에도 수출 부문을 발전시키지 못했던 콜롬비아의 모습이 나타난다. 그뿐만 아니라 이 표를 통해 1912년까지도(커피 경제가 이미 상승세를 타던 시점임에도 불구하고) 콜롬비아의 1인당 수출액이 표에 제시된 라틴아메리카 국가들 중 가장 낮다는 사실을 알 수 있다.

〈표 11-3〉 일부 라틴아메리카 국가의 1인당 수출액 1850~1912

(단위: 달러)

국가	1850	1870	1890	1912
우루과이	54.9	46.6	44.6	50.3
쿠바	22.2	44.3	55.7	64.7
코스타리카	11.4	21.2	37.9	27.1
아르헨티나	10.3	16.5	32.4	62.0
칠레	7.8	14.2	20.3	44.3
볼리비아	5.5	8.6	12.4	18.6
브라질	5.0	8.6	9.6	14.2
페루	3.7	10.3	3.3	9.4
베네수엘라	3.3	6.8	8.3	10.5
멕시코	3.2	2.3	4.1	10.7
에콰도르	2.0	5.0	8.1	15.5
콜롬비아	**1.9**	**6.6**	**5.7**	**6.4**
과테말라	1.7	2.5	7.5	7.2
파라과이	1.3	5.8	8.5	8.6
라틴아메리카 전체	5.2	8.9	11.7	20.4

자료: Vitor Bulmer-Thomas, *The Economic History of Latin America since Independ-ence*(Cambridge, England, 1994), table 3-5에 기초함.

19세기 동안 콜롬비아가 다른 어떤 라틴아메리카 국가들보다 더 길고 잦은 자유당과 공화당 간의 내전을 경험하게 된 것은 19세기 자유주의적 자본주의 전성기에 강력한 수출 경제를 달성하지 못한 것이 원인이다. 서로 경쟁 상대였던 자유주의 엘리트와 보수주의 엘리트들은 상대적으로 두려움 없이 자신들의 싸움에 민중을 동원하고 무장시켰다. 다른 수많은 인접 국가들에서 흑인 및 원주민 인구가 다수를 차지했던 것과는 달리, 콜롬비아의 민중들은 모두 스페인어를 썼고 자신들이 고통받고 있는 인종 공동체에 속해 있다고 보기보다는 콜롬비아의 시민이라고 생각했다. 19세기 동안 두 대표 정당에 대한 충성도는 수많은 전투에서 흘린 피와 함께 견고해졌다. 어떤 라틴아메리카 국가도 콜롬비아처럼 강력한 양당체제와 함께 20세기를 시작하지 못했다.

3.

그러나 콜롬비아의 경제 상황은 20세기 들어 큰 변화를 경험했다. 1910년 이후 커피 수출은 급증했고, 20세기에 들어서면서 콜롬비아는 라틴아메리카 국가들 중 가장 지속적인 경제성장과 경제 다변화를 이룩한 나라 중 하나가 되었다. 필자의 『라틴아메리카의 노동(Labor in Latin

〈그림 11-2〉 콜롬비아 커피 수출과 뉴욕 시장에서의 콜롬비아 커피 가격(1870~1970)

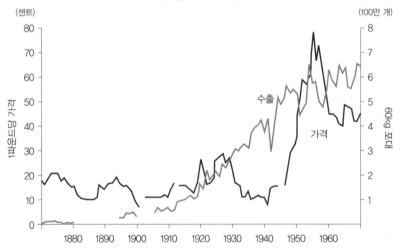

자료: 1870~1945, Robert Carlyle Beyer, "The Colombian coffee Industry: Origin and Major Trends, 1740~1940"(Ph. D. diss., University of Minnesota, 1947), Appendix Tables I and IV: 1946~1970, Federación Nacional de Cafeteros de Colombia, División Commercial.

〈표 11-4〉 주요 라틴아메리카 국가 수출량, 1932~1933부터
1952~1953까지(1928~1929=100)

국가	1932~1933	1938~1939	1948~1949	1952~1953
아르헨티나	85	70	57	41
브라질	93	162	175	133
콜롬비아	10	132	160	177
칠레	36	87	97	89
멕시코	60	49	44	58

자료: Díaz Alejandro, "Algunas Notas"(1980), Table I, p. 202.

〈표 11-5〉 주요 라틴아메리카 국가 제조업 생산 가치의 연 평균 성장률,
1929~1939 및 1939~1949

국가	1929~1939	1939~1949
아르헨티나	3.1	3.5
브라질	5.0	7.2
콜롬비아	8.8	6.7
칠레	3.3	4.8
멕시코	4.3	7.5

자료: Díaz Alejandro, "Algunas Notas"(1980), Table IV, p. 203.

America)』에서 인용한 <그림 11-2>가 커피 수출의 빠른 증가세를 보여
준다면, 경제역사학자인 카를로스 디아스 알레한드로(Carlos Diaz
Alejandro)의 책에서 인용한 <표 11-4>는 1930년대, 1940년대 그리고
1950년대 초 라틴아메리카 주요국들의 수출 증가에 대한 비교치를 보
여준다. 역시 디아스 알레한드로의 책에서 가져온 <표 11-5>가 보여주
듯이, 1930년대와 1940년대 산업화가 가져온 콜롬비아 경제의 다변화
역시 매우 인상적이다

　　그러나 경제발전과 함께 새로운 사회세력, 특히 강력하게 조직화된
노동운동 세력이 등장하여 전통적인 자유당 및 보수당을 약화시켰던

〈표 11-6〉 콜롬비아 주요 커피 생산 주의 커피나무 수에 따른 농장 수(1932)

주	커피나무 수에 따른 농장 수					
	5,000 그루 미만	5,001 ~ 20,000	20,001 ~ 60,000	60,001 ~ 100,000	100,000 그루 이상	합계
안티오키아	24,434	3,531	518	65	41	28,589
칼다스	36,475	3,411	260	23	5	40,174
카우카	12,194	283				12,477
쿤디나마르카	12,474	922	257	68	91	13,812
노르테데 산탄데르	5,128	2,416	352	38	38	7,972
산탄데르	1,500	1,128	303	51	63	3,045
톨리마	9,610	2,670	369	62	60	12,771
바예	18,477	1,514	71	3	4	20,069
기타	9,264	1,046	96	14	19	10,439
합계	129,556	16,921	2,226	324	321	19,348
농장 비중	86.75%	11.33%	1.49%	0.22%	0.21%	
커피나무 비중	48.79%	24.67%	12.57%	5.51%	8.46%	

자료: Censo Cafetero, Boletín de Estadística 1:5(Feb. 1933): 122.

다른 라틴아메리카 국가들과는 달리, 콜롬비아의 커피 경제구조는 다른 나라에서 일어났던 정치적인 변화를 불가능하게 했을 뿐 아니라 오히려 전통적인 두 정당들을 강화시켰다. 이것은 외국계 자본 혹은 몇몇 국내 거대 생산자본에 장악당했던 다른 나라의 수출 경제와는 달리, 콜롬비아의 커피 경제는 국가 소유였으며 중소 규모의 커피농장이 주를 이루고 있었기 때문이었다. <표 11-6> ~ <표 11-9>가 보여주는 바와 같이 콜롬비아의 커피 경제 위주의 사회구조는 1920년대부터 1940년대까지 활발했던, 노동운동 및 좌파 정당의 성장을 통해 자유당과 보수당의 정치독점을 깨뜨리려던 좌파 세력의 노력을 좌절시켰다.

<표 11-6>은 세계 대공황 직후인 1932년 콜롬비아의 다양한 지역에

〈표 11-7〉 쿤디나마르카와 톨리마 주의 커피나무 수에 따른 농장 수(1932, 1939)

		커피나무 수에 따른 농장 수					
		5,000 그루 미만	5,001~ 20,000	20,001~ 60,000	60,001~ 100,000	100,000 그루 이상	합계
쿤디나마르카	1932	12,474	922	257	68	91	13,812
	1939	25,826	3,874	406	76	88	30,270
톨리마	1932	9,610	2,670	369	62	60	12,771
	1939	22,555	5,021	511	68	62	28,217

자료: Table 5.1 and "Censo Cafetero en los Departamentos de Cundinamarca y Tolima, Boletín de Estadística," No. 24(Apr. 1943): 62

나타난 높은 중소 커피농장 비율을 보여준다. 1939년 수행되었던 부분적인 커피 센서스의 자료를 포함하고 있는 <표 11-7>은 임금노동자의 노동에 기반을 두지 않고 가족노동에 주로 의존했던 중소 커피농장들이 세계 경제위기 동안 빠른 속도로 쿤디나마르카(Cundinamarca)와 톨리마(Tolima) 지역으로 퍼져나갔다는 것을 보여주는데, 이 지역은 전통적으로는 대규모 커피농장이 가장 많았던 지역이었다. 이 시기에 콜롬비아는 세계 커피시장에서 브라질의 비중을 축소시키면서 더 큰 몫을 차지하게 되었다. 초기 커피 센서스들에 나타난 농장 크기에 대한 자료는 소유권에 대한 자료를 포함하고 있지 않다. 하지만 1955년 UN이 수행했던 조사 자료로 구성된 <표 11-8>과 <표 11-9>는 콜롬비아 커피 부문에서 가족이 소유하고 경영하는 소규모 커피농장들이 우세하게 되었다는 사실을 분명히 보여준다.

언젠가 작은 땅이라도 소유하기를 원하는 수많은 임금노동자들뿐만 아니라 이들 소규모 커피 재배자들은 20세기 초반 동안 좌파 노조와 정당들의 감언이설을 이겨냈다. 그들은 자신들의 사회적·경제적 위치를 개선하기 위해서 양대 정당과의 관계에 의존했고, 자본주의 시장

〈표 11-8〉 농장 규모에 따른 콜롬비아 커피 농장의 수와 생산량(1955)

농장 규모	농장 수	농장 수의 비율(%)	생산량(톤)	생산량 비율 (%)
1헥타르 이하 (2,500그루 미만)	77,245	36.3%	19,129	5.3%
1.1~10헥타르 (2,500~25,000그루)	123,719	58.1%	207,639	57.9%
10.1~50헥타르 (25,000~125,000그루)	11,429	5.4%	108,637	30.3%
50.1~100헥타르 (125,000~250,000그루)	447	0.2%	13,734	3.9%
100.1~200헥타르 (250,000~500,000그루)	79		4,426	1.2%
200헥타르 이상 (500,000그루 이상)	31		4,996	1.4%
합계	212,970	100.0%	338,561	100.0%

자료: Comisión Económica para America Latina y la Organización de las Naciones Unidas para la Agricultura la Alimentación. El café en América Latina. Problemas de la productividad y perspectivas. I. Colombia y El Salvador(Mexico city. 1958), Table 18, p. 30.

〈표 11-9〉 경영 방식과 규모에 따른 콜롬비아 커피 농장의 비율(1955)

	1헥타르 이하 (2,500그루 미만)	1.1~10헥타르 (2,500~25,000그루)	10.1~50헥타르 (25,000~125,000그루)	50헥타르 이상 (125,000 그루 이상)
자가경영	87.7%	77.9%	57.1%	14.3%
관리인에게 의탁	2.0%	4.6%	17.2%	71.4%
소작	6.3%	16.8%	24.3%	14.3%
임대	3.9%	0.7%	1.4%	

자료: Comisión Económica para America Latina y la Organización de las Naciones Unidas para la Agricultura la Alimentación. El café en América Latina. Problemas de la productividad y perspectivas. I. Colombia y El Salvador(Mexico city. 1958), Table 23. p. 33.

안에서 개인적인 노력을 기울였다. 그러나 동시에 이들이 보여주었던 두 전통적인 정당들에 대한 극단적인 충성심과 배타성 및 후견주의는 이후 정치가 이 두 정당 간의 폭력적인 대결로 흐르게 되는 원인이 되었다.

좌파의 광범위한 지지 확보 실패 및 두 전통적 정당 간의 갈등 고조라는 역학관계는 20세기 콜롬비아에서 가장 중요한 정치인이었던 호르헤 엘리에세르 가이탄(Jorge Eliecer Gaitan)의 일생에 비극적으로 투영된다. 가이탄은 도시 및 농촌 노동자들의 권익을 옹호했던 좌파 정당을 1930년대 초에 창당하기 위해 자유주의를 포기했다. 그러나 그의 노력은 두 정당의 선거 독점을 극복하는 데 실패했다. 그렇지만 그는 자유당에 합류한 이후 곧 두각을 나타내기 시작했다.

1946년 자유당의 대통령 후보로서 (그가 대통령 후보가 되자 자유당의 표는 갈리고, 결국 보수당의 집권을 가져왔다) 그리고 이후 자유당 당수로서, 그는 콜롬비아 정치를 장악하고 있는 '과두세력'들에 대항하는 한편 보수당과 자유당 사이의 고조되는 폭력에 대해서도 저항했다. 그러나 그는 구체적인 경제 및 사회 개혁 프로그램을 제시하지 못했다. 1948년 그가 보수당 극렬 지지자에 의해 암살당했을 때, 그의 지지자들은 보고타에서 폭동을 일으켜 교회, 정부 건물 및 보수당의 권력을 상징하는 다른 건물들을 불태우고 상점들을 약탈했다. 살해와 폭력은 지방으로까지 번져 이후 폭력의 회오리바람이 십여 년 동안 전국을 휩쓸었다.

1957년 콜롬비아 국민투표에서 압도적인 지지로 통과된 국민전선(National Front)은 폭력사태에 종지부를 찍었으며, 거의 모든 자유당 게릴라 세력들은 무장을 해제했다. 그러나 쿤디나마르카와 톨리마의 몇몇 농촌지역에서 활동하던, 콜롬비아 공산당의 지원을 받던 자유주의 집단들은 자신들의 자산을 보호한다는 명분하에 무장해제를 거부했고 정부의 권위를 인정하지 않았다. 하지만 이 조직들을 사회주의적 농민 공동체라고 보기는 매우 어렵다. 즉, 이들은 그들 주위의 자유당 지지 및 보수당 지지의 커피 공동체들이 유지하던 소규모 농장의 사유재산체제의 이해를 대변하고 있을 뿐이었고, 그 결과 공산당 지지자들은 이들과 많은 이념적·정치적 갈등에 봉착했다[공산당의 전직 중앙위원회 멤버이자 학술지 편집자를 역임했던 니콜라스 부에나벤투라(Nicolas Buenaventura)의 회고록『동지, 무슨 일이지?(¿Qué pasó, camarada?)』는 이와 관련해 주목할 만한 자료를 제공한다]. 정부에 의해서는 "독립적인 공화국들"이라고 불렸으며, 우파에 의해서는 공산주의적 고립지역(enclave)이라고 매도당했던 이 지역들은, 1960년대 초 미국 군사고문단의 지원하에 콜롬비아군의 대규모 군사공격의 대상이 되어야 했다. 이들 중 살아남은 이들은 이후 FARC(콜롬비아 무장혁명군)의 지도자가 되었다.

그러나 대체로 라 비올렌시아 이전의 전국 규모 선거에서 미미한 지지율을 얻었던 좌파들은 국민전선에 대한 국민들의 무관심과 불만을 활용하는 데에도 실패했다. 1958~1974년 국민전선 시기 동안 자유당과 보수당의 좌·우 분파들이 양당 시스템 밖의 유권자들을 흡수하고자 했지만, 제3의 정당이 선거에 참여하는 것은 금지되어 있었다. 1974년 정당 간 경쟁이 회복된 이후에도 좌파들은 자신들의 입지를 의미 있게 개선할 능력이 있음을 보여주지 못했다. 이를 가장 잘 보여준 예는 새로 결성된 좌파 정당인 '애국연합(Union Patriotica)'이 1986년 대통령 선거에서 겨우 4.5%의 득표율을 얻는 데 그친 것이다. 긍정적인 출발이었으나 이후 게릴라 세력의 무장봉기와 그들의 전술에 대한 반대 세력의 증가로 제도 좌파들의 입지는 무너졌다.

앞에서 언급했듯이 마르크스주의 게릴라 세력들은 1959년 쿠바혁명 이후 라틴아메리카에서 확산되었다. 그러나 1970~1980년대를 거치면서 남미의 마르크스주의 게릴라 세력들은 대부분 쇠퇴하여 사라졌다. 그럼에도 불구하고 콜롬비아에서는 국민전선의 배타적인 성격으로 인해 무장 좌파들이 여전히 일정 정도의 지지를 얻고 있으며, 특히 중산층 학생들 그리고 지식인들 사이에서 지지를 얻고 있었다. 콜롬비아에서의 좌파의 봉기는 1970~1980년대 중미에서 일어난 것과는 매우 달랐다. 중미의 니카라과의 반란군들은 권력을 획득했고, 엘살바도르와 과테말라에서는 거의 권력을 획득할 뻔했기 때문이다.

중미는 마르크스주의 반란군들이 성장하기 쉬운 조건들을 갖고 있었다. 즉, 미국의 잦은 군사개입으로 인해 개혁을 이루려는 평화적인 노력은 질식되었을 뿐 아니라, 외국자본가와 결탁한 거대 지주들로 구성된 완고한 엘리트층이 경제 및 정치권력을 독점했기 때문이다. 거대 지주들은 미국의 지지를 등에 업은 독재정권을 그들의 목적에 이용하곤 했다. 그러나 콜롬비아에서 좌파 반란군들은 광범위한 민중의 지지를 획득하는 데 어려움을 겪었다. 왜냐하면 도시와 농촌 전반의 콜롬비아 시민들 대부분은 정도의 차이는 있지만 양대 정당을 지지하고 있을 뿐 아니라, 일반적으로 양대 정당들의 정책적 기반이 되는 친자본주의적인 가정(假定)에 동의하기 때문이었다.

게다가 1980년대 중반 정부의 노골적인 탄압으로 인해 콜롬비아 좌파가 획득했던 어느 정도의 지지조차 위협받게 되었다. 우파 불법무장단체들은 정부와 종종 충돌하며 악의적으로 좌파 정당 지도자들과 노동운동가들을 제거하기 시작했다. 이러한 테러 행위는 콜롬비아인들 다수가 무장 좌파들의 사회주의적 목표를 거부하고 그들의 전술을 혐오하는 상황에서 더욱 기승을 부렸다. 무장 좌파들의 전술들 — 납치, 지배하려는 농촌지역에서의 테러행위, 자금조달을 위한 마약 거래, 사회간접자본 파괴 — 은 그 자체가 1960년대 이후 사회주의적 목표에 대한 지지를 전국적으로 조직하는 데에 실패한 좌파의 무능력을 반영하고 있다.

콜롬비아의 반란군들은 쿠바혁명군의 성공을 모방하려고 했다. 하지만 중미에서 그랬듯이 쿠바의 혁명 전 상황은 콜롬비아의 상황과는 매우 달랐다. 콜롬비아는 대부분 국가 소유의 중소 농장 중심의 팽창하는 커피 기반 경제를 가지고 있으며, 유사 민주주의적 자유주의 정치 시스템을 보유하고 있다. 쿠바의 독립운동은 1898년 미국의 침략 및 점령으로 인해 좌절되었고, 평화적인 경제 및 사회 개혁은 1930년대 미국의 반대로 무산되었다. 쿠바의 설탕 플랜테이션 경제와 사회기반시설은 대부분 외국자본에 의해 소유되었으며, 1950년대 쿠바정권은 미국의 지지를 등에 업은 부패한 독재자의 손아귀에 놓여 있었다.

국민전선 이후 수년이 지난 후 무장 좌파들은 중대한 결정을 내려야만 했다. 민중의 광범위한 지지를 획득하는 데 실패한 무장 좌파들은 국가와 타협안을 협상하고 무장을 해제한 후 선거를 통해 권력을 추구할 수 있었다. 혹은 정부를 무력으로 붕괴시킬 수 있으리라는 희망을 가지고 무장봉기를 계속해나갈 수도 있었다. 첫 번째 안은 그간 콜롬비아 선거정치 속에서 좌파가 얻었던 지지율 추이를 본다면 별로 매력적인 안은 아니었다. 하지만 무장투쟁이라는 두 번째 안 또한 정부 및 무장 좌파들 간의 전쟁이 교착상태에 빠진 상황에서 환영할 만한 것은 아니었다.

좌파는 이 딜레마를 해결하지 못한 채 스스로 분열하게 되었고, 좌파 중 가장 강력한 세력들이었던 콜롬비아 공산당과 콜롬비아 무장혁명군(FARC)은 두 가지 옵션을 동시에 추진하기로 결정했다. 즉, 그들은 선거를 통해서 권력을 추구하는 동시에 무장투쟁도 지속하려고 했던 것이다. 이 결정은 평화적인 좌파 세력들에게 치명적인 재앙이 되었다. 선거 좌파, 특히 애국연합과 좌파 노조원들은 폭력적인 우익 불법무장단체의 목표물이 되었고 여론의 지지도 얻기 어려워졌다. 이는 국민들이 너무도 쉽게 평화적인 좌파는 그저 무장 좌파가 변장한 형태라고 믿었기 때문이다.

1980년대와 1990년대에 일어났던 이러한 비극에도 불구하고, 오늘날 콜롬비아에서 평화적인 선거 좌파가 상당한 가능성을 가지고 있다는 여러 가지 징후들이 보인다. 예를 들어 중도좌파 후보들이 보고타와 기타 주요 도시들의 시장으로 선출되었다. 그리고 1990년대 이후 신자유주의 개혁은 라틴아메리카 다른 국가들에서 그러했듯이 사회 불평등을 악화시키고 콜롬비아의 경제발전을 저해해왔다(이런 경향은 그레그 그랜딘(Greg Grandin)의 『제국의 실험장(Empire's Workshop)』에 잘 나타나 있다). 이런 상황들을 고려한다면, 무장반란만 없다면 콜롬비아 좌파들도 탄력을 받아 다른 라틴아메리카의 개혁 정권들이 그러하듯이 신자유주의 정책에 효과적으로 도전할 수 있을 것으로 보인다. 하지만 불행히도 무장 좌파들은 무장투쟁과 그 투쟁의 논리를 포기할 기미를 전혀 보이지 않고 있다.

일찍이 1992년부터 가브리엘 가르시아 마르케스를 선두로 하는 주요 좌파 지식인들은 게릴라에게 무장투쟁을 포기할 것을 요구해왔다(이 문서는 『콜롬비아의 폭력, 1900~2000(Violence in Colombia, 1900~2000)』에서 찾아볼 수 있다). 우익 불법무장단체의 증가와 평화 좌파 세력에 대한 이들의 무자비한 공격을 강조하며, 좌파 지식인들은 계속된 무장투쟁은 비생산적이라고 주장했다. 무장투쟁이 비생산적이라는 그들의 주장은 그때도 분명히 옳았고 지금도 옳다. 그러나 그 시절 지식인들, 그리고 오늘날 콜롬비아, 라틴아메리카(특히 이웃 베네수엘라와 에콰도르), 유럽, 북미, 아시아의 좌파들조차 무장 좌파가 갖고 있는 논리의 핵심적인 가정들을 반박하지 못했다. 즉, 콜롬비아 역사상 이루어졌던 의미 있는 개혁의 노력들은 모두 비타협적인 지배계급에 의해 폭력적으로 억압되었으며, 따라서 무장투쟁은 필요할 뿐만 아니라 정당하다는 입장이 그것이다.

이러한 가정들은 콜롬비아의 역사에 대한 냉철한 성찰의 결과물은 아니다. 콜롬비아의 무장 좌파와 그 지지자들은 콜롬비아 지배계급이 역사를 통틀어 항상 억압적이었다고 우리로 하여금 믿게 하려 한다. 사실 자신들의 이익이 심각하게 침해당한다고 느끼면 모든 지배계급은 가차 없이 억압적이 되었고, 콜롬비아에서 이러한 심각한 억압의 예들이 분명히 존재했다. 가장 악명 높은 예는 1928년 정부군이 산타마르타 지역 근처 유나이티드 프루츠사의 농장 지역에서 일하던 수백 명의 바나나 경작 노동자들과 가족들을 대량 학살한 사건이었다. 이 사건은 이후 가르시아 마르케스의 『백 년간의 고독』에 나오는 가장 감동적인 장면의 모티브를 제공했다.

그러나 다른 라틴아메리카의 지배계급들, 특히 칠레나 아르헨티나에 비하면, 콜롬비아의 지배계급은 20세기 동안 다른 지역 지배계급에 비해 더 억압적인 것이 아니라 오히려 덜 억압적이었다. 상대적으로 덜 억압적이었던 콜롬비아의 지배계급으로 인해 콜롬비아는 20세기 동안 단 한 번(1950년대 초 폭력사태의 최절정기에) 잠시 군사정권을 경험했을 뿐이다. 콜롬비아의 지배 엘리트들은 대체로 덜 억압적이었는데, 이는 그럴 수 있는 여유가 있었기 때문이다. 그들은 스스로의 약점에 발목이 잡혀 있는 좌파를 상대하고 있었다. 20세기 라틴아메리카의 전 지역에서 좌파는 강력한 억압의 대상이었다. 하지만 21세기에 들어서며 라틴아메리카 국가들에서 좌파는 다시 결집하여 신자유주의적 질서에 대항하고 주요 개혁을 이룰 만한 힘을 기르기에 이른다. 그런데 왜 콜롬비아에서는 이러한 일들이 일어나지 않는 것일까?

그리스의 유명한 철학자는 우리에게 "너 자신을 알라"고 말했다. 콜롬비아 좌파들이 자신들의 역사적 취약성의 근본적인 원인들을 빨리 깨달을수록 현재의 문제로부터 더 빨리 해방될 것이다. 그들의 무장봉기의 논리는 콜롬비아 역사에 대한 근원적인 오해에 기초하고 있다. 이를 인정하고 무장투쟁을 끝냄으로써 콜롬비아는 이 지역에서 신자유주의적 질서에 도전하고 좀 더 평화롭고 민주적인 사회를 구현하기 위해 노력하는 형제 국가들의 대열에 참여할 수 있을 것이다.

참고문헌

Aguilera, P. M. y C. R. Vega. 1991. *Ideal Democrático y Revuelta Popular: Bosquejo Histórico de la Mentalidad Política Popular en Colombia, 1781~1948.* Bogotá: Instituto Maria Cano.

Appelbaum, N. 2003. *Muddied Waters: Race, Region, and Local History in Colombia, 1846~1948.* Durham, NC: Duke University Press.

Bergquist, C. 1978. *Coffee and Conflict in Colombia: Origins and Outcome of the War of the Thousand Days.* Durham, NC: Duke University Press.

_____. 1986. *Labor in Latin America: Comparative Essays on Chile, Argentina, Venezuela, and Colombia.* Stanford, CA: Stanford University Press.

_____. 1996. *Labor and the Course of American Democracy: U.S. History in Latin American Perspective.* London: Verso.

Bergquist, C., R. Peñaranda, and G. Sánchez. 2001. *Violence in Colombia, 1990~2000.* Wilmington, DL: Scholarly Resources.

Buenaventura, N. 1992. *¿Qué pasó, Camarada?* Bogotá.

Díaz Alejandro, C. 1980. "Algunas Notas sobre la Historia Económica de América Latina." en Miguel Urrutia et al. *Ensayos de Historia Económica Colombiana.* Bogotá.

García Márquez, G. 1967. *One Hundred Years of Solitude*, 1st ed. BuenosAires.

Grandin, G. 2006. *Empire's Workshop: Latin America, the United States, and the Rise of the New Imperialism.* New York: Henry Holt and Company.

Hartlyn, J. 1988. *The Politics of Coalition Rule in Colombia.* Cambridge, Eng.: Cambridge University Press.

Lasso, M. 2007. *Myths of Harmony: Raceand Republicanism during the Age of Revolution, Colombia, 1795~1831.* Pittsburgh, PA: University of Pittsburgh Press.

Safford, F. and M. Palacios. 2002. *Colombia: Fragmented Land, Divided Society.* Oxford and New York: Oxford University Press.

Sanders, J. E. 2004. *Contentious Republicans: Popular Politics, Race, and Class in Nineteenth-Century Colombia.* Durham, NC: Duke University Press.

제12장

콜롬비아의 반부패 전쟁
유기적 정책의 부재

알베르토 말도나도 코페요 _박도란 옮김

최근 4년 동안 대통령 주도 반부패 프로그램의 조직화에 진전이 있었고, 법적, 제도적 시스템의 개편이 있었다. 그럼에도 유기적인 반부패 정책이 마련되지 못했고, 국가개발 계획이 발표한 반부패 법규는 실행되지도, 실질적인 힘을 갖지도 못했다. 대통령 주도 의 반부패 프로그램은 독립성을 갖지 못했고, 총참여제도의 자원분배 시스템에 대한 조사 시스템은 작동되지 않았다. 다른 한편으로 비록 감독기관과 사법당국이 강화의 움직임을 보이긴 했지만, 미처벌 수준은 계속 높은 상태이고 조사와 징계의 효력은 미미하기만 하다. 현 정부는 법안을 효율적으로 이행하기 위한 제도적 조건의 창출보다 는 반부패 법률의 제정에 더 큰 비중을 두는 듯하다. 따라서 반부패 법률이 반부패 정책과 유기적으로 결합될 필요가 있다.

알베르토 말도나도 코페요 Alberto Maldonado Copello 로스 안데스 대학 교수. 경제학자.

* 이 글은 ≪Fescol Policy Paper 2011≫에 실린 글을 옮긴 것이다.

1. 서문

이 글은 콜롬비아의 부패 실태를 몇몇 측면에서 검토하고, 관련 정부 정책에 대한 분석과 함께 몇 가지 제안을 하는 데 그 목적이 있다.[1] 가용 정보에 따르면 콜롬비아에서는 부패로 인해 공공자원이 매우 다양한 방식의 사적인 이익을 위해 전유되고 있다. 이는 콜롬비아의 심각한 문제로 여전히 지속되고 있다. 반부패에 대해 콜롬비아 의회는 관련 국제협정을 비준하는 등 폭넓은 법적 조치를 취했다. 행정부 역시 이를 위해 규율·감사기관들, 검찰과 사법기관 그리고 행정기관들을 동원했다. 그러나 그 결과는 충분하지 않으며, 높은 부패 수준은 감소하지 않은 것으로 보인다. 반부패에 대한 국가정책이 마련되지 않았고 면책 수준은 높으며, 수사, 감독 및 처벌 기관의 효율성은 제한적이다. 현 정부는 향후 4년간 시행할 정책을 가다듬고 있으며, 국가개발계획(Plan Nacional de Desarrollo)에 반부패와 관련된 내용을 담고 있다. 또한 내무부 장관은 반부패와 관련된 다양한 기구들을 조정하기 위한 법률안을 2010년 9월 의회에 제출했고, 이 방안은 현재 하원에서 논의되고 있다. 공식적인 언급들에도 불구하고, 지금까지는 효율적인 부패척결기구들을 포함하여 모든 관련 기관들을 망라한 명시적이고 통합적인 실천 계획은 마련되지 않고 있다. 별다른 효과 없이 단순한 문제제기에 그칠 위험에 처해 있다.

---

1) 이 글은 상당 부분 콜롬비아투명성협회(Corporación Transparencia por Colombia)가 실시한 선행연구를 기반으로 하고 있으며, 자료의 사용은 이 기관의 허락을 받았다. Maldonado(2010) 참조.

2. 감소하지 않는 부패

부패는 사적인 이익을 위해 권력이나 신뢰할 수 있는 지위를 남용하여 집단적 이익에 손해를 끼치는 것으로, 어떤 행위나 결정 혹은 부작위의 대가로 금전이나 현물, 편의나 이익 등을 제공, 청탁, 수수하는 행위를 통해 이루어진다.[2] 공공 부문에서 부패란 정치인과 공무원 그리고 민간 혹은 비정부 부문의 개인, 기업, 조직 등 다양한 행위자들이 경제적 또는 다른 종류의 사적 이익을 얻기 위해 공공재원을 이용하는 일련의 활동으로 나타난다.

부패행위에서 발생하는 이익은 주로 경제적인 것이다. 이 이익은 현금이나 현물 형태의 공공재화의 전유, 혹은 국가의 행정 서비스나 절차를 필요로 하는 사적 자산의 획득에 기반을 두고 있다. 또는 공적 결정이나 공적 기능의 수행을 통해 얻게 된 정보를 이용한 금전적 이득이나 재화의 획득에 기반을 두고 있다. 이 모든 경우에서 부패행위의 당사자들은 직접적으로 자신들의 재산을 늘리는 경제적 이득을 취하게 된다. 게다가 부패행위자들은 특정 지역을 관리하고, 불법행위를 용이하게 하며, 면책권을 얻기 위해 국가기구를 이용할 수 있다. 그러나 이러한 경우들에도 정치적이고 법률적인 혜택을 통해 경제적인 이익을 얻게 된다.

경제적 혹은 다른 부류의 이득을 얻게 되는 부패행위의 종류는 다양하다.

---

2) http://www.transparenciacolombia.org.co/LACORRUPCION/tabid/62/language/es-ES/Default.aspx

① 국가기관에서 직접적으로 이익을 얻는 것에 관심이 있는 단체 및 개인들과 결탁한 공무원들을 정치 및 행정의 요직에 임명하기 위해 선출과정 조작. 여기에는 투표권 매수, 유권자의 거주지 이전, 유권자들을 특정 후보자나 정당에 투표하도록 협박 또는 압력을 행사, 편의에 대한 대가로 정치자금 제공, 주민들과 특정 후보자들에게 압력을 따르도록 하는 행위들이 포함된다.

② 모든 권력 및 감독 기관에서 이루어지는 정책결정이나 판결의 조작. 여기에는 법률, 명령, 합의의 발효, 사법기관이나 감찰기관의 결정, 그리고 중앙정부나 지방정부의 조례 등의 제정 등이 포함된다.

③ 고위 정치인이나 공무원들이 현금 혹은 동산과 부동산 형태의 공공자산을 직접 전유하는 행위

④ 특정 집단이나 개인의 이익을 위해 저지르는 계약 절차의 조작

⑤ 행정기능, 서비스 제공 혹은 절차의 조작(감사, 보조금 지급, 신분증명서 발급, 허가권 승인, 전화선로 설치 등)

⑥ 공공기능 수행에서 획득한 비밀정보에 기초하여 얻은 사업상의 이익

부패행위는 고위 정치인이나 공무원들이 독자적으로 저지를 수도 있고, 이들이 기업, 개인, 시민사회단체와 결탁하여 저지를 수도 있다. 예를 들면 매수나 뇌물 같은 몇몇 부패행위는 양측을 다 포함한다. 부패행위의 발단은 공무원들이나 민간 부문 둘 다 가능하다. 어떤 경우에는 정부 고위층이나 공무원들과 관련 조직이나 집단 사이에 밀접하고 지속적인 관계가 있을 수도 있고, 또 어떤 경우에는 특정한 과정이나 절차와 관련된 산발적인 관계가 존재한다. 비정부 민간 부문에서 부패

와 관련된 주체는 범죄조직, 다국적기업, 국내 대기업, 중소기업, 나아가 시민들까지 포함된다. 부패행위자들이 부당하게 유용한 금액과 관련하여 말하자면, 부패는 수십억 페소에 달하는 수수료나 자금 유용 같은 큰 액수에서부터 소규모 거래까지 다양하다. 게다가 부패는 국가 포획 양상 아래에서, 그리고 특히 몇몇 전문가들이 국가의 자의적 재구조화 (la refiguración cooptata de Estado)라고 부르는 상황하에서 산발적이거나 혹은 체계적인 형태로 이루어진다. 국가의 자의적 재구조화 내에서 경제적인 목적뿐만 아니라 정부기관의 체계적인 포획이 나타난다.

후안 마누엘 산토스 대통령이 직접 밝힌 바에 따르면, 2009년에 콜롬비아는 39조 페소[3](대략 미화 2100억 달러)[4]를 낭비했다. 대통령 직속의 반부패 프로그램이 내놓은 추정치는 검찰의 추산과 비슷하고, 국가의 투자 예산에만 적용되며 지방정부의 손실액은 제외한 수체인데, 지방정

---

3) 이 수치는 체계적인 연구나 추계가 아니라 단지 전체 투자액에 비율을 적용해서 나온 추정치에 불과하다. 그럼에도 불구하고 콜롬비아 대통령이 이 수치를 공식적으로 언급함으로써 매우 강력한 힘을 발휘한다. http://www.eltiempo.com/colombia/politica/ARTICULO-WEB-PLANTILLA_NOTA_INTERIOR-7894808.html#, 2010년 9월.

4) 2002년 세계은행은 예산 유용 및 계약과정에서의 뇌물수수 총액이 17억 6000만 달러에 달할 것으로 추정했다. "콜롬비아는 국가 조달과 예산 유용 부문에서 상당한 비용을 낭비하면서 심각한 도전에 직면하고 있다. 국가 조달계약의 약 50%에서 몇몇 부패 요인들이 나타나고 있으며, 이들 계약의 평균 금액은 총 계약의 19%에 달한다. 계약 부문에서 부패 비용은 대략 연 4억 8000만 달러 또는 GDP의 0.56%에 달한다. 더 심각한 상황은 예산 유용 비용에서 일어난다. 공무원들의 답변에 따르면 공공재원의 약 11%가 법률상의 목적과는 다른 목적으로 사용되고 있다. 이는 GDP의 2.05% 또는 대략 17억 6000만 달러에 상응한다. 이 두 가지 부패 영역에서 발생된 액수를 줄이는 것만으로도 콜롬비아는 국가가 직면한 가장 큰 문제 중 하나인 2001년 국가재정 적자의 80%를 줄일 수 있을 것이다."

부의 총투자액은 국가 투자액을 상회한다. 이는 이는 부패행위자들이 직접적으로 유용한 자원의 총량이 9조 페소(대략 50억 달러이며, 이는 GDP의 1.8%에 해당함)를 초과할 수 있다는 것을 의미한다. 이는 감사원장(Auditor General de la Nación)이 지적한 대로,5) 연간 총 로열티(regalías) 금액을 뛰어넘는 천문학적인 액수로서 국가의 부패 방지 및 감독 기관들의 무능력을 잘 보여준다. 비록 이 추산이 정확한 연구에 바탕을 두지 않았고 다소 과장되었을 수도 있지만, 대규모 부패 현상이 존재한다는 사실을 반영한다. 여기에 입법적·행정적·사법적 결정에 영향을 미치는 뇌물, 국가의 이익에 반하는 사법적 판결이나 절차가 진행되도록 기업과 개인이 사용하는 뇌물, 공공정보의 부적절한 사용, 그리고 도시계획과 토지 이용에 대한 결정에서 파생한 사적 이익 등 미처 계산되지 않은 다른 형태의 부패 비용이 포함되면 더 커질 수 있다.

로열티 재원에 관한 감독기관 간부들의 발언 역시 매우 우려스러운 상황을 드러낸다. 로열티에 관한 헌법 조항 개정안의 목적을 발표하면서(Ministerio de Hacienda y Crédito Público, 2010), 국가발전계획부의 로열티

---

5) ≪세마나(Semana)≫지가 주최한 "투명한 부패: 세련된 속임수와 면죄(Corrupción transparente: Sofisticación e Impunidad)" 포럼에서 이반 다리오 고메스 루이스(Iván Darío Cómez Ruiz) 감사원장은 국가 예산의 9조 2000억 페소에 가까운 액수가 불법 및 부패 행위로 낭비되고 있다고 말했다. 감사원장에 따르면 부패행위의 감독 실패는 감독기관의 무능력에서 기인한다. 그는 "콜롬비아에는 제 기능을 수행하지 못하는 3795개의 감독부서와 1202명의 행정감찰관이 있다"고 말했다. www.dinero.com/economia/productividad/colombia-esta-perdiendo-lucha-contra-corrupcion_65910.aspx
이 포럼은 2009년 11월 19일에 진행되었으며, 이에 대한 자료는 다음에서 인용했다. http://www.forossemana.com/evento-debates-semana/memorias-foro-corrupcion-transparente-sofisticacion-impunidad/237.aspx

관리부서는 2005~2010년까지 로열티 재원의 집행에서 총 2만 1681건의 부정행위가 자행되었다고 감독기관에 보고했으나, 이 중 실제로 몇 건이 처벌로 이어졌는지는 명시하지 않았다. 마찬가지로 이 문서는 2009년 10월 1일 자 ≪캄비오(Cambio)≫지에 실린 검찰청장(Procurador General de la Nación)의 언급을 인용했다.

750개의 지역 및 지방자치단체에서 부패 공무원들이 천연자원 로열티 명목으로 4조 페소를 횡령했다[특히 세사르 주는 석탄 로열티의 오용이 두드러졌다]. 여기에 4만 8000여 명의 공무원들이 가담했는데, 이들 중에는 800여 명의 시장과 30여 명의 도지사가 포함되었다. 검찰에 따르면 이는 빙산의 일각에 불과하다.

또한 2010년 8월 20일 자 ≪엘 티엠포(El Tiempo)≫지에서 기예르모 멘도사 디아고(Guillermo Mendoza Diago) 법무장관(Fiscal General de la Nación)의 발언도 인용되었다.

언론 보도에 따르면 조사기관장이 이런 로열티 재원 횡령금액이 1조 페소 이상이며, 이에 대한 대책이 없다면 "우리는 재앙의 길을 걷게 될 것이다"고 확언했다. 또한 콜롬비아가 로열티를 둘러싼 심각한 부패로 인해 "제2의 나이지리아가 되고 있다"고 밝혔다. 그는 "나이지리아에서 부패한 정부는 석유에서 얻은 모든 이익을 도둑맞았다. 콜롬비아에서도 로열티와 관련해 여러 지역에서 그와 같은 일들이 벌어진다"라고 단언했다.

총참여제도(Sistema General de Participaciones)의 재원과 관련하여 국가 발전계획부가 실시한 연구(Unión temporal centro nacional de consultoría-econosul, 2010)는 교육, 보건 그리고 식수 등 기초 부문에서 재원의 상당한 손실이 있음을 보여준다. 국가발전계획부의 연구는 식수와 위생관리 분야에서 손실되는 양이 배분된 재원의 20~25%(연간 2000억 페소)에 달한다고 추산했다. 교육 부문에서는 2007년 자원의 추정손실액이 12조 페소였다고 평가했는데, 이는 그해 배분 재원의 13%에 해당하는 액수이다. 감사원은 공공재정 출혈 현상에 대해 매우 염려스러운 입장을 표명한다(Audisistemas, 2010).

부패 수준에 대한 인식은 기업가나 공무원들과 같은 특정 집단들과 동일하게 일반 국민 사이에서도 계속 높은 수준을 유지하고 있고, 지난 8년간 전혀 개선되지 않았음을 보여준다.[6] 2009년 콜롬비아의 부패인식지수는 3.7점(10점은 부패 제로를, 0점은 매우 부패함을 나타냄)으로 세계 75위를 차지했다. 참고로 1995년에는 3.42점으로 41개 국가 중 30위를 차지했다. 결론적으로 말해 점수가 낮았으며, 이는 지난 8년 동안 전혀 개선되지 않았음을 보여준다. 콜롬비아는 현재 다른 국가들과 비교하면 중위권을 차지하고 있다. 전체적으로 보아, 15년에 걸쳐 이 지표는 높은 부패인식지수와 함께 유의미한 개선이 이뤄지지 않고 있음을 보여준다. LAPOP[7]의 조사에 따르면 공무원들 사이의 부패 수준에 대한 인식은 높고 최근 몇 년 동안 개선되지 않았다. 2004년 응답자의 73.5%가 콜롬비아에서 부패를 매우 일상적인 것으로 간주했다. 이 수치는 2005년에 낮아졌지만, 이후 2009년에 77.3%를 기록하면서 최근 몇 년 동안 최대

---

6) 여기에 사용된 자료는 대부분 Maldonado(2010)에서 인용했다.

7) 이 연구는 밴델버트 대학교(Universidad de Vandelbirt)가 후원하고 아메리카 지표 (Barómetro de las Américas)가 일부 참여한 라틴아메리카 여론조사(el Proyecto sobre Opinión Pública en América Latina, 영어로는 LAPOP)에서 실시되었다. http://www.vanderbilt.edu/lapop/

치를 기록했다.

높은 부패인식지수는 정부부처와 감독기관에도 존재한다. 특히 감독 기관의 경우 견제와 균형유지 기능과 수평적 책무성 시스템이 적절히 작용하고 있지 않음을 나타내기 때문에 매우 중요한 사항이다. 국제부 패지수(Barómetro Global de la Corrupción) 조사에 따르면 2008년 몇몇 기관 을 대상으로 한 부패인식지수는 정당에 대해 가장 부정적인 인식을 가지고 있음을 보여준다. 응답자 중 45%가 정당이 '극도로 부패'하다고 생각하고 있으며, 다음으로는 의회가 35%, 공무원들이 32%로 그 뒤를 이었다. 부패에 대한 이러한 인식은 만약 4점과 5점('부패'하거나 '극도로 부패'한)을 합한다면, 정당은 68%가 될 것이고 의회는 64%에 달하게 되어 더 심각하게 된다. 사법 부문 역시 응답자의 23%가 '극도로 부패', 27%는 '부패'하다고 생각하기 때문에 마찬가지로 우려스러운 상황이 다. 민간 부문과 언론매체는 정당보다는 양호하지만, 여전히 30%가 조금 넘는 사람들은 이 기관들이 높은 부패 수준을 보인다고 생각한다. 상공회의소연합회(CONFECÁMARAS)가 2003년 기업인 표본을 대상으 로 실시한 신뢰할 만한 조사에 따르면, 계약과정에서 투명성과 신뢰성 수준에 대한 인식이 낮았다. 실제로 계약과정이 투명하고 매우 신뢰할 만하다고 답한 경우가 국가의 경우 29.8%, 각 주정부의 경우 24.2%, 지방자치단체의 경우 26%에 불과했다. 이는 대다수가 거의 혹은 전혀 투명하지 않고, 대체로 혹은 전혀 신뢰할 만한 수준이 아니라고 생각한 다는 사실을 입증한다.

2002년 세계은행이 시행한 조사에서 정부기관에 대한 부정적 인식 은 상당히 높은 편이었다. 가장 도덕적이지 않은 기관들은 의회 71%, 사회보장청 65%, 국가경찰 47%, 보건부 47%, 교통부 39%, 법원 38%, 도지사직 38%, 시장직 37%, 교육부 36%, 군(軍) 36% 순이었다. 또한 지방자치단체, 사법조직 및 감독기관에 대해서도 매우 부정적인 인식을 보였다.

시민, 기업가 그리고 공무원에 대한 조사는 다양한 행정 행위뿐만 아니라 계약과정에서도 온갖 종류의 부패행위가 존재한다는 것을 보여준다. 2009년 시행된 LAPOP의 조사에 따르면 시민들의 13.4%가 어떤 형식으로든 부패의 피해자가 된 적이 있다고 응답했다. 2004년에는 그 비율이 12.8%이었고, 2008년에는 9.5%까지 감소했으나 최근 다시 늘어났다. 2008년 콜롬비아 투명성기구(Transparencia de Colombia)와 엑스테르나도 대학(Universidad Externado de Colombia)의 조사는 기업인들에게 뇌물 관행에 관해 조사했는데, "91%가 사업과 관련하여 뇌물을 제공하는 기업인들이 있다고 응답했다. 정부와 계약한 기업 중에서는 응답자의 94%가 그렇다고 답했다. 이것은 전체 질문 중 가장 높은 비율을 보인 질문이다. 분류 결과 대기업의 93%, 중견기업의 88% 그리고 소기업의 92%가 그렇다고 답했다는 사실이 드러난다". 한편 2003년 상공회의소연합회에서 실시한 청렴도 조사의 정부 계약 시 가장 일반적인 부패 유형에 대한 조사에서 기업인들의 대답은 다음과 같다. 22.7%는 계약 쪼개기를 통상적인 절차로 생각하고, 37.5%는 독점 행위를 조장하는 부패행위를 빈번한 혹은 통상적인 절차로 인정하며, 33%는 몇몇 제안자의 기준에 맞춰 서류의 조건을 조정하는 것이 빈번하다고 대답했다. 라티노바로메트로(Latinobarómetro)에 따르면 응답자의 11%가량은 지난 12개월 동안 행해진 부패행위를 알고 있었다. 국가 공무원들을 대상으로 하는 콜롬비아 통계청(Departamento Administrativo Nacional de Estadística: DANE)의 기관 성과 조사에 따르면, 응답자의 15%가 공무원들이 공공재원의 출혈을 도와주고 있으며, 13%는 공무원들이 호의에 대한 대가로 금전을 받고 있다고 답했다.

입법부의 결정에 미친 부적절한 영향력에 대한 사례 보고서가 있는 것은 아니지만, 믿을 만한 연구에 따르면 의회의 청렴도는 상당히 낮다. 상원과 하원 의원들의 자산과 소득의 공개, 그리고 겸직금지 조치 등에 있어서는 거의 진전이 없었다(Transparencia por Colombia, 2004). 또한 규제기관에서 일어나는 부패행위, 그리고 법률을 통해 행정부의 규제 결정에 미치는 파급효과에 대해서는 거의 알려진 바가 없다. 게다가 법률초안을 적절한 시기에 웹사이트에 공개해야 하는 의무에도 불구하고, 이 관행은 일반화되지도 적절하게 시행되지도 않았다.

많은 경우 마약집단이나 준군사조직과 연관된 합법적 혹은 불법적 단체들에 의한 국가 포획의 수단 중 하나로 기능하는 선거과정에 대한 연구는 전국 단위에서와 마찬가지로 지방에서도 선거 결과를 왜곡하는 각종 불법행위가 자행되고 있음을 보여준다. 이런 불법행위자들의 영향은 예를 들면 하원의 구성에서 드러나는데, 의원들의 상당수가 형사적으로 조사 및 처벌, 그리고 징계를 받았다. 2002년 시행된 조사에서 콜롬비아의 부통령과 세계은행은 주요 현안 중 하나로 국가 포획을 지적했다. 이 현상은 콜롬비아의 경우에 국가의 사적 전유라는 가장 복합적인 양상하에서 악화되었다. 이 모든 것은 불법무장조직들이 지방자치단체와 일부 국가기관 및 감독기관을 위협하고 통제하면서 심화되었다. 선거감시기구(Misión de Observación Electoral, 2011: 21)에 따르면 응답자의 4.9%가 물질적 이익의 대가로 투표를 한 적이 있으며 25%는 그렇게 한 사람을 알고 있다고 답했다.

한편, 사법부의 자료와 마찬가지로 각종 보도자료와 검찰 및 감독기관의 연구조사는 중앙정부뿐만 아니라 지방자치단체에서 벌어지는 부패행위의 심각성과 지속성을 보여준다. 정부와 지방 행정조직들은 각종 부패행위를 저질렀는데, 대부분 최근에 와서야 밝혀지거나 처벌을 받고 있다. 이러한 부패행위들 중 대통령의 재선을 가능하게 한 국민투표와 관련한 불법적이고 비정상적인 절차, 대법원이나 기자들 그리고 야당을 불법 감시하기 위한 국가안보기관의 이용, 민간인을 살해하여 게릴라로 위장한 군의 불법행위, 그리고 여러 지역에서 부농에게 비정상적으로 보조금이 배분된 사실 등이 두드러진다.

2002~2008년 기간에 법무부는 지방자치단체에 대한 7만 6113건의 징계 절차를 진행했다고 보고했다. 이 중 68%는 각 지역 단위의 시장들에 대한 징계 절차들로, 이는 이 기간 동안 각 시장들이 평균적으로 약 75건의 조사를 받았다는 사실을 나타낸다. 도지사에 대해서는 8829건(11%), 시의원에 대해서는 7851건(10%), 도의원에 대해서는 4210건(6%)의 징계 절차를 밟았다. 이 연구 내용에 있어 주된 위반은 임무수행의 태만 혹은 과실(33%), 권력 남용(23%), 비정상적인 계약(18%), 비정상적인 예산 관리(8%), 그리고 부도덕(행정 부패)(8%)이다. 이것들이 전체의 90%에 달하는 징계 사유이며, 횡령으로 인한 징계 절차는 380건(0.5%)에 불과했다. 징계 절차에서 1764건의 징계 처분이 내려졌는데(전체의 2.3%에 불과함), 이 중 58%는 시장에게, 4%는 도지사에게 이루어졌으며, 감사원이나 공공부(Ministerio público) 소속 공무원들에게 내려진 징계는 극소수에 불과했다. 이 기간에 127명의 공무원이 해고, 451명의 공무원이 해고 및 자격정지, 780명은 정직 처분을 받았다. 전체적으로는 343명의 시장이 해임되었고 그중 281명은 모든 자격을 박탈당했으며, 이외에도 28명의 도지사, 92명의 시의원 그리고 12명의 도의원이 자리에서 물러났다. 이 수치들은 두 정부 시기를 포함하고 있다. 그렇다고 할지라도 낮은 징계율에도 불구하고 정직, 벌금 그리고 경고와 같은 징계 외에도 엄중하게 처벌받은 시장과 도지사가 다수임을 보여준다. 물론 모든 조사와 징계가 부패행위로 인한 것은 아니지만, 상당수의

경우는 부패와 관련되어 있다. 회계부(la Contraloría) 및 감사원(la Audi-toría)의 통계 역시 징계 비율이 낮긴 하지만 수많은 징계절차가 진행되었음을 보여준다.[8] 로열티 관리부서는 부패행위에 연루 가능성이 있는 엄청나게 많은 사례들을 감독기관에 보고했다.

투명성 기구에 따르면 국가기관 내의 부패 위험성은 개선되었지만, 심각한 문제들은 계속되고 있다. 2007~2008년까지 국가 공공기관의 평균 투명성 지수는 100점 중 69.5점이었으며, 이는 전체 기관에서 중간 수준을 나타낸다. 조사된 158개 기관 중에서 17%는 매우 높거나 높은 위험도를 보여주었고, 36%는 보통으로 나타난 반면, 위험성이 낮은 경우는 3%에 불과했다. 이 지수 내에서 낮은 점수를 얻은 요소는 66%를 얻은 투명성 부문이었다. 투명성 지수는 가장 높은 콜롬비아 은행(Banco de la República)의 91.9점에서부터 가장 낮은 '모하나 및 산호르헤의 지속가능발전조직(la Corporación Para el Desarrollo Sostenible de la Mojana y el San Jorge)'의 25.2%까지 분포되어 있다. 콜롬비아 은행, 통신규제위원회(la Comisión de Regulación de Telecomunicaciones), 교육부 그리고 콜롬비아 농축산연구소(Instituto Colombiano Agropecuario) 등 4개 기관만이 부패 위험성에서 낮은 등급을 받았다. 부패 위험도가 높거나 매우 높은 기관은 22개 기관이었는데, 이들 중에는 국립개발원(Instituto de Concesiones: INCO), 보안 및 안전 감독원(Superintendencia de Vigilancia y Seguridad), 콜롬비아 농촌개발연구소(Instituto Colombiano de Desarrollo Rural: INCODER),

---

8) 감사원에서 실시한 최근 분석에서 감사원장은 다음과 같이 지적했다. "감사 대상이 된 19조 페소 중 157억 5400만 페소에 대해 집행 판결이 났으며, 이에 따라 재정 손실 금액의 1000페소당 8페소를 회복할 수 있을 것이다. 보고된 전체 감사과정의 35.99%에 해당하는 5853억 7800만 페소에 달하는 1150건의 시효가 소멸할 위험이 있다"(http://www.auditoria.gov.co/).

상원, 상공회의소, 국립 등기소(la Registraduría) 그리고 에너지 및 가스 조정위원회(Comisión de Regulación de Energía y Gas)와 함께 여러 대학교와 지방 기업이 포함되어 있다. 평가에서 낮은 점수를 얻은 분야는 52.4점을 얻은 인재선발, 57.7점을 얻은 업무청문절차, 60.8점을 얻은 공무원 평가, 그리고 61.1점을 얻은 계약공고이다.

권력기관들 사이의 점수를 비교해보면 사법부가 76.1점, 행정부가 74.9점, 감독기관이 71.8점을 얻었으며, 입법부는 39.2점에 그쳤다. 행정부 내에서도 교육부는 가장 높은 89.7점을 얻었으며, 광업부, 농업부, 교통부, 주거부, 재무부, 정보통상부 등이 80점을 넘는 점수로 뒤를 이었다. 이에 비해 내무부는 54.7점에 그쳤으며, 사회보장부는 64.4점을 받았다. 계약과 관련하여 살펴보면, 관련 지수는 기관들의 70%가 계용 정보에 대해 부정확한 정보를 제공하고 있으며, 공공기관의 62%만이 계약 포털에 모든 정보를 명시했음을 보여준다. 또한 평가가 이뤄진 138개의 기관 중에서 67개 기관은 2008년에 시행될 구매계획을 발표하지 않았다. 평가가 이루어진 기관들의 전체 공개입찰 과정 중에서 41%는 입찰자가 한 명뿐이었고, 20%는 단지 두 명의 경쟁 입찰자가 있었다. 조사 대상 대학들의 공개입찰에서 52% 이상이 입찰자가 한 명뿐이었고, 국방 부문에서는 단일 입찰자와 계약한 경우가 44%였다. 이는 계약이 홍보나 복수 입찰자를 요구하지 않는 메커니즘을 통해 실행되었다는 것을 의미한다. 115개의 평가 대상 기관의 자료에 따르면, 경쟁이나 공개입찰 없이 이루어진 계약의 총액은 협동조합과의 계약, 명백한 시급성(urgencia manifiesta)하의 계약, 국제기구와 맺은 계약, 그리고 최소 금액의 10%보다 낮은 계약에 사용된 액수인 36조 페소에 달한다.

지방자치단체의 경우 32개 주 중 어느 곳도 부패 위험이 낮은 범주에 포함되지 못했다. 9개 주가 위험 범주에서 중하위권에 자리 잡은 반면,

8개 주는 60점 이하의 점수로 부패 위험이 높았으며 한 곳은 매우 높았다. 평균적으로 각 주는 69.2점을 받았으며, 주 회계원은 국가 회계원보다 다소 낮은 64.2점을 받았다. 조사가 이루어진 148개 시[9]에서 투명성 지수 평균은 59.5점에 불과한데, 이는 국가조직이나 주정부 평균 이하에 해당한다. 평가가 이뤄진 67개 시정부는 행정 부패 부문에서 높거나 매우 높은 수준의 위험 범주에 속하고, 67개 시정부는 중간 수준의 위험 범주로 분류되었다. 단지 14개 시정부만이 다소 위험하거나 위험성이 없는 낮은 수준의 위험 범주에 속했다.

3. 반부패 정책의 부재

활용 가능한 지표들은 최근 몇십 년 동안 부패에 대한 인식이 개선되지 않았으며, 부패 문제가 심각한 상황이라는 것을 보여준다. 또한 정부는 부패를 다루는 각 기관들의 활동들을 명확하게 결합하는 국가 차원의 종합적인 반부패 정책을 수립·시행하지 못했다. 최근의 계획들도 이에 대한 확고한 방안을 담고 있지 않으며, 부패와 관련된 국가경제사회정책자문위원회(CONPES)의 정책 보고서도 작성되지 않았다. 정부의 발표에도 드러나듯이 부패 문제의 중요성에도 불구하고, 반부패와 관련된 정부의 역할에 대한 체계적인 평가 정보는 존재하지 않는다. 이는 사법부, 감독기관 그리고 행정부가 의미 있는 반부패 대책을 진행하지 않았다는 것이 아니라, 비교적 분명한 집단적 개입이 없었다는 것이다.

---

9) 시의 경우 투명성협회(Corporación Transparencia)가 모든 시를 조사한 것이 아니라 일부만을 조사했다.

종합해보면, 최근 몇년간의 상황과 시행된 주요 활동은 다음과 같다.

1) 반부패 정책

UN반부패협약의 조항 중 하나가 부패 문제에 대한 정책 수립임에도 불구하고 정부는 이 조항을 지키지 않았다. 대통령 주도의 반부패 프로그램은 몇년 전 정부정책의 기초 보고서를 작성했지만, 공식적으로 채택되지 않고 참고자료로만 사용되었다. 2006~2010년 국가개발계획 (Plan Nacional de Desarrollo)은 명시적이고 강력한 반부패 전략을 포함하지 않았고, 구체적인 프로그램이나 기획 또한 입안하지 않았다. 또한 정부 초기의 상황에 대한 진단을 담고 있지 않으며, 실행 지침과 함께 가이드라인을 제시하지도 않았다. 이는 구체적인 달성 목표가 없다는 것으로 해석된다.

2006~2010년 국가개발계획은 합법적이고 투명한 문화를 장려하고, 다음의 다섯 가지를 통해 법 준수에 대한 시민들과 공무원들의 책임감과 자율성을 유인하고자 했다. 즉, 지방자치단체들과의 협력을 증진하기 위한 법률 개혁의 장려, 반부패 법규(Ley 190 de 1995) 실행, 부패 조사 및 처벌에 있어서 대통령 주도의 반부패 프로그램 개선, 민간 부문과 자율규제 협정의 장려 그리고 젊은이들에 대한 준법교육 등이 그것이다.

이 모든 것은 2006~2010년 국가개발계획이 표명한 골자이다. 사법 분야에 대한 원칙 중 하나로 면책 수준을 축소하고자 했지만, 일반적인 내용이었을 뿐 공무원들이 저지른 범죄를 특정한 것은 아니었다. 그럼에도 불구하고 반부패를 위한 구체적인 전략은 모색되지 않았고, 국가개발계획은 검찰, 감사원 그리고 지방자치단체의 감사관 및 시 행정감찰관(las personerías municipales)의 역할은 언급조차 하지 못했다.

2) 일반적인 법규의 틀

법률적인 측면에서 살펴보면 콜롬비아는 1995년 법률 제190호인 '반부패 법률'을 가지고 있다. 이 법률은 절차 간소화에 관한 시행령과 함께 부패 방지와 처벌을 위한 중요한 노력이라고 할 수 있다. 게다가 콜롬비아는 1997년 법률 제412호로 '미주 반부패협약'을, 2005년 법률 제970호로 '국제연합반부패협약'을 비준했다. 이렇게 해서 반부패와 관련한 전체적인 내용을 규정했다. 그러나 여러 내용 중에서도 2010년 말 정부가 의회에 제출한 법률 안에 있던 내용들인 전관예우(la puerta giratoria) 규제, 정치자금 지원자에 대한 계약, 로비 활동, 양형 및 처벌 절차의 표준화, 정책의 수립, 시민의 참여 등은 여전히 처리가 안 된 상태였다. 조사 및 처벌에 대한 기본적 법률은 형법과 회계관리법이다. 이 법률에서 처벌을 표준화하고, 부패행위를 조사하고 처벌하는 해당 절차와 처벌 수위가 결정된다. 마찬가지로 정부의 개선과정을 통해 예방행위에 포함되며, 따라서 반부패 전쟁보다 더 광범위한 목표를 가진 조직과 행정절차에 대한 법률들이 있다.[10] 그러나 국가개발계획의 명시에도 불구하고, 2006~2010년 정부 시기 반부패 관련 법률은 개정되지 않고 시행되었다.

---

10) 정부와 행정체계를 개선시키기 위한 전략과 기획은 부패행위를 제한하는 조건들을 만들어내는 반부패 활동의 하나로 볼 수 있다. 실제로 반부패에 대한 국제협약은 여러 가지 논점 중에서도 행정체계, 계약 시스템, 정보 시스템 그리고 투명성, 책무성 등 예방적 수단 등을 포함하고 있다. 그럼에도 불구하고 개선 방안은 공공서비스 기능에서의 효과, 효율 및 형평성이라는 더 넓은 목적을 갖는다.

3) 부패방지 및 조정기관

UN반부패협약에 명시된 또 다른 약속은 부패에 대한 조정·방지·안내·분석기관의 설립이며, 이 기관은 독립성과 관리능력을 보장받아야 한다는 것이다. 정부는 부통령과 연계되어 대통령의 직접적인 영향력하에 있는 대통령 직속 반부패 프로그램(Programa Presidencial de Lucha contra la Corrupción)을 설치했다. 그러나 여러 측면에서 자율성이 적고 관리능력이 낮았으며, UN국제협약의 다른 약속들 중 하나인 시민사회의 참여도 보장되지 못한 조직이었다. 지난 정권 동안 독립성과 능력이 더 강화된 기관을 설립하려는 시도는 받아들여지지 않았다. 그럼에도 불구하고 이 프로그램은 흥미로운 활동들을 전개했으며 반부패 활동을 조율하는 주도권을 행사했다. 그러나 그 역할은 충분하지 않았다. 다른 한편으로 지방자치단체들이 이에 해당하는 예방 및 조정기관을 설치하는 것은 추진되지도 않았다.

4) 정보, 분석, 평가 체제

콜롬비아는 부패에 대한 적절한 정보와 연구를 통해 관련 정책의 수립, 시행 및 평가 기능을 할 수 있는 공적 체제가 갖춰져 있지 않다. 세계은행을 비롯한 몇몇 기관의 지원을 받아 체계적이고 광범위하게 이루어진 가장 최근의 연구는 2002년에 이루어졌다. 부패 인식과 부패 행위에 대한 정기적인 설문조사도 이루어지지 않았다. 부패와 관련된 몇 개의 질문들을 포함한 통계청(DANE)의 기관 성과 조사를 제외하면, 부패행위를 목표로 한 조사는 실시되지 않았다. 또한 검찰, 사법부, 감독기관 그리고 행정기관의 고발, 조사, 징계에 관한 정보체계도 견고하게 구축되지 않았다. 따라서 콜롬비아는 부패 정보와 식별을 위한 기본적인 투자가 이루지지 않았다고 할 수 있다.

5) 조사 및 형사처벌

콜롬비아에는 자율성과 예산을 가지고 부패행위를 조사하고 제재하는 기관들이 있다. 형사처벌과 관련해 검찰과 사법당국은 공공행정 부문에서 벌어지는 범죄에 대한 조사와 징계를 담당한다. 이를 위해 반부패를 전담하는 부서들이 존재한다. 마찬가지로 공직감찰원(Procuraduría General de la Nación)과 시 행정감찰관은 부패행위를 포함하여 조사와 징계 권한과 책임을 가지고 있다. 여기에 회계에 대한 조사와 징계 권한이 있는 감사원과 지역감사원도 있다. 따라서 공공기관의 반부패 활동에 특화된 전담팀과 막대한 예산[11]을 가진 광범위한 기구라고 할 수 있다. 그러나 앞서 살펴보았듯이 이 기관들이 부패를 효과적으로 근절하고 있는 것 같지는 않다. 그 이유로는 예산과 행정상의 한계에서부터 정책적 의지의 부족 및 내부적 부패 관행의 존재에 이르기까지 여러 가지 요인을 들 수 있다. 업무 보고서는 명확하지 않으며, 이들 조직들은 자신들의 반부패 활동이나 결과를 투명하게 공개하지 않는다. 이에 감사원장(Auditor)은 감독기관들이 정치화하고 부패가 만연하다고 간주하고(Auditoría General de la República, 2010), 감사관 선발방식을 문제

---

11) 2009년에 책정된 예산 중 회계원은 예산으로 2870억 페소, 감사원은 3040억 페소, 검찰은 13조 페소, 행정감찰원은 140억 페소, 공공서비스감독국은 600억 페소, 국립보건감독국은 420억 페소, 국가발전계획부의 로열티 감독 및 조사 시스템에 220억 페소 그리고 총참여제도와 함께 지역재정지출의 감시, 조사 및 관리 시스템에 250억 페소가 책정되었다.

삼았다.

6) 조사와 행정처분

전문 감독기관을 보완하는 방식으로, 모든 기관은 조직 내부에서 발생하는 비정상적인 관행을 식별하고 감독하는 내부 규율 통제체제를 갖추어야 한다. 게다가 정부는 로열티 및 지방자치단체에 할당된 총참여제도의 재원의 사용을 감독하는 전문 기관으로서 공공서비스감독국(Superintendencia de Servicios Públicos), 국립보건감독국(Superintendencia Nacional de Salud)과 같은 특정 활동에 대한 감찰 및 감시 전문 기관을 갖추고 있다. 최근 몇 년 동안 가장 의미 있는 변화는 국가발전계획부에 로열티 관리부서를 신설한 것과 총참여제도의 감시, 조사 그리고 통제 시스템을 신설한 것이었다. 이 제도는 초기에는 국가발전계획부에 속했다가 나중에는 재무부에 속했지만, 여전히 별 다른 활동을 보여주지 못하고 있다.

7) 감시에 대한 사회적 참여

여러 법률에도 불구하고 시민사회가 부패 예방과 반부패 활동에 충분하게 결합되지는 않았다. 1995년 제190호 법률에 의해 만들어진 메커니즘은 불안정하게 작동하다가 나중에는 아예 작동을 멈췄다. 대통령 직속의 반부패 프로그램은 시민들의 참여를 보장하지 않았고, 감독기관들 역시 시민사회가 광범위하고 체계적인 방식으로 활동할 수 있는 책임성을 부여하지 않았다. 게다가 시민사회조직들과 시민들을 부패 행위 고발이나 감독이라는 구체적인 행위에 결합시키려는 의미 있는 노력을 기울이고 있지도 않다.

결론적으로 말해, 최근 4년 동안 대통령 직속의 반부패 프로그램의 조직화에서 진전이 있었고 계약 관련 법규가 개정되었다. 또한 로열티 관리가 국가발전계획부에서 시작되었으며, 총참여제도의 재원의 감시, 조사 및 감독관리 시스템이 실행되었다. 그럼에도 불구하고 참고기술문서가 작성되었지만 반부패 활동에 대한 종합적인 정책이 실시되지는 않았다. 국가개발계획이 제안한 것과 같은 반부패 법규는 실행되지 않았고, 대통령 직속의 반부패 프로그램은 충분히 강화되지도 자율권이 주어지지도 않았다. 또한 헌법이 명문화하고 2008년 제28호 법률이 규정한 총참여제도의 재원에 대한 조사 시스템은 작동하지 않았다. 다른 한편으로 비록 감독기관과 사법부가 강화의 움직임을 보이긴 했지만, 처벌 면제 수준은 계속해서 높아지고 조사와 징계의 효력은 미비하기만 하다.

4. 현 정부의 통합적 정책의 모색

지금까지 주요한 두 가지 영역에서 적극적인 움직임을 보여주었다. 하나는 내무부가 반부패와 관련된 몇 가지 측면을 규제하는 법안을 만들어 의회에 제출했다는 것이다. 다른 하나는 국가발전계획부의 조정 하에 2010~2014년까지 국가개발계획의 세부사항 중 '좋은 정부(Buen Gobierno)' 항목 안에 반부패 제안을 포함했다는 것이다.

1) 반부패 법안

새 정부는 여전히 공식적이고 명확한 반부패 정책을 만들지 않고 있지만, 내무부는 2010년 9월 의회에 제출한 부패 관련 법안[12]을 주도했다. 전문(前文)에서 정부는 부패를 현대 국가에 가장 해로운 현상 중 하나이며 두드러진 반부패 활동들이 실시되었다고 지적한다. 그러나 부패는 진화하면서 식별 및 통제를 어렵게 하는 동적인 현상이며, 이어서 "상기 이유들로 인해 본 법안은 오늘날 반부패 전쟁이 필요로 하는 요구에 적합한 새로운 수단들을 도입하고, 단호한 행동을 통해 이러한 수단들을 가다듬고 통합할 것을 제안한다"고 밝혔다.

이 법안은 징계 및 형사적 측면의 처벌 및 그 절차에 중점을 두고 있으며, 9개 장과 156개 조항의 다양한 내용들을 담고 있다. 행정적 조치와 관련하여 가장 중요한 내용은 대선, 총선 그리고 지자체 선거에서 선거자금을 지원했던 자들을 고용하는 것을 금지하는 규정의 도입, 공증인 앞에서 자신과 가족의 수입을 진술해야 한다는 요구 사항, 재직했던 기관에서 퇴직 공무원이 사적 이익을 취하는 것을 막기 위한 제한, 부패행위를 알리지 않은 법정회계감사에 대한 처벌 조항, 대통령과 도지사 및 시장에 의한 내부통제 책임자의 임명, 정치적 주요 인물에 대해 강화된 주의의무를 부과하는 제도 도입, 그리고 보건 분야에서 반부패 정책 재원 마련 등이 포함되어 있다. 형사 조치와 관련해서는

---

12) 2010년의 제142호 법률안, 상원, "Proyecto de ley por la cual se dictan normas orientadas a fortalecer los mecanismos de prevención, investigación y sanción de actos de corrupción y la efectividad del control de la gestión pública," 2010년 의회 공보 제607호. 상원에서 승인되어 현재(2010년 2월) 하원 1차 위원회(la comisión primera de la Cámara de Representantes)에서 3차 논의를 진행 중이다.

민간 부문의 부패를 포함하여 새로운 부패행위를 명시했으며, 공공행정에 대한 범죄행위 방지 능력을 향상시키기 위한 절차상의 변화를 도입하는 것과 동시에 각종 범죄에 대한 처벌을 강화했다. 징계 조치로는 조사과정을 개선하기 위한 다양한 변화가 도입되었으며, 부패행위 신고자에 대한 공무원 측의 자의적이고 부당한 행위를 중범죄로 규정했다. 로비활동에 대한 조치에 대해서는 로비행위를 명시적으로 규정했으며, 이를 금지하는 규정을 도입하고 이에 따른 권리와 책임이 정해지고 모든 기관에서 관련 목록 작성이 의무화되었다.

반부패와 관련된 특별기관으로 국가교화위원회(Comisión Nacional para la Moralización)가 새롭게 설립되었다. 주별 위원회의 설치가 의무화되었고, 그들의 기능이 명시되었을 뿐만 아니라 실행 사무국이 설치되었다. 마찬가지로 반부패 시민위원회를 신설하고 그 역할이 명시되었다. 거기에 대통령 직속의 교화·효율성·투명성 및 반부패 프로그램의 기능들이 명시되었다. 기관 및 교육 정책과 관련해서 이 법안은 국가 질서 유지와 관련된 모든 기관들은 해마다 반부패 및 민원 대응 정책을 마련해야 하고, 각 홈페이지에 다음해 활동계획을 의무적으로 공개해야 했다. 새로운 절차 진행을 위한 조건들을 명시하고 불만, 제안 및 요구 사항을 담당하는 부서 설치가 요구되었다. 또한 모든 부속 기관들은 홈페이지와 게시판에 계약된 복지 및 서비스 내용을 명시해야 했다. 공공행정의 민주화에 대한 제489호 법률의 32항이 새롭게 명시되었고 연간 책무성을 의무화했다. 모든 초·중등 교육기관이 윤리적 가치와 반부패를 확산하기 위한 정책을 의무화했다. 공공계약과 관련된 조치에 대해서는 담당자들의 업무범위와 책임성을 명확히 했고, 그들의 업무처리에 대한 더 많은 투명성을 요구했다. 마지막으로 구두보고 과정을 형사적 책임성의 과정 내에서 규정했다.

이 법안은 부패와의 전쟁에서 중요한 이니셔티브를 갖지만 국가개발계획의 반부패 정책에 확실하게 부합하지는 않으며, 이를 수행하기 위한 수단이나 재원도 명시되지 않았다.

2) 국가개발계획안의 반부패

정부는 일반 여론이나 의회 및 국가계획위원회의 평가를 위해 제안한 2010~2014년 국가발전계획에 반부패 전략이라고 명명한 한 장을 포함시켰다. 최종 국가개발계획안과 비교해보면 반부패에 대한 큰 관심이 눈에 띈다. 반부패를 위한 유기적인 정책을 수립한다는 약속이라든지, 전관예우와 로비활동을 규제하기 위한 수단과 같은 부패 정보 시스템의 작동 등 주목할 만한 제안이 다수 포함되어 있다. 그럼에도 정부의 제안은 부패 상황에 대한 기술이나 해석에 있어 최소한의 분석을 담고 있지 않으며, 지금까지의 반부패 활동에 대해 평가하지도 않을 뿐더러 분명하고 측정 가능한 목적과 목표를 정해놓지도 않고 있다. 또한 구체적인 실행 계획 및 기간을 정해놓지도 않았으며, 이 주제에 할당될 재원에 대한 대책을 결여하고 있다. 결론적으로 말하면 구체성이 없는 제안으로서 사회적 기대와 대통령이 공개적으로 표명해왔던 공약에 부응한 반부패에 관한 주요한 전략을 제공하기 위해서는 반드시 개선되어야 한다.

1994년 제152호 법률에서 국가발전계획은 부패 상황에 대한 진단에 그 근거를 두어야 한다고 명시하고 있다. 그럼에도 부패에 관련된 장은 다양한 부패 방식, 손실된 재원의 양, 조사와 처벌, 부패에 대한 인식 그리고 다양한 공권력과 정부의 각급 기관에서 나타난 부패상황에 대해 극히 제한된 정보만을 제시한다. 또한 부패행위 유발 요인들을 조사하고 우선 과제를 정하기 위해 필요한 현 상황에 대한 분석을 제시하지도 않는다. 나아가 이전 개발계획이 이행되었는지 여부와 반부패에 관련된 여러 기관들의 활동 내용을 평가하지도 않고 있다. 그 결과 정부가 발표한 계획안이 어떤 정보와 고려사항에 근거를 두고 확립되었는지가 불명확하다.

국가개발계획안의 목표는 부정확하고, 달성해야 할 목표보다는 그 수단들을 주로 언급하고 있다. 첫 번째 목표로 부패행위를 방지할 수 있는 전략과 메커니즘의 강화를 들고 있다. 이를 위해 공공교육정책과 공적직무수행을 통해 투명성 문화 제고와 같은 수단을 제시하고 있다. 그러나 특정한 행동으로 구체화하지 못하고 일반적인 내용만을 다루고 있다. 두 번째 목표는 부패행위에 대한 조사와 처벌 능력을 개선하는 것이지만, 전술한 바와 같이 이런 능력의 현재적 상황에 대한 정보의 부족으로, 이런 목표를 판단할 만한 어떠한 준거가 없다. 국가개발계획의 마지막 장에 제시된 전략적인 목표와 지표에서는, 국제 투명성기구의 부패인식지수를 국가 평가 10점을 기준으로 하여 2010년 3.5점에서 2014년에는 4.0점까지 높일 것을 약속하고 있다. 이 목표 수치는 반부패에 별 관심이 없음을 반영하는데, 정부가 6점 혹은 7점의 중간 수준을 목표로 하고 있지 않고 시간을 낭비해가면서 여전히 기존 수준에 만족하고 있기 때문이다. 게다가 본문 그 어디에서도 이 목표를 전략적인 것으로 강조하기 위한 설명이 분명히 드러나 있지 않다.

국가개발계획은 민간 및 시민사회를 포함한 유기적인 공공정책을 표명할 것을 약속했다. 이는 매우 중요한 사안이지만, 이를 시행할 시기도 정하지 않았으며 관련된 사법기관 및 감독기관을 결정하지도 않았다. 마찬가지로 부패 정보 시스템을 마련하겠다고 약속했지만, 재원 및 시행방법이 구체적으로 명시되지 않았다. 나아가 본문에서는 부패

방지기관의 독립성에 관한 문제는 언급되지 않았으며, 기관 운영을 위한 행정 및 예산 확보 방안이 명시되지도 않았다. 게다가 전략으로 포함된 나머지 주제들에 대한 정부의 제안 역시 상당히 개괄적이다. 반부패를 위한 지방자치단체, 감독 및 처벌기관의 제도적 강화, 민간 부문과의 연계 강화, 재원 이용의 책임성 강화 등이 그 주제들이다. 상당 부분 의지의 표명이지 구체적인 정책이나 프로그램을 제시한 것은 아니다.

감독기관과 관련해 국가개발계획은 감독기관의 강화와 현대화를 제시하고 있지만, 감사원과 관련된 몇 가지를 제외하고 개선 내용은 명시되지 않고 있다. 대체로 말해서 반부패 능력을 향상시키기 위한 본질적인 정책은 보이지 않는다. 사법 영역과 관련해서는 사법최고평의회 (Consejo Superior de la Judicatura) 및 검찰청과 함께 공동의 전략을 기획하고 제도화할 것이라고만 간단하게 밝히고 있다.

결론적으로 말해 분명하고 확실한 반부패 전략은 보이지 않으며, 반부패 정보부서를 강화하고 보건 분야와 같이 문제가 있는 분야에 강조점을 두는 등의 정부 프로그램이 포함되지 않았다. 나아가 투자계획과 관련된 장에서는 반부패 전략을 위한 재원이 명시되지 않아, 이 부분에 할당된 예산의 비중을 알 수 없게 되었다.

전체적으로 보아 지금까지 정부는 부패 관련 법률 제정에 더 비중을 두고, 이것의 효율적인 이행을 위한 제도적 조건, 조사 및 처벌의 효과적인 조치의 구현 등에는 상대적으로 소홀했다. 사실상 이 법안은 개발계획에 잠정적으로 언급된 것이며, 그 실행을 보장할 만한 계획 및 예산은 구체적으로 명시되지 않았다.

5. 권고 및 제안

현 정부가 의회에 반부패 법안을 제출하고, 국가개발계획에 반부패 관련 행동 노선을 계획한 구체적인 장을 포함시키면서 진일보를 내딛었다는 점은 의심의 여지가 없다. 그럼에도 우리는 많은 제안들을 긍정적으로 평가하고 공유하면서, 반부패에 대한 강력한 정치적 약속을 입증할 더 확실하고 신속한 수단을 채택할 필요가 있다고 생각한다.

부패행위를 가능하게 하는 요인들은 일반적인 관행의 용인이나 무관심에서부터 낮은 처벌 수위에 이르기까지 다양하다. 그러나 어느 정도 광범위한 문화적 요인이 있을 수도 있다 하더라도, 부패는 소수의 사람들과 공무원들에게 집중되어 있다. 따라서 주된 문제는 이들 소수 그룹이 갖고 있는 권력과 이들의 활동을 제한해야 할 다른 국가기관이나 대다수 사회의 무기력함에 있다. 그러므로 이러한 부패행위를 제어하기 위해 다른 기관들의 감시기능을 강화하는 데 강조점을 두어야 한다. 특히 감시 단계부터 감독기관의 역할과 의지를 확대해야 한다.

시민사회의 역할을 줄이려고 하지는 않았지만, 문제의 핵심은 정부의 현실적이고 충분한 정책 의지의 부족이다. 이는 다양한 부패 양상에 효과적으로 대응하기 위한 공권력 및 정부의 각급 감독기관에 잘 드러난다. 이런 상황은 주로 부패와 같은 부정적인 행위들을 해소할 책임이 있는 국가기관이 조직적 혹은 개인적인 형태의 부패행위자들에 의해 침투당하거나 통제되는 악순환에서 파생된다.

정책적 의지의 결여는 다음과 같은 상황에서 나타난다. 모든 공권력 기관 및 각급 정부기관에서 구체적인 목표, 지침, 충분한 재원, 시민사회의 참여 그리고 적절한 책무성 등을 가진 보편적이고 특화된 정책의 부재, 부패 정보 시스템을 만드는 것과 같은 상황을 인식하고 조사하기 위한 충분한 재원과 독립성을 가진 부패방지기관의 부재, 정책을 수립, 시행 및 감시하기 위한 시민사회의 분명한 참여 공간 및 방법의 부재, 반부패에 관한 전무한 혹은 부족한 책무성, 부패행위 조사에 있어 행정부, 감독기관 및 사법기관의 능력 부족, 부패행위 처벌 및 재원 회수의 낮은 수준, 그리고 내부 통제의 낮은 실효성이 그것이다.[13)]

따라서 다음과 같은 측면을 발전시킬 필요가 있다. 반부패 정책의 입안과 시행은 약 7년 전인 2004년 3월 2일 승인된 UN반부패협약의 범주 안에서 정부가 채택한 법적인 약속이다. 2006~2010년 국가개발계획안이 이 정책을 입안하고 시행하는 데에 동의했음에도 아직 이행되지 않고 있다. 최근 들어서야 정부는 이 약속을 지난 2011년 2월 4일 의회에 제출한 법률안에 포함시켰으며, 이는 올 하반기에 입법화될 예정이다. 어쨌든 2005년 제970호 법률의 틀 안에서 정부는 곧장 정책의 입안을 시작할 수 있으며, 신속하게 국가경제사회정책자문위원회에서 승인을 받을 수 있을 것이다. 동시에 국가개발계획의 투자계획에 필요한 재원을 배분할 수 있을 것이다.

정책의 강조점과 관련해 국가개발계획이 제안한 것처럼 국가정책은 지방자치단체를 포함한 모든 행정부처가 참여하여 수립하는 것이 합당

---

13) 감사원장에 따르면 부패행위를 감독함에 있어서 실패는 감독기관의 무능력에서 기인한다. 그는 "콜롬비아에는 제 기능을 수행하지 못하는 3795개의 감독부서와 1202명의 행정감찰관이 있다"고 말했다. www.dinero.com/economia/productivid ad/colombia-esta-perdiendo-lucha-contra-corrupcion_65910.aspx. 이 포럼은 2009년 11월 19일에 진행되었으며, 이에 대한 자료는 다음에서 인용했다. http://www.f orossemana.com/evento-debates-semana/memorias-foro-corrupcion-transparente-sofisticacion-impunidad/237.aspx "헌법의 입안은 실패하고 밑바탕에서부터 다시 성찰하는 자기평가 문화에 그 기반을 둔다"(Auditoría General de la República, 2010).

하다. 그리고 이 정책은 좋은 정부와 행정체계의 개선이라는 정책과 전략틀 내에서 일반적인 혹은 우회적인 조치가 아니라, 부패행위의 식별, 부패행위를 막는 메커니즘의 구축, 그리고 조사와 처벌 같은 직접적인 대책에 집중해야 한다. 반부패 활동은 인적자원관리, 정보 시스템, 윤리와 관련된 주제의 훈련 및 교육 등과 같은 측면의 개선을 포함한 전체 부패방지 활동을 포함한다. 비록 필요한 것이기는 하지만 이런 주제들은 반부패 문제의 범위를 넓히고 조정능력을 어렵게 한다. 따라서 반부패 정책은 부패의 직접적인 측면에 초점을 맞추고, 이런 주제들은 본질적으로 제도강화 정책이라는 관점에서 강조되어야 한다. 마찬가지로 반부패를 특정 기관이나 부서 문제로 제한하면 충분한 효력을 갖기 어렵고, 모든 기관 전체의 책임으로 접근할 필요가 있다. 이런 의미에서 반부패 법안에 모든 기관이 반부패 방침을 수립할 것을 의무화하는 조항이 포함된 것은 매우 중요하다. 이는 개별 주와 시에 반부패 방침을 요구하도록 확장되어야 한다.

이 정책에 반드시 포함되어야 할 주요 측면들은 다음과 같다.

- 법원, 검찰, 법무부, 회계원, 감사원, 공공서비스감독부, 재무부 그리고 국가발전계획부가 실행 가능한 목표[14]를 지닌 명시적인 전략 설정, 반부패 수행 측정변수 설정, 시민사회와 언론에 대한 투명성 대폭 확대 및 시민사회에 대한 더 많은 권한 부여, 법원, 검찰 그리

---

14) 이 정책은 다음과 같은 구체적인 결과를 목표로 정하는 것에서부터 시작해야할 것이다. ① 부패에 대한 인식과 사람들의 부당한 대우 줄이기, ② 국가기관에서 낭비되는 자원 줄이기, ③ 규범 개발에서 부당한 영향력과 부적절한 혜택 줄이기, ④ 지역정치의 독점을 줄이고 통제하기, ⑤ 조사, 감독 및 처벌 기관 내 부패행위 줄이기, ⑥ 행정절차 실행에서 부패행위 줄이기.

고 감독기관보다 우선하는 각 국가기관의 반부패 내부 전략 설정

- 절차상의 부패나 사소한 부패, 계약과 관련된 규모가 큰 부패, 법률이나 사법적 판단에서의 부패, 권력기관의 부패 등 서로 다른 유형의 특수 부패를 조사하는 조직의 결성 및 강화. 이에 더해 특히 공무원들과 부패방지기관이 부패행위를 고발하는 것을 진작하고 보상하기 위한 제도 확립

- 부패 가능성이 보다 높은 절차, 과정, 행위에 집중되고 전문화된 사회적 책무성과 투명성 방안의 실현. 예를 들면 정부기관이 발주하는 계약의 대부분을 수주한 계약자들에 대한 정보, 계약금액을 대폭 늘리거나 계약을 불이행한 계약자들에 대한 정보, 보조금이나 세금감면 수혜자에 대한 정보, 광산 채굴권이나 환경관리권 같은 행정적 결정의 수혜자들에 대한 정보, 토지이용계획에서 결정된 도시계획의 수혜자들에 대한 정보를 들 수 있다. 이런 종류의 정보는 언론, 연구자, 학계, 사회단체, 참여공간 및 감독을 통해 시의적절하게 전달되어야 한다.

- 시민 참여기능, 여타 사회적 참여 메커니즘과 참여공간을 진작하고 지원하기 위한, 또한 불법적인 관행을 조사·고발하는 시민들과 단체들을 지원하고 안정화하기 위한 적절한 재원의 분배가 이뤄져야 한다.

- 지방자치선거와 관련하여 중앙정부, 감독기관, 그리고 선거관리기관 등은 국제적 협력을 통해 2011년 10월에 열리는 지방선거에서 선거법 준수와 민주적 절차의 보장을 위한 예방, 감시 및 통제 관련 특별 프로그램을 명시하고 시행해야 할 것이다.

반부패 정책을 수립·조정하고, 정보 관리 및 감시를 담당하는 기관에

는 확실한 자율성과 재원을 보장해줄 필요가 있다. 그런 의미에서 보면 지금까지 반부패 법안이나 개발계획안도 UN반부패협약에 따른 법적인 약속을 담아내지 못하고 있다. 따라서 특수행정부서(Unidad Administrativa Especial)가 신설되어야 한다. 이 부서의 책임자는 공정한 절차를 거쳐 능력에 따라 선발되어야 하며, 배정된 과제에 맞게끔 예산을 책정하고 정부 및 시민사회가 참여하는 운영위원회를 구성해야 한다. 또한 책임자는 정해진 임기를 보장받아야 한다.

반부패를 위한 유기적인 정책의 틀 안에서 기본 지침, 필요한 정보 체계 및 절차 그리고 부패 관행에 대한 조사 행위를 정의하는 전체적인 개요를 명확히 할 필요가 있다. 반부패를 담당하는 독립기관은 통계, 지표, 평가 등의 측면에서 구체적인 연간 실적을 제시한 업무계획을 발표해야 한다. 마찬가지로 감독기관 및 검찰뿐만 아니라 여타 공공행정기관들이 제공해야 하는 정보 성과물들을 명시해야 한다. 나아가 UN 반부패협약에 규정된 조항을 준수하기 위한 시민사회와 학계가 참여하는 토론의 장을 마련해야 한다.

정부가 발의하고 상원에서 통과된 이 법안은 부패 계도를 위해 대통령이 주재하고, 내무부와 검찰 지휘부, 그리고 감찰기관이 참여하는 국가위원회 구성을 포함하고 있다. 이 법안은 이 위원회에 우리가 보기에는 꽤 분명하고 어떤 경우에서는 제한된 다양한 역할을 부여했다. 이 법안은 또한 위원회에 현재 심의 중인 법률과 1995년의 제190호 법률의 시행을 감시하는 역할을 부여했는데, 이는 다소 제한적인 시각을 반영한다. 또한 이 위원회는 국가경제사회정책자문위원회의 승인을 위해 국가적인 반부패 정책을 준비할 책임이 있으며, 여러 권력기관들과 행정기관 사이에서 조율하면서 그 시행을 감시하는 역할을 해야 한다. 이는 부패 관련 국제협약사항을 포함한 법률적 조치가 이행되고 있는지에 대한 감시도 포함한다. 마찬가지로 이 위원회는 의회와 국민들에게 반부패 활동에 대한 진행 상황 및 연차 보고를 해야 할 의무를 진다. 법안이 실제로 부여한 좀 더 구체적인 임무들은 이러한 두 가지 주요 기능으로 범주화할 수 있다. 우리는 중요하긴 하지만 반부패 활동에 과도하게 부담을 주는 주된 목적에서 벗어난 기능들은 일단 제쳐두고 직접적으로 부패를 제거하는 임무에 전념해야 한다고 생각한다. 예를 들어, 공공행정을 위해 의무적으로 효율성 및 투명성 지표를 작성하는 것과 같은 기능은 국가현대화위원회(Consejería para la Modernización)나 공공서비스관리부서(Departamento Administrativo de la Función Pública)의 우선순위에 있어야 한다.

부패 계도 지역위원회들은 각 도별 반부패 정책의 실행을 조정하고 감시하는 일과 국가 차원에서의 활동과 각 도별 차원의 활동을 조율하는 일을 담당해야 한다. 이 위원회는 반부패 활동을 조정하는 국가 차원의 틀 내에서 정기적으로 정보를 제공하고, 상기 정책의 결과들에 대한 평가를 실시해야 한다. 각 도는 국가기관의 지침하에 움직여야 하는 각 도의 반부패위원회에서 능력에 의해 선발된 책임자가 지휘하는 독립적인 반부패 조직에 예산을 지원해야 한다.

이 법안에 따르면 직능단체, 노동조합, 반부패를 위한 시민단체, 언론매체, 시민감시단, 대학 그리고 국가계획위원회의 대표자들로 구성된 반부패시민위원회가 새롭게 구성된다. 대통령은 각 기관이 제출한 명단에서 대표자들을 임명하게 된다. 우리는 이들 기관들이 대통령의 개입 없이 자신들의 대표자를 직접 결정해야 한다고 생각한다. 이 법안은 11가지 기능을 제안하는데, 이 시민위원회의 주된 목적이 정책 수립과 그 실행에 있어 사회적 감시라는 점을 고려한다면 그들 중 일부는 적절치 않아 보인다. 따라서 반부패 법안의 준수를 감시하는 기능과 교육기관에서 윤리 캠페인을 추진하는 것과 같은 행정부 고유의 기능 등을 부여하는 것은 적절치 않다. 이 위원회는 다음의 사항에 집중해야 한다. ① 반부패 관련 국가 정책의 검토 및 제안, ② 정책 시행과정 감시, ③ 정책 수행에 대한 시민보고서의 작성과 비포. 따라서 정부는 이 위원회의 기능을 위한 재원을 보장해야 한다.

참고문헌

Audisistemas, 2010.5. *Boletín Informativo de la Auditoría General de la República*, No. 23.

Auditoría General de la República. 2010.5. *Hacia la Transformación del Control Fiscal, año 2009, Evaluación de las Contralorías Realizada en el 2009*, Auditoría General de la República, Documento en PDF. Bogotá.

Del Castillo, A. 2003. *Medición de la Corrupción: Un Indicador de la Rendición de Cuentas*. Auditoría Superior de la Federación. México. documento en formato PDF.

Departamento Nacional de Planeación. 2003. *Plan Nacional de Desarrollo 2002~2006, Hacia un Estado Comunitario*. documento en formato PDF en www.dnp.gov.co

_____. 2010. *Bases del Plan Nacional de Desarrollo 2010~2014, Prosperidad para Todos*. documento en formato PDF. disponible en www.dnp.gov.co

Garay Salamanca, L. J.(Dirección Académica), Eduardo Salcedo-Albarán, Isaac de León-Beltran y Bernardo Guerrero. 2008. *La Reconfiguración Cooptada del Estado. Más allá de la Concepción Tradicional de Captura Económica del Estado*. s.f., documento en formato PDF, 65 páginas.

LAPOP. 2010. *Proyecto de Opinión Pública en América Latina, Cultura Política de la Democracia en Colombia 2009*. Juan Carlos Rodríguez Raga y Mitchell A. Seligson, Universidad de Vanderbilt, Universidad de los Andes. documento en PDF. disponible en http://www.vanderbilt.edu/lapop.

Ley 190 de 1995.

Ley 412 de 1997. Convención interamericana contra la corrupción.

Ley 970 de 2005. Convención de las Naciones Unidas de Lucha contra la corrupción.

Maldonado, A. 2010. "Materiales para la elaboración de un documento de política de lucha contra la corrupción." documento de trabajo. Corporación Transparencia por Colombia. Bogotá. documento en formato Word.

Ministerio de Hacienda y Crédito Público. 2010. Exposición de Motivos al proyecto de ley por medio del cual se reforma el sistema nacional de regalías.

Misión de Observación Electoral. 2011. "Encuesta: percepción electoral de los votantes colombianos." MOE, Bogotá.

Transparencia por Colombia. 2004. Estudio de Riesgos de Incidencia Indebida de Intereses Particulares en la Formación de las Leyes.

Unión temporal centro nacional de consultoría-econosul. 2010.6.7. "Evaluación integral del Sistema General de Participaciones en educación, salud y propósito general." Resumen ejecutivo. Bogotá.

Valencia Agudelo, León. 2009. Municipio y violencia paramilitar en Colombia 1984-2008. en Fabio Velásquez (coordinador). "Las otras caras del poder. Territorio, conflicto y gestión pública en municipios colombianos." GTZ y Fundación Foro Nacional por Colombia.

Velásquez, F.(coordinador). 2009. "Las otras caras del poder. Territorio, conflicto y gestión pública en municipios colombianos." GTZ y Fundación Foro Nacional por Colombia.

Vicepresidencia de la República, Programa Presidencial de Lucha Contra la Corrupción, el Banco Mundial, Contraloría General de la República, Contaduría General de la Nación, Red de Veedurías, Transparencia por Colombia, Universidad de los Andes, Universidad del Rosario, Veeduría del Distrito de Bogotá, en colaboración con el Centro Nacional de Consultoría. 2002.3.6. documento en formato PDF.

인터넷 자료

http://agaviria.blogspot.com/2009/10/cuatro-billones-de-corrupcion.html

http://www.anticorrupcion.gov.co/index.asp. Propuesta de una política de Estado para el control de la corrupción, documento en formato PDF, s.f., 116 páginas.

http://www.anticorrupcion.gov.co/areas/apoyo_administrativo.asp

http://www.auditoria.gov.co/

http://www.dinero.com/economia/productividad/colombia-esta-perdiendo-lucha-contr
a-corrupcion_65910.aspx

http://www.eltiempo.com/colombia/politica/articulo-web-plantilla_nota_interior-7894
808.html#

http://lapalabra.univalle.edu.co/politica_mayo10.htm

http://www.transparenciacolombia.org.co/INDICES/tabid/61/language/es-ES/Default.
aspx

http://www.transparenciacolombia.org.co

제13장

마지막 생존자? 콜롬비아 우라베뇨스의 등장

제러미 맥더멋 _이성훈 옮김

이 글은 우라베뇨스(Urabeños)가 국내외에서 세력을 확장하고, 다른 30개 이상의 바크림(BACRIM)에 맞서 싸워 승리한 이야기이다. 이 이야기는 폭력조직들 간의 지속적인 전쟁보다는, 우라베뇨스가 어떻게 콜롬비아 지하세계의 다른 주요 조직들 (BACRIM, FARC, ELN)과의 유익한 동맹관계를 유지하고 복합적이고 막대한 영향력을 지닌 범죄 네트워크를 조직하게 되었는지에 초점을 맞춘다. 그럼에도 불구하고 이 글은 우라베뇨스가 독점적인 범죄세력 혹은 콜롬비아의 마약 밀거래에서 완벽한 헤게모니를 장악하고 있는 것은 아니라는 의견을 제시한다. 이들은 다른 바크림에 의한 지역적인 도전에 직면하고 있다. 이 글은 이 프랜차이즈 조직이 당초 결성되었던 우라바(Urabá)에서 중심 활동지역을 다른 지역으로 이전하면서 결국에는 이름을 바꾸게 될지라도 가변적인 범죄 네트워크로서 그 본질은 지속될 것이라고 결론내린다.

제러미 맥더멋 Jeremy McDermott 전직 영국군 장교 출신으로 라틴아메리카에서 15년 동안 마약 밀거래, 조직범죄, 콜롬비아 내전 등에 관한 기사를 써오고 있다. 에든버러(Edinburgh) 대학 석사.

* 이 글은 ≪Fescol Perspectivas≫ 4호(2014년)에 실린 글을 옮긴 것이다.

현재 우라베뇨스(Urabeños)라는 하나의 집단이 콜롬비아의 조직범죄 세계를 지배하고 있다. 이들은 콜롬비아 마약 밀거래의 신흥 세력으로, 지속적으로 변화하는 범죄세력 계보에 있어 가장 최근에 나타난 변화이다. 이렇게 콜롬비아 마약 거래를 지배하는 단일 조직이 등장하면서 콜롬비아의 지하세계에서 한 주기가 완전히 간 것일까?

콜롬비아의 준군사조직들이 해체된 이후에 마약 밀거래 조직의 새로운 세대가 나타났다. 이들은 범죄조직이라는 뜻의 스페인어 "반다스 크리미날레스(Bandas Criminales)"에서 나온 바크림(BACRIM)이라는 명칭으로 불린다. 2008년에는 30개 이상의 바크림이 있었고, 2012년 말까지 경쟁조직들 사이에서 지배권을 둘러싼 격렬한 전쟁이 있었다. 오늘날 정부가 '우수가 파(Clan Úsuga)'라고 부르는 우라베뇨스라는 조직이 승리자가 되었다. 그들 스스로는 '콜롬비아 가이탄 주의 자경단(Autodefensas Gaitanistas de Colombia: AGC)'이라는 명칭을 선호한다.

'자경단'이라는 용어는 2006년 해체된 '콜롬비아 통합 자경단(Autodefensas Unidas de Colombia: AUC)'의 준군사조직을 연상시킨다. 우라베뇨스라는 명칭은 콜롬비아의 북서부에 위치한 우라바(Urabá) 지역에서 유래했다. 여기에서 이 조직이 결성되었고, 여전히 강력한 근거지이다. 우라베뇨스는 준군사조직이었던 AUC와 직접적으로 연결되어 있었고, AUC는 파블로 에스코바르(Pablo Escobar)의 악명 높은 메데인 카르텔에 그 뿌리를 두고 있었다. 따라서 문제는 우라베뇨스가 자신들의 전신인 메데인 카르텔이 가지고 있던 위상을 그대로 차지했느냐이다.

메데인 카르텔에서 오늘날의 우라베뇨스까지 역사, 지리, 인적인 측면에서는 분명히 단절되지 않은 연결선이 존재하지만, 오늘날의 코카인 거래와 조직범죄의 성격상 1980년대와는 근본적인 차이가 존재한다.

1. 우라베뇨스의 역사

원주민어로 '약속된 땅'이라는 의미의 우라바는 준군사조직들의 요람이었다. 메데인 카르텔의 조직원이었던 카스타뇨(Castaño) 형제들의 첫 번째 준군사조직이 결성된 곳이 이곳이었다. 이들이 결성한 '코르도바와 우라바 농민 자경단(Autodefensas Campesinas de Córdoba y Urabá: ACCU)'은 준군사조직의 원형이었고, 1997년에 발족해 콜롬비아 준군사조직 운동의 핵심이 되었던 AUC를 구성했다.

우라바는 오랫동안 치안이 어지러운 농촌 지역이었다. 준군사조직뿐만 아니라 그 이전에는 민중해방군(Ejército Popular de Liberación: EPL)과 콜롬비아 혁명군(FARC)이라는 마르크스주의 게릴라들이 활동하던 지역이다. 역사적으로 정부에 대한 신뢰가 거의 없었고 치안부대에 대한 지지가 적었던 지역이었다. 우라베뇨스가 콜롬비아 전역으로 확장하면서, 우라바와 코르도바 일부 지역이 그들의 주요한 활동 근거지가 되었다. 우라베뇨스 최고지휘부의 핵심 세력뿐만 아니라 지도부의 상당수가 이 지역에 기반을 두고 있다. 이 지역은 마약 밀거래에 매우 중요한 지역이다. 누도 데 파라미요(Nudo de Paramillo), 볼리바르(Bolívar)의 산악지역 그리고 초코(Chocó)의 정글 지역에서 자라는 코카작물에 접근할 수 있는 지역이다. 또한 콜롬비아 중심 지역에서 태평양과 대서양 해안지대로 운반하기 위한 출발 장소로 가기까지 가장 중요한 마약 운송통로의 중 하나를 끼고 있다.

준군사조직의 지도부는 먼저 안티오키아 주의 라세하(La Ceja)에 있는 시설에, 그리고 이후 메데인 외곽의 경비가 삼엄한 이타기(Itagui) 감옥에 수용되었고 투항을 명령받았지만 몇몇 핵심 지도자들은 이에 굴복하지 않았다. 이들 중 가장 연장자가 AUC를 설립했던 세력 출신의 비센테

카스타뇨(Vicente Castaño)였다.

카스타뇨는 협상을 통한 변화를 배신이라고 불렀고, 자신의 세력 기반을 재구축하기 시작했다. 그는 '돈 마리오(Don Mario)'라는 별명의 다니엘 렌돈 에레라(Daniel Rendón Herrera)와 'HH'라는 별명의 에베르 벨로사 가르시아(Ever Veloza Garcia)라는 두 심복에게 의존했다. 돈 마리오는 AUC 내 센타우로스 블록(Centauros Bloc)의 재정을 담당하던 금융업자였다. 그는 카스타뇨와 같은 아말피(Amalfi) 태생이었다. 한편 HH는 1994년 준군사조직을 설립한 직후부터 카스타뇨와 함께해 왔다. 그는 카스타뇨의 전략가이자 믿을 만한 군사지도자였다.[1] 카스타뇨는 새로운 조직을 만들기 시작했고, 처음에는 '카스타뇨의 영웅 블록(Bloque Heroes de Castaño)'이라고 불렀다.

수감 중이었던 준군사조직 지도자들은 카스타뇨가 자신들의 마약 루트와 관할 지역을 접수하는 것을 두려워했고, 이들의 지시로 2007년 코르도바에서 카스타뇨가 살해된다.[2]

이렇게 해서 돈 마리오가 조직을 맡게 되었고, 그는 자신의 형제로 '독일사람'이라는 별명을 가진 프레디(Fredy)가 AUC의 엘메르 카르데나스 블록(Elmer Cardenas Bloc)을 이끌었던 우라바 지역을 편안하게 생각했다. 프레디는 2006년 세 번의 개별적인 해체 과정에서 1500명에 달하는 조직원들을 해산시켰다. 돈 마리오는 이들 중 상당수를 개인적으로 알고 있었고, 곧바로 약 80명 규모의 악명 높은 전투조직을 구성했다.

---

1) 필자는 2008년 메데인 교외의 이타기 감옥에서 수차례에 걸쳐 에베르 벨로사와 인터뷰를 진행했다.

2) Jeremy McDermott, "Revealed: The secrets of Colombia's murderous Castaño brothers"(2008.11.7), http://www.telegraph.co.uk/news/worldnews/southamerica/colombia/3391789/Revealed-The-secrets-of-olombias-urderous-Castano-brothers.html

〈그림 13-1〉 콜롬비아 내 우라베뇨스의 활동지역(2006)

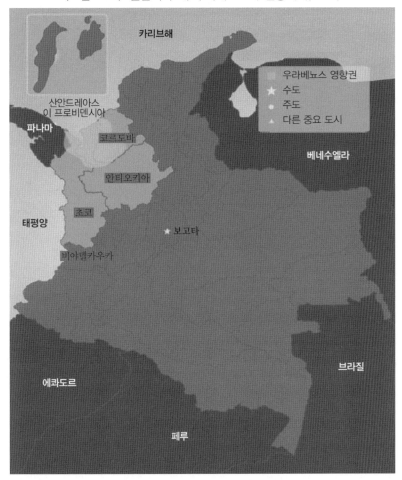

그리고 그는 자신의 영역을 통과하는 코카인에 대해 kg 단위로 밀매업자들에게 세금을 부과하기 시작하면서 이 중요한 마약 루트를 독점하기 시작했다. 이것은 수지가 맞는 사업이었다. 세금은 kg당 400달러였다.[3]

---

3) "En pie de guerra," ≪Semana≫, 2008년 4월 19일 자, http://www.semana.com/

각각 2톤의 코카인을 적재할 수 있는 20척의 쾌속 보트가 매주 출발하면서, 돈 마리오는 매달 2000만 달러에 달하는 돈을 벌어들였다. 우라베뇨스는 만반의 준비를 갖췄고, 2008년 AUC의 고위 지도부 상당수가 미국으로 인도되면서 대부분 중간 규모의 준군사조직들이 이끄는 서로 다른 바크림들 사이에 본격적인 전쟁이 시작되었다.

돈 마리오는 우라바 밖으로 영역의 확장을 꾀했고, 남쪽의 바호 카우카(Bajo Cauca)와 메데인이라는 전략 지역으로 진출했다. 그는 다른 바크림들의 저항에 직면했는데, 로스 파이사스(Los Paisas)[4]와 오피시나 데 엔비가도(Oficina de Envigado)[5]가 대표적이었다. 돈 마리오는 막강한 비호세력이 있었는데, 그중에는 당시 내무부 장관인 파비오 발렌시아 코시오(Fabio Valencia Cossio)의 형제인 기예르모 발렌시아 코시오(Guillermo Valencia Cossio)가 있었다. 그는 메데인의 지방 검찰청을 이끌고 있었다. 그러나 곧 많은 적들도 생겨났다. 그가 AGC라고 부른 그의 조직은 적어도 다른 세 개의 바크림과 갈등을 빚게 되었다.

돈 마리오는 지원이 필요했다. 자금 확보에 필요한 도움과 메데인으로 옮기는 데 필요한 도움이었다. 비센테 카스타뇨는 그에게 메데인 태생으로 AUC 전력의 능력 있는 마약 밀거래업자를 소개해주었다. '나의 피(Mi sangre)'라는 별명의 엔리 데 헤수스 로페스(Henry de Jesus Lopez)였다.[6] 돈 마리오는 또 다른 카스타냐의 연계 세력이자 아말피

wf_InfoArticulo.aspx?idArt=111095

4) ≪인사이트 크라임(InSight Crime)≫의 로스 파이사스 관련 자료는 다음을 참조하라. http://www.insightcrime.org/groups-colombia/paisas

5) ≪인사이트 크라임≫의 다음 자료를 참조하라. http://www.insightcrime.org/groups-colombia/oficina-de-envigado

6) ≪인사이트 크라임≫의 다음 자료를 참조하라. http://www.insightcrime.org/per

〈그림 13-2〉 콜롬비아 내 우라베뇨스 활동지역(2008)

태생으로 AUC의 보고타 블록의 보스인 미겔 아로야베(Miguel Arroyave)

---

sonalities-colombia/henry-de-jesus-lopez-mi-sangre

를 위해 일하던 '나의 피'를 만났다. 메데인 마피아인 '오피시나 데 엔비가도'가 자신의 뿌리였던 '나의 피'는 아로야데와 함께 AUC의 보고타 블록을 건설하기 위해 보고타로 파견되었다. 이 핵심 블록은 보고타에 여러 개의 '수금사무소(oficina de cobro)'를 세우려고 했다. 수금사무소들은 지하세계의 조절기관이자 채무환수기관으로서 메데인에서 만들어졌다. 이들은 파블로 에스코바르의 시카리오스(sicarios)라고 불리는 유명한 암살범들을 청부 계약했다. 그리고 이후로 콜롬비아의 조직범죄와 바크림을 구성하는 기본조직이 되었다.[7]

치안부대는 곧 돈 마리오에 주목하기 시작했고, 2008년 후반 돈 마리오 체포에 유용한 정보 제공에 대한 정부의 포상금은 150만 달러에 달했다. 그만큼 바크림의 저명한 인사가 된 것이다.

콜롬비아 경찰이 돈 마리오의 소재를 찾아내는 데는 그리 많은 시간이 걸리지 않았다. 그는 2009년 4월 체포되었다. 그 무렵 우라베뇨스는 초코, 안티오키아, 코르도바 주에 거점을 확보하고 있었고, 메데인, 카르타헤나, 그리고 산타마르타 시에 선발대를 운영하던 상태였다. 인력 충원을 위한 팀들이 노르테데산탄데르, 볼리바르, 그리고 라과히라 주로 파견되었다. 우라베뇨스는 동업자들을 물색하고 있었다.

이때 우라베뇨스 조직원은 350명에 가까웠고, 이들 중 대부분은 전직 AUC 구성원들이었다. 돈 마리오는 우라베뇨스를 유명하게 만들었지만, 12개 이상 존재하던 소규모의 바크림 중 하나에 불과했다.

---

7) 수금사무소의 역사와 본질에 대한 보다 자세한 내용은 FES의 논문(The Changing Face of Colombian Organised Crime)을 참조하라.

2. 우라베뇨스가 근거지에서 벗어나다(2009~2012)

돈 마리오의 체포는 우라베뇨스에게 일어날 수 있었던 최고의 일이었다고 말할 수 있다. 먼저 치안부대의 압박에서 벗어날 수 있었다. 돈 마리오가 구금되면서 경찰의 관심은 다른 곳으로 향했다. 두 번째 돈 마리오가 '지오바니(Giovanni)'라는 별명의 후안 데 디오스 우수가(Juan de Dios Úsuga)라는 훨씬 더 능력 있고 명민한 보스로 교체되었다.[8]

지오바니와 그의 형제로 '오토니엘(Otoniel)'이라 불리던 다리오 안토니오 우수가(Dario Antonio Úsuga)는 이전 시기 EPL의 게릴라들로 구성된 AUC 내에서 핵심 인물들이었다.[9] EPL은 1991년에 해체되었지만 그 구성원들은 혁명 대의를 배신했다는 비난을 받았고, 우라바에서는 FARC가 그들을 공격하기도 했다.[10] 많은 전직 EPL 조직원들은 첫 번째 준군사조직 부대인 ACCU의 창립 멤버가 되면서, 신생 준군사조직 운동의 무장세력이 되었다. 지오바니는 카스타냐의 이익을 관리하기 위해 카우카 지역에 보내져 AUC의 칼리마 블록(Calima Bloc)과 함께 일을 했었다.[11] 반면 오토니엘은 돈 마리오 및 센타우로스 블록과 함께 메타(Meta) 지역에서 일을 했다.

보스로서 지오바니는 여타 전직 EPL 게릴라들을 결집했는데, 이들

---

8) ≪인사이트 크라임≫의 다음 자료를 참조하라. http://www.insightcrime.org/person alities-colombia /juan-de-dios-usugagiovanni

9) ≪인사이트 크라임≫의 다음 자료를 참조하라. http://www.insightcrime.org/per sonalities-colombia/dario-antonio-usuga-otoniel

10) Robin Kirk, "More Terrible than Death"(2003).

11) 돈 베르나(Don Berna)의 프로필은 다음 자료를 참조. http://www.insight crime.org/personalities-colombia/don-berna

중에는 '가빌란(Gavilan)'이라는 별명의 로베르토 바르가스 구티에레스 (Roberto Vargas Gutiérrez), '네그로 사를레이(Negro Sarley)'라는 프란시스코 호세 모렐라 페냐테(Francisco José Morela Peñate), '돈 레오(Don Leo)'라는 하신토 니콜라스 푸엔테스 헤르만(Jacinto Nicolas Fuentes German), 그리고 '벨리사리오(Belisario)'라는 별명의 멜키세덱 에나오 시로(Melquisedec Henao Ciro) 등이 있었다. 이들 전직 게릴라 그룹이 우라베뇨스의 훈련되고 능력 있는 군사적 핵심이자 최고지휘부의 구성원이 되었다.

신뢰할 만하고 노련한 지휘관들이 마련되자, 지오바니는 돈 마리오가 그에게 남긴 토대를 바탕으로 공격적인 태도를 취한다. 전략적인 마약 밀거래 지역을 통제하기 위해 우라바에서 파견한 심복들과 함께 우라베뇨스의 확장이 본격적으로 이뤄지기 시작하는 것은 바로 이때였다. 확장은 주로 동맹과 협상을 통해서였지만, 그렇지 않은 경우 폭력을 통해서도 진행되었다.

'나의 피'는 이러한 확장에 있어서 핵심 인물이었다. 그는 콜롬비아 북서부 지역에서 나오는 상당량의 코카인을 관리하고 있으며, 멕시코의 마약 카르텔, 특히 세타스(Zetas)에 공급했다. 그는 오랜 친구이자 오피시나 데 엔비가도의 조직원인 막시밀리아노 보니야 오로스코(Maximiliano Bonilla Orozco)와 함께 일했다. 막시밀리아노 보니야는 메데인에 있는 오피시나 데 엔비가도의 한 분파 보스로서 강력한 힘을 가지고 있을 뿐만 아니라 카리브해 연안을 따라 분포된 파이사스 조직 중 하나를 맡고 있었다.[12] 우라베뇨스는 막시밀리아노 보니야가 메데인에서 오피시나 데 엔비가도의 경쟁 분파와 싸울 수 있도록 무기와 탄약을 제공할 수 있었다. 그 대가로 막시밀리아노 보니야는 자신의 국제적인 코카인

---

12) http://www.insightcrime.org/personalities-colombia/don-berna 참조.

〈그림 13-3〉 우라베뇨스 영향력 확보 지역(2011)

네트워크를 이용할 수 있도록 해주었다.13) 이 거래를 통해 우라베뇨스

_____

13) http://www.insightcrime.org/personalities-colombia/maximiliano-bonilla-orozco-

는 새로운 루트, 새로운 고객, 더 많은 이익을 얻게 되었다.

조직 지도부의 게릴라 활동 경험을 통해 우라베뇨스는 활동지역 내의 지역공동체들과 연계 형성 방법을 잘 이해할 수 있었다. 또한 FARC, ELN, 그리고 노르테데산탄데르에서 여전히 활동하고 있던 EPL 잔존세력과 협상할 때 유리한 점을 가질 수 있었다.[14] 이들 게릴라 세력들과의 관계는 이제 바크림에게 있어 본질적인 것이 되었다. 농촌 지역에서 게릴라 세력이 마약작물을 상당 부분을 통제하고, 바크림에게 코카 재료를 공급하기 때문이다.

우라베뇨스는 막시밀리아노 보니야 및 그의 파이사스 조직과 협정을 맺었을 뿐만 아니라, 다른 몇몇 범죄조직과도 협정을 맺었다. 파블로 (Pablo)라는 별명의 아르눌포 산체스 곤살레스(Arnulfo Sánchez González)가 이끌던 알타 과히라(Alta Guajira)의 바크림,[15] 그리고 미국으로 인도된 AUC의 지도자 에르난 히랄도(Hernán Giraldo)의 가족들이 이끌던 오피시나 데 카리베 등이 그것이다.

2010년 말 우라베뇨스는 강력한 위치를 차지하게 되었다. 그들은 메데인 북부에서 카리브 지역까지 주요 루트들 대부분을 통제했다. 그들은 또한 대서양으로 나가는 다른 주요한 육상 통로를 개척하여 운영했다. 이 통로는 세사르(César) 주를 통과했고, 콜롬비아 중심부와 베네수엘라 국경과 해안 지대를 연결했다. 간단히 말해 그들은 라스트로호스

---

valenciano 참조.

14) "Colombia's Forgotten Rebels Now at the Heart of Drug Trade," ≪InSight Crime≫, 2011년 8월 13일 자, http://www.insightcrime.org/news-analysis/colombias-forgotten-rebels-now-at-the-heart-of-drug-trade

15) "La Guajira: Dynamics of a Conflict," ≪InSight Crime≫, 2010년 11월 21일 자, http://www.insightcrime.org/investigations/la-guajira-dynamics-of-the-conflict

(Rastrojos)와 콜롬비아 대테러 민중혁명군(ERPAC) 다음에 위치한 콜롬비아 내 주요 3대 바크림 중 하나가 되었다.[16]

그들은 또 다른 성장 동력을 얻게 되었는데, 이것은 자신들의 활동을 통해서가 아니라, 다른 주요 경쟁조직들이 붕괴했기 때문이다.

2011년까지 라스트로호스가 가장 강력한 바크림으로서 콜롬비아의 지배적인 범죄세력이었다. 몇몇 평가에 따르면, 그들은 콜롬비아 32개 주 중에서 23개 주에 영향력을 가지고 있었고,[17] 1000명이 넘는 것으로 추산되는 농촌 지역의 군사력을 보유하고 있었다.[18] 또한 수많은 수금 사무소, 시카리오스, 그리고 돈세탁 네트워크를 지배하고 있었다.

그들은 콜롬비아 서부 지역과 북동부 지역의 주요한 밀거래 네트워크들을 통제했으며, 카리브해안의 몇 개 지역과 동부 평원지대가 그들의 영향력 밖에 있었다. 마약밀매업자인 다니엘 '로코' 바레라(Daniel 'Loco' Barrera)와 밀접한 관계를 가지면서, 그들은 다양한 국제적인 관계들을 맺었다. 그들은 또한 에콰도르와 베네수엘라 국경 지역에서 밀거래를 통제하면서 콜롬비아 국경 밖에서도 활동하기 시작했다. '디에고 라스트로호(Diego Rastrojo)'라는 별명의 디에고 에나오(Diego Henao)와 카예 세르나(Calle Serna) 형제들(하비에르, 루이스 엔리케, 후안 카를로스)의 지도

---

16) ERPAC에 관해서는 다음 글을 참조하라. http://www.insightcrime.org/groups-co lombia/erpac

17) Indepaz, "Informe sobre la presencia de narcoparamilitares 2011"(2011), http:// www.indepaz.org.co/wp-content/uploads/2012/03/722_VII-Informe-presencia-nar coparamilitarismo-2011-INDEPAZ.pdf

18) "Comba Cuts Deal and Rastrojos Lose Ground," ≪InSight Crime≫, 2012년 5월 8일 자, http://www.insightcrime.org/newsanalysis/comba-cuts-a-deal-and-the -rastrojos-lose-ground

아래 라스트로호의 발흥이 혜성 같았다면, 그들의 추락 역시 마찬가지로 순식간이었다.

2012년이 시작되자 '콤바(Comba)'라는 별명의 하비에르 카예 세르나(Javier Calle Serna)가 미 당국과 협상을 진행하고 있다는 루머가 계속 돌았다.[19] 갑자기 라스트로호스 제국은 흐르는 모래 위에 지은 것처럼 보였다. 2012년 5월 콤바는 미 연방마약단속국(DEA)에 자수했다.[20] 한 달 뒤 디에고 라스트로호가 베네수엘라에서 체포되었고,[21] 잠재적으로 조직 전체를 장악할 수 있는 마지막 지도자였던, 콤바의 형제인 루이스 카예 세르나도 10월 미 당국에 자수하게 된다.[22] 이 일은 조직 내 국제 밀거래 네트워크의 핵심 인물인 다니엘 바레라가 9월 베네수엘라에서 체포된 지 불과 한 달 만에 일어났다.[23]

갑자기 콜롬비아의 거대한 마약 밀거래 세계가 무주공산이 된 셈이었다. 우라베뇨스는 이 기회를 놓치지 않았다. 갑자기 우라베뇨스는 모든 곳에서 활동하고 있는 것처럼 보였다. 태평양 연안에 있는 라스트로호스의 중심부로 진입했고, 칼리 및 전략적인 부에나벤투라(Buenaventura) 항구에 있는 수금사무소들과 동맹관계를 맺었다. 그들은 노르테데산탄

---

19) 같은 글.

20) 같은 글.

21) "Rastrojos Founder Captured in Venezuela," ≪InSight Crime≫, 2012년 6월 4일 자, http://www.insightcrime.org/news-analysis/rastrojos-founder-captured-in-venezuela

22) "Last Rastrojos Surrenders to US," ≪InSight Crime≫, 2012년 10월 5일 자, http://www.insightcrime.org/news-analysis/lastrastrojos-leader-surrenders-to-us

23) "Capture of 'Loco' Barrera is end of an Era for Colombia," ≪InSight Crime≫, 2012년 9월 19일 자, http://www.insightcrime.org/news-analysis/loco-barrera-captured-venezuela

데르 주에 있는 핵심적인 월경 지점들을 접수하기 위해 베네수엘라 국경 지역에 등장했다. 그리고 2010년 12월 ERPAC의 지도자인 '쿠치요(Cuchillo)'라는 별명의 페드로 올리베이로 게레로(Pedro Oliveiro Guerrero)의 사망으로 분열된 틈을 타 동부 평원지역으로 팽창했다.

지오바니는 다른 바크림 지도자들과 만나기 위해 특사들을 보냈으며, 우라베뇨스 네트워크에 가입하도록 권유했다. 이것은 사업적으로 의미가 있었고, 우라바에서 온 공격적인 조직과 싸우려는 조직은 거의 없었다. 그런 사람들은 살해당했다. 우라베뇨스 네트워크를 구성하는 집단들 중 몇몇은 여전히 독자적인 정체성을 가지고 있었고, 다른 몇몇은 우라베뇨스에 흡수되었다. 다음은 우라베뇨스에 흡수되거나 동맹관계를 가졌던 조직들의 명단이다.

- 벤세도레스 데 산호르헤(Vencedores de San Jorge), 에로에스 데 카스타뇨(the Héroes de Castaño)(안티오키아, 코르도바 주)
- 아길라스 네그라스(Aguilas Negras)(안티오키아, 코르도바, 볼리바르, 세사르, 노르테데산탄데르 주)
- 로스 트라케토스(Los Traquetos)(코르도바 주)
- 로스 네바도스(Los Nevados)(아틀란티코, 라과히라 주)
- 파이사스(Paisas)(안티오키아 주)
- 알타 과히라의 바크림(BACRIM del Alta Guajira)(라과히라 주)
- 오피시나 델 카리베(Oficina del Caribe)(아틀란티코, 라과히라 주)
- 오피시나 데 엔비가도(Oficina de Enviagado)
- 라 코르디예라(La Cordillera)(칼다스, 라사랄다, 킨디오 주)
- 로스 마초스(Los Machos)(바예델카우카 주)
- 레나세르(Renacer)(초코 주)

- 오피시나 데 엔비가도(Oficina de Envigado)(메데인, 안티오키아 주)
- 에로에스 데 비차다(Héroes de Vichada)(비차다, 과비아레, 메타 주)

이것들은 지오바니의 지도력을 통해 우라베뇨스가 얻은 성과이다. 따라서 그는 콜롬비아 치안부대나 DEA의 우선 체포 대상이 되었다. 국내 및 국외 법집행기관들이 가능한 모든 수단을 동원해 지오바니의 위치를 추적했다.

2012년 1월 1일 우라베뇨스 체제의 공고화와 확장에 기여한 전략가였던 지오바니가 아르헨티나에서 경찰에 의해 살해된다.[24) 이 사건은 우라베뇨스 조직에 커다란 타격을 주었다. '오토니엘'이 죽은 형제의 자리를 이어받았다. 그러나 그는 지오바니와 같은 역량의 인물이 아니었고, 우라베뇨스와 EPL 핵심의 많은 조직원들이 체포되거나 살해되었다. '오토니엘'을 체포하기 위한 그물망도 팽팽해지기 시작했다.

여전히 우라베뇨스 프랜차이즈에 대한 저항이 있었고, 그들은 콜롬비아에서 게릴라가 통제하는 지역이 아니더라도 마약 밀거래의 완전한 헤게모니를 장악하지 못했다.

카리브 연안의 두 개의 주요한 마약 밀거래 거점 중 하나인 부에나벤투라를 차지하기 위한 전쟁은 결코 끝나지 않았다. 2013년 부에나벤투라의 가장 강력한 수금사무소로, 라스트로호스와 동맹관계인 '라 엠프레사(LA Empresa)'가 우라베뇨스와 이들의 지역 연계조직에 의해 파괴되었다. 그러나 이 지역에서 싸움 및 높은 수준의 폭력행위가 지속되는

---

24) "Colombia Capo 'Mi Sangre' Captured in Argentina," ≪InSight Crime≫, 2012년 10월 31일 자, http://www.insightcrime.org/news-analysis/mi-sangre-captured-argentina

것에서 보듯이 실제로는 그렇지 않다.[25]

태평양 연안의 다른 거점지역은 나리뇨에 있는 투마코(Tumaco) 항구이다. 나리뇨는 마약 선적을 위한 출발 장소로서 매우 중요할 뿐만 아니라, 콜롬비아의 가장 광범위한 코카 플랜테이션 중 몇 개가 자리 잡고 있다. 이곳은 콜롬비아 코카인 운반에 주요한 환적지점인 에콰도르와 길게 국경을 맞대고 있기 때문에 핵심적인 마약 밀거래 지대이다. 우라베뇨스는 나리뇨에 진출했지만, 여기에 지속적인 거점을 마련하지는 못했다.

에콰도르와 국경지대에 위치한 푸투마요 주 또한 마약 밀거래에 주요한 거점이다. 그러나 이곳은 FARC의 강력한 남부 블록이 '라 콘스트루(La Constru)'로 알려진 수금사무소와 함께 일하면서 지배하고 있었다. '라 콘스트루'는 전직 준군사단체 조직원들과 푸에르토 아시스(Puerto Asís)와 라 오르미가(La Hormiga) 출신의 지역 범죄조직원들로 구성되어 있었다. 우라베뇨스는 푸투마요 주에 특사를 보냈지만, FARC의 동의 없이는 지속적인 활동을 할 수 없었다.

또 다른 주요 마약 밀거래 지역은 노르테데산탄데르 주였다. 여기에서는 라스트로호스 조직들이 여전히 상당한 영향력을 행사하고 있었다. 이 지역에서 우라베뇨스와 라스트로호스 두 조직이 베네수엘라 국경을 넘나들면서 거래를 진행했다.[26]

---

25) James Bargent, "War for Cocaine Corridors Consumes Colombia's Busiest Port," ≪InSight Crime≫, 2014년 2월 14일 자, http://www.insightcrime.org/news-analysis/war-for-cocaine-corridors-consumes-colombias-busiest-port

26) James Bargent, "Assault against Urabeños Reveals Groups Move into Venezuela," ≪InSight Crime≫, 2013년 9월 5일 자, http://www.insightcrime.org/news-briefs/assault-against-urabenos-reveals-groups-move-into-venezuela

오피시나 델 카리베(Oficina del Caribe)에 대한 우라베뇨스의 공격은 산타마르타를 2012년 콜롬비아에서 가장 위험한 도시 중 하나로 만들었다. 양측은 이 전쟁으로 심각한 타격을 받았으며, 우라베뇨스의 지역 보스였던 벨리사리오(Belisario)를 포함하여 지역의 핵심 보스들이 체포되었다. 우라베뇨스가 전국적인 규모로 성장했다는 것은 그들이 장기 전쟁을 치를 수 있도록 잘 준비되어 있다는 것을 의미했다. 훨씬 더 작고 지역적인 오피시나 델 카리베는 지속적인 손실을 감당할 수 없었다. 이것은 가장 가능성 있는 결과인 우리베뇨스의 승리로 귀결되었다.[27]

라스트로호스의 잔존 세력들도 남부 초코(Chocó) 지역에서 우라베뇨스와 싸우고 있었고, 이 지역에서 대규모 주민 이주를 유발했다.[28] 그러나 이 지역은 점차 우라베뇨스 - 레나세르(Renacer) 연합세력이 통제하기 시작했다.[29]

오피시나 데 엔비가도와 우라베뇨스 사이에 휴전이 진행되는 동안 우라베뇨스는 메데인에 대한 통제권을 갖지 못한 것이 분명했다. 2013년 7월 13일 메데인에서 자동차로 약 1시간 정도 떨어진 산 헤로니모 (San Jerónimo)에 있는 한 사유지에서 오피시나 데 엔비가도의 서로 다른

27) James Bargent, "Arrests May Shake Up Urabeños War in Colombia's Caribbean," ≪InSight Crime≫, 2013년 2월 13일 자, http://www.insightcrime.org/news-analy sis/urabenos-conflict-colombia-caribbean-los-giraldos

28) "Guerra entre 'Rastrojos' y 'Urabeños' deja pueblo fantasma en Choco," ≪El Espectador≫, 2013년 1월 16일 자, http://www. elespectador.com/noticias/judicial /articulo-396941-guerra-entre-urabenos-y-rastrojos-deja-pueblo-antasma-choco

29) James Bargent, "Urabeños Absorb Local Crime Group in Colombia's Pacific," ≪InSight Crime≫, 2013년 3월 25일 자, http://www.insightcrime.org/news-briefs /urabenos-absorb-local-crime-group-in-colombias-pacific

분파 조직원들이 우라베뇨스 보스들과 만났다.[30] 이 회합에서 휴전과 상호 협력에 대한 합의가 이뤄졌고, 이것은 지금까지 지켜지고 있다. 실제로 2013년 10월에 메데인의 살인율이 지난 30년 이래 가장 낮은 수치를 기록했다.[31] 현 시점까지도 휴전은 여전히 지켜지고 있고, 휴전 불가론자들은 살해되거나 혹은 자신들이 선택한 길이 실수였음을 보아야 했다.

정부에 의해 바크림으로 간주된, ERPAC의 비주류 그룹 중 하나인 '에로에스 데 비차다(Heroes de Vichada)'가 현재 동부 평원지대를 지배하고 있다.[32] 정보기관이 ≪인사이트 크라임(InSight Crime)≫에 제공한 정보에 따르면, 우라베뇨스의 최고지도부는 비차다 바크림의 보스였던 '피하르베이(Pijarbey)'라는 별명의 마르틴 파르판 디아스(Martín Farfán Díaz)가 메타 블록이라는 다른 ERPAC의 비주류 그룹과 벌인 전투를 지원하기 위해 150명의 조직원을 보냈다. '에로에스 데 비차다'는 하나 이상의 콜롬비아 주 지역에 영향력을 가지고 있다는 의미에서 여전히 실재하는 바크림이다. 또한 인접한 베네수엘라로 향하는 독자적인 마약 공급 루트를 가지고 있다. 그러나 비록 오토니엘이 이 그룹에 대한 직접적인 통제권을 가지고 있지는 못하더라도, 이제 이들은 우라베뇨스

---

30) Jeremy McDermott, "Medellin Truce Inches Groups Closer to Criminal Hege-mony," ≪InSight Crime≫, 2013년 10월 4일 자, http://www.insightcrime.org/news-analysis/mafia-truce-brokered-in-medellin

31) "La otra paz que vive en Medellín," ≪Semana≫, 2013년 11월 30일 자, http://www.semana.com/nacion/articulo/pacto-de-paz-en-medellin/366521-3

32) Jeremy McDermott, "New Fighting for Colombia's Lucrative Eastern Plains," ≪InSight Crime≫, 2013년 2월 12일 자, http://www.insightcrime.org/news-analysis/new-round-war-colombia-eastern-plains

범죄 네트워크의 한 부분이다. '피하르베이'는 자신의 영역을 확대하고 있으며, 우라베뇨스가 자신의 영역을 잠식한다고 느끼면 우라베뇨스에 저항할 수 있는 위치에 있다.[33]

3. 오늘날의 우라베뇨스

오늘날 우라베뇨스는 전국적인 규모를 갖춘 유일한 바크림이다. 가장 보수적인 추산으로도 조직원은 2650명에 달한다.[34] 비교하자면 이 숫자는 우라베뇨스가 ELN 저항세력보다 더 강력하고, 정부가 현재 아바나에서 평화협상을 진행 중인 FARC의 거의 1/3에 달한다는 것을 의미한다. 이러한 우라베뇨스 조직원 수는 오늘날 이 네트워크가 자신의 일감 중 많은 부분을 다른 조직이나 일반 범죄자들에게 하청을 주고 있기 때문에 오해의 여지가 있다. 우라베뇨스의 구성원들은 네트워크를 확장하고 있으며, 그들이 특정한 역할을 수행하기 위해 동원할 수 있는 수는 1만 명 이상에 달한다.

우라베뇨스는 콜롬비아 전역에 걸쳐 8개의 서로 다른 블록으로 조직되어 있다. 그러나 이것은 오토니엘이 이러한 블록들 내에서 모든 구성원들에 대해 직접적인 통제를 행사하고 있다는 것을 의미하지 않는다.

---

33) Kyra Gurney, "Narco-Paramilitary Boss Pijarbey Set to be Major Colombian Kingpin," ≪InSight Crime≫, 2014년 8월 20일 자, http://www.insightcrime.org/news-analysis/narco-paramilitary-pijarbey-major-colombia-kingpin

34) "Tres 'bacrim' tienen la mitad de hombres que Farc," ≪El Tiempo≫, 2014년 9월 6일 자, http://www.eltiempo.com/politica/justicia/integrantes-de-bandas-criminales/14495955

〈그림 13-4〉 우라베뇨스의 영향력 확보 지역(2013)

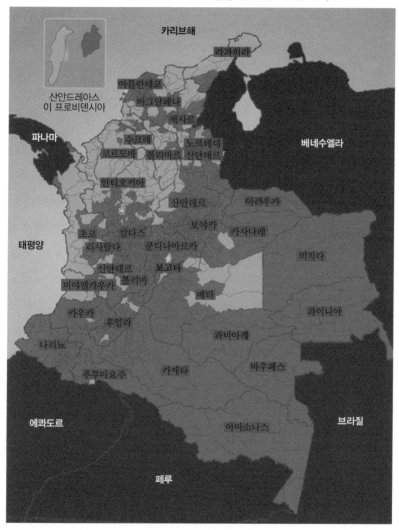

오토니엘은 단순히 우라베뇨스의 최고사령부의 보스에 불과하다. 최고
사령부의 다른 구성원들과 많은 지역 보스들은 재정적으로 자족적이다.
이들은 자신의 범죄세력권 내에서 모든 종류의 범죄행위를 저지르고 있다. 오토니엘은 이러한 지역의 보스들을 통제할 수 있는 수단과 권력을 가지고 있지 못하다. 지역의 보스들은 자신들의 보위 조직들을 가지고 있지만, 도시든 농촌 지역이든 간에 특정한 범죄 임무를 수행하기 위해서 그 지역의 수금사무소에 의존하고 있다. 이러한 수금사무소 중 많은 곳은 재정적으로 자족적이고, 지역의 보스들은 이러한 몇몇 강력한 사무소들을 통제할 수단을 갖고 있지 않다.

이것은 우라베뇨스가 파블로 에스코바르가 이끌던 메데인 카르텔과 관련이 별로 없다는 것을 의미한다. 에스코바르는 메데인 카르텔에 속하는 모든 구성원들을 통제할 수 있었다. 반면 우라베뇨스의 최고사령부는 우라베뇨스라는 프랜차이즈 이름을 사용하는 조직들 중 기껏해야 한 개의 분파에 대해 직접적인 통제권을 갖고 있다. 특정 사업이나 범죄행위가 실제로 진행되기 위해서는 최고지휘부가 우라베뇨스 범죄 네트워크를 구성하고 있는 단위 조직들에 대가를 지불해야 했다.

'오토니엘'과 우라베뇨스의 중심 세력은 시에라 네바다(Sierra Nevada)와 산타마르타에 있는 오피시나 델 카리베를 포함해 명령 이행을 거부한 조직에 대해 전쟁을 선언했다. 그러나 이 전쟁에서 아직 완전한 승리를 거두지는 못했고, 이러한 종류의 군사작전을 수행하는 것은 정말 최후의 수단이다. 우라베뇨스는 오늘날 주로 협력과 합의에 의존하고 있다. 범죄 네트워크 내에서 서로 다른 단위 조직들이 불법 비즈니스가 제공하는 이익 내에서 협력하고 있다. 그리고 가장 높은 대가를 제공하는 조직을 위해 일할 것이다. 네트워크를 하나로 묶어주는 것은 이익이다. 이것은 가장 규제가 없는 상황에서 작동하는 자유 시장이다.

4. 우라베뇨스 최고지휘부

다음은 우라베뇨스의 최고지휘부 구성원 중 신원이 확인된 사람들 일부이다. 분명히 지하에서 움직이고 있는 더 많은 구성원들이 있을 것이다.

- 다리오 안토니오 우수가 다비드: 별명 '오토니엘,' 현재 최고지휘부 '의장(presidente)'
- 로베르토 바르가스 구티에레스: 별명 '가빌란'
- 카를로스 안토니오 모레노 투베르키아(Carlos Antonio Moreno Tuber-quia): 별명 '니콜라스(Nicolás)', 현재 거대 마약 밀매업자로 전직 AUC 준군사단체 조직원
- 마르코스 데 헤수스 피게로아 가르시아(Marcos de Jesús Figueroa García): 별명 '마르키토스(Marquitos)', 라과히라 지역 책임자
- 아르레이 우수가 토레스(Arley Úsuga Torres): 별명 '07'(체포됨). 그가 체포된 이후에 2인자인 루이스 오를란도 파디에르나(Luis Orlando Padierna), 별명 '잉글라테라(Inglaterra)'가 자리를 차지한 것으로 판단됨.
- 라파엘 알바레스 피녜다(Rafael Álvarez Piñeda): 별명 '체페(Chepe)'(체포됨). 우라베뇨스에 가입한 안티오키아의 파이사스 한 분파의 보스
- 다니엘 렌돈 에레라: 별명 '돈 마리오'(체포되었지만 여전히 조직과 접촉을 유지하고 있는 것으로 판단됨)
- 별명 '제이제이(JJ): 돈 마리오의 형제로 판단됨.
- 별명 '엘 세뇨르 델 라 M(El Señor de la M)': 메데인 카르텔에 뿌리를

둔 메데인의 마약 밀거래업자

동맹관계에 있는 바크림의 보스들과 강력한 수금사무소들 또한 우라
베뇨스의 최고지휘부에 자리를 차지하고 있을 수도 있다. 예를 들자면,
2013년 5월 보고타에서 체포된 마르틴 발라(Martín Bala)라는 별명의
그레일린 페르난도 바론 카데나(Greylin Fernando Varon Cadena) 역시 우라
베뇨스 최고사령부의 구성원이었다.[35] 그는 우라베뇨스가 칼리에 진출
하는 데 중요한 역할을 했다. 그리고 라스트로호스 본거지에서 몇몇
수금사무소가 우라베뇨스에 충성을 유지하는 데 도움을 주었다.

5. 우라베뇨스의 해외 진출

우라베뇨스는 세계적인 범죄 연합체이다. 우라베뇨스의 특사 혹은
관련 수금사무소들이 아르헨티나, 브라질, 코스타리카, 에콰도르,[36] 온
두라스, 파나마, 페루, 베네수엘라, 그리고 스페인에서 발견되고 있다.
국내에서 치안부대의 압력이 거세지면서, 콜롬비아 범죄조직은 해외로
옮겨가기 시작했다. 이른바 바퀴벌레 효과(cockroach effect)로, 방안에
불빛이 켜지면 바퀴벌레들은 어두운 구석으로 급히 숨게 되는 것이다.

---

35) Miriam Wells, "Urabeños Capture May Shakeup Turf War in South West Colom-
    bia," ≪InSight Crime≫, 2013년 5월 30일 자, http://www.insightcrime.org/news-
    briefs/urabenos-capturemay-shake-up-turf-war-in-southwest-colombia

36) James Bargent, "Will Urabeños Bring Peace Among Ecuador's Crime Groups?"
    ≪InSight Crime≫, 2013년 11월 8일 자, http://www.insightcrime.org/news-
    briefs/will-urabenos-break-peaceamong-ecuadors-crime-groups

조직범죄의 경우도 이와 동일하다. 불이 콜롬비아에 켜진 것이다. 우라베뇨스 리더들 혹은 동맹 마약 밀매업자들 중 최근 체포된 사람들 중 많은 수가 콜롬비아 바깥에서 그렇게 된 것은 우연히 아니다.

- 막시밀리아노 보니야 오로스코: 별명 '발렌시아노(Valenciano)', 오피시나 데 엔비가도와 파이가스의 한 분파의 보스로 우라베뇨스의 동맹자, 2011년 11월 베네수엘라에서 체포됨.
- 알렉산데르 몬토야 우수가(Alexander Montoya Usuga): 별명 '엘 플라코(El Flaco)', 2012년 7월 온두라스의 라 세이바(La Ceiba)에서 체포됨.
- 엔리 데 헤수스 로페스 론도뇨(Henry De Jesús López Londoño): 별명 '나의 피(Mi Sangre)', 2012년 10월 아르헨티나 부에노스아이레스에서 체포됨.
- 하신토 니콜라스 푸엔테스 헤르만: 별명 '돈 레오(Don Leo)', 2013년 2월 무기 밀거래 루트를 구축하는 도중 페루의 리마에서 체포됨.
- 존 프레디 만코 토레스(John Fredy Manco Torres): 별명 '엘 인디오(El Indio)', 우라베뇨스와 동맹을 맺은 마약 밀거래업자로 2013년 6월 브라질 리우데자네이루에서 체포됨.
- 카를로스 안드레스 팔렌시아 곤살레스(Carlos Andrés Palencia González): 별명 '비사헤(Visaje)', 스페인에서 우라베뇨스의 수금사무소를 설치한 혐의를 받고, 2013년 11월 스페인 마드리드에서 체포됨.[37]

---

37) Miriam Wells, "Are Urabenos Looking to Control Routes through Spain?" ≪InSight Crime≫, 2013년 11월 11일 자, http://www.insightcrime.org/news-briefs /top-urabenos-capture-in-spain-points-togroups-expansion

- 존 마르론 살라사르(John Marlon Salazar): 별명 '엘 인발리도(El Inválido)', 2014년 5월 마드리드에서 체포됨. 이베리아 반도에서 몇 개의 우라베뇨스의 수금사무소를 운영하고 있다는 혐의를 받고 있음.38)

6. 우라베뇨스의 미래와 콜롬비아의 조직범죄

콜롬비아 조직범죄의 진화를 예측하는 것은 늘 어려운 일이다. 그러나 여기에서는 몇 가지 가능한 지점에 대한 살펴보고자 한다.

- 우라베뇨스 최고지휘부의 보스인 오토니엘은 체포되거나 혹은 살해될 것이다. 이것은 '가능성'의 문제라기보다는 '시간'의 문제이다. 활기를 찾은 콜롬비아 경찰 정보부서뿐만 아니라, DEA 역시 그를 추적하고 있다.
- 오토니엘이 최고지휘부의 보스 자리에서 제거된다면, 거점 지역은 조직의 이름이 되었던 우라바 지역에서 다른 곳으로 옮겨갈 가능성이 있다. 우라베뇨스의 강력함은 EPL과 준군사단체 출신 조직원들로 구성된 핵심 집단에 있었다. 이들은 오랜 범죄 경력, 군사적 훈련, 그리고 활동지역 내에서 공동체들의 지지를 얻을 수 있는 능력을 가지고 있었다. 그러나 경찰의 체포, 폭력과 내적인 갈등을

---

38) "Así cayó 'EL inválido', el brazo ejecutor de los carteles colombianos en Europa," ≪El Confidencial≫, 2014년 5월 11일 자, http://www.elconfidencial.com/espana/cataluna/2014-05-11/asi-cayo-el-invalido-el-brazo-ejecutor-de-los-carteles-colombianosen-europa_128780/

통해 이렇게 역량을 가진 범죄자 풀이 줄어들고 있다. 우라베뇨스에 새롭게 충원되는 조직원들이 평범한 범죄자들로 채워지는 경향이 있다. 이들은 그들의 선배들이 가지고 있던 규율과 훈련을 가지고 있지 못했다. 따라서 우라베뇨스가 청부할 수 있는 인력의 질이 점차 떨어지고 있다. 따라서 미래에 범죄 네트워크를 이끌 세력은 아마도 콜롬비아의 다른 지역에서 나올 것이다.

• 여기에 마르크스주의 게릴라들이라는 와일드카드가 있다. FARC는 자신들이 원한다면 하룻밤 사이에 가장 강력한 마약 밀거래 조직이 될 수도 있다. FARC의 최고기구인 7인 위원회는 마약 밀거래와의 어떠한 연계도 부정하고 있다. 위원회 구성원들은 마약 밀거래가 자신들의 가장 중요한 소득원이 되고 있다는 사실을 잘 알고 있다. 그러나 이러한 거래는 상층부의 명령에 의한 것이 아니라 일선 지휘관들의 손에서 진행되고 있다. 이것은 FARC의 마약 밀거래 활동이 중앙에서 통제되고 있지 않다는 것을 의미한다. FARC가 콜롬비아에서 마약 밀거래를 통제하기로 결정한다면, 그들은 그렇게 할 수 있으며 그것도 빠른 시간에 할 수 있을 것이다. FARC는 ELN 및 EPL 동맹세력과 함께 코카 재배를 장악하고 있다. 이들이 바크림에 대한 코카 원료 판매를 멈춘다면, 우라베뇨스의 마약 밀거래 활동은 심각한 손상을 입게 될 것이다.

• 평화협정이 조인된다면 게릴라들이 불법단체화하고 이는 잠재적으로 파르크림(FARCRIM)의 탄생으로 이어질 것이다. 이것은 「콜롬비아 무장혁명군, 불법화 가능성과 평화(The FARC, Peace and Possible Criminalization)」[39]라는 논문에서 상세하게 논의되었다. 게릴라 조

---

39) http://www.insightcrime.org/special-series/peace-with-farc 참조.

직의 몇몇 하부조직들이 불법단체화하는 것은 불가피하다. 아직 남아 있는 문제는 이 하부조직들이 기존의 우라베뇨스 범죄 네트워크에 가입할지 새로운 경쟁 네트워크를 만들지의 여부이다. 이 경쟁 네트워크 신설은 불가피하게도 갈등과 극심한 폭력을 유발할 것이다.

- 콜롬비아에서 멕시코 조직들의 활동이 증가하고 있다. 이 멕시코 카르텔들이 바크림 중간상인들을 배제하고 FARC와 직접 협상을 시도한 증거가 이미 존재한다. 멕시코 카르텔들은 현재 콜롬비아 카르텔보다 더 강력할 뿐만 아니라 미국 시장에 대한 공급을 좌우하고 있다. 멕시코 카르텔들이 콜롬비아에서 활동하고 있다는 증거가 늘고 있다.

- 새로운 시장의 개발: 우라베뇨스 네트워크는 미국과 별개의 다른 시장들을 모색하고 있다. 스페인에서 우라베뇨스 조직원들이 체포되고 있는 상황은 유럽이 콜롬비아 조직들의 중요한 활동지역이라는 것을 보여준다. 그러나 브라질과 아르헨티나 등 콜롬비아에 인접한 시장을 만들고 있다는 증거 또한 존재한다. 이러한 범죄 이전현상, 즉 바퀴벌레 효과는 계속되고 확대될 개연성이 있다.

- 최상위의 마약 밀거래업자들에 대한 신원 파악은 갈수록 어려워지고 있다. 멕시코인들과 달리 콜롬비아인들은 현재 폭력을 자제하고 있으며 정부기관의 관심을 피하고자 한다. 이들의 비즈니스는 현재 절제되고 조심스럽게 진행되고 있다. 우라베뇨스의 국제 범죄 네트워크의 구성원들은 금박 우지(Uzi) 기관총을 휘두르면서 으스대며 걷지 않는다. 대신 이들은 아이폰과 최신 암호 프로그램으로 무장하고 있다. 자주 이들은 외견상으로는 불법뿐만 아니라 합법적인 상품을 거래하는 정말 성공한 사업가들이다. 이들은 아직도 우라베

뇨스가 마련한 시카리오 같은 범죄 하수인들을 필요로 하고 있다. 그러나 이들은 협력, 설득 그리고 합의를 폭력보다 더 선호하고 있다. 따라서 이들은 주목을 거의 받지 않고 있고, 국내외 사법기관들의 감시를 넘어 레이더망 밑에서 자신들의 비즈니스를 수행하는 데 능숙하다.

우라베뇨스 네트워크는 활동 중심을 다른 지역으로 옮기면서 자신의 이름을 바꿀 수도 있다. 그러나 유연한 범죄 네트워크로서 그 본질은 여전히 유지될 것이다. 우라베뇨스라는 이름 아래 작동하고 있는 프랜차이즈 네트워크는 다양하고 복합적인 것이다. 오토니엘의 것과 같은 지휘 조직의 정체가 파악되고 네트워크의 본질이 해체된다면, 다른 조직들이 그 자리를 차지하고 세력을 강화하게 될 것이다. 이 과정을 통해 비즈니스와 마약의 흐름 또한 아무런 제약 없이 계속될 것이다. 콜롬비아 범죄조직이 갈수록 은밀해지고 더욱 정교해지고 합법적인 비즈니스로 위장하게 되면서, 이들을 추적하는 것은 더욱더 어려워지고 있다. 그러나 마약 거래를 통해 엄청난 이윤이 보장되는 한, 콜롬비아 조직범죄는 라틴아메리카 내외에서 활동을 계속할 것이다.

콜롬비아 역사 연보

1810. 1.20. 콜롬비아, 스페인으로부터 독립 선언.

1819. 1.17. '해방자' 시몬 볼리바르, 현재의 콜롬비아, 베네수엘라, 에콰도르 영토를
포함하는 '그란 콜롬비아(Gran Colombia) 공화국' 선포.

1826~1831. 그란 콜롬비아 공화국, 콜롬비아, 에콰도르, 베네수엘라로 분리.

1830.12.17. 시몬 볼리바르, 콜롬비아 산타 마르타에서 사망.

1848. 7.16. 콜롬비아 자유당(Partido Liberal Colombiano) 창당.

1849.10. 4. 콜롬비아 보수당(Partido Conservador Colombiano) 창당. 양당체제 시작.

1851. 5.21. 노예제 폐지.

1886. 국민당(Partido Nacional) 창당.

1899.10.17. 보수주의자들과 자유주의자들 사이의 갈등으로 천일전쟁 발발.

1902.11.21. 천일전쟁 종식. 보수당 승리, 국민당 해체, 약 10만 명 사망.

1903.11.18. 헤이-뷔노 바리아 조약(Tratado Hay-Bunau Varilla)으로 콜롬비아에서 파
나마 독립.

1927. 7. 1. 콜롬비아 커피 생산자 연맹(Federación Nacional de Cafeteros de Colom-
bia) 발족.

1928.12.5~6. 콜롬비아 정부군, 유나이티드 프루트 컴퍼니(United Fruit Company)의
바나나 농장 노동자 학살.

1948. 4. 9. 자유당 대선주자 호르헤 엘리에세르 가이탄 암살. 사상 최악의 도시 소
요사태였던 '보고타소' 촉발, 500~3000명 사망 추정.

1948~1958. 가이탄 암살과 보고타소로 보수진영과 자유진영 사이의 '라 비올렌시아'
내전 사태로 비화. 당시 콜롬비아 인구의 1/5에 달하는 20만~30만 명 사망.

1953. 6.13. 구스타보 로하스 피니야(Gustavo Rojas Pinilla) 장군 쿠데타로 대통령 집
권. 무장집단에 화해 촉구하여 무력 사태 진정되기 시작.

1957. 5.10. 구스타보 로하스 피니야 대통령, 사회 각층의 재집권 반대 시위로 하야.

1958~1974. 내전 종식을 이유로 보수당과 자유당이 결성한 국민전선 체제. 16년 동
안 각료, 국회의원, 주지사 등 주요 공직을 동등하게 배분하고 보수당과
자유당이 4년마다 번갈아 가며 집권함.

1964. 5. 콜롬비아 정부군, 공산주의 농민 반군이 수립한 마르케탈리아 공화국
(República de Marquetalia) 토벌. '마누엘 마룰란다(Manuel Marulada)' 혹
은 '티로피호(Tirofijo)'로 알려진 페드로 안토니오 마린(Pedro Antonio
Marín) 주도로 콜롬비아 무장혁명군 결성.

1974. 8. 7. 알폰소 로페스 미첼센(Alfonso López Michelsen) 대통령 취임.

1978. '마르틴 야노스(Martín Llanos)'로 알려진 엑토르 호세 부이트라고
(Héctor José Buitrago), 우파 우익민병대 중 하나인 카사나레 농민자위대
(Autodefensas Campesinas del Casanare: ACC)의 전신이 된 범죄조직 부
이트라게뇨스(Buitragueños)를 조직.

8. 7. 훌리오 세사르 투르바이(Julio César Turbay) 대통령 취임.

1979. 6. '람보(Rambo)'로 알려진 코르도바 주 지주 피델 카스타뇨(Fidel Castaño)
와 '판타스마(Fantasma)'로 알려진 그의 동생 카를로스 카스타뇨(Carlos
Castaño), FARC가 아버지를 납치하여 몸값 1000만 페소를 지불하였지
만 아버지가 살해됨. 이 사건을 계기로 우익민병대인 코르도바/우라바
농민자위대(ACCU) 결성. 카를로스 카스타뇨는 이후 콜롬비아 자위대
연합(AUC)의 최고지도자가 됨.

1980. 2.27. 좌파 게릴라 단체 M-19, 보고타 주재 도미니카공화국 대사관 2달 동안
점거, 인질극.

4.25. 도미니카공화국 대사관 점거한 M-19 조직원, 훌리오 세사르 투르바이
대통령과의 협상으로 100만~200만 달러 지급받고 쿠바로 망명.

1982. 8. 7. 벨리사리오 베탕쿠르(Belisario Betancur) 대통령 취임.

1983.12.17. 안데스협약(Pacto Andino) 국가들과 유럽공동체(European Community),
카르타헤나에서 경제협력협정 체결.

1984. 3. 벨리사리오 베탕쿠르 대통령, FARC 근거지에 특사 파견하여 휴전 협정
체결.

1985. 5.28. FARC 등 지원으로 좌파 정당인 애국연맹(Unión Patriótica) 창설. 이에 우
익민병대와 콜롬비아 정부군, 애국연맹의 캠페인에 반대하고 당원 3000

여 명 고소하는 등 거센 반발. 애국연맹의 대통령 후보 2명 우익민병대에 의해 암살.

11.6. M-19, 법원 청사에 난입하여 이틀 동안 법관, 사무원, 방문객 등 350명 인질로 잡고 벨리사리오 베탕쿠르 대통령 처벌 요구. 이에 정부군, 탱크 앞에서 폭탄을 터뜨리는 등 무리한 진압으로 인해 100여 명 사망.

1986. 8. 7. 비르힐리오 바르코(Virgilio Barco) 대통령 취임.

12. 7. 보고타 유력 일간지 ≪엘 에스펙타도르(El Espectador)≫ 편집국장 기예르모 카노(Guillermo Cano), 파블로 에스코바르의 사주로 암살당함.

1989. 2.20. ≪타임(Time)≫, 콜롬비아 경찰청장 기예르모 메디나 산체스(Guillermo Medina Sánchez)의 사임에 대한 기사에서 그가 마약 조직과 금전적으로 결탁되어 있다는 의혹 제기.

8.18. 자유당 유력 대통령 후보 루이스 카를로스 갈란(Luis Carlos Galán) 암살. 메데인 마약 카르텔의 소행으로 추정.

8.21. 콜롬비아 정부군 및 경찰, 마약 카르텔 지도자 농가 습격. 3일 후, 마약 카르텔에서 전면전 선포.

8.29. 보고타와 메데인에서 마약 카르텔이 설치한 것으로 추정되는 폭탄 7개 폭발.

10.14. 콜롬비아 정부, 마약 밀매인 3명 미국에 인도.

11.27. 보고타 국제공항에서 이륙 몇 분 전 여객기 폭탄 테러, 107명 사망. 마약 카르텔 소행으로 추정.

12.15. '엘 메히카노(El Mexicano)'로 알려진 메데진 카르텔 리더로 추정되는 곤살로 로드리게스 가차(Gonzalo Rodríguez Gacha), 경찰과의 총격전 중 사망.

1990. 3. 8. M-19, 무장해제 및 민주연합 M-19(Alianza Democrática M-19) 창당.

4.20. M-19의 리더이자 민주연합 M-19의 대통령 후보였던 카를로스 피사로(Carlos Pizarro), 여객기에서 피살.

8. 7. 세사르 가비리아 트루히요(César Gaviria Trujillo) 대통령 취임.

8.15. '하코보 아레나스(Jacobo Arenas)'로 알려진 FARC의 이념적 지주 루이스 모란테스(Luis Morantes), 심장마비로 사망.

1991. 1. 정부, PRT와 평화협정 체결. EPL과 킨틴 라메(Quintín Lame)와도 유사한

협정 체결. 언론인 디아나 투르바이(Diana Turbay), 감금되어 있던 사바네타 인근 농장에서 살해당함. 마약밀매상 오초아(Ochoa) 형제와 파블로 에스코바르, 당국에 투항.

2.   국민제헌의회 소집. 라파엘 파르도(Rafael Pardo), 최초의 민간인 국방장관으로 임명. 경제장관 루돌프 옴메스(Rudolf Hommes), 러시아 페레스트로이카를 모방한 새로운 국제무역정책 시행과 국제무역을 위한 국립은행인 방코멕스(Bancomex) 창설 발표. 휴대전화사업 개시.

4.   CGSB 게릴라, 베네수엘라 대사관 급습, 정부와의 협상 요구.

5.   정부, 휴전 없이도 협상을 개시할 수 있다는 내용을 담은 '폭력대응 신전략' 발표. 아라우카 주 크라보노르테에서 정부와 CGSB 간의 예비회담 개최, 카라카스에서 회담 개시하기로 합의.

6.   정부와 CGSB 간의 제2차 회담 개최.

7.   신헌법 공포. 정부와 CGSB 간의 카라카스 회담이 진행되던 7월과 8월에 폭력행위 발생.

9~11월   제3차·제4차 회담을 카라카스에서 개최.

1992.   콜롬비아 검찰청 창설, 초대 검찰총장에 구스타보 데 그레이프(Gustavo de Greiff) 임명. 외무장관에 노에미 사닌(Noemí Sanín) 임명, 콜롬비아 최초의 여성장관. 국가전기발전시스템 붕괴로 1992년 3월부터 1993년 4월까지 하루 평균 18시간 동안 전국적으로 대량 정전 초래.

11.15.   메데인에서 경찰에 의해 1명의 성인과 8명의 청소년이 살해당하는 '비야티나 대학살 사건' 발생.

1993.11.   보고타의 센트로 93상가 앞에서 폭탄 테러, 10명 사망, 100명 이상 부상.

12. 2.   파블로 에스코바르, 경찰과의 교전 중 사망.

1994. 2.11.   콜롬비아 국방부령에 의해 주민상호감시조직 프로그램(CONVIVIR) 실행.

5.20.   에르네스토 삼페르, 콜롬비아 대통령에 당선. 8000호 공판 스캔들 발생. 칼리 카르텔에서 삼페르 선거캠프에 마약밀매자금이 제공된 증거가 담긴 알베르토 히랄도(Alberto Giraldo) 장관과 마약밀매업자들 간의 전화통화 녹음테이프가 방송을 통해 공개됨.

1994~1996년   9만여 명의 코카잎 재배농들이 과비아레 주와 푸투마요 주에서 항의

행진, 무장한 군인들과의 충돌로 12명의 재배농민 사망.

1995. 6. 9.　마약밀매업자 로드리게스 형제, 경찰작전에 의해 체포됨. 76세의 보수정
치인 알바로 고메스 우르타도(Álvaro Gómez Hurtado), 청부살인자에 의
해 살해됨.

11.30.　도심철도 시스템인 메데인 메트로 운행 개시.

12.　칼리공항 인근에 아메리칸 에어라인 항공기 추락, 152명의 탑승자 중 9
명만 생존.

1996. 1.26.　FARC 게릴라에 의해 베네수엘라 국경 부근 극우준군사조직 소유 코카농
장에서 일하던 43명의 민간인이 살해당한 '라가바라 대학살 사건' 발생.

7.24~27.　게릴라에 의해 푸토마요에 위치한 라스델리시아스 기지 피습, 군인
29명 사망, 29명 부상, 60명 납치됨.

1997. 4.15.　칼리 카르텔 소속 마약밀매업자 파노르 아리사발레타-아르사유스
(Phanor Arizabaleta-Arzayus), 검문과정에서 체포

4.　살바토레 만쿠소와 카를로스 카스타뇨에 의해 AUC(콜롬비아자위군연
합) 결성. FM라디오 허가과정에서의 부정부패 행위로 통신장관 사울로
아르볼레다(Saulo Arboleda)와 광업에너지장관 로드리고 비야미사르
(Rodrigo Villamizar)가 연루된 '미티-미티' 부정부패 스캔들 발발.

7.15.　극우자경조직인 AUC의 단원들에 의해 인원수 불명의 민간인이 살해되
어 인근 강에 버려진 '마피리판 대학살 사건' 발생.

9.　카를로스 카스타뇨, 한 인터뷰에서 '마피리판 대학살 사건'에 대한 책임
인정. AUC, 미국 국무부에 의해 해외테러조직으로 지정됨.

10.　메데인 중심가에서 폭탄 테러 발생, 17여 명 사망.

1998.　안드레스 파스트라나, 콜롬비아 대통령에 당선.

6.20.　파스트라나 대통령, 플랜 콜롬비아(마약과의 전쟁을 지원하기 위해 미국
과 체결한 조약) 공식 발표.

11. 7.　파스트라나 대통령, 신뢰회복 조치로서 FARC에 산비센테데카구안 지
역 내 4만 2000km^{2}의 안전지대 제공.

1999. 1.19.　킨디오 주 아르메니아 시 지진 강타, 2000명 이상 사망, 3000명 실종, 25
만 명의 이재민 발생.

4.14. ELN 게릴라, 볼리바르 주에서 41명이 탑승한 포커 항공기 납치.

4.22. 연쇄살인범 루이스 가라비토(Luis Garavito), 138명의 청소년 살해혐의 관련 유죄 판결(비공개기록에 의하면, 300명 이상의 청소년과 인원수 미상의 성인을 살해했다고 진술한 것으로 드러남).

5.30. 칼리의 라마리아 교회에서 70명이 납치됨.

2000. 3.30. 쿤디나마르카 주 카치파이 시청 앞에서 자동차 폭탄 폭발로 4명 사망, 19명 부상.

4.11. ELN, 몰몬교회 예배당 4곳에 폭탄테러로 1명 사망, 20명 부상.

5.15. 한 여성이 FARC 게릴라가 목에 걸어놓은 시한폭탄이 폭발하여 사망하고 폭탄 해체를 시도하던 폭발물전문가 1명 사망, 3명 부상.

9. 4. 바랑카베르메하 상업지구에서 DIAN(국립관세국)을 노린 70kg의 사제 R1폭발물 폭발로 경찰관 4명, 경비원 2명, 민간인 2명 부상.

10.15. 칼리의 오브레로 지구 재활센터에서 폭탄테러로 어린이 2명 사망, 어린이 13명 부상. 칼리의 개신교 교회에서 폭탄테러로 2명 사망, 15명 부상.

10. 몬테스데마리아에서 AUC 산하조직의 단원들에 의해 15명의 농민이 살해당한 '마카예포 대학살 사건' 발생.

11.14. 한 게릴라조직원에게서 상자를 받은 노숙자가 칼리의 은행밀집지역을 걷던 중 상자가 폭발하여 당사자는 사망하고 4명 부상.

12. 4. 정치인 페르난도 아라우호 페르도모(Fernando Araújo Perdomo), FARC 게릴라에 의해 납치됨.

2001. 4.24. 의회 국제관계위원회, 콜롬비아 내 IRA 활동 조사결과 발표.

5. 4. 칼리의 한 고급호텔에서 주모자를 알 수 없는 자동차 폭탄테러로 4명 사망, 32명 부상.

5.17. 메데인의 한 주차장에서 자동차 폭탄테러로 20명 사망, 최소 50명 부상.

8.11. FARC 반군에게 폭탄제조를 훈련시킨 혐의로 3명의 아일랜드인(일명 '콜롬비아 쓰리') 체포.

8.23. 메데인 근교에서 10회의 연쇄 폭탄테러로 1명 사망, 39명 부상, 최소 15명의 ELN 조직원이 폭발물 운송 도중 폭발로 사망.

9.29. 정치인 콘수엘로 아라우호(Consuelo Araújo), FARC 게릴라에 의해 납치된 상태에서 살해됨. 칼리, 메데인, 보고타의 증권거래소들이 '콜롬비아 증권거래소(BVC)'로 통합됨.

2002. 1.25. 보고타에서 FARC의 소행으로 추정되는 폭탄테러로 어린이 1명, 경찰관 4명이 사망하고 28명 부상.

1.30. 카케타 주 플로렌시아 시에서 자동차 폭탄테러로 5명 사망, 40명 부상.

2.21. 파스트라나 대통령, 평화회담을 끝내고 FARC-EP가 통제하는 산비센테데카구안 지역의 탈환을 위한 군사작전을 명령.

2.24. 산소녹색당 소속 정치인 잉그리드 베탕쿠르(Ingrid Betancourt), FARC 게릴라에 의해 납치됨.

4. 7. 비야비센시오 식당지구에서 FARC의 소행으로 의심되는 2건의 폭탄테러로 12명 사망, 70명 부상.

4.11. FARC 게릴라에 의해 처형된 것으로 보이는 농부 페드로 넬 카마초(Pedro Nel Camacho)의 시신에 숨겨진 폭탄이 폭발하여 경찰관 2명과 소녀 1명 사망.

4.12. '바예델카우카 의원 인질 위기' 발발. 폭탄제거반으로 위장한 FARC 게릴라 등에 의해 바예델카우카에서 12명의 정치인이 납치됨. 보고타 RCN TV 스튜디오 인근에서 로켓 폭발.

4.14. 바란키야에서 당시 대통령 후보였던 알바로 우리베 벨레스의 암살을 목적으로 한 폭탄테러로 2명 사망, 20명 부상.

5. 2. 초코 주에서 '보하야 대학살 사건' 발생. 아트라토 강을 점령하기 위한 FARC과 AUC 간의 교전 중에 무차별적인 공격으로 민간인 117명 사망, 114명 부상.

5.26. 칼리 주교 이사야스 두아르테(Isaías Duarte), 청부살인자에 의해 살해됨.

8. 7. 알바로 우리베, 콜롬비아 대통령에 당선. 보고타 대통령궁에서 진행된 대통령 취임식 도중 4회의 박격포 공격으로 13명 사망, 50명 부상. 우리베 대통령, 마르타 루시아 라미레스(Marta Lucía Ramírez)를 국방장관에 임명, 미첼 바첼레트(Michelle Bachelet) 이후 라틴아메리카에서는 두 번째 여성 국방장관.

11.24. 시몬 트리니다드(Simón Trinidad)로 알려진 게릴라 리더, 미국으로 범죄

인 인도.

12.13. 보고타 중심가에 위치한 인터콘티넨탈 호텔 30층에서 폭탄이 터져 37명 부상.

2003. 1.16. 메데인의 한 쇼핑몰에서 자동차 폭탄테러로 4명 사망, 27명 부상.

2. 7. 보고타의 엘노갈 클럽에서 자동차 폭탄테러로 36명이 사망, 200명 이상 부상.

2.14 네이바에서 폭탄테러로 네이바 시 검사장과 경찰서장을 포함하여 18명 사망, 37명 부상.

3. 5. 쿠쿠타의 한 실내주차장에서 자동차 폭탄테러로 6명 사망, 68명 부상.

5. 8. 칼리 상수도처리장에 대한 폭탄공격으로 3명 사망.

8.24. 푸에르토리코 타운의 보트에서 폭탄테러로 6명 사망, 28명 부상.

9.11. 보야카의 치타 마을에서 말을 이용한 폭탄테러로 8명 사망, 15명 부상.

9.29. 카케타의 플로렌시아 중심가에서 오토바이 폭탄테러로 54명 부상.

10. 8. 보고타 중심가에서 자동차 폭탄테러로 6명 사망, 11명 부상.

11.15. 보고타의 유명 술집인 보고타비어컴퍼니에서 오토바이를 이용한 수류탄 공격으로 2명 사망, 70명 부상, 2명의 FARC 단원 체포.

2004. 5.22 토요일 밤 11시에 사람이 많은 호텔 디스코텍에서 폭탄테러로 6명 사망, 82명 부상.

8. 4. 메데인의 한 교각에서 연례 꽃축제의 폐막행사로 예정된 골동품자동차 행렬이 지나가기 직전에 폭탄이 터져 35명 부상.

10.29. 보고타의 트란스밀레니오 버스노선의 한 정류장 인근에서 폭탄이 폭발하여 지나가던 택시의 운전사와 승객 등 2명 사망, 가옥 30여 채 파손.

11.28. 보고타의 라파엘우리베 지구의 시장집무실 근처에서 폭탄 폭발.

11.30. 슈퍼마켓 계산대에 남겨진 파편성 수류탄 폭발로 3명 사망, 8명 부상.

12.13. '로드리고 그라나다 사건' 발생 : FARC 게릴라 리더 중 한 명인 로드리고 그라나다(Rodrigo Granda)가 베네수엘라의 카라카스에서 베네수엘라 경찰에게 체포되어 국경지역에서 콜롬비아 당국에 인계된 일로 인해 베네수엘라 정부와 콜롬비아 정부 간의 외교적 위기 발생.

2005. 1.   콜롬비아 사법당국, 대심제도 도입.

  2. 1.   FARC, 사제 로켓으로 나리뇨 주의 이스콴데 해군기지 공격으로 군인 15 명 사망, 25명 부상.

  2. 3.   푸투마요 주의 한 교각에서의 폭탄테러로 군인 8명, 민간인 1명 사망.

  4. 6.   아라우카 주의 베네수엘라 국경 근처에서 매복공격으로 군인 17명 사망.

  6.24.   FARC, 푸투마요 주의 푸에르토마시스에 위치한 군사거점들 공격으로 25명 사망, 20명 부상.

  12.27.   FARC, 초코 주의 외진 마을인 산마리노에 대량공격으로 최소 6명의 경찰관 사망, 30여 명 피랍.

  12.28.   FARC, 메타 주의 비스타에르모사 인근에서 정부군을 상대로 매복 공격, 28명 사망.

2006. 5.28.   알바로 우리베, 대통령 재선.

  7.31.   티부에서 게릴라의 매복공격으로 16명의 군인 사망. 보고타에서 자동차 폭탄테러로 1명 사망, 22명 부상.

  8. 4.   칼리의 한 경찰서 외부에서 자동차 폭탄테러로 5명 사망.

  10.19.   보고타 북부지역의 한 군사대학에서 자동차 폭탄 폭발.

  11. 9.   '콜롬비아 유사정치인 스캔들' 발발. 산타페데랄리토에서 AUC와 불법적인 협정에 서명한 세 명의 의원에 대해 대법원에서 체포 명령.

  12.   콜롬비아에서 출발한 마약밀매 잠수함이 미국해안경비대에 의해 처음으로 나포됨. 이 마약밀매 잠수함은 '빅풋'이라는 별명을 얻음.

  12.10.   준군사조직의 리더 살바토레 만쿠소, 콜롬비아 당국에 투항.

2007. 1. 5.   피랍된 정치인 페르난도 아라우호 페르도모, 몬테스데마리아에서 진행된 콜롬비아 정부군의 군사작전 직후 납치범들로부터 탈출.

  3. 1.   우일라 주의 수도 네이바에서 시장 암살 시도로 의심되는 자동차 폭탄테러로 10명 부상.

  3. 3.   네이바 시에서 폭탄테러로 폭탄 해체를 시도하던 경찰관 4명과 민간인 1명 사망.

  3.16.   부에나벤투라에서 폭탄테러로 16명 사망, 16명 부상.

4.28. 피랍 경찰관 존 프랑크 핀차오(John Frank Pinchao), FARC 게릴라로부터 탈출.

6.28. '바예스델카우카 의원 인질 위기' 때 납치된 정치인들의 살해 소식이 국민적 분노 야기.

12.13. 헤이그 국제사법재판소, 1928년과 1930년 사이에 서명된 에스게라 - 바르세나스 조약을 비준함으로써 산안드레스와 프로비덴시아 도서들에 대한 니카라과의 오랜 논쟁에서 산안드레스 군도에 대한 콜롬비아의 주권을 인정.

2008. 1.10. 부통령 후보였던 클라라 로하스(Clara Rojas)와 전직 여성의원 콘수엘로 곤살레스(Consuelo González), 거의 6년 동안의 피랍 상태에서 풀려남.

3. 1. 콜롬비아 정부군, 에콰도르 영토에 위치한 FARC 캠프에 군사공격, 게릴라 리더 라울 레예스를 포함하여 다수의 게릴라 사망, 2008 안데스 외교위기 발발.

3. 3. FARC 중앙최고지휘부 일원 이반 리오스(Iván Ríos), 자신의 경호실장 '로하스'에 의해 살해됨.

3.26. 게릴라 지휘관 마누엘 마룰란다 벨레스(Manuel Marulanda Vélez) 사망.

5.18. '카리나'로 알려진 게릴라 리더 엘다 네이스 모스케라(Elda Neyis Mosquera), 군사당국에 투항.

7. 2. FARC, '자케작전'이라 명명된 정부군의 군사작전하에서 콜롬비아 정부에 속아 잉그리드 베탕쿠르를 포함하여 미국 군사고문, 콜롬비아 군인 및 경찰관 등 15명의 인질을 콜롬비아 정보당국에 인계.

8.15. 안티오키아 주의 소도시 이투앙고에서 폭탄테러로 7명 사망, 50명 이상 부상.

10.30. 범죄조직과 공모하여 실적을 쌓고 실적수당을 받을 목적으로 무고한 실업자와 노숙자들을 외딴 지역으로 꾀어 살해한 후 게릴라 소탕으로 꾸민 군 인사들에 대한 고발 조사. '허위양성 스캔들'로 알려진 이 사건으로 인해 40명의 장교와 최고지휘관 마리오 몬토야 장군이 곤궁에 처함.

11.12. 다수의 피라미드업체가 붕괴하며 파스토, 투마코, 포파얀을 시작으로 전국적으로 소요 발생, 정부당국에서 경제비상사태를 선포하고 피라미드업체를 단속, 다수의 피라미드업체 경영자를 체포하여 기소.

11.22.	아시아태평양경제협력회담에서 11억 4000만 달러 규모의 새로운 콜롬비아 - 캐나다 양자무역협정 서명.
2009. 1. 8.	콜롬비아 마약왕이자 카케타 카르텔의 우두머리인 레오니다스 바르가스(Leonidas Vargas), 병원 안에서 피살됨. 그의 동생인 엑토르 파비오 바르가스(Héctor Fabio Vargas)와 여자친구인 배우 릴리아나 안드레아 로사노(Liliana Andrea Lozano), 콜롬비아 프라데라에서 고문 후 피살됨.
2.11.	FARC 게릴라에 의해 정부군의 정보원이라는 명목으로 10명의 아와 원주민 피살됨.
4.	정부군, FARC 세력이 밀집한 아라우카 등 국경지역에 대한 공습작전인 '전략적 도약' 실행. '돈 마리오'로 알려진 콜롬비아 마약왕 다니엘 렌돈 에레라, 밀림에 은신해 있다가 체포됨.
7.	콜롬비아 정부, 베네수엘라에서 구입한 스웨덴 사브 보포르스 다이내믹스사의 AT4 대탱크 로켓이 FARC 게릴라에 의해 사용되고 있다고 주장. 차베스 대통령, 하급공무원만 남긴 채 대부분의 주콜롬비아 대사관 직원 철수 명령.
9.11.	노르테데산탄데르 티부시의 라가바라 마을에서 당나귀 폭탄테러로 코카작물 단속요원 2명 사망.
2010. 1. 1.	보고타 엘칼바리오의 노숙자들에게 나눠준 송년기념음식에 독극물이 들어가 1명 사망, 44명 병원 치료. 보고타에서 남쪽으로 164마일 떨어진 반군기지에 대한 공습으로 반군 18명 사망, 13명 체포.
1.14.	콜롬비아 역사상 가장 악명 높은 피라미드조직 사건의 피의자인 윌리엄 수아레스(William Suárez), 재판을 위해 미국으로 인도.
2.24.	전직 상원의원이자 알바로 우리베 대통령의 사촌인 마리오 우리베(Mario Uribe), 극우암살단과의 연루혐의로 당국에 의해 체포됨.
2.26.	콜롬비아 헌법재판소, 알바로 우리베 대통령의 3선 허용을 위한 국민투표 실시법안 위헌 판정.
3.14.	극우범죄조직과 연루된 의원들로 오염된 국회를 쇄신하기 위한 선거에서 여당연립정당의 후보들이 선전.
3.21.	코르도바 주의 산후안 시에서 4명의 무장괴한이 총기 난사. 3명의 어린이를 포함하여 7명 사망.

3.24. 부에나벤투라항 행정지구에서 자동차 폭탄테러로 9명 사망, 56명 부상.

3.25. 남서부 코카재배지역에서 소포폭탄 폭발로 12세 소년 사망.

3.28. 콜롬비아 반군, 피랍군인 호수에 칼보(Josué Calvo)를 국제적십자사에 인도하고 곧 두 번째 피랍군인을 석방하기로 약속.

4. 1. FARC, 1998년 납치된 후 2006년 1월에 사망한 피랍경찰관 홀리안 게바라(Julián Guevara)의 유해 인도.

4. 6. 폭력적인 극우준군사조직의 리더인 엑토르 호세 부이트라고(Héctor José Buitrago), 10년 이상의 도주 끝에 체포됨.

4.16. 콜롬비아 4대 마약밀매업자 중 한 명인 네스토르 카로 차파로(Néstor Caro Chaparro), 브라질에서 체포됨.

4.25. 콜롬비아 경찰, 마약을 밀매하는 극우군사조직의 지도자인 다니트 도리아 카스티요(Danit Doria Castillo)의 체포 발표.

4.29. 루이스 카를로스 레스트레포 오로스코(Luis Carlos Restrepo Orozco) 하원의원, 마약자금 수뢰 혐의로 체포됨.

5.23. 카케타 주 남부 솔라노 반군캠프에 대한 정부군의 공격작전 중 반군의 기습으로 해병대원 9명 사망, 2명 부상.

5.30. 전 국방장관 후안 마누엘 산토스, 대통령 선거에서 9명의 후보들 중 1위 득표. 선거 당일 반군에 의해 10명의 경찰관과 군인 피살됨.

6.20. 후안 마누엘 산토스, 역대 최고득표율인 69%로 대통령 당선.

6.29. 콜롬비아 법원, 알바로 우리베 정부와의 평화협정에 따라 부대를 해산한 불법극우준군사단체의 리더에게 최초로 실형 선고: 디에고 베시노(Diego Vecino)로 알려진 에드와르드 코보스(Edward Cobos)와 후안초 디케(Juancho Dique)로 알려진 우베르 반케스(Uber Banquéz)에게 최고 8년형 선고.

6.30. 잉그리드 베탕쿠르, 콜롬비아 국방부를 상대로 680만 페소의 피해보상 청구.

7.22. 베네수엘라의 우고 차베스 대통령, 베네수엘라가 콜롬비아 반군을 돕는다는 미국의 조작 기사에 콜롬비아 정부가 관여했음을 주장하며 콜롬비아와 외교관계 단절.

8. 3. 영국의 석유대기업 BP, 19억 달러 상당의 콜롬비아 내 사업지분을 콜롬비아의 에코페트롤(Ecopetrol)과 캐나다의 탈리즈만(Talisman)에 매각한다고 발표.

8. 7. 후안 마누엘 산토스, 대통령에 취임.

8.10. 우고 차베스 대통령과 후안 마누엘 산토스 대통령, 4시간의 회담 직후 외교관계 재개 공동발표.

8.17. 콜롬비아 헌법재판소, 2009년 콜롬비아 내 미군기지 임차 합의에 대해 의회의 승인이 없었음을 이유로 위헌 판결.

9.14. 전 하원의장 하비에르 카세레스(Javier Cáceres), 극우준군사조직과의 연루 혐의로 체포됨.

9.19. 콜롬비아 정부군, 에콰도르 국경 인근 반군캠프에 대한 공격을 통해 FARC 사령관 식스토 카바냐(Sixto Cabaña) 사살.

9.22~23. 콜롬비아 정부군, 라마카레나 산악지대 반군캠프에 대한 공격으로 호르헤 브리세노(Jorge Briceño)로 알려진 FARC의 2인자 상급 지휘관 빅토르 훌리오 수아레스(Victor Julio Suárez)를 포함하여 20명 이상의 반군 사살.

10.12. 콜롬비아, 독일, 인도, 포르투갈, 남아공 등과 함께 2년간 유엔 안전보장이사회 비상임이사국으로 선출됨.

11. 2. 우고 차베스 대통령과 후안 마누엘 산토스 대통령, 양국의 관계 개선을 일련의 합의에 서명.

11.25. 콜롬비아 검찰, 1989년 8월 18일 당시 대통령 후보 루이스 카를로스 갈란(Luis Carlos Galán)의 암살에 관여한 혐의로 퇴역장성 미겔 마사 마르케스(Miguel Maza Márquez)에 대한 구속영장 발부.

12. 4. 콜롬비아 적십자사, 수주에 걸친 폭우로 콜롬비아 전역에서 174명이 사망하고 150만 명 이상의 이재민이 발생했다고 발표.

12.24. 콜롬비아 경찰과 공군, 메타 주에서 마약퇴치작전 개시.

12.25. 마약왕 페드로 올리베리오 게레로(Pedro Oliviero Guerrero)의 캠프 급습.

12.29. 콜롬비아 당군, 메타 주의 푸에르토알비라 인근에서 게레로의 시신 발견, 작전 중 경찰관 2명 사망했음을 확인.

2011. 1.12. 콜롬비아 경찰, 미국 마약수사국 요원들의 도움을 받아 주요 마약중개상 홀리오 엔리케 무뇨스(Julio Enrique Muñoz) 체포.

1.26. 콜롬비아와 베네수엘라, 국경지대에서 광범위하게 이뤄지고 있는 마약거래와의 전쟁에서 협력을 강화하기로 합의.

2.9~16. FARC, 마르코스 바케로(Marcos Vaquero) 등 6명의 인질 석방.

2.13. 콜롬비아 정부군, 처음으로 마약운반용 잠수함 나포.

3.14. 콜롬비아 정부군, 에콰도르 인접 국경마을 산미겔 부근에서의 합동작전을 통해 '올리베르 솔라르테'라 불리는 FARC 지휘관 올리뎀 로멜 솔라르테 세론(Olidem Romel Solarte Cerón) 사살.

4.11. 베네수엘라 정부, 두 명의 콜롬비아 반군 혐의자 추방.

4.23. 베네수엘라, FARC 연계조직원 혐의로 카라카스 공항에서 호아킨 페레스 베세라(Joaquín Pérez Becerra) 구금.

4.26. 2곳의 경찰지구대 피습으로 경찰관 5명 사망, 2명 부상.

4.28. 사무엘 모레노(Samuel Moreno) 보고타 시장의 형제인 이반 모레노(Iván Moreno) 상원의원, 도로건설 담합입찰 스캔들 관련 부정부패 혐의로 구속됨.

5. 3. 콜롬비아 법무부, 공공계약 관리감독 태만을 이유로 사무엘 모레노 시장에게 3개월간 직무정지 결정.

5. 9. 콜롬비아, 베네수엘라 마약왕 왈리드 마크레드(Walid Makled)를 밀수 및 살인 혐의로 베네수엘라에 인도.

5.24. 콜롬비아 의회, 무장 갈등으로 피해를 본 400만여 명에게 보상 제공하는 법안 승인.

5.30. 베네수엘라와의 협동작전을 통해 '훌리안 콘라도(Julian Conrado)'로 알려진 FARC 고위 지휘관 기예르모 토레스(Guillermo Torres) 베네수엘라에서 체포.

6.22 나리뇨 주의 바르바코아스에서 여성들이 57km 도로 포장을 요구하며 섹스 파업에 돌입, 10월 11일 공사 착공하며 파업 종료.

6.30. 콜롬비아 법원, 국가행정보안국(DAS) 통해 판사, 기자, 정치인 등을 사찰한 혐의로 알바로 우리베 정권 참모총장이었던 베르나르도 모레노 체

포영장 승인.

9. 2. 콜롬비아 정부, 미국과의 협동작전 통해 마약 거래 관련자 30명 체포 및 중미 코카인 운반용 경비행기 21대 압수했다고 발표.

9. 7. 콜롬비아 대안민주당(PDA) 의원 이반 세페다, 수감된 우익 민병대 수장 파블로 에르난 시에라(Pablo Hernán Sierra)가 알바로 우리베 전 대통령 이 1990년대 중반 안티오키아 주지사 재임 시 불법 민병대에 자금을 댔다고 주장하는 비디오 증언을 의회에서 공개.

9.14. 콜롬비아 대법원, 불법 우익 민병대와의 결탁 혐의로 알바로 우리베 정권 시절 국가행정정보안국(DAS) 국장 호르헤 노게라(Jorge Noguera)에게 25년 형 선고.

9.20. 콜롬비아 경찰, 멕시코 시날로아 마약 카르텔 수장 '엘 차포' 호아킨 구스만(Joaquín Guzmán)의 간판으로 알려진 자들 소유의 2억 5000만 달러 가치 부동산 압류.

10.12. 미국 상원에서 콜롬비아, 한국, 파나마와의 FTA협정 승인.

10.30. 좌익 세력이었던 반부패 운동가 구스타보 페트로(Gustavo Petro), 보고타 시장 당선됨.

10.31. 후안 마누엘 산토스 대통령, 국가행정정보안국(DAS) 해체, 콜롬비아중앙 정보국(ACI)으로 개편.

11. 4. 콜롬비아 정부군, 군사작전 중 '알폰소 카노(Alfonso Cano)'로 알려진 FARC 지도자 기예르모 레온 사엔스(Guillermo León Sáenz) 사살.

11.26. FARC, 콜롬비아 정부군의 루이스 알베르토 에라소(Luis ALberto Erazo) 경사 구출작전 중에 12~13년 전에 납치한 군인 및 경찰 4명 살해, 12월 6일 전국적 FARC 반대 시위 발생.

12.12. 콜롬비아 정부, 미국과 유럽에 코카인 연 50톤 이상 수출한 노르테델바예 카르텔의 간부 라몬 킨테로(Ramón Quintero) 미국에 인도.

12.23. 마약범죄조직 ERPAC 수장 '카라초(Caracho)' 호세 로페스 몬테로(José López Montero) 및 조직원 283명 투항. 리사랄다 주에서 연료 파이프라인 폭발로 13명 사망, 100여 명 부상.

12.30. 푸투마요 주 오리토 시 경찰서에서 폭탄테러 발생으로 경찰관의 아내와 아들 및 6인 사망.

2012. 1. 1. 차코 주 경찰, '우라베뇨스' 마약범죄조직 수장 '조반니(Giovanni)' 후안 데 디오스 우수가 - 다비드 사살.

2. 1. 나리뇨 주 투마코 시 경찰서 밖에서 폭탄테러 발생으로 9명 사망, 76명 부상.

2. 4. 베네수엘라에서 반군지도자 '마르틴 야노스(Martín Llanos)'로 알려진 엑토르 부이트라고(Héctor Buitrago)와 '카바요(Caballo)'로 알려진 넬슨 부이트라고(Nelson Buitrago) 형제 체포.

3.17. 콜롬비아 정부군, 아라우카 주에서 FARC의 소행으로 추정되는 공격으로 11명 사망.

3.19~21. 콜롬비아 정부군, 아라우카 주 및 기타 지역에서 FARC 게릴라 39명 사살, 12명 체포.

4. 2. FARC, 마지막 남은 인질로 알려진 군인 및 경찰 10명 석방, 평화 협상에 대한 기대 높아짐.

4. 7. 콜롬비아 정부군, FARC의 소행으로 추정되는 공격으로 6명 사망. 보복 공격으로 게릴라 3명 사살 및 2명 부상.

5.15. 보고타 상업지구에서 극우파 전 내무법무장관 페르난도 론도뇨 오요스 (Fernando Londoño Hoyos)를 노린 폭탄테러로 보디가드 2명 사망, 시민 50명 이상 부상. 미국 - 콜롬비아 FTA 발효.

6. 6. 콜롬비아·칠레·멕시코·페루, 자유무역 및 아시아 국가들과의 경제통합 기치로 하는 태평양동맹 공식 발족.

6.15. 콜롬비아 의회, 게릴라 그룹들과의 평화협상 가이드라인 법안 제정.

6.20. 콜롬비아 의회, 국회의원의 범죄 혐의에 대한 수사권을 대법원에서 박탈하는 내용의 사법체계 개정안 승인, 위헌성 논란.

6.22. 내무법무장관 후안 카를로스 에스게라(Juan Carlos Esguerra) 사임 의사 밝힘. 후안 마누엘 산토스 대통령이 국회에 법안 철회 요구.

7. 3. 알바로 우리베 집권 당시 대통령 경호국장이었던 콜롬비아 경찰 퇴역 장성 마우리시오 산토요(Mauricio Santoyo), 미국에 자수 후 재판에 회부됨. 2002~2008년 대마약거래 작전 시 500억 달러 뇌물 수수 및 배임 혐의 있었음.

7.17~19. 카우카 지역 나사 부족, 콜롬비아 정부군과 FARC의 대립에서 벗어나고자 군기지 점령 후 군인 100여 명 퇴출.

9. 3. 메데인 식육점에서 '대모' 또는 '코카인 여왕'으로 알려진 그리셀다 블랑코(Griselda Blanco) 피살됨.

9. 4. 후안 마누엘 산토스 대통령, FARC와의 평화회담에 대한 합의 발표. 6개월 동안 진행된 비밀 예비회담 끝에 8월 27일 쿠바 아바나에서 합의안 체결된 바 있음. 평화회담에는 쿠바와 노르웨이가 중재자로, 칠레와 베네수엘라가 참관인 자격으로 참여하기로 함.

9.18. 베네수엘라 국경 지대에서 베네수엘라, 영국, 미국 합동작전으로 마약밀매업자 '엘 로코' 다니엘 바레라 체포.

10.18. 콜롬비아 정부, 노르웨이 오슬로에서 FARC와의 평화회담 개시.

10.30. 콜롬비아 경찰, 아르헨티나 부에노스아이레스 근교 식당에서 마약밀매업자 '미 상그레' 헨리 데 헤수스 로페스 체포.

10.31. 바예델카우카 주 프라데라 중앙광장에서 5000여 명이 할로윈 파티를 즐기는 가운데 서류가방 자살폭탄테러 발생, 용의자 2명 사망 및 37명 부상

11.19. 헤이그 국제사법재판소, 콜롬비아와 니카라과의 분쟁 영토인 산안드레스 군도를 콜롬비아 소유로 판결했으나 콜롬비아에서 1928년부터 조업 중인 인근 영해 상당 부분의 조업권 및 석유 채굴권은 니카라과에 있다고 판결. 후안 마누엘 산토스 대통령, 판결 불복 선언. 콜롬비아 정부, 쿠바에서 FARC와의 평화회담 실시.

11.28. 콜롬비아, 헤이그 국제사법재판소 판결에 불복하여 국제사법재판소의 관할권 인정하는 보고타 협약 공식 탈퇴.

2013. 1. 1. 콜롬비아 정부군, 파나마 국경 인근 폭격으로 FARC 게릴라 13인 사살.

1.20. 알바로 우리베 전 대통령, 민주중도당 결성.

2.25. 콜롬비아 커피 노동자, 수입 및 커피 가격 인하로 전국적 파업; 3월 8일, 정부의 보조금 인상 합의 후 파업 종료.

4. 9. 보고타에서 정부와 FARC 간 평화협상 지지 행진.

5.22. 산탄데르 주 북부에서 ELN 제조 사제폭탄 폭발로 정부군 10명 사망.

5.26. 콜롬비아 정부, FARC와 토지 개혁에 합의.

7.20. 아라우카 주와 카케타 주에서 FARC의 소행으로 추정되는 두 차례 공격으로 콜롬비아 정부군 21명 사망.

8.19. 높은 비료값, FTA로 인한 경쟁력 저하 등 이유로 콜롬비아 농업 부문 전국적 파업 돌입; 9월 2일, 내각 16인 사임 의사 표명; 9월 9일, 정부와의 협상 끝에 파업 종료.

8.24. FARC, 아라우카 주에서 정부군 14명 살해, 게릴라 2명 사망.

10. 7. 콜롬비아 정부, 일부 수입 농산품에 일시적으로 관세 부과 및 쿼터 설정.

11. 6. 콜롬비아 정부, FARC와 평화협상 위한 정치 참여 합의안 발표.

12. 7. 카우카 주에서 FARC의 소행으로 추정되는 폭탄테러로 군인 6명, 민간인 2명 사망.

12. 9. 콜롬비아 공직감찰원, 환경보건 정책상 부당경영 혐의로 보고타 시장 구스타보 페트로 경질 및 15년 복직금지 처분; 2014년 3월 19일, 정직; 4월 23일, 미주인권위원회 권고로 시장 복직.

2014. 1. 콜롬비아 정부, ELN과 평화협상 위한 예비회담 실시.

2.17. FARC, 콜롬비아 경찰 5인 살해.

3. 9. 국회의원 총선에서 알바로 우리베 전 대통령이 상원의원 당선.

5. 2. 콜롬비아 헌법재판소, 니카라과와의 분쟁 영토와 관련한 국제사법재판소의 판결은 양국 간 협약 없이는 효력 없음을 판결.

5.16. 콜롬비아 정부, FARC와 남미 지역 불법 마약 공동퇴치 합의문 발표.

6.15. 후안 마누엘 산토스 대통령, 콜롬비아 대통령에 재선.

8. 7. 후안 마누엘 산토스, 대통령에 취임.

11.16. FARC, 초코 주에서 순찰 중이던 루벤 다리오 알사테(Rubén Darío Alzate) 준장 등 3명 납치; 후안 마누엘 산토스 대통령, 평화협상 일시 중단 선언; 11월 30일, 억류된 3명 석방.

12.10. 콜롬비아 정부, FARC와 평화협상 재개.

12.16. ELN, 초코 주 알토바우도 시 프레디스 팔라시오스(Fredys Palacios) 시장 납치; 2015년 3월 1일, 석방.

12.19. FARC, 카우카 주 산탄데르데킬리차오 시에서 콜롬비아 정부군 5명 살해.

12.20.   FARC, 무기한 정전 선언.

2015. 2.   콜롬비아 언론인 2명이 괴한의 총에 맞아 피살됨.

2. 7.   콜롬비아 검찰, 나리뇨 주 올라야에레라 시에서 우익 민병단체에 의해 피살된 것으로 추정되는 시신 62구 발견한 사실 발표.

2.17.   FARC, 15세 미만 소년병 소집 해제.

2.23.   콜롬비아 트럭 기사, 최대 적재량 감소 등 요구하며 전국적 파업; **3월 19일** 정부와의 협상 체결로 파업 종료.

2.27.   콜롬비아 법원, 도청 및 공권력 남용 혐의로 기소된 우리베 재임 당시 국가행정정보안국(DAS) 국장이었던 마리아 델 필라르 우르타도(María del Pilar Hurtado) 유죄 판결.

3. 7.   콜롬비아 정부, FARC와 매설 지뢰 제거 합의.

3.11.   한국 - 콜롬비아, 군사 분야 우호관계 증진 및 군사기술 협력을 내용으로 하는 국방협력 양해각서 체결.

2015. 3.10.   후안 마누엘 산토스 대통령, 좌/우파 진영, 게릴라 출신, 종교 지도자, 사업가, 원주민 지도자로 구성된 평화위원회 구성 발표.

3.12.   ELN 소행으로 추정되는 폭탄 테러로 보고타에서 경찰 5명, 민간인 2명 부상.

4.15.   FARC 공격으로 군인 11명 사망, 20명 부상. 평화협상 위협.

4.18.   비스타에르모사 시에서 폭발물 공장 파괴 작전 중 FARC 소속으로 추정되는 2명 사망.

5. 9.   쿠바라(Cubará) 시에서 ELN이 구축 중인 석유인프라 해체 작업 중 군인 2명 사망.

5.21.   콜롬비아 정부군, 카우카 주 FARC 게릴라 캠프 급습, 26명 사살. 아바나 평화협상에 대표단으로 참가한 하이로 마르티네스(Jairo Martínez)도 사망.

5.22.   FARC, 정전 중단 선언.

5.25.   콜롬비아 정부와 FARC, 아바나에서 평화협상 재개.

6. 4.   콜롬비아 정부와 FARC, 11인으로 구성된 진실위원회 구성 합의.

7. 8.   FARC, 7월 20일부로 한 달 동안 휴전 선언. **8월 20일**, 휴전 무기한 연기.

8.19.   니콜라스 마두로 베네수엘라 대통령, 마약 밀수범 탐색 중인 군인 3명 공격당한 이후 72시간 동안 콜롬비아와의 국경 일부 폐쇄 선언.

8.21.   베네수엘라, 부상자 4명 발생으로 인해 국가비상사태 선언, 콜롬비아와의 국경 무기한 폐쇄.

8.23.   베네수엘라, 불법 거주 중인 콜롬비아 인 791명 추방하여 콜롬비아 당국에 인도하였다고 발표. 24일, 콜롬비아와의 국경 폐쇄 60일 연장.

9.12.   콜롬비아와 베네수엘라, 외교 관계 정상화 합의.

9.23.   후안 마누엘 산토스 대통령, 쿠바 불시 방문하여 FARC 최고지도자 로드리고 론도뇨(Rodrigo Londoño)와 회동. 지난 50년간 자행된 인권침해 범죄 처벌하는 내용의 공동성명 발표. 향후 6개월 이내에 내전 종식 위한 협상 체결하기로 합의.